2014 商丘统计年鉴

SHANG QIU TONG JI NIAN JIAN

商丘市统计局　编

中国统计出版社
China Statistics Press

图书在版编目（C I P）数据

商丘统计年鉴. 2014 / 商丘市统计局编. -- 北京 : 中国统计出版社, 2014.10
ISBN 978-7-5037-7317-4

Ⅰ. ①商… Ⅱ. ①商… Ⅲ. ①统计资料－商丘市－2014－年鉴 Ⅳ. ①C832.613-54

中国版本图书馆 CIP 数据核字（2014）第 226772 号

商丘统计年鉴-2014

作　　者/ 商丘市统计局
责任编辑/ 陈越月
装帧设计/ 商丘市鑫宇印务有限公司
出版发行/ 中国统计出版社
地　　址/ 北京市丰台区西三环南路甲 6 号　邮政编码/100073
电　　话/ 邮购（010）63376909　书店（010）68783171
网　　址/ http://csp.stats.gov.cn
印　　刷/ 商丘市鑫宇印务有限公司
经　　销/ 新华书店
开　　本/ 890mm×1240mm　1/16
字　　数/ 755 千字
印　　张/ 29.5
版　　别/ 2014 年 10 月第 1 版
版　　次/ 2014 年 10 月第 1 次印刷
定　　价/ 260.00 元

如有印装差错，由本社发行部调换。

《商丘统计年鉴—2014》

编辑委员会及编辑部工作人员

编 者 说 明

一、《商丘统计年鉴—2014》是一部全面反映商丘市国民经济和社会事业发展情况的资料性年刊，是认识和研究商丘市情、交流社会信息、制定政策、指导工作的重要资料和历史性工具书。

二、《商丘统计年鉴》由以下三部分内容组成：

㈠特载：《2013年商丘市国民经济和社会发展统计公报》。

㈡统计资料：内容分为22个部分，即1、行政区划和土地面积；2、综合核算；3、人口；4、从业人员和职工工资；5、固定资产投资；6、建筑业；7、农业；8、工业；9，人民生活；10、交通运输；11、批发零售业、住宿餐饮业；12、对外贸易、旅游；13、财政、金融、税收和保险；14、教育、文化、科技；15、物价；16、卫生、体育、民政；17、环境保护；18、规模以上企业科技状况；19、能源；20、乡镇主要指标及经济实力排序；21、全省及各省辖市主要指标；22、淮海经济区主要统计指标。各部分后面附有《主要指标解释》。

㈢附录：《中华人民共和国统计法》。

三、使用本年鉴时应注意以下几点：

㈠由于“特载”中的文件发表较早，文中部分数字与“统计资料”有出入，使用时均以“统计资料”中数字为准。

㈡“统计资料”表中的符号说明：“#”表示其中项，“空格”表示该项数据不详或无该数据。

㈢淮海经济区主要经济指标是快报数据，仅供与各市比较时使用。

㈣全省及各省辖市主要指标来自河南省统计局,其它资料来自市统计局年度统计报表、抽样调查资料以及有关市直部门的报表。

四、本年鉴的编辑，得到了市财政局、人行、保险公司、国税局、地税局、科技局、体育局、教育局、民政局、环保局、卫生局、文化局、广播电视局、邮政局、交通局、移动公司、联通公司、电信公司等单位的大力支持和帮助，在此谨致谢意。

《商丘统计年鉴》编辑部

二零一四年八月

目录索引

目　录

特　载

统计资料

一、行政区划和土地面积

二、综合、核算

三、人　口

四、城镇非私营单位从业人员和工资

五、固定资产投资

六、建筑业

七、农　业

八、工　业

九、人民生活

十、交通运输

十一、批零贸易、住宿餐饮业

十二、对外经济、旅游

十三、财政、金融、税收、保险

十四、教育、文化、科技

十五、物 价

十六、卫生、体育、民政

十七、环境保护

十八、规模以上工业企业科技状况

十九、能 源

二十、乡镇主要经济指标及经济实力排序

二十一、全省及各省辖市主要经济指标

二十二、淮海经济区各市主要经济指标

附　录

特　载

2013年商丘市国民经济和社会发展统计公报

商丘市统计局

2013年，面对经济下行压力增大、煤电铝等传统资源型产业效益大幅下滑的严峻形势，全市人民在市委、市政府的正确领导下，抢抓承接产业转移的历史机遇，牢牢把握“持续求进，好中求快”的总基调，坚持以四项重点带全局，着力稳增长、调结构、促改革、惠民生，经济社会发展呈现总体平稳、稳中有进、稳中提质的良好态势，承接产业转移示范市建设取得明显成效。

一、综合

初步核算，全年全市生产总值1538.22亿元，比上年增长10.5%。其中，第一产业增加值343.17亿元，增长4.5%；第二产业增加值719.99亿元，增长13.9%；第三产业增加值475.06亿元，增长9.4%。三次产业结构为22.3 ： 46.8 ： 30.9。

全年居民消费价格比上年上涨2.3%。其中，食品价格上涨6%，家庭设备用品及维修服务价格上涨1%，医疗保健和个人用品价格上涨1.1%，娱乐教育文化用品及服务价格上涨1.5%，居住类价格上涨0.9%。商品零售价格上涨1.5%。

表1　2013年居民消费价格指数

以上年为100

类　　别	指　数
居民消费价格	102.3
食品	106.0
#粮食	104.8
肉禽及其制品	105.4
菜类	112.3
蛋类	103.8
糖类	100.5
烟酒及用品	100.5
衣着	100.4
家庭设备用品及维修服务	101.0
医疗保健和个人用品	101.1
交通和通信	98.9
娱乐教育文化用品及服务	101.5
居住	100.9

全年城镇新增就业人员92804人；城镇下岗失业人员再就业33113人，其中就业困难人员再就业11650人。年末城镇登记失业率为3.6%。

二、农业

全年粮食种植面积1471.21万亩，比上年增长2.2%。其中，小麦种植面积860.42万亩，增长1.3%。油料种植面积136.24万亩，增长0.8%。棉花种植面积46.50万亩，下降31.9%。

全年粮食产量644.16万吨，比上年增长2.3%。油料产量42.15万吨，增长2.2%。棉花产量3.07万吨，下降34.9%。

表2　2013年主要农产品产量

产品名称	产量（万吨）	比上年增长%
粮食	644.16	2.3
#夏粮	404.52	1.7
秋粮	239.64	3.4
油料	42.15	2.2
#花生	36.85	2.9
油菜籽	4.79	0.91
芝麻	0.51	-24.7
棉花	3.07	-34.9
烤烟	1.48	17.5
蔬菜	964.08	3.0
水果	181.95	0.7

全年猪牛羊禽肉类总产量54.81万吨，比上年增长2.9%；禽蛋产量28.61万吨，增长0.09%；奶类产量30.31万吨，增长0.02%。

年末农业机械总动力1176.13万千瓦，比上年增长1.3%；农用拖拉机25.38万台，农用运输车37.54万辆；农村用电量21.73亿千瓦小时，增长15.7%。

三、工业和建筑业

全年全部工业增加值624.39亿元，比上年增长13.6%。其中，规模以上工业增加值539.52亿元，增长16.2%。

表 3　2013 年规模以上工业增加值主要分类情况

指　　标	增加值（亿元）	比上年增长%
规模以上工业增加值	539.52	16.2
#轻工业	245.50	15.6
重工业	294.02	16.6
#国有企业	20.01	0.7
集体企业	10.78	-13.2
股份合作制企业	3.02	14.5
股份制企业	390.91	18.4
外商和港澳台商投资企业	7.48	44.1
其他类型企业	107.34	13.6
#大中型工业企业	385.63	13.5

规模以上工业 33 个行业大类中，增加值居前 10 位的行业为：煤炭开采和洗选业 106.55 亿元，比上年增长 5.9%；农副食品加工业 74.34 亿元，增长 6.2%；纺织业 36.46 亿元，增长 27.1%；黑色金属冶炼及压延业 34.95 亿元，增长 23.2%；食品制造业 32.77 亿元，增长 14.0%；非金属矿物制品业 30.69 亿元，增长 39.2%；电力、热力生产和供应业 28.38 亿元，增长 20.6%；纺织服装、服饰业 26.71 亿元，增长 19.9%；有色金属冶炼及压延业 23.48 亿元，增长 0.8%；皮革、皮毛、羽毛及其制品和制鞋业 18.66 亿元，增长 7.1%。

汽车、电子信息、装备制造、食品、轻工、新型建材等六大高成长性产业增加值 253.9 亿元，比上年增长 18.5%，占规模以上工业增加值的比重为 47.1%。高技术产业增加值 24.77 亿元，增长 45.2%。煤炭开采和洗选业、化学原料及化学制品制造业、非金属矿物制品业、黑色金属冶炼及压延加工业、有色金属冶炼及压延加工业、电力热力的生产和供应业等六大高耗能行业占规模以上工业增加值的比重为 44.4%，比上年下降 4.5 个百分点。

主要工业产品产量中，纱增长 16.2%，方便面增长 20.9%，服装增长 30.0%，家用冷柜增长 53.2%。

表 4　2013 年主要工业产品产量

产品名称	单 位	产 量	比上年增长%
纱	万吨	54.79	16.2
服装	万件	39250	30.0
布	万米	919.0	75.2
乳制品	万吨	35.17	25.5
发电量	亿千瓦时	243.87	13.6
水泥	万吨	479.83	16.5
铝	万吨	43.47	-22.2
电动自行车	万辆	43.79	660.4
家用电冰箱	万吨	224.33	46.6
量具	万件	346.53	25.0
方便面	万吨	33.69	20.9
家用冷柜	万台	339.35	53.2

全年规模以上工业企业主营业务收入 2369.87 亿元，比上年增长 14.4%；实现利润 132.88 亿元，增长 14.4%。

全年产业集聚区规模以上工业增加值 276.8 亿元，比上年增长 30%，占全市规模以上工业的比重为 51.3%，对全市规模以上工业增长的贡献率达到 69.3%。全市产业集聚区规模以上工业主营业务收入 1243.6 亿元，增长 29.6%，占全市比重达到 52.5%；产业集聚区规模以上工业利润总额 61.3 亿元，增长 38.4%。

全年全社会建筑业增加值 95.59 亿元，比上年增长 15.8%。

四、固定资产投资

全年全社会固定资产投资 1310.72 亿元，比上年增长 22.6%。其中，固定资产投资（不含农户）1246.79 亿元，增长 24.0%；农户投资 63.93 亿元，增长 0.9%。

在固定资产投资（不含农户）中，第一产业投资 13.91 亿元，增长 41.1%；第二产业投资 782.80 亿元，增长 21.9%；第三产业投资 450.08 亿元，增长 27.3%。

全年房地产开发投资 189.68 亿元，比上年增长 35.1%。其中，住宅投资 157.97 亿元，增长 43.0%。商品房施工面积 1922.63 万平方米，增长 20.1%。其中，住宅 1657.66 万平方米，增长 19.7%。商品房竣工面积 431.92 万平方米，下降 6.6%。其中，住宅 386.75 万平方米，下降 4.7%。商品房销售面积 528.03 万平方米，增长 32%。

全年投资完成亿元以上项目 333 个，完成投资 736.56 亿元。其中，民权台商电器工业园年产 100 万台洗衣机和 50 万台净水设备项目完成 9 亿元，河南华慧种业有限公司现代高效有机农业项目完成 5.58 亿元，河南省恒生电子仪器有限公司年产 700 万件智能电子芯片、5 万件测定仪生产项目完成 5.53 亿元，河南宁陵好人缘家具有限公司年产 100 万套高档家具完成 4.96 亿元，商丘金振源电子科技有限公司二期年产电子元件 1500 万件项目完成 4.80 亿元。

全年产业集聚区完成固定资产投资 919.32 亿元，比上年增长 25.0%，占固定资产投资的比重为 73.7%。产业集聚区投资对全市投资增长的贡献率达到 76.2%。其中，产业集聚区工业投资 683.1 亿元，增长 22.8%。

五、国内贸易

全年批发和零售业增加值 82.68 亿元，比上年增长 9.1%；住宿和餐饮业增加值 52.17 亿元，增长 6.7%。

全年社会消费品零售总额 623.42 亿元，比上年增长 14.2%。分城乡看，城镇消费品零售额 460.45 亿元，增长 14.0%；乡村消费品零售额 162.97 亿元，增长 14.7%。分行业看，批发零售贸易业零售额 518.74 亿元，增长 14.0%；住宿餐饮业零售额 104.68 亿元，增长 15.1%。

限额以上批发和零售企业（单位）25 个销售大类中，粮油、食品、饮料、烟酒类销售额比上年增长 30.9%，服装、鞋帽、针纺织品类增长 43.5%，日用品类增长 30.3%，金银珠宝类增长 99.2%，化妆品类增长 41.9 %，家具类增长 20.4%，汽车类增长 21.2%。

六、对外贸易

全年进出口总额25218万美元，比上年增长17.1%。其中，出口总额21185万美元，增长27.5%；进口总额4033万美元，下降18.0%。

全年新批设立外商投资企业8个。实际利用外资27649万美元，增长12.4%。

七、交通、邮电和旅游

全年交通运输、仓储和邮政业增加值62.52亿元，比上年增长5.3%。

年末干线公路通车里程1418公里，农村公路通车里程21215公里，高速公路通车里程416公里。全年公路运输完成货物周转量938.33亿吨公里，比上年增长12.1%；旅客周转量完成105.87亿人公里，增长9.1%。货运量27199万吨，增长13.6%；客运量16314万人次，增长12.5%。

全年邮电业务总量48.94亿元，比上年增长16.2%。其中，邮政业务总量4.9亿元，增长13%；电信业务总量44.04亿元，增长16.9%。年末固定电话用户63.03万户，移动电话用户521.5万户。互联网宽带接入用户59.78万户，无线上网用户238万户。

全年共接待国内外游客1285.09万人次，比上年增长13.2%。其中，国际游客1.2万人次，增长4.7%；国内游客1283.89万人次，增长13.26%。旅游总收入23.42亿元，增长16.4%。其中，国际旅游创汇267.61万美元，增长11.4%；国内旅游收入23.24亿元，增长16.4%。

八、财政、金融和保险业

全年地方公共财政预算收入85.84亿元，比上年增长22.3%。其中，税收收入63.26亿元，增长19.6%，税收占地方公共财政预算收入的比重为73.7%。地方公共财政预算支出315.26亿元，增长10.1%。其中，农林水事务支出增长12.8%，社会保障与就业支出增长14.3%，医疗卫生支出增长24.2%。

年末金融机构各项存款余额1559.11亿元，比上年末增长15.2%。其中，城乡居民储蓄存款余额1098.58亿元，增长13.3%。各项贷款余额833.41亿元，增长18.9%。其中，短期贷款余额473.67亿元，增长16.2%；中长期贷款余额346.79亿元，增长23.0%。

全年保险公司保费收入27.0亿元。其中，财产险保费收入4.5亿元，人寿险保费收入22.5亿元。全年赔款及给付7.7亿元。其中，财产险赔款支出2.74亿元，人身险赔付4.96亿元。

九、教育、科学技术和文化

全市有普通高等学校6所，在校生7.54万人。中等职业教育学校39所，在校生7.97万人。普通中学446所，在校生51.62万人。其中，高中34所，在校生17.52万人；初中412所，在校生34.09万人。小学2412所，在校生77.47万人。小学学龄儿童入学率100%。

年末拥有县级以上科学研究与技术开发机构7个。全年共取得省级科技进步奖4项；申请专利955件，授权专利602件；签订技术合同6份，成交金额343.3万元。

年末共有艺术表演团体11个，影剧院5个，文化馆6个，公共图书馆9个。广播电台1座，电视台1座，广播人口覆盖率和电视综合人口覆盖率均达到100%。

全年参加省级以上比赛23次，共获金牌39枚、银牌46枚、铜牌56枚。在第十二届全国运动会上，我市运动员获1金1银1铜，3人获得团体第八名。扎实开展“全民健身，舞动中原”活动，举办市级大型体育活动10多次，在河南省“全民健身，舞动中原”展演活动中分别荣获健身操二等奖、广场舞三等奖。全市农民健身工程投入210套，乡镇体育健身工程投入35套，向各县（区）发放全民健身路径136条。

十、环境保护

省考核的5条河流出境断面水质综合达标率为92.9%，城市集中式饮用水水源地取水水质达标率100%。城区空气质量优良天数292天，优良率为80%。

十一、人口、人民生活和社会保障

年末总人口900.02万人，常住人口727.70万人。出生人口9.35万人，出生率10.45‰；死亡人口5.10万人，死亡率5.7‰；自然变动净增人口4.25万人，自然增长率4.75‰。

全年农村居民人均纯收入7217元，比上年增12.3%；农村居民人均生活消费支出4772元，增长20.2%。城镇居民人均可支配收入20214元，增长10.4%；城镇居民人均消费支出12604元，增长5.6%。农村居民家庭恩格尔系数为38.6%，城镇居民家庭恩格尔系数为32.5%。农村居民人均住房面积39平方米，城镇居民人均住房面积40.7平方米。

年末企业养老保险新增参保人数2.5万人，机关事业养老保险新增参保人数1130人。参加城镇基本医疗保险人数153.5万人，参加失业保险人数34.2万人。

年末各类收养性社会福利院床位456张，收养217人。全年销售福利彩票2.36亿元。

注：

1、本公报中数据为初步统计数。

2、公报中生产总值、各产业增加值绝对数按现价计算，增长速度按可比价格计算。

3、劳动就业、对外贸易、科技教育、文化体育、财政金融保险、交通邮电、环境保护、社会保障和社会福利、旅游等数据由相应部门提供。

4、居民家庭恩格尔系数指居民家庭食品消费支出占生活消费支出的比重。

5、城乡居民人均住房面积指建筑面积。

行政区划和土地面积

● 资料整理：朱 丹

1-1　行政区划和土地面积（2013年底）

单位：个、平方公里

县（市、区）	辖乡镇数	#辖镇个数	村民委员会数	辖街道办事处数	辖居民委员会数	土地面积
商丘市	**174**	**85**	**4627**	**18**	**217**	**10704**
梁园区	10	3	257	10	57	771
睢阳区	13	8	330	6	62	926
虞城县	26	10	649		9	1558
民权县	18	10	529		13	1222
宁陵县	14	7	365		5	786
睢　县	20	8	547		7	924
夏邑县	24	12	726		14	1481
柘城县	20	8	492	2	18	1042
永城市	29	19	732		32	1994

注：梁园区村民委员会中含开发区21个，街道办事处含开发区2个。

1-2　各县（市、区）乡、镇、办事处名称（2013年底）

县（市、区）	乡、镇、街道办事处名称
梁园区	长征街道办事处、前进街道办事处、东风街道办事处、八八街道办事处、白云街道办事处、中州街道办事处、建设街道办事处、平原街道办事处、平台街道办事处、平安街道办事处、双八镇、张阁镇、谢集镇、周集乡、刘口乡、李庄乡、孙福集乡、王楼乡、观堂乡、水池铺乡
睢阳区	宋集镇、李口镇、郭村镇、高辛镇、坞墙镇、冯桥镇、路河镇、阎集镇、临河店乡、勒马乡、毛固堆乡、包公庙乡、娄店乡、古城街道办事处、文化街道办事处、东方街道办事处、新城街道办事处、古宋街道办事处、宋城街道办事处
虞城县	城关镇、利民镇、界沟镇、大杨集镇、贾寨镇、杜集镇、张集镇、谷熟镇、营廓镇、站集镇、沙集乡、店集乡、田庙乡、郑集乡、刘集乡、李老家乡、大侯乡、镇里堌乡、黄冢乡、 稍岗乡、 刘店乡、城郊乡、闻集乡、芒种桥乡、乔集乡、古王集乡
民权县	城关镇、北关镇、龙塘镇、人和镇、程庄镇、王庄寨镇、孙六镇、白云寺镇、庄子镇、王桥镇、林七乡、伯党回族乡、花园乡、双塔乡、野岗乡、老颜集乡、胡集回族乡、褚庙乡
宁陵县	城关回族镇、张弓镇、柳河镇、逻岗镇、石桥镇、黄岗镇、华堡镇、孔集乡、刘楼乡、赵村乡、阳驿乡、城郊乡、乔楼乡、程楼乡
睢　县	城关回族镇、平岗镇、长岗镇、潮庄镇、西陵寺镇、周堂镇、蓼堤镇、尚屯镇、城郊乡、 董店乡、 涧岗乡、匡城乡、后台乡、尤吉屯乡、河集乡、孙聚寨乡、白楼乡、 河堤乡、 白庙乡、胡堂乡
夏邑县	城关镇、车站镇、会亭镇、杨集镇、李集镇、马头镇、济阳镇、韩道口镇、太平镇、罗庄镇、火店镇、北岭镇、刘店集乡、歧河乡、胡桥乡、中峰乡、孔庄乡、业庙乡、何营乡、骆集乡、王集乡、郭店乡、桑堌乡、曹集乡
柘城县	长江新城街道办事处、浦东街道办事处、城关镇、慈圣镇、胡襄镇、安平镇、起台镇、陈青集镇、远襄镇、岗王镇、邵园乡、 张桥乡、马集乡、伯岗乡、申桥乡、牛城乡、洪恩乡、皇集乡、李原乡、大仵乡、老王集乡、惠济乡
永城市	城关镇、芒山镇、高庄镇、演集镇、酂城镇、裴桥镇、陈集镇、薛湖镇、 马桥镇、 十八里镇、蒋口镇、太丘镇、李寨镇、茴村镇、苗桥镇、顺和镇、酂阳镇、龙岗镇、马牧镇、城厢乡、大王集乡、条河乡、刘河乡、陈官庄乡、新桥乡、候岭乡、双桥乡、黄口乡、卧龙乡

主要指标解释

行政区划 指国家对行政区域的划分。根据有关法规规定，我国的行政区域划分如下：(1) 全国分为省、自治区、直辖市；(2) 省、自治区分为自治州、县、自治县、市；(3) 自治州分为县、自治县、市；(4) 自治区、自治州、自治县都是民族自治的地方；(5) 县、自治县分为乡、民族乡、镇；(6) 直辖市和较大的市分为区、县；(7) 国家在必要时设立的特别行政区。

综合、核算

● 资料整理：代克斌　朱 丹　程 森

2-1 国民经济主要指标

指　　标	单位	2006年	2007年	2008年	2009年	2010年	2011年	2012年	2013年
一、人口									
年底总人口	万人	820.6	824.4	828.36	832.39	885.35	890.5	894.95	900.02
二、从业人员									
年底从业人员	万人	494.95	493.99	501.19	502.89	505.64	506.61	512.93	522.39
#职工人数	万人	37.63	36.94	37.04	37.61	38.46	41.20	42.03	55.58
三、地区生产总值	万元	6510140	7656721	9313904	10329436	11465217	13083722	13972750	15382197
第一产业	万元	2073211	2239525	2546247	2707860	2995076	3170035	3232201	3431692
第二产业	万元	2629042	3221472	4160550	4615258	5326388	6229602	6532029	7199868
第三产业	万元	1807887	2195724	2607107	3006318	3143753	3684085	4208520	4750637
人均生产总值	元	7896	10014	12092	13264	15076	17779	19029	21073
四、固定资产投资									
全社会固定资产投资额	万元	3009031	4007340	5338151	6931744	8456616	8858357	10688447	13107167
五、工资									
职工工资总额	万元	461619	617876	694556	809183	933229	1107807	13740345	18012788
职工平均工资	元	12350	16879	18770	24373	24256	27047	31162	36815
六、人民生活									
城镇居民人均消费支出	元	6444	6940	6969	8035	8734	10361	11936	12604
农民人均生活消费支出	元	1893	2124	2438	2693	2890	3460	3970	4772
城镇居民人均可支配收入	元	8345	10783	11752	12716	14178	16151	18312	20214
农民人均纯收入	元	2745	3248	3750	4054	4674	5637	6426	7217
七、城乡居民储蓄存款余额	万元	3526565	3879794	4728627	551891	6672823	7903660	9689057	10985785
八、农林牧渔业									
1. 农林牧渔业总产值	万元	3662378	3881652	4502962	4803901	5309286	5621415	5731420	6085164
2. 农林牧渔业总产值指数（以上年为100）		109.45	117.48	105.7	104.2	104.5	104.0	104.7	104.5
3. 主要农产品产量									
粮食	万吨	544.66	570.19	585.71	594.58	598.68	608.19	629.65	644.16
棉花	万吨	15.24	14.76	12.77	9.97	8.71	7.82	4.72	3.07
油料	万吨	38.50	39.18	36.89	36.00	37.07	37.33	41.22	42.15
水果	万吨	140.51	158.29	168.84	173.05	177.19	180.25	180.73	181.95

注：1、从2007年起，人均生产总值按常住人口计算。
　　2、从2008年起，农、林、牧、渔业总产值指数按可比价计算。

2-1续　国民经济主要指标

指　　　标	单位	2006年	2007年	2008年	2009年	2010年	2011年	2012年	2013年
年底大牲畜存栏头数	万头	124.93	92.53	97.18	100.29	97.39	92.05	88.50	88.9
年底生猪存栏头数	万头	393.5	312.74	331.8	333.0	334.33	335.64	347.50	333.57
年底山绵羊存栏只数	万只	749.17	314.57	328.32	321.58	305.18	300.32	294.31	294.81
肉类总产量	万吨	66.89	45.00	48.2	50.91	51.00	51.87	54.42	56.09
九、工业									
1.工业总产值	万元	7366212	9313608	11593488	12881733	17123270	20265190	22366161	26017796
轻工业	万元	3123799	3985865	4686097	5342129	7809234	9258496	10713429	12797602
重工业	万元	4242413	5327743	6907390	7539604	9314037	11006694	11652732	13220194
2.工业总产值指数	%	117.39	115.04	115.4	111.5	117.4	120.9	117.6	115.8
3.主要工业产品产量									
家用冷冻箱	台	73563	155428	365843	460642	768948	2423631	2226953	3393457
纱	吨	67163	123157	158960	196698	251483	366210	468671	547878
布	百米	104700	81600	45700	131000	165600	253100	328500	919
平板玻璃制品	万重量箱	573.62	552.18	510.63	502.76	635.74	736.91	717.57	723.71
机制纸及纸板	吨	402121	769702	595318	186530	177104	305864	366472	195485
原煤	万吨	1326.84	1377.87	1767.24	2027.22	2164.04	2111.50	2027.99	
洗煤	吨	7709256	8985968	12022671	17817717	17105528	17279573	16428735	
发电量	万千瓦时	787499	842930	843175	1213940	1139209	1087395	985825	2438733
饮料酒	千升	303652	354719	385369	455378	516329	558221	621127	615962
水泥	吨	141342	1957245	2734753	3486672	4713788	3344920	4119873	4798268
原铝（电解铝）	吨	331882	478878	553809	423561	460191	601659	558624	434719
4.规模以上工业效益指标									
主营业务收入	万元	4594800	6508294	9438051	10900133	14055101	18817393	20437310	24474820
利润总额	万元	401425	607807	746062	802799	1027263	1246637	1155828	1489846
全社会固定资产	万元	2321334	4007340	5338151	6931744	8456616	4876680	5563126	15534959
流动资产	万元	1496512	1785798		2913181	3436077	4322659	5447600	7012714
从业平均人员	人	108605	112440	124633	150709	184530	217622	249371	279019
十、运输和邮电									
1.公路旅客周转量	万人公里	276236	345182	576981	683710	780054	898959	970152	1058720
2.公路货物周转量	万吨公里	203911	314707	3700293	4796987	6049397	7295302	8371378	9383258
3.邮电业务总量	万元	423800	558594	701200	821400	981200	366700	435146	493500
十一、批发零售贸易业、餐饮业									
社会消费品零售总额	万元	2020635	2392830	2963447	3370879	3999717	4713585	5460836	6234175
十二、财政和金融									
地方财政收入	万元	237382	356081	447848	517778	745607	1109873	1248854	1330679
# 地方公共财政预算收入	万元	207872	267114	315912	353666	430099	564443	701907	858381
地方财政支出	万元	795923	1048937	1350391	1699593	2117081			
# 地方公共财政预算支出	万元	737129	938045	1179373	1511126	1800016	2290374	2863059	3152591
金融机构存款余额	万元	4538318	5028380	6027311	7224835	9011587	10982379	13538295	15591126
金融机构贷款余额	万元	3527726	4113419	4099671	5189467	6076665	5879897	7009361	8334072
十三、教育									
学校教育在校学生数	人	2061430	2138447	2119898	2135752	2142287	2212421	2031200	1732197
#高等学校	人	42306	55796	63434	74877	77082	77148	76802	75419
中等专业学校	人	18338	19377	20965	21693	27303	37108	33372	32371
普通中学	人	792300	772536	729161	721959	700067	701539	619240	516155
小学	人	1073341	1117481	1119598	1126056	1116552	1110757	974043	774692
十四、卫生									
卫生机构床位数	张	13817	15797	14228	15927	21241	22474	24763	29199
卫生技术人员数	人	19899	20279	21755	23069	26086	27058	29235	33009
# 医生	人	7166	6942	7450	8360	10063	9334	10986	12574

注：1、地方财政收入包括地方财政一般预算收入和基金收入。
2、从2008年起，家用冷冻箱为冷柜（含冷冻箱、冷藏箱、展示柜）。
3、电信业务总量按2010年不变价格计算，2001年至2010年按照2000年不变价格计算。

2-2 国民经济主要比例关系和结构

单位：%

指　　标	2006年	2007年	2008年	2009年	2010年	2011年	2012年	2013年
一、从业人员比例	100	100	100	100	100	100	100	100
第一产业	61.8	56.4	55.7	52.5	46.7	45.2	43.8	42.7
第二产业	18.7	22.7	22.7	25.0	29.7	30.8	31.3	31.7
第三产业	19.5	20.9	21.4	22.5	23.6	24.0	24.9	25.6
二、生产总值比例	100	100	100	100	100	100	100	100
第一产业	31.8	29.2	27.3	26.2	26.1	24.1	23.1	22.3
第二产业	40.4	42.1	44.7	44.7	46.5	49.0	46.7	46.8
工业	34.0	36.0	38.7	38.3	40.5	43.0	40.8	40.6
建筑业	7.2	6.0	6.0	6.4	5.9	6.0	5.9	6.2
第三产业	27.8	28.7	28.0	29.1	27.4	26.9	30.2	30.9
交通运输、仓储业	5.8	5.9	5.8	5.5	3.9	3.8	3.8	3.9
批发零售贸易业、餐饮业	7.3	7.0	4.4	7.4	7.2	7.6	8.2	8.4
三、国内支出总额比例	100	100	100.0	100	100	100	100	100
资本形成	50.3	57.4	57.4	69	64.6	63.4	66.6	
固定资本形成	46.4	52.3	52.2	60.4	56.4	55.7	58.8	
存货增加	3.9	5.1	5.2	8.7	8.1	7.8	7.9	
最终消费	58.7	56.8	56.8	56.6	35.0	37.1	42.1	
居民消费	44.0	42.0	42.0	42.4	26.2	28.0	31.9	
农村居民	22.4	21.5	21.5	21.7	7.2	7.7	8.8	
城镇居民	21.6	20.5	20.5	20.7	19.0	20.3	23.1	
政府消费	14.8	14.8	14.8	14.2	8.8	9.1	10.2	
货物和服务净出口	-9.0	-14.0	-14.2	-25.6	0.4	-0.6	-8.7	
四、农林牧渔业总产值比例	100	100	100	100	100	100	100	100
农业	62.2	69.3	63.0	65.8	61.0	66.6	66.3	66.2
林业	1.7	1.9	1.8	1.8	1.7	1.4	1.4	1.4
牧业	32.2	24.5	31.1	27.9	33.6	27.7	27.6	27.7
渔业	1.0	1.1	1.2	1.4	0.7	1.3	1.6	1.6
农林牧渔服务业	2.9	3.2	2.9	3.1	3.0	3.0	3.1	3.1
五、工业总产值中轻重工业比重	100	100	100	100	100	100	100	100
轻工业	42.4	42.8	40.4	41.5	46.4	45.7	47.9	49.2
重工业	57.6	57.2	59.6	58.5	53.6	54.3	52.1	50.8
六、社会消费品零售总额比例	100	100	100	100	100	100	100	100
城镇	71.1	71.6	72.2	72.5	72.5	73.6	74.0	73.9
乡村	28.9	28.3	27.8	27.5	27.5	26.4	26.0	26.1
七、财政收入相当于生产总值比例%	3.71	3.49	3.4	3.42	3.75	4.31	5.02	5.58
八、文教卫生事业占财政支出的比例%	32.0	32.7	39.6	35.4	25.2	38.5	37.0	26.7

注：1、2008年国内支出总额各分项是按2007年各项比例推算，因而2007、2008两年比例相同。

2、社会消费品零售总额2009年以前分组为市、县、县以下，2010年开始分组为城镇、乡村。

2-3 生产总值

（按当年价格计算）

年份	生产总值（万元）	第一产业	第二产业			第三产业	人均生产总值（元）	附：年平均人口（万人）
				工业	建筑业			
1978	88768	48255	18283	15350	2933	22230	159	558
1979	91257	48048	18697	15315	3382	24512	160	570
1980	104456	54566	22037	17695	4342	27853	180	580
1981	115489	59885	24328	19224	5104	31276	196	588
1982	155422	92833	25013	19605	5408	37576	260	596
1983	200301	131875	27782	21405	6377	40644	330	606
1984	220665	134645	37248	30317	6931	48772	358	616
1985	249738	147105	42322	34754	7568	60311	398	627
1986	286233	161388	48664	40652	8012	76181	447	640
1987	338903	196167	62518	453629	8889	84218	523	656
1988	391436	208284	84084	74510	9574	99068	581	613
1989	452915	251255	84573	74782	9791	117087	654	692
1990	504274	279273	90877	80136	10741	134124	710	710
1991	605677	331871	114872	100016	14856	158934	838	723
1992	711029	368892	161359	134302	27057	180778	973	731
1993	868791	425592	215073	182104	32969	228126	1174	740
1994	1151399	522393	320746	269519	51227	308260	1539	748
1995	1631264	739183	472326	405580	66746	419755	2157	756
1996	2023656	917035	573252	489178	84074	533369	2621	772
1997	2248588	1018664	630246	522388	107858	599678	2875	782
1998	2405946	1074329	678987	559854	119133	652630	3038	792
1999	2601554	1187187	731167	590644	140523	683200	3256	799
2000	2876513	1236569	886908	704941	181967	753036	3600	799
2001	3170005	1339515	992471	780763	211708	838019	3962	805
2002	3415117	1385444	1077912	859332	218580	951761	4273	805
2003	3375707	1036810	1248446	1020475	227971	1090452	4200	809
2004	4508625	1601523	1601938	1307783	294155	1305165	5612	809
2005	5607773	1881285	2209447	1831900	377547	1517041	6879	815
2006	6510140	2073211	2629042	2214323	414719	1807887	7951	819
2007	7656721	2239525	3221472	2759641	461831	2195724	9309	765
2008	9313904	2546247	4160550	3604717	555833	2607107	12092	770
2009	10329436	2707860	4615258	3956596	658662	3006318	12779	781
2010	11465217	2995076	5326388	4644821	681567	3143753	15076	759
2011	13083722	3170035	6229602	5467800	761802	3684085	17779	736
2012	13972750	3232201	6532029	5704719	827310	4208520	19029	732
2013	15382197	3431692	7199868	6243925	955944	4750637	21073	730

注：1、2001—2005年的各项核算数据是根据第一次经济普查结果进行调整后的数据。

2、从2007年起,人均生产总值按常住人口计算。

2-4 生产总值构成

（按当年价格计算）

单位：%

年 份	生产总值	第一产业	第二产业	工业	建筑业	第三产业
1978	100.0	54.0	20.6	17.3	3.3	25.0
1979	100.0	52.6	20.5	16.8	3.7	26.9
1980	100.0	52.2	21.2	16.9	4.3	26.6
1981	100.0	51.9	21.1	16.6	4.5	27.0
1982	100.0	59.7	16.1	12.6	3.5	24.2
1983	100.0	65.8	13.9	10.7	3.2	20.3
1984	100.0	61.0	16.9	13.7	3.2	22.1
1985	100.0	58.8	17.0	13.9	3.1	24.2
1986	100.0	56.4	17.0	14.2	2.8	26.6
1987	100.0	57.2	18.2	15.6	2.6	24.6
1988	100.0	53.2	21.5	19.0	2.5	25.3
1989	100.0	55.5	18.7	16.5	2.2	25.8
1990	100.0	55.4	18.0	15.9	2.2	26.6
1991	100.0	54.8	19.0	16.5	2.6	26.2
1992	100.0	51.9	22.7	18.9	3.8	25.4
1993	100.0	49.0	24.8	21.0	3.8	26.2
1994	100.0	45.4	27.9	23.4	4.5	26.7
1995	100.0	45.3	29.0	24.9	4.1	25.7
1996	100.0	45.3	28.3	24.2	4.1	26.4
1997	100.0	45.3	28.0	23.2	4.8	26.7
1998	100.0	44.7	28.2	23.3	4.9	27.1
1999	100.0	45.6	28.1	22.7	5.4	26.3
2000	100.0	43.0	30.8	24.5	6.3	26.2
2001	100.0	42.0	31.0	25.0	7.0	26.0
2002	100.0	41.0	32.0	25.0	6.0	28.0
2003	100.0	31.0	37.0	30.0	7.0	32.0
2004	100.0	36.0	36.0	29.0	7.0	29.0
2005	100.0	33.5	39.4	32.7	6.7	27.1
2006	100.0	31.8	40.4	34.0	7.2	27.8
2007	100.0	29.2	42.1	36.0	6.0	28.7
2008	100.0	27.3	44.7	38.7	6.0	28.0
2009	100.0	26.2	44.7	38.3	6.4	29.1
2010	100.0	26.1	46.5	40.5	5.9	27.4
2011	100.0	24.2	47.6	41.8	5.8	28.2
2012	100.0	23.1	46.7	40.8	5.9	30.2
2013	100.0	22.3	46.8	40.6	6.2	30.9

2-5 生产总值指数

（按可比价格计算，以上年为100）

年　份	生产总值	第一产业	第二产业	工业	建筑业	第三产业	人均地区生产总值
1978	100.0	100.0	100.0	100.0	100.0	100.0	100.0
1979	103.4	99.6	102.3	101.4	105.6	112.7	101.6
1980	115.7	113.6	117.9	119.5	112.1	118.1	113.6
1981	111.0	109.8	110.4	112.1	104.5	113.8	109.4
1982	113.2	115.0	102.8	102.1	106.0	117.9	111.7
1983	107.6	106.1	111.1	101.1	115.3	108.1	105.9
1984	112.5	112.1	114.1	116.7	103.4	112.1	110.7
1985	110.6	105.3	113.6	112.9	116.9	118.0	108.5
1986	105.8	96.7	114.9	114.5	116.5	114.4	103.6
1987	105.0	106.9	108.5	108.7	107.5	100.1	102.4
1988	110.1	106.7	121.8	124.6	109.6	100.6	107.7
1989	103.7	112.1	98.7	99.2	96.4	95.7	100.9
1990	99.1	101.9	99.0	99.9	94.2	94.3	96.3
1991	114.4	116.1	123.4	121.5	139.1	104.9	112.2
1992	116.6	107.9	137.8	133.0	173.1	119.7	115.3
1993	114.1	107.9	124.5	127.2	109.8	117.0	112.8
1994	110.5	94.0	137.7	138.1	134.7	115.9	109.3
1995	119.7	122.8	119.7	120.0	117.0	114.9	118.5
1996	117.1	118.2	116.3	116.0	118.6	116.2	115.4
1997	110.1	111.6	109.3	107.0	124.6	108.8	108.7
1998	108.4	106.4	110.9	110.2	114.8	108.8	107.0
1999	110.8	112.7	111.0	109.8	117.4	107.5	109.8
2000	109.3	107.3	113.7	111.8	123.3	107.2	109.3
2001	109.7	107.4	112.0	111.3	114.6	110.6	110.0
2002	109.3	104.0	112.9	115.4	103.7	113.3	110.6
2003	99.4	78.8	114.1	117.5	100.4	112.1	98.9
2004	121.9	133.0	117.5	118.6	113.6	116.0	121.9
2005	114.5	110.5	120.0	118.6	126.7	113.0	114.4
2006	113.5	109.0	116.5	118.2	108.2	114.6	113.0
2007	112.9	104.0	116.1	118.2	104.8	117.7	112.7
2008	111.4	105.7	114.6	115.8	107.4	112.2	110.6
2009	111.2	104.2	112.1	110.7	120.7	115.8	110.0
2010	112.0	104.5	113.5	114.3	108.7	113.0	114.1
2011	111.8	104.0	113.8	115.5	102.3	111.6	114.0
2012	110.8	104.7	113.9	114.7	107.1	111.1	111.1
2013	110.5	104.5	113.9	113.6	115.8	109.4	111.1

2-6 生产总值指数

（按可比价格计算，以1978年为100）

年份	生产总值	第一产业	第二产业	工业	建筑业	第三产业	人均生产总值
1978	100.0	100.0	100.0	100.0	100.0	100.0	100.0
1979	103.4	99.6	102.3	101.4	105.6	112.7	101.6
1980	119.6	113.1	120.6	121.2	118.4	133.1	115.4
1981	132.8	124.2	133.2	135.8	123.7	151.5	126.3
1982	150.3	142.9	136.9	138.7	131.1	178.6	141.0
1983	161.7	151.6	152.1	140.2	151.2	193.0	149.4
1984	182.0	169.9	173.5	163.6	156.3	216.4	165.3
1985	201.3	178.9	197.1	184.7	182.7	255.4	179.4
1986	212.9	173.0	226.5	211.5	212.9	292.1	185.9
1987	223.6	185.0	245.7	229.9	228.9	292.4	190.3
1988	246.2	197.4	299.3	286.5	250.8	294.2	205.0
1989	255.3	221.2	295.4	284.2	241.8	281.5	206.8
1990	253.0	225.4	292.5	283.9	227.8	265.5	199.2
1991	289.4	261.7	360.9	345.0	316.9	278.5	223.5
1992	337.4	282.4	497.3	458.8	548.5	333.3	257.7
1993	385.0	304.7	619.2	583.6	602.2	390.0	290.6
1994	425.4	286.4	852.6	805.9	811.2	452.0	317.7
1995	509.2	351.8	1020.6	967.1	949.1	519.4	376.4
1996	596.3	415.8	1186.9	1121.8	1125.6	603.5	434.4
1997	656.6	464.0	1297.3	1200.4	1402.5	656.6	472.2
1998	711.7	493.7	1438.7	1322.8	1610.1	714.4	505.2
1999	788.6	556.4	1597.0	1452.4	1890.3	768.0	554.8
2000	861.9	597.0	1815.7	1623.8	2330.7	823.3	606.3
2001	945.5	641.2	2033.6	1807.3	2671.0	910.6	667.0
2002	1033.4	666.8	2296.0	2085.7	2769.8	1031.7	737.7
2003	1027.2	525.5	2619.7	2450.6	2780.9	1156.5	729.6
2004	1252.2	698.9	3078.2	2906.5	3159.1	1341.5	889.3
2005	1433.8	772.3	3693.8	3447.1	4002.5	1515.9	1017.4
2006	1627.3	841.8	4303.3	4074.4	4330.8	1737.3	1149.7
2007	1837.3	875.4	4996.1	4816.0	4538.6	2044.7	1295.7
2008	2046.7	925.3	5725.5	5576.9	4874.5	2294.2	1433.0
2009	2275.9	964.2	6418.3	6173.6	5883.5	2656.7	1576.3
2010	2549.0	1007.6	7286.2	7054.4	6395.0	3001.3	1798.6
2011	2849.8	1047.9	8291.7	8147.8	6542.1	3349.5	2050.4
2012	3158.7	1096.7	9441.7	9348.8	7007.5	3721.2	2277.6
2013	3490.4	1146.1	10754.1	10620.2	8114.7	4071.1	2530.4

2-7 分行业增加值、指数及构成（2013年）

单位:万元

指标名称	现价增加值	指 数（按可比价格计算以上年为１００）	构成（%）
地区生产总值	**15382197**	**110.5**	**100.0**
第一产业	3431692	104.5	22.3
农林牧渔业	3431692	104.5	22.3
第二产业	7199868	113.9	46.8
工业	6243925	113.6	40.6
建筑业	955944	115.8	6.2
第三产业	4750637	109.4	30.9
交通运输、仓储和邮政业	625158	105.3	4.1
批发和零售业	826795	109.1	5.4
批发业	385338	109.2	2.5
零售业	441456	109.0	2.9
住宿和餐饮业	521650	106.7	3.4
住宿业	62529	110.9	0.4
餐饮业	459121	106.1	3.0
金融业	249075	116.4	1.6
房地产业	578680	108.5	3.8
房地产业(K门类)	134905	122.5	0.9
居民自有住房服务	443775	105.0	2.9
营利性服务业	469045	112.3	3.0
信息传输、计算机服务和软件业	219427	105.2	1.4
其他营利性服务业	249617	120.1	1.6
非营利性服务业	1480235	110.4	9.6
公共管理和社会组织	647849	107.4	4.2
其他非营利性服务业	832385	112.7	5.4

2-8　各县（市、区）生产总值（2013年）

（按现行价格计算）　　单位：万元、元

指标名称	全　市	梁园区	睢阳区	民权县	睢　县
生产总值	**15382197**	**1343686**	**1714417**	**1498910**	**1258811**
第一产业	3431692	205560	332488	392169	399185
第二产业	7199868	601082	828147	583868	508423
工业	6243925	370578	705622	513789	432904
建筑业	955944	230504	122525	70079	75519
第三产业	4750637	537044	553782	522873	351203
人均生产总值	21073	16223	20220	20679	18849

2-8续　各县（市、区）生产总值（2013年）

（按现行价格计算）　　单位：万元

指标名称	宁陵县	柘城县	虞城县	夏邑县	永城市
生产总值	**817313**	**1397580**	**1808071**	**1562417**	**4024390**
第一产业	222286	415008	439026	437016	600090
第二产业	356730	488762	776280	595880	2452666
工业	322079	424538	696260	522024	2248100
建筑业	34651	64224	80020	73856	204566
第三产业	238297	493810	592765	529521	971634
人均生产总值	15753	20067	20196	17508	32778

2-9 各县（市、区）第三产业增加值（2013年）

单位:万元

指标名称	全　市	梁园区	睢阳区	民权县	睢　县
第三产业	**4750637**	**537044**	**553782**	**522873**	**351203**
交通运输、仓储和邮政业	625158	113486	9490	56405	36632
批发零售业	826795	83338	182026	31710	59135
住宿餐饮业	521650	24870	21765	49708	55687
金融业	249075	48591	50474	11822	9753
房地产业	578680	29197	71875	105038	60863
营利性服务业	469045	46723	19609	96804	19769
非营利性服务业	1480235	190839	198544	171620	109365

2-9续 各县（市、区）第三产业增加值（2013年）

单位:万元

指标名称	宁陵县	柘城县	虞城县	夏邑县	永城市
第三产业	**238297**	**493810**	**592765**	**529521**	**971634**
交通运输、仓储和邮政业	45644	102156	49621	84586	118432
批发零售业	44072	76797	86546	50452	99915
住宿餐饮业	13691	26233	48353	35533	130236
金融业	5489	6315	22535	17140	79547
房地产业	30836	38943	71758	88564	162979
营利性服务业	23704	63717	87537	81825	128356
非营利性服务业	74861	179650	226415	171421	252169

2-10 各县（市、区）生产总值指数（2013年）

（按可比价计算以上年为100）

指标名称	全　市	梁园区	睢阳区	民权县	睢　县
生产总值	**110.5**	**110.6**	**111.7**	**110.7**	**110.0**
第一产业	104.5	104.5	104.5	104.2	104.3
第二产业	113.9	112.9	117.5	115.5	114.7
工业	113.6	111.8	117.7	115.3	114.8
建筑业	115.8	116.0	116.6	117.2	114.0
第三产业	109.4	109.2	108.3	110.1	109.3
人均生产总值	111.1	110.6	111.5	111.5	110.7

2-10续 各县（市、区）生产总值指数（2013年）

（以上年为100）

指标名称	宁陵县	柘城县	虞城县	夏邑县	永城市
生产总值	**110.4**	**109.8**	**110.9**	**111.1**	**109.1**
第一产业	104.4	104.6	104.7	104.3	104.5
第二产业	115.8	115.9	116.0	114.6	109.8
工业	115.8	115.7	115.9	115.1	109.5
建筑业	115.8	117.5	116.8	110.2	113.7
第三产业	107.3	108.4	109.3	113.3	109.7
人均生产总值	112.8	110.8	115.2	112.7	109.2

2-11　各县（市、区）第三产业增加值指数（2013年）

（按可比价计算以上年为100）

指标名称	全　市	梁园区	睢阳区	民权县	睢　县
第三产业	**109.4**	**109.2**	**108.3**	**110.1**	**109.3**
交通运输、仓储和邮政业	105.3	104.0	106.1	105.2	106.3
批发零售业	109.1	109.4	108.5	111.3	109.9
住宿餐饮业	106.7	107.5	110.5	108.0	107.5
金融业	116.4	112.9	112.7	116.6	119.8
房地产业	108.5	107.4	113.0	113.9	110.6
营利性服务业	112.3	118.3	140.5	112.2	115.9
非营利性服务业	110.4	109.9	102.9	108.1	108.4

2-11续　各县（市、区）第三产业增加值指数（2013年）

（按可比价计算以上年为100）

指标名称	宁陵县	柘城县	虞城县	夏邑县	永城市
第三产业	**107.3**	**108.4**	**109.3**	**113.3**	**109.7**
交通运输、仓储和邮政业	104.5	106.1	104.2	105.6	106.6
批发零售业	110.8	110.5	112.0	111.2	106.8
住宿餐饮业	107.9	111.9	104.4	106.1	107.4
金融业	106.7	125.3	118.1	148.7	116.5
房地产业	108.1	102.3	105.9	112.1	110.2
营利性服务业	107.1	102.0	108.7	135.7	108.6
非营利性服务业	107.2	111.9	110.4	108.1	111.7

2-12　产业集聚区主要经济指标(2013年)

指标名称	计量单位	绝对量	增速（%）
“四上”企业（单位）数	个	703	38.7
#规模以上工业企业数	个	416	12.1
“四上”企业增加值	万元	2484554	29.3
#规模以上工业企业增加值	万元	2125863	31.2
“四上”企业期末从业人员	人	191369	26.7
固定资产投资项目个数	个	662	-8.3
#亿元及以上投资项目个数	个	510	11.1
#新开工亿元及以上项目个数	个	258	-5.2
固定资产投资项目总额	万元	8210214	25.0
#工业项目投资额	万元	6064917	22.7
企业标准厂房面积	万平方米	1958	34.8
#三层以上标准厂房面积	万平方米	996	43.5

2-13 各产业集聚区主要指标(2013年)

单位：万元、%

指标名称	“四上”企业增加值		固定资产投资		其中主导产业固定资产投资
	绝对量	同比增长	绝对量	同比增长	绝对量
合　　计	**2484554**	**29.3**	**8210200**	**25.0**	**3236530**
商丘经济技术产业集聚区	214420	30.4	730600	27.4	269722
豫东综合物流产业集聚区	19326	11.3	180700	63.4	21500
商丘市梁园产业集聚区	289361	25.3	844700	27.2	69614
商丘市睢阳产业集聚区	194409	29.6	670000	18.4	352800
民权县产业集聚区	353532	31.9	1091400	16.9	596440
夏邑县产业集聚区	295406	24.9	1064900	15.6	355200
虞城县产业集聚区	329342	38.9	1033300	33.0	260130
柘城县产业集聚区	341051	27.8	1006200	18.0	592620
宁陵县产业集聚区	177175	15.3	625700	28.3	367564
睢县产业集聚区	270533	30.7	962700	41.8	350940

2-13续　各产业集聚区主要指标（2013年）

指标名称	“四上”企业从业人员（人）	规上工业R&D经费支出（万元）	规模以上工业能耗（吨标准煤）
	2013年	2012年	2013年
合　计	**191369**	**28963**	**599281**
商丘经济技术产业集聚区	19611	5932	16277
豫东综合物流产业集聚区	1607		858
商丘市梁园产业集聚区	13890	5846	270876
商丘市睢阳产业集聚区	21749	2139	34611
民权县产业集聚区	23072	8983	19977
夏邑县产业集聚区	26307	1076	55461
虞城县产业集聚区	23503	458	27034
柘城县产业集聚区	22475	706	28393
宁陵县产业集聚区	14592	1264	20874
睢县产业集聚区	24563	2560	124920

2-14　产业集聚区全省排名（2013年）

产业集聚区名称	绝对量指数排序	发展指数排序
虞城县产业集聚区	46	22
夏邑县产业集聚区	48	83
民权县产业集聚区	51	74
柘城县产业集聚区	52	39
商丘市睢阳产业集聚区	56	11
睢县产业集聚区	82	18
商丘经济技术产业集聚区	118	120
宁陵县产业集聚区	126	106
商丘市梁园产业集聚区	129	100
豫东综合物流集聚区	178	172

主要指标解释

国内生产总值（GDP） 国内生产总值（GDP）是按市场计算的国内

可比价格 指计算各种总量指标所采用的扣除了价格变动因素的价格，可进行不同时期总量指标的对比。按可比价格计算总量指标有两种方法：一种是直接用产品产量乘某一年的不变价格计算；另一种是用价格指数进行缩减。

不变价格 指以同类产品某年的平均价格作为固定价格，用于计算各年的产品价值。按不变价格计算的产品价值消除了价格变动因素，不同时期对比可以反映生产的发展速度。新中国成立后，随着工农业产品价格水平的变化，国家统计局先后五次制定了全国统一的工业产品不变价格和农业产品不变价格。从1952年到1957年使用1952年工（农）业产品不变价格，从1957年到1970年使用1957年不变价格，从1971年到1980年使用1970年不变价格，从1981年到1990年使用1980年不变价格，从1991年开始使用1990年不变价格。

平均增长速度 我国计算平均增长速度有两种方法：一种是习惯上经常使用的“水平法”，又称几何平均法，是以间隔期最后一年的水平同基期水平对比来计算平均每年增长（或下降）速度；另一种是“累计法”，又称代数平均法或方程法，是以间隔期内各年水平的总和同基期水平对比来计算平均每年增长（或下降）速度。在一般正常情况下，两种方法计算的平均每年增长速度比较接近；但在经济发展不平衡、出现大起大落时，两种方法计算的结果差别较大。本《年鉴》内所列的平均增长速度，除固定资产投资用“累计法”计算外，其余均用“水平法”计算。从某年到某年平均增长速度的年份，均不包括基期年在内。如建国四十三年的平均增长速度是以1949年为基期计算的，则写为1950-1992年平均增长速度，其余类推。

国民经济行业分类 自2003年定期报表开始使用新的《国民经济行业分类》（GB/T4754-2002）。该分类是由国家统计局组织修订，经国家质量监督检验检疫总局批准，于2002年5月10日发布实施。这次修订是在1994年分类标准的基础上，参照联合国《全部经济活动的国际标准产业分类》（ISIC/Rev.3）进行的。修订后的《国民经济行业分类》（GB/T4754-2002）共有门类20个，大类95个，中类396个，小类913个。新增门类4个，大类增加3个，中类增加28个，小类增加67个。

企业（单位）登记注册类型 是以在工商行政管理机关登记注册的各类企业为划分对象，以工商行政管理部门对企业登记注册的类型为依据，将企业登记注册类型分为内资企业、港澳台商投资企业和外商投资企业三大类。内资企业包括国有企业、集体企业、股份合作企业、联营企业、有限责任公司、股份有限公司、私营公司和其他企业；港澳台商投资企业和外商投资企业分别包括合资经营企业、合作经营企业、独资经营企业和股份有限公司。对不在工商行政管理部门进行登记注册的行政机关、事业单位和社会团体，主要按其经费来源和管理方式进行划分。

国有企业 指企业全部资产归国家所有，并按《中华人民共和国企业法人登记管理条例》规定登记注册的非公司制的经济组织。不包括有限责任公司中的国有独资公司。

集体企业 指企业资产归集体所有，并按《中华人民共和国企业法人登记管理条例》规定登记注册的经济组织。

股份合作企业 指以合作制为基础，由企业职工共同出资入股，吸收一定比例的社会资产投资组建，实行自主经营，自负盈亏，共同劳动，民主管理，按劳分配与按股分红相结合的一种集体经济组织。

联营企业 指两个及两个以上相同或不同所有制性质的企业法人或事业单位法人，按自愿、平等、互利的原则，共同投资组成的经济组织。联营企业包括国有联营企业、集体联营企业、国有与集体联营企业和其他联营企业。

有限责任公司 指根据《中华人民共和国公司登记管理条例》规定登记注册，由两个以上、五十个以下的股东共同出资，每个股东以其所认缴的出资额对公司承担有限责任，公司以其全部资产对其债务承担责任的经济组织。有限责任公司包括国有独资公司以及其他有限责任公司。

股份有限公司 指根据《中华人民共和国公司登记管理条例》规定登记注册，其全部注册资本由等额股份构成并通过发行股票筹集资本，股东以其认购的股份对公司承担有限责任，公司以其全部资产对其债务承担责任的经济组织。

私营企业 指由自然人投资设立或由自然人控股，以雇佣劳动为基础的营利性经济组织。包括按照《公司法》、《合伙企业法》、《私营企业暂行条例》规定登记注册的私营有限责任公司、私营股份有限公司、私营合伙企业和私营独资企业。

其他内资企业 指上述企业之外的其他内资经济组织。

与港澳台商合资经营企业 指港澳台地区投资者与内地企业依照《中华人民共和国中外合资经营企业法》及有关法律的规定，按合同规定的比例投资设立、分享利润和分担风险的企业。

与港澳台商合作经营企业 指港澳台地区投资者与内地企业依照《中华人民共和国中外合作经营企业法》及有关法律的规定，依照合作合同的约定进行投资或提供条件设立、分配利润和分担风险的企业。

港澳台商独资经营企业 指依照《中华人民共和国外资企业法》及有关法律的规定，在内地由港澳台地区投资者全额投资设立的企业。

港澳台商投资股份有限公司 指根据国家有关规定，经外经贸部依法批准设立，其中港、澳、台商的股本占公司注册资本的比例达25%以上的股份有限公司。凡其中港、澳、台商的股本占公司注册资本的比例小于25%的，属于内资企业中的股份有限公司。

中外合资经营企业 指外国企业或外国人与中国内地企业依照《中华人民共和国中外合资经营企业法》及有关法律的规定，按合同规定的比例投资设立、分享利润和分担风险的企业。

中外合作经营企业 指外国企业或外国人与中国内地企业依照《中华人民共和国中外合作经营企业法》及有关法律的规定，依照合作合同的约定进行投资或提供条件设立、分配利润和分担风险的企业。

外资企业 指依照《中华人民共和国外资企业法》及有关法律的规定，在中国内地由外国投资者全额投资设立的企业。

外商投资股份有限公司 指根据国家有关规定，经外经贸部依法批准设立，其中外资的股本占公司注册资本的比例达 25% 以上的股份有限公司。凡其中外资股本占公司注册资本的比例小于 25% 的，属于内资企业中的股份有限公司。

行政机关、事业单位和社会团体 参照企业登记注册类型，主要按其经费来源和管理方式划分。具体规定如下：

（1）行政机关：包括国家机关和政党机关，原则上均列为“国有”。但有特殊规定的，如供销社等，则列为“集体”。

（2）事业单位：包括经国家机构编制部门和有关业务主管部门批准成立的各类事业单位，不包括实行企业化管理的事业单位。事业单位的划分办法如下：

①由国家财政预算拨款或列入财政预算外资金管理以及经费主要来源于国有主管部门或国有上级单位的事业单位，列为“国有”。

②经费主要来源于集体单位的事业单位，列为“集体”。

③公民个人（或个人合伙）开办的事业单位，列为“私营”。

④上述以外的其他事业单位，如果其经费来源不明确，按管理方式进行归类。

（3）社会团体：包括经民政部门批准成立以及未纳入社会团体管理条例范围的工会、妇联等各类社会团体。社会团体的划分办法如下：

①未纳入民政部社会团体管理条例范围的工会、妇联、共青团、青联、工商联、科协、侨联等社会团体，国家拨款设立的基金会或基金管理组织以及经费主要来源于国有业务主管部门或国有上级单位的社会团体，列为“国有”。

②经费主要来源于集体单位的社会团体，列为“集体”。

③公民个人（或个人合伙）开办的社会团体，划为“私营”。

④上述以外的其他社会团体，如果其经费来源不明确，改按管理方式进行归类。

法人单位 指具备：

（1）依法成立、有自己的名称、组织机构和场所、能够独立承担民事责任；

（2）独立拥有和使用（或授权使用）资产、承担负债、有权与其它单位签订合同；

（3）会计上独立核算、能够编制资产负债表。法人单位包括企业法人、事业单位法人、机关法人、会团体法人和其他法人。

产业活动单位 是法人单位的附属单位。产业活动单位应具备下列条件：

（1）在一个场所从事一种或主要从事一种社会经济活动；

（2）相对独立组织生产经营和业务活动；

（3）能够掌握收入和支出等业务核算资料。

人　口

● 资料整理：谢 岚

3-1 总人口及人口自然变动情况

单位：万人

年份	总人口	按性别分		按城乡分		城镇化率（%）	常住人口	出生人口数	出生率（‰）	死亡率（‰）	自然增长率（‰）
		男	女	城镇	乡村						
2000	796	410	386	104	692			11.25	14.17	5.89	8.28
2001	803	414	389	135	668			10.9	13.66	5.8	7.86
2002	807	421	386	136	671			8.47	10.49	5.08	5.41
2003	811	420	391	179	632			7.96	9.82	5.39	4.43
2004	814	417	397	193	621	23.7		6.98	9.58	5.54	4.04
2005	817	417	400	213	604	26.1	761	7.64	9.35	5.28	4.07
2006	821	416	405	231	590	28.1	765	7.89	9.62	5.11	4.51
2007	824	416	408	248	576	30.1	764	8.06	9.78	5.18	4.6
2008	828	426	402	261	567	31.5	777	8.32	10.04	5.2	4.84
2009	832	436	396	278	554	33.4	781	8.37	10.05	5.2	4.85
2010	886	460	426	264	622	29.8	735	9.75	11.00	5.53	5.47
2011	891	468	422	281	610	31.5	736	9.45	10.61	5.62	4.99
2012	895	449	447	300	595	33.5	732	9.32	10.41	5.42	4.99
2013	900	451	449	315	585	35.0	728	9.35	10.45	5.70	4.75

注：2000年数据为五普数据，2001-2009年为人口抽样调查测算数据，2010年数据为六普数据，2011-2013年为人口抽样调查测算数据。从2004年开始人口与城镇化抽样调查工作，2004年前无城镇化率、常住人口数据。

3-2 各县(市、区)总人口（2013年底）

县(市、区)	总人口（万人）	按性别分		按城乡分	
		男（万人）	女（万人）	城镇人口（万人）	乡村人口（万人）
商丘市	**900.02**	**447.62**	**452.40**	**315.19**	**584.83**
梁园区	80.62	40.76	39.86	39.79	40.82
睢阳区	84.32	43.55	40.77	33.92	50.40
民权县	90.56	45.53	45.03	26.64	63.92
睢　县	86.60	42.06	44.54	25.98	60.62
宁陵县	64.64	31.92	32.72	17.92	46.71
柘城县	101.69	50.04	51.65	29.78	71.90
虞城县	117.74	57.05	60.69	36.13	81.61
夏邑县	119.92	59.75	60.17	38.57	81.35
永城市	153.12	76.27	76.85	60.04	93.08

注：此表数据为2013年人口与城镇化抽样调查年底数据。

3-3 各县(市、区)常住人口（2013年底）

县(市、区)	常住人口（万人）	按性别分		按城乡分		城镇化率（%）
		男（万人）	女（万人）	城镇人口（万人）	乡村人口（万人）	
商丘市	**727.70**	**361.92**	**365.78**	**254.84**	**472.86**	**35.02**
梁园区	82.95	41.94	41.01	40.94	42.01	49.36
睢阳区	84.88	43.84	41.04	34.15	50.73	40.23
民权县	72.06	36.23	35.83	21.20	50.86	29.42
睢　县	66.77	32.43	34.34	20.03	46.74	30.00
宁陵县	51.07	25.22	25.85	14.16	36.91	27.73
柘城县	69.49	34.20	35.29	20.35	49.14	29.29
虞城县	89.05	43.15	45.90	27.33	61.72	30.69
夏邑县	88.38	44.03	44.35	28.42	59.96	32.16
永城市	123.05	61.29	61.76	48.25	74.80	39.21

注：此表数据为2013年人口与城镇化抽样调查测算数据。

3-4 各县(市、区）人口变动情况（2013年底）

县(市、区)	出生率(‰)	出生人口(万人)	死亡率(‰)	死亡人口(万人)	自然增长率(‰)
商丘市	10.45	9.35	5.7	5.10	4.75
梁园区	10.36	0.83	5.55	0.45	5.10
睢阳区	10.25	0.86	5.59	0.47	5.12
民权县	10.18	0.92	5.66	0.51	5.15
睢　县	10.26	0.88	5.65	0.49	5.16
宁陵县	10.52	0.68	5.68	0.37	5.31
柘城县	10.59	1.07	5.99	0.61	5.38
虞城县	10.30	1.21	5.67	0.66	5.01
夏邑县	10.35	1.24	5.75	0.69	5.06
永城市	11.45	1.74	5.69	0.87	4.82

3-5 各县（市、区）常住人口年龄结构（2013年底）

县(市、区)	常住人口数（万人）				占常住人口比重（%）		
	合计	0-14岁	15-64岁	65岁及以上	0-14岁	15-64岁	65岁及以上
商丘市	727.70	142.60	509.58	75.52	19.60	70.03	10.38
梁园区	82.95	13.36	62.43	7.16	16.11	75.26	8.63
睢阳区	84.88	15.90	61.12	7.86	18.73	72.01	9.26
民权县	72.06	13.95	51.69	6.42	19.36	71.73	8.91
睢　县	66.77	14.15	46.12	6.49	21.20	69.08	9.72
宁陵县	51.07	9.69	35.90	5.48	18.97	70.30	10.74
柘城县	69.49	13.89	48.03	7.56	19.99	69.12	10.88
虞城县	89.05	18.20	60.50	10.35	20.44	67.94	11.62
夏邑县	88.38	16.21	62.06	10.10	18.34	70.22	11.43
永城市	123.05	27.42	81.44	14.19	22.28	66.18	11.54

注：此表数据为2013年人口与城镇化抽样调查测算数据。

主要指标解释

常住人口 包括居住在本乡镇街道、户口在本乡镇街道或户口待定的人；居住在本乡镇街道、离开户口所在的乡镇街道半年以上的人；户口在本乡镇街道、外出不满半年或在境外工作学习的人。

城镇非私营单位从业人员和工资

● 资料整理：谢　岚　郑天翔

4-1 全市及市区从业人员

单位:人

年 份	从业人员	城镇职工人数	国有单位	城镇集体单位	其他类型单位	第一产业	第二产业	第三产业
一、全市								
2000	4811574	403645	274306	99324	30015	3265705	693120	852749
2001	4866102	391328	260888	102405	28035	3343308	658780	864014
2002	4826641	376176	244217	87794	44165	3200004	717673	908964
2003	4842500	379487	248264	83198	48025	3225000	800100	817400
2004	4812300	379910	251217	73772	54921	3066300	846400	899500
2005	4907300	382431	250345	74328	57758	3040100	907000	960200
2006	4949500	376294	237108	75305	63881	3062600	923800	963100
2007	4939889	369411	235527	70874	63010	2787314	1121330	1031245
2008	5011882	370405	229151	58907	82347	2789960	1150665	1071257
2009	5028914	376119	242761	23269	110089	2637929	1256959	1040831
2010	5056353	384553	252215	27398	104940	2359770	1502876	1193707
2011	5066112	411954	257498	31072	131307	2290590	1561949	1213573
2012	5129300	420290	257562	31732	130996	2244873	1607393	1277034
2013	5223922	555845	246393	20311	289141	2232865	1652901	1338156
二、市区								
2000	795013	137680	104871	28352	4457	534351	104989	155673
2001	772084	134036	98889	27883	5464	554343	82140	135601
2002	759414	124919	84847	23879	16193	546824	86884	125706
2003	740000	126189	88258	20939	16992	530000	80000	130000
2004	752600	123397	87422	18006	17969	480300	116700	155600
2005	772094	123986	90701	15813	17472	530001	95479	146614
2006	767230	123471	89107	16196	18168	549600	104000	156200
2007	777351	124897	90275	15942	18680	447612	166905	162834
2008	792620	124073	81723	4061	38289	449024	171035	172561
2009	799952	132057	74226	3049	54782	441217	180491	178244
2010	851906	134910	75700	3094	56116	437461	186310	228135
2011	889119	148165	78280	4510	65375	408030	205039	276050
2012	890964	142487	77196	4763	60528	394929	211158	284877
2013	911773	178291	55837	3374	119080	390405	216090	305278

4-2 城镇非私营单位在岗职工工资

年 份	在岗职工工资总额（千元）	国有单位	集体单位	其他单位	在岗职工平均工资（元）
1998	1707091	1211380	307716	187995	3992
1999	1940197	1329760	418392	192045	4535
2000	2066540	1429163	428513	208864	5097
2001	2178274	1508348	452759	217167	5611
2002	2297495	4562542	406874	328079	6164
2003	2595980	1746706	446584	402690	6921
2004	3274658	2019357	512356	742945	8739
2005	3847619	2262330	590284	995005	10197
2006	4616190	2617988	726028	1272174	12350
2007	6178759	3602944	1023281	1552534	16879
2008	6945564	4010267	1061781	1873516	18770
2009	8091828	5080345	386070	2625413	21652
2010	9332292	5979550	483648	2869094	24256
2011	11078068	6424997	647038	4006033	27047
2012	12688524	7301057	757614	4629853	31162
2013	18012788	8791049	651592	8570147	36815

4-3 城镇非私营单位从业人员数（2013年）

单位：人

项　　目	单位从业人员年末人　数	#女性	其中：非全日制	在岗职工	劳务派遣人员	其他从业人员	单位从业人员平均人　数	在岗职工
全部合计	452358	171020	2491	417983	15287	19088	442696	408636
一、按执行会计标准类型分组								
1. 企业	259013	89369	2458	229662	15270	14081	251266	222140
2. 事业	135804	63143	3	131657	3	4144	134483	130427
3. 机关	55372	17448	30	54506	10	856	54799	53932
4. 民间非营利组织	626	410		626			606	606
5. 其他	1543	650		1532	4	7	1542	1531
二、按国民经济行业分组								
（一）农、林、牧、渔业	3589	781		3589			3588	3588
农业	1856	389		1856			1856	1856
林业	1364	226		1364			1363	1363
畜牧业	128	43		128			128	128
农、林、牧、渔服务业	241	123		241			241	241
（三）制造业	100830	48845	664	94396	2038	4396	98101	91782
农副食品加工业	8455	4169	7	8385	37	33	8318	8241
食品制造业	11897	6092	42	11279	310	308	11363	10854
酒、饮料和精制茶制造业	5383	2147	70	5213	65	105	5287	5117
纺织业	10261	6957	120	10090	31	140	9376	9204
纺织服装、服饰业	16946	7333	116	15659	498	789	16506	15207
皮革、毛皮、羽毛及其制品和制鞋业	5822	4085		5757	32	33	5726	5656
木材加工和木、竹、藤、棕、草制品业	1692	586		1612		80	1680	1602
家具制造业	281	88		281			270	270
造纸和纸制品业	2395	998	60	2319	15	61	2361	2286
印刷和记录媒介复制业	600	434		600			535	535
文教、工美、体育和娱乐用品制造业	1597	1079		1587	10		1561	1547
化学原料和化学制品制造业	2057	433	4	1987	25	45	1836	1792
医药制造业	4697	2340	5	4482	164	51	4673	4468
化学纤维制造业	104	25		104			239	229
橡胶和塑料制品业	3537	1339	180	3305	30	202	3356	3125
非金属矿物制品业	6099	2309		5841	177	81	5987	5723
黑色金属冶炼和压延加工业	714	339		714			698	698
有色金属冶炼和压延加工业	1584	317		1584			1823	1823
金属制品业	1040	409		1037		3	1039	1036
通用设备制造业	285	94		285			268	268
专用设备制造业	842	178		803	4	35	821	781
汽车制造业	1241	406	52	1108	70	63	1190	1056
铁路、船舶、航空航天和其他运输设备制造业	1978	659		1948	20	10	1943	1888
电气机械和器材制造业	3956	1710	8	2610	530	816	3877	2570
计算机、通信和其他电子设备制造业	4058	2794		4053	5		4109	4104
仪器仪表制造业	3291	1516		1735	15	1541	3241	1684
废弃资源综合利用业	18	9		18			18	18

注：4-3表至4-10表是不含永城数据

4-3续1 城镇非私营单位从业人员数（2013年）

单位：人

项　　目	单位从业人员年末人数	#女性	#单位负责人	在岗职工	劳务派遣人员	其他从业人员	单位从业人员平均人数	在岗职工
（四）电力、热力、燃气及水生产和供应业	8191	2708		7983	206	2	8148	7941
电力、热力生产和供应业	6340	1738		6132	206	2	6306	6099
燃气生产和供应业	183	56		183			183	183
水的生产和供应业	1668	914		1668			1659	1659
（五）建筑业	78859	7589	1515	64111	7042	7706	75735	61225
房屋建筑业	56011	4287	1141	44180	5779	6052	53471	41822
土木工程建筑业	16055	2756	279	14240	640	1175	16048	14258
建筑安装业	813	97	13	672	69	72	804	620
建筑装饰和其他建筑业	5980	449	82	5019	554	407	5412	4525
（六）批发和零售业	25563	11587	17	23485	1361	717	25168	23055
批发业	12918	5361	15	11890	563	465	12809	11779
. 零售业	12645	6226	2	11595	798	252	12359	11276
（七）交通运输、仓储和邮政业	17778	6901	12	14785	2538	455	16451	13469
道路运输业	11856	3724	12	11702	38	116	10571	10413
装卸搬运和运输代理业	99	6		99			99	99
仓储业	1689	713		1497		192	1686	1490
邮政业	4134	2458		1487	2500	147	4095	1467
（八）住宿和餐饮业	2784	1314	5	2769	8	7	2946	2874
住宿业	1414	683		1408	5	1	1551	1488
餐饮业	1370	631	5	1361	3	6	1395	1386
（九）信息传输、软件和信息技术服务业	5151	2220		3468	1618	65	5145	3429
电信、广播电视和卫星传输服务	5067	2203		3384	1618	65	5065	3349
互联网和相关服务	84	17		84			80	80
（十）金融业	9779	4742	3	8995	368	416	9587	8801
货币金融服务	6381	2592	3	5991	368	22	6325	5933
保险业	3398	2150		3004		394	3262	2868
（十一）房地产业	7398	2267	245	6937	102	359	7316	6841
其中：房地产开发经营	6812	2069	245	6351	102	359	6732	6257
物业管理	187	43		187			185	185
房地产中介服务	80	21		80			80	80
（十二）租赁和商务服务业	1184	615		1184			1177	1177
租赁业	41	14		41			42	42
商务服务业	1143	601		1143			1135	1135
（十三）科学研究和技术服务业	2673	831		2672		1	2544	2543
研究和试验发展	550	135		550			551	551

4-3续2 城镇非私营单位从业人员数（2013年）

单位：人

项　　目	单位从业人员年末人　数	＃女性	#单位负责人	在岗职工	劳务派遣人员	其他从业人员	单位从业人员平均人　数	在岗职工
专业技术服务业	957	259		956		1	947	946
科技推广和应用服务业	1166	437		1166			1046	1046
（十四）水利、环境和公共设施管理业	6586	2473		6557		29	6550	6522
水利管理业	3108	926		3108			3069	3069
生态保护和环境治理业	349	84		332		17	349	332
公共设施管理业	3129	1463		3117		12	3132	3121
（十五）居民服务、修理和其他服务业	332	135		332			326	326
居民服务业	275	95		275			269	269
机动车、电子产品和日用产品修理业	5	1		5			5	5
其他服务业	52	39		52			52	52
（十六）教育	81020	40545		78592		2428	80305	77917
其中：初等教育	18589	10378		18410		179	18532	18340
中等教育	56471	27191		54302		2169	56040	53924
高等教育	3213	1450		3181		32	3005	2973
（十七）卫生和社会工作	33234	16146		31514		1720	32883	31193
卫生	32787	15906		31067		1720	32436	30746
社会工作	447	240		447			447	447
（十八）文化、体育和娱乐业	1510	584		1510			1489	1489
新闻和出版业	127	38		127			127	127
广播、电视、电影和影视录音制作业	313	125		313			308	308
文化艺术业	866	332		866			851	851
体育	15	2		15			15	15
娱乐业	189	87		189			188	188
（十九）公共管理、社会保障和社会组织	65897	20737	30	65104	6	787	65237	64464
其中：中国共产党机关	918	223		915		3	898	896
国家机构	62936	19623	30	62146	6	784	62315	61544
人民政协、民主党派	386	92		386			380	380
社会保障	359	155		359			359	359
群众团体、社会团体和其他成员组织	1298	644		1298			1285	1285

4-4 城镇非私营单位从业人员工资总额和平均工资（2013年）

单位：千元、元

项 目	单位从业人员工资总额	在岗职工工资总额	劳务派遣人员工资总额	其他从业人员工资总额	在岗职工平均工资
全部合计	15169564	14170416	530367	468781	34695
一、按执行会计标准类型分组					
1. 企业	7979411	7105872	529759	343780	32191
2. 事业	5271712	5167255	180	104277	39618
3. 机关	1862853	1841903	368	20582	34153
4. 民间非营利组织	13551	13551			22361
5. 其他	42037	41835	60	142	27293
二、按国民经济行业分组					
（一）农、林、牧、渔业	87323	87323			24338
农业	48050	48050			25889
林业	28870	28870			21181
畜牧业	3880	3880			30313
农、林、牧、渔服务业	6523	6523			27066
（三）制造业	2858775	2702596	52319	103860	29381
农副食品加工业	221479	219982	550	947	26641
食品制造业	296744	277183	7601	11960	25635
酒、饮料和精制茶制造业	156123	153511	1596	1016	29932
纺织业	276165	272905	700	2560	29624
纺织服装、服饰业	487211	455865	12991	18355	29812
皮革、毛皮、羽毛及其制品和制鞋业	172774	170493	916	1365	30135
木材加工和木、竹、藤、棕、草制品业	77368	74601		2767	46567
家具制造业	7272	7272			26933
造纸和纸制品业	71514	69020	874	1620	30402
印刷和记录媒介复制业	14922	14922			27892
文教、工美、体育和娱乐用品制造业	43390	43060	160	170	27759
化学原料和化学制品制造业	48357	47606	119	632	26484
医药制造业	151239	145033	5050	1156	32401
化学纤维制造业	7004	6814	100	90	29547
橡胶和塑料制品业	99934	96838	380	2716	30833
非金属矿物制品业	191404	184567	5081	1756	32122
黑色金属冶炼和压延加工业	34453	34453			49360
有色金属冶炼和压延加工业	61978	61978			33998
金属制品业	22529	22475		54	21694
通用设备制造业	5901	5901			22019

4-4续1 城镇非私营单位从业人员工资总额和平均工资（2013年）

单位：千元、元

项　　目	单位从业人员工资总　额	在岗职工工资总　额	劳务派遣人员工资总额	其他从业人员工资总额	在岗职工平均工资
专用设备制造业	24226	23246	100	880	29740
汽车制造业	31431	27731	2128	1572	26541
铁路、船舶、航空航天和其他运输设备制造业	56825	56077	456	292	29398
26.电气机械和器材制造业	113923	71389	13007	29527	27464
计算机、通信和其他电子设备制造业	103195	103063	132		25114
仪器仪表制造业	80790	55987	378	24425	33175
废弃资源综合利用业	624	624			34667
（四）电力、热力、燃气及水生产和供应业	369396	364000	5375	21	45344
电力、热力生产和供应业	325190	319794	5375	21	51581
燃气生产和供应业	5520	5520			30164
水的生产和供应业	38686	38686			23319
（五）建筑业	2130122	1739511	202971	187640	28566
房屋建筑业	1505620	1193464	173004	139152	28856
土木工程建筑业	446593	394638	15068	36887	27444
建筑安装业	20711	16557	1521	2633	26276
建筑装饰和其他建筑业	157198	134852	13378	8968	29481
（六）批发和零售业	845927	789047	35867	21013	33742
批发业	503041	474081	14187	14773	39549
零售业	342886	314966	21680	6240	27817
（七）交通运输、仓储和邮政业	597548	489946	97772	9830	36760
道路运输业	390766	384935	864	4967	36915
装卸搬运和运输代理业	2128	2128			21495
仓储业	48317	46671		1646	31323
邮政业	156337	56212	96908	3217	38784
（八）住宿和餐饮业	72978	71487	1381	110	24793
住宿业	40954	39632	1309	13	26414
餐饮业	32024	31855	72	97	22986
（九）信息传输、软件和信息技术服务业	290284	167976	121264	1044	56926
电信、广播电视和卫星传输服务	286826	164518	121264	1044	57145
互联网和相关服务	3458	3458			43225
（十）金融业	485292	465979	8957	10356	51787
货币金融服务	295651	286099	8957	595	46812
保险业	189641	179880		9761	62720
（十一）房地产业	255243	239769	4266	11208	35123
其中：房地产开发经营	241964	226490	4266	11208	36260
物业管理	3036	3036			16411
房地产中介服务	2792	2792			34900
（十二）租赁和商务服务业	29377	29377			24959
租赁业	1284	1284			30571
商务服务业	28093	28093			24752
（十三）科学研究和技术服务业	70529	70499		30	27723

4-4续2 城镇非私营单位从业人员工资总额和平均工资（2013年）

单位：千元、元

项　　目	单位从业人员工资总额	在岗职工工资总额	劳务派遣人员工资总额	其他从业人员工资总额	在岗职工平均工资
研究和试验发展	14797	14797			26855
专业技术服务业	26219	26189		30	27684
科技推广和应用服务业	29513	29513			28215
（十四）水利、环境和公共设施管理业	234267	233995		272	35878
水利管理业	138448	138448			45112
生态保护和环境治理业	9001	8729		272	26292
公共设施管理业	86818	86818			27817
（十五）居民服务、修理和其他服务业	9547	9547			29285
居民服务业	7916	7916			29428
机动车、电子产品和日用产品修理业	185	185			37000
其他服务业	1446	1446			27808
（十六）教育	3294587	3230593		63994	41462
其中：初等教育	687451	682467		4984	37212
中等教育	2349436	2292298		57138	42510
高等教育	160718	159886		832	53779
（十七）卫生和社会工作	1299735	1257663		42072	40319
卫生	1285491	1243419		42072	40442
社会工作	14244	14244			31866
（十八）文化、体育和娱乐业	40560	40560			27240
新闻和出版业	6403	6403			50417
广播、电视、电影和影视录音制作业	7346	7346			23851
文化艺术业	23636	23636			27774
体育	284	284			18933
娱乐业	2891	2891			15378
（十九）公共管理、社会保障和社会组织	2198074	2180548	195	17331	33824
其中：中国共产党机关	32564	32503		61	36276
国家机构	2091888	2074423	195	17270	33705
人民政协、民主党派	16164	16164			42537
社会保障	11488	11488			32000
群众团体、社会团体和其他成员组织	45970	45970			35774

4-5 城镇国有单位从业人员数（2013年）

单位：人

项目	单位从业人员年末人数	#女性	其中：非全日制	在岗职工	劳务派遣人员	其他从业人员	单位从业人员平均人数	在岗职工
国有单位合计	211458	87040	105	201998	3320	6140	209914	200484
一、按隶属关系分组								
1.中央	4771	1615		4282	464	25	4765	4275
2.省、自治区、直辖市	5930	2070		5589	279	62	5890	5544
3.地区	21314	8856	75	18144	2542	628	21172	17979
4.县及县以下	174502	72924	30	169055	35	5412	172896	167509
5.其他	4941	1575		4928		13	5191	5177
二、按执行会计标准类型分组								
1.企业	29881	11203	72	25420	3307	1154	30014	25495
其中：地方	25643	9692	72	21671	2843	1129	25777	21745
2.事业	126300	58523	3	122167	3	4130	125191	121147
其中：地方	126199	58500	3	122066	3	4130	125090	121049
3.机关	54304	16952	30	53438	10	856	53731	52864
其中：地方	53872	16871	30	53006	10	856	53304	52437
5.其他	973	362		973			978	978
三、按国民经济行业分组								
（一）农、林、牧、渔业	3589	781		3589			3588	3588
农业	1856	389		1856			1856	1856
林业	1364	226		1364			1363	1363
畜牧业	128	43		128			128	128
农、林、牧、渔服务业	241	123		241			241	241
（三）制造业	3096	887		3096			3337	3337
农副食品加工业	141	32		141			140	140
纺织业	1			1			1	1
非金属矿物制品业	1490	554		1490			1490	1490
有色金属冶炼和压延加工业	1176	203		1176			1418	1418
电气机械和器材制造业	36			36			36	36
计算机、通信和其他电子设备制造业	234	89		234			234	234
废弃资源综合利用业	18	9		18			18	18

4-5续1 城镇国有单位从业人员数（2013年）

单位：人

项　　目	单位从业人员年末人　数	#女性	#单位负责人	在岗职工	劳务派遣人员	其他从业人员	单位从业人员平均人　数	在岗职工
（四）电力、热力、燃气及水生产和供应业	4485	1360		4485			4475	4475
电力、热力生产和供应业	3865	1087		3865			3860	3860
水的生产和供应业	620	273		620			615	615
（五）建筑业	705	163	72	623		82	702	620
房屋建筑业	124	15		124			125	125
土木工程建筑业	365	86		365			365	365
建筑装饰和其他建筑业	216	62	72	134		82	212	130
（六）批发和零售业	6698	2447		5780	526	392	6687	5700
批发业	5380	1741		4576	526	278	5315	4514
零售业	1318	706		1204		114	1372	1186
（七）交通运输、仓储和邮政业	9627	4525		6788	2500	339	9581	6757
道路运输业	4337	1534		4337			4333	4333
仓储业	1251	593		1059		192	1248	1052
邮政业	4039	2398		1392	2500	147	4000	1372
（八）住宿和餐饮业	53	28		53			51	51
住宿业	35	19		35			33	33
餐饮业	18	9		18			18	18
（九）信息传输、软件和信息技术服务业	1267	458		1202		65	1253	1189
电信、广播电视和卫星传输服务	1183	441		1118		65	1173	1109
互联网和相关服务	84	17		84			80	80
（十）金融业	3787	1517	3	3083	288	416	3738	3028
货币金融服务	3002	1048	3	2692	288	22	2960	2644
保险业	785	469		391		394	778	384
（十一）房地产业	364	146		364			364	364
其中:房地产开发经营	15	3		15			15	15
房地产中介服务	30	9		30			30	30
（十二）租赁和商务服务业	117	29		117			116	116
商务服务业	117	29		117			116	116

4-5续2　城镇国有单位从业人员数（2013年）

单位：人

项　　目	单位从业人员年末人数	#女性	#单位负责人	在岗职工	劳务派遣人员	其他从业人员	单位从业人员平均人数	在岗职工
（十三）科学研究和技术服务业	2195	622		2194		1	2072	2071
研究和试验发展	505	113		505			506	506
专业技术服务业	894	241		893		1	885	884
科技推广和应用服务业	796	268		796			681	681
（十四）水利、环境和公共设施管理业	6275	2298		6246		29	6237	6209
水利管理业	3108	926		3108			3069	3069
生态保护和环境治理业	349	84		332		17	349	332
公共设施管理业	2818	1288		2806		12	2819	2808
（十五）居民服务、修理和其他服务业	239	81		239			235	235
居民服务业	239	81		239			235	235
（十六）教育	70630	35388		68217		2413	70128	67755
其中：初等教育	17244	9830		17065		179	17188	16996
中等教育	49589	23643		47430		2159	49158	47052
高等教育	1594	715		1562		32	1592	1560
（十七）卫生和社会工作	31610	15179		29994		1616	31306	29718
卫生	31163	14939		29547		1616	30859	29271
社会工作	447	240		447			447	447
（十八）文化、体育和娱乐业	1431	554		1431			1410	1410
新闻和出版业	127	38		127			127	127
广播、电视、电影和影视录音制作业	282	110		282			277	277
文化艺术业	825	317		825			810	810
体育	15	2		15			15	15
娱乐业	182	87		182			181	181
（十九）公共管理、社会保障和社会组织	65290	20577	30	64497	6	787	64634	63861
其中:中国共产党机关	918	223		915		3	898	896
国家机构	62418	19478	30	61628	6	784	61801	61030
人民政协、民主党派	386	92		386			380	380
社会保障	359	155		359			359	359
群众团体、社会团体和其他成员组织	1209	629		1209			1196	1196

4-6 城镇国有单位工资总额和平均工资（2013年）

单位：千元、元

项　目	单位从业人员工资总　额	在岗职工工资总　额	劳务派遣人员工资总额	其他从业人员工资总额	在岗职工平均工资
国有单位合计	7875204	7603542	118398	153264	37878
一、按隶属关系分组					
1.中央	216913	204349	11777	787	45596
2.省、自治区、直辖市	234814	226387	6891	1536	40020
3.地区	849910	734669	98752	16489	40572
4.县及县以下	6370640	6235625	978	134037	37217
5.其他	202927	202512		415	39118
二、按执行会计标准类型分组					
1.企业	1143236	996591	117850	28795	38619
其中：地方	946395	812269	106118	28008	37265
2.事业	4884011	4779944	180	103887	39455
其中：地方	4879624	4775602	135	103887	39452
3.机关	1819684	1798734	368	20582	34026
其中：地方	1803999	1783049	368	20582	34004
5.其他	28273	28273			28909
三、按国民经济行业分组					
（一）农、林、牧、渔业	87323	87323			24338
农业	48050	48050			25889
林业	28870	28870			21181
畜牧业	3880	3880			30313
农、林、牧、渔服务业	6523	6523			27066
（三）制造业	107649	107649			32259
农副食品加工业	2550	2550			18214
纺织业	17	17			17000
非金属矿物制品业	48235	48235			32372
有色金属冶炼和压延加工业	49063	49063			34600
电气机械和器材制造业	803	803			22306
计算机、通信和其他电子设备制造业	6357	6357			27167
废弃资源综合利用业	624	624			34667

4-6续1　城镇国有单位工资总额和平均工资（2013年）

单位：千元、元

项　目	单位从业人员工资总　额	在岗职工工资总 额	劳务派遣人员工资总额	其他从业人员工资总额	在岗职工平均工资
（四）电力、热力、燃气及水生产和供应业	184827	184827			41302
电力、热力生产和供应业	166351	166351			43096
水的生产和供应业	18476	18476			30042
建筑业	18505	16695		1810	26927
房屋建筑业	5158	5158			41264
土木工程建筑业	8771	8771			24030
建筑装饰和其他建筑业	4576	2766		1810	21277
（六）批发和零售业	290892	262753	14005	14134	43972
批发业	261785	237095	13177	11513	49677
零售业	29107	25658	828	2621	21088
（七）交通运输、仓储和邮政业	356674	254903	96908	4863	38083
道路运输业	168292	168292			38840
仓储业	35322	33676		1646	32011
邮政业	153060	52935	96908	3217	38890
（八）住宿和餐饮业	1511	1511			29627
住宿业	796	796			24121
餐饮业	715	715			39722
（九）信息传输、软件和信息技术服务业	37144	36100		1044	30362
电信、广播电视和卫星传输服务	33686	32642		1044	29434
互联网和相关服务	3458	3458			43225
（十）金融业	145968	128322	7290	10356	40822
货币金融服务	117378	109493	7290	595	39749
保险业	28590	18829		9761	49034
（十一）房地产业	8975	8975			24657
其中：房地产开发经营	452	452			30133
房地产中介服务	1072	1072			35733
（十二）租赁和商务服务业	3575	3575			30819
商务服务业	3575	3575			30819
（十三）科学研究和技术服务业	58121	58091		30	28050

4-6续2　城镇国有单位工资总额和平均工资（2013年）

单位：千元、元

项　　目	单位从业人员工资总额	在岗职工工资总额	劳务派遣人员工资总额	其他从业人员工资总额	在岗职工平均工资
研究和试验发展	13185	13185			26057
专业技术服务业	25263	25233		30	28544
科技推广和应用服务业	19673	19673			28888
（十四）水利、环境和公共设施管理业	226918	226646		272	36503
水利管理业	138448	138448			45112
生态保护和环境治理业	9001	8729		272	26292
公共设施管理业	79469	79469			28301
（十五）居民服务、修理和其他服务业	6942	6942			29540
居民服务业	6942	6942			29540
（十六）教育	2874368	2810826		63542	41485
其中：初等教育	634236	629252		4984	37024
中等教育	2056741	1999963		56778	42505
高等教育	100825	99993		832	64098
（十七）卫生和社会工作	1244862	1204980		39882	40547
卫生	1230618	1190736		39882	40680
社会工作	14244	14244			31866
（十八）文化、体育和娱乐业	38501	38501			27306
新闻和出版业	6403	6403			50417
广播、电视、电影和影视录音制作业	6700	6700			24188
文化艺术业	22339	22339			27579
体育	284	284			18933
娱乐业	2775	2775			15331
（十九）公共管理、社会保障和社会组织	2182449	2164923	195	17331	33899
其中：中国共产党机关	32564	32503		61	36276
国家机构	2077807	2060342	195	17270	33758
人民政协、民主党派	16164	16164			42537
社会保障	11488	11488			32000
群众团体、社会团体和其他成员组织	44426	44426			37145

4-7　城镇集体单位从业人员数（2013年）

单位：人

项　　目	单位从业人员年末人　数	#女性	在岗职工	劳务派遣人员	其他从业人员	单位从业人员平均人　数	在岗职工
集体单位合计	19568	8160	18834	149	585	19188	18454
一、按执行会计标准类型分组							
1. 企业	13157	4990	12427	149	581	12783	12051
2. 事业	5907	2934	5903		4	5901	5899
3. 机关	341	175	341			341	341
4. 民间非营利组织							
5. 其他	163	61	163			163	163
三、按国民经济行业分组							
（三）制造业	1126	572	1126			1122	1122
农副食品加工业	184	56	184			184	184
食品制造业	203	162	203			203	203
皮革、毛皮、羽毛及其制品和制鞋业	1		1			1	1
印刷和记录媒介复制业	30	21	30			30	30
文教、工美、体育和娱乐用品制造业	420	267	420			416	416
化学原料和化学制品制造业	64	12	64			64	64
计算机、通信和其他电子设备制造业	224	54	224			224	224
（五）建筑业	3394	157	2803	113	478	3109	2516
房屋建筑业	2593	65	2232	113	248	2315	1947
土木工程建筑业	801	92	571		230	794	569
（六）批发和零售业	5655	3003	5651	4		5610	5606
批发业	3231	1892	3227	4		3235	3231
零售业	2424	1111	2424			2375	2375
（七）交通运输、仓储和邮政业	173	49	138	32	3	173	138

4-7续　城镇集体单位从业人员数（2013年）

单位：人

项　目	单位从业人员年末人数	#女性	在岗职工	劳务派遣人员	其他从业人员	单位从业人员平均人数	在岗职工
道路运输业	99	14	64	32	3	99	64
仓储业	74	35	74			74	74
（八）住宿和餐饮业	42	30	42			42	42
住宿业	27	19	27			27	27
餐饮业	15	11	15			15	15
（九）信息传输、软件和信息技术服务业	372	188	372			359	359
电信、广播电视和卫星传输服务	372	188	372			359	359
（十）金融业	1958	686	1958			1959	1959
货币金融服务	1958	686	1958			1959	1959
（十一）房地产业	45	9	45			45	45
房地产中介服务	45	9	45			45	45
（十三）科学研究和技术服务业	45	22	45			45	45
研究和试验发展	45	22	45			45	45
（十四）水利、环境和公共设施管理业	45	6	45			45	45
公共设施管理业	45	6	45			45	45
（十六）教育	5715	2886	5715			5715	5715
其中：初等教育	859	413	859			859	859
中等教育	4851	2472	4851			4851	4851
（十七）卫生和社会工作	892	537	788		104	862	760
卫生	892	537	788		104	862	760
（十九）公共管理、社会保障和社会组织	106	15	106			102	102
国家机构	106	15	106			102	102

4-8 城镇集体单位从业人员工资总额和平均工资（2013年）

单位：千元、元

项　　目	单位从业人员工资总额	在岗职工工资总额	劳务派遣人员工资总额	其他从业人员工资总额	在岗职工平均工资
集体单位合计	649684	621292	4967	23425	33623
一、按执行会计标准类型分组					
1. 企业	383671	355309	4967	23395	29475
2. 事业	246132	246102		30	41719
3. 机关	15096	15096			44270
4. 民间非营利组织					
5. 其他	4785	4785			29356
三、按国民经济行业分组					
（三）制造业	24558	24558			21888
农副食品加工业	3195	3195			17364
食品制造业	4082	4082			20108
皮革、毛皮、羽毛及其制品和制鞋业	17	17			17000
印刷和记录媒介复制业	1584	1584			52800
文教、工美、体育和娱乐用品制造业	8316	8316			19990
化学原料和化学制品制造业	2470	2470			38594
计算机、通信和其他电子设备制造业	4894	4894			21848
（五）建筑业	93238	68001	4182	21055	27218
房屋建筑业	56636	45779	4182	6675	23985
土木工程建筑业	36602	22222		14380	39054
（六）批发和零售业	161433	161224	209		28776
批发业	102925	102716	209		31816
零售业	58508	58508			24635
（七）交通运输、仓储和邮政业	4378	3622	576	180	24694

4-8续　城镇集体单位从业人员工资总额和平均工资（2013年）

单位：千元、元

项　　目	单位从业人员工资总额	在岗职工工资总额	劳务派遣人员工资总额	其他从业人员工资总额	在岗职工平均工资
道路运输业	2243	1487	576	180	21490
仓储业	2135	2135			28851
（八）住宿和餐饮业	1401	1401			33357
住宿业	1116	1116			41333
餐饮业	285	285			19000
（九）信息传输、软件和信息技术服务业	9009	9009			25095
电信、广播电视和卫星传输服务	9009	9009			25095
（十）金融业	75922	75922			38755
货币金融服务	75922	75922			38755
（十一）房地产业	1633	1633			36289
房地产中介服务	1633	1633			36289
（十三）科学研究和技术服务业	1612	1612			35822
研究和试验发展	1612	1612			35822
（十四）水利、环境和公共设施管理业	2323	2323			51622
公共设施管理业	2323	2323			51622
(十六）教育	240409	240409			42066
其中：初等教育	36569	36569			42572
中等教育	203669	203669			41985
（十七）卫生和社会工作	30426	28236		2190	37153
卫生	30426	28236		2190	37153
（十九）公共管理、社会保障和社会组织	3342	3342			32765
国家机构	3342	3342			32765

4-9 城镇其他单位从业人员数（2013年）

单位：人

项　　目	单位从业人员年末人数	#女性	其中：非全日制	在岗职工	劳务派遣人员	其他从业人员	单位从业人员平均人数	在岗职工
其他单位合计	221332	75820	2386	197151	11818	12363	213594	189698
一、按登记注册类型分组								
（一）内资	208892	67730	2366	185250	11311	12331	201270	177925
1.股份合作	6608	3331		6454		154	6478	6330
2.联营	925	247		913	2	10	927	915
其中：国有联营企业	632	126		620	2	10	632	620
集体联营企业	32	19		32			32	32
3.有限责任公司	131046	39592	1709	115440	7845	7761	125071	109672
其中：国有独资公司	5063	1627	8	4016	170	877	4944	3898
4.股份有限公司	49423	17069	553	42943	2845	3635	48481	42103
5.其他	20890	7491	104	19500	619	771	20313	18905
（二）港、澳、台商投资企业	9874	6668		9388	486		9872	9380
（三）外商投资企业	2566	1422	20	2513	21	32	2452	2393
二、按执行会计标准类型分组								
1.企业	215975	73176	2386	191815	11814	12346	208469	184594
2.事业	3597	1686		3587		10	3391	3381
3.机关	727	321		727			727	727
4.民间非营利组织	626	410		626			606	606
5.其他	407	227		396	4	7	401	390
三、按国民经济行业分组								
（三）制造业	96608	47386	664	90174	2038	4396	93642	87323
农副食品加工业	8130	4081	7	8060	37	33	7994	7917
食品制造业	11694	5930	42	11076	310	308	11160	10651
酒、饮料和精制茶制造业	5383	2147	70	5213	65	105	5287	5117
纺织业	10260	6957	120	10089	31	140	9375	9203
纺织服装、服饰业	16946	7333	116	15659	498	789	16506	15207
皮革、毛皮、羽毛及其制品和制鞋业	5821	4085		5756	32	33	5725	5655
木材加工和木、竹、藤、棕、草制品业	1692	586		1612		80	1680	1602
家具制造业	281	88		281			270	270
造纸和纸制品业	2395	998	60	2319	15	61	2361	2286
印刷和记录媒介复制业	570	413		570			505	505
文教、工美、体育和娱乐用品制造业	1177	812		1167	10		1145	1131
化学原料和化学制品制造业	1993	421	4	1923	25	45	1772	1728
医药制造业	4697	2340	5	4482	164	51	4673	4468

4-9续1　城镇其他单位从业人员数（2013年）

单位：人

项　　目	单位从业人员年末人　　数	#女性	#单位负责人	在岗职工	劳务派遣人员	其他从业人员	单位从业人员平均人　　数	在岗职工
化学纤维制造业	104	25		104			239	229
橡胶和塑料制品业	3537	1339	180	3305	30	202	3356	3125
非金属矿物制品业	4609	1755		4351	177	81	4497	4233
黑色金属冶炼和压延加工业	714	339		714			698	698
有色金属冶炼和压延加工业	408	114		408			405	405
金属制品业	1040	409		1037		3	1039	1036
通用设备制造业	285	94		285			268	268
专用设备制造业	842	178		803	4	35	821	781
汽车制造业	1241	406	52	1108	70	63	1190	1056
铁路、船舶、航空航天和其他运输设备制造业	1978	659		1948	20	10	1943	1888
电气机械和器材制造业	3920	1710	8	2574	530	816	3841	2534
计算机、通信和其他电子设备制造业	3600	2651		3595	5		3651	3646
仪器仪表制造业	3291	1516		1735	15	1541	3241	1684
（四）电力、热力、燃气及水生产和供应业	3706	1348		3498	206	2	3673	3466
电力、热力生产和供应业	2475	651		2267	206	2	2446	2239
燃气生产和供应业	183	56		183			183	183
水的生产和供应业	1048	641		1048			1044	1044
（五）建筑业	74760	7269	1443	60685	6929	7146	71924	58089
房屋建筑业	53294	4207	1141	41824	5666	5804	51031	39750
土木工程建筑业	14889	2578	279	13304	640	945	14889	13324
建筑安装业	813	97	13	672	69	72	804	620
建筑装饰和其他建筑业	5764	387	10	4885	554	325	5200	4395
（六）批发和零售业	13210	6137	17	12054	831	325	12871	11749
批发业	4307	1728	15	4087	33	187	4259	4034
零售业	8903	4409	2	7967	798	138	8612	7715
（七）交通运输、仓储和邮政业	7978	2327	12	7859	6	113	6697	6574
道路运输业	7420	2176	12	7301	6	113	6139	6016
装卸搬运和运输代理业	99	6		99			99	99
仓储业	364	85		364			364	364
邮政业	95	60		95			95	95
（八）住宿和餐饮业	2689	1256	5	2674	8	7	2853	2781
住宿业	1352	645		1346	5	1	1491	1428
餐饮业	1337	611	5	1328	3	6	1362	1353
（九）信息传输、软件和信息技术服务业	3512	1574		1894	1618		3533	1881

4-9续2　城镇其他单位从业人员数（2013年）

单位：人

项　　目	单位从业人员年末人数	#女性	#单位负责人	在岗职工	劳务派遣人员	其他从业人员	单位从业人员平均人数	在岗职工
电信、广播电视和卫星传输服务	3512	1574		1894	1618		3533	1881
（十）金融业	4034	2539		3954	80		3890	3814
货币金融服务	1421	858		1341	80		1406	1330
保险业	2613	1681		2613			2484	2484
（十一）房地产业	6989	2112	245	6528	102	359	6907	6432
其中：房地产开发经营	6797	2066	245	6336	102	359	6717	6242
物业管理	187	43		187			185	185
房地产中介服务	5	3		5			5	5
（十二）租赁和商务服务业	1067	586		1067			1061	1061
租赁业	41	14		41			42	42
商务服务业	1026	572		1026			1019	1019
（十三）科学研究和技术服务业	433	187		433			427	427
专业技术服务业	63	18		63			62	62
科技推广和应用服务业	370	169		370			365	365
（十四）水利、环境和公共设施管理业	266	169		266			268	268
公共设施管理业	266	169		266			268	268
（十五）居民服务、修理和其他服务业	93	54		93			91	91
居民服务业	36	14		36			34	34
机动车、电子产品和日用产品修理业	5	1		5			5	5
其他服务业	52	39		52			52	52
（十六）教育	4675	2271		4660		15	4462	4447
其中：初等教育	486	135		486			485	485
中等教育	2031	1076		2021		10	2031	2021
高等教育	1619	735		1619			1413	1413
（十七）卫生和社会工作	732	430		732			715	715
卫生	732	430		732			715	715
（十八）文化、体育和娱乐业	79	30		79			79	79
广播、电视、电影和影视录音制作业	31	15		31			31	31
文化艺术业	41	15		41			41	41
娱乐业	7			7			7	7
（十九）公共管理、社会保障和社会组织	501	145		501			501	501
国家机构	412	130		412			412	412
群众团体、社会团体和其他成员组织	89	15		89			89	89

4-10 城镇其他单位从业人员工资总额和平均工资（2013年）

单位：千元、元

项　目	单位从业人员工资总额	在岗职工工资总额	劳务派遣人员工资总额	其他从业人员工资总额	在岗职工平均工资
其他单位合计	6644676	5945582	407002	292092	31569
一、按登记注册类型分组					
（一）内资	6256655	5578582	387268	290805	31575
1.股份合作	343666	341169		2497	53897
2.联营	52325	51909	56	360	56668
其中：国有联营企业	42601	42185	56	360	67912
集体联营企业	1202	1202			37563
3.有限责任公司	3833663	3350705	294503	188455	31078
其中：国有独资公司	167850	128598	7770	31482	33432
4.股份有限公司	1359669	1201471	75436	82762	28470
5.其他	667332	633328	17273	16731	33269
（二）港、澳、台商投资企业	296741	277380	19244	117	30062
（三）外商投资企业	91280	89620	490	1170	37328
二、按执行会计标准类型分组					
1.企业	6452504	5753972	406942	291590	31414
2.事业	141569	141209		360	41765
3.机关	28073	28073			38615
4.民间非营利组织	13551	13551			22361
5.其他	8979	8777	60	142	22429
三、按国民经济行业分组					
（三）制造业	2726568	2570389	52319	103860	29368
农副食品加工业	215734	214237	550	947	27004
食品制造业	292662	273101	7601	11960	25738
酒、饮料和精制茶制造业	156123	153511	1596	1016	29932
纺织业	276148	272888	700	2560	29625
纺织服装、服饰业	487211	455865	12991	18355	29812
皮革、毛皮、羽毛及其制品和制鞋业	172757	170476	916	1365	30138
木材加工和木、竹、藤、棕、草制品业	77368	74601		2767	46567
家具制造业	7272	7272			26933
造纸和纸制品业	71514	69020	874	1620	30402
印刷和记录媒介复制业	13338	13338			26412
文教、工美、体育和娱乐用品制造业	35074	34744	160	170	30591
化学原料和化学制品制造业	45887	45136	119	632	26039
医药制造业	151239	145033	5050	1156	32401
化学纤维制造业	7004	6814	100	90	29547

4-10续1 城镇其他单位从业人员工资总额和平均工资（2013年）

单位：千元、元

项目	单位从业人员工资总额	在岗职工工资总额	劳务派遣人员工资总额	其他从业人员工资总额	在岗职工平均工资
橡胶和塑料制品业	99934	96838	380	2716	30833
非金属矿物制品业	143169	136332	5081	1756	32037
黑色金属冶炼和压延加工业	34453	34453			49360
有色金属冶炼和压延加工业	12915	12915			31889
金属制品业	22529	22475		54	21694
通用设备制造业	5901	5901			22019
专用设备制造业	24226	23246	100	880	29740
汽车制造业	31431	27731	2128	1572	26541
铁路、船舶、航空航天和其他运输设备制造业	56825	56077	456	292	29398
电气机械和器材制造业	113120	70586	13007	29527	27525
计算机、通信和其他电子设备制造业	91944	91812	132		25183
仪器仪表制造业	80790	55987	378	24425	33175
（四）电力、热力、燃气及水生产和供应业	184569	179173	5375	21	50272
电力、热力生产和供应业	158839	153443	5375	21	64983
燃气生产和供应业	5520	5520			30164
水的生产和供应业	20210	20210			19358
（五）建筑业	2018379	1654815	198789	164775	28637
房屋建筑业	1443826	1142527	168822	132477	29046
土木工程建筑业	401220	363645	15068	22507	27061
建筑安装业	20711	16557	1521	2633	26276
建筑装饰和其他建筑业	152622	132086	13378	7158	29699
（六）批发和零售业	393602	365070	21653	6879	30829
批发业	138331	134270	801	3260	33163
零售业	255271	230800	20852	3619	29707
（七）交通运输、仓储和邮政业	236496	231421	288	4787	35214
道路运输业	220231	215156	288	4787	35776
装卸搬运和运输代理业	2128	2128			21495
仓储业	10860	10860			29835
邮政业	3277	3277			34495
（八）住宿和餐饮业	70066	68575	1381	110	24580
住宿业	39042	37720	1309	13	26194
餐饮业	31024	30855	72	97	22808
（九）信息传输、软件和信息技术服务业	244131	122867	121264		69100

4-10续2 城镇其他单位从业人员工资总额和平均工资（2013年）

单位：千元、元

项目	单位从业人员工资总额	在岗职工工资总额	劳务派遣人员工资总额	其他从业人员工资总额	在岗职工平均工资
电信、广播电视和卫星传输服务	244131	122867	121264		69100
（十）金融业	263402	261735	1667		67713
货币金融服务	102351	100684	1667		72796
保险业	161051	161051			64835
（十一）房地产业	244635	229161	4266	11208	35698
其中:房地产开发经营	241512	226038	4266	11208	36274
物业管理	3036	3036			16411
房地产中介服务	87	87			17400
（十二）租赁和商务服务业	25802	25802			24319
租赁业	1284	1284			30571
商务服务业	24518	24518			24061
（十三）科学研究和技术服务业	10796	10796			25283
专业技术服务业	956	956			15419
科技推广和应用服务业	9840	9840			26959
（十四）水利、环境和公共设施管理业	5026	5026			18754
公共设施管理业	5026	5026			18754
（十五）居民服务、修理和其他服务业	2605	2605			28626
居民服务业	974	974			28647
机动车、电子产品和日用产品修理业	185	185			37000
其他服务业	1446	1446			27808
（十六）教育	179810	179358		452	40332
其中：初等教育	16646	16646			34322
中等教育	89026	88666		360	43872
高等教育	59893	59893			42387
（十七）卫生和社会工作	24447	24447			34192
卫生	24447	24447			34192
（十八）文化、体育和娱乐业	2059	2059			26063
广播、电视、电影和影视录音制作业	646	646			20839
文化艺术业	1297	1297			31634
娱乐业	116	116			16571
（十九）公共管理、社会保障和社会组织	12283	12283			24517
国家机构	10739	10739			26066
群众团体、社会团体和其他成员组织	1544	1544			17348

4-11 各县(市、区)城镇非私营单位从业人员和工资总额（2013年）

单位：人

县（市、区）	单位从业人员年末人数	在岗职工	劳务派遣人员	其他从业人员	从业人员平均人数
商丘市	555845	503688	30966	21191	540176
梁园区	102489	91047	6803	4639	98385
睢阳区	75802	66938	3367	5497	74392
民权县	47423	44521	1327	1575	47601
睢县	50744	46548	2844	1352	49476
宁陵县	31104	30331	240	533	31106
柘城县	43033	41196	4	1833	41409
虞城县	53372	49708	380	3284	52408
夏邑县	48391	47694	322	375	47919
永城市	105119	86679	16073	2367	99101

4-11续 各县(市、区)城镇非私营单位从业人员和工资总额（2013年）

单位:千元、元

县（市、区）	单位从业人员工资总额	在岗职工工资总额	劳务派遣工资总额	其他从业人员工资总额	在岗职工平均工资
商丘市	19608177	18012788	1092501	502888	36654
梁园区	3200105	2888198	217250	94657	32975
睢阳区	2703844	2402275	164554	137015	37319
民权县	1730250	1652480	29800	47970	36512
睢县	1607519	1478387	99042	30090	32990
宁陵县	1058871	1042943	2206	13722	34195
柘城县	1505983	1467933	72	37978	36931
虞城县	1781551	1675227	8997	97327	34365
夏邑县	1581441	1562973	8446	10022	33052
永城市	4512040	3896016	575708	40316	46293

主要指标解释

从业人员期末人数 指期末最后一日 24 时在本单位中工作，并取得工资或其他形式劳动报酬的人员数。该指标为时点指标，不包括最后一日当天及以前已经与单位解除劳动合同关系的人员。

单位负责人 指在单位及其职能部门中担任领导职务并具有决策、管理权的人员。包括单位主要负责人或高级管理人员（包含同级别及副职）、单位内的一级部门或内设机构的负责人（包含同级别及副职），特大型单位可以包括一级部门内设的管理机构的负责人（包含副职）。具体包括中国共产党中央委员会和地方各级组织负责人、国家机关及其工作机构负责人、民主党派和社会团体及其工作机构负责人、事业单位负责人、企业负责人。

在岗职工 指在本单位工作且与本单位签订劳动合同，并由单位支付各项工资和社会保险、住房公积金的人员，以及上述人员中由于学习、病伤、产假等原因暂未工作仍由单位支付工资的人员。在岗职工还包括：

（1）应订立劳动合同而未订立劳动合同人员（如使用的农村户籍人员）；

（2）处于试用期人员；

（3）编制外招用的人员；

（4）派往外单位工作，但工资仍由本单位发放的人员（如挂职锻炼、外派工作等情况）。

劳务派遣人员 根据《中华人民共和国劳动合同法》规定，指与劳务派遣单位签订劳动合同，并被劳务派遣单位派遣到实际用工单位工作，且劳务派遣单位与实际用工单位签订《劳务派遣协议》的人员。

其他从业人员 指本单位中不能归到在岗职工、劳务派遣人员中的人员。此类人员是实际参加本单位生产或工作并从本单位取得劳动报酬的人员。具体包括：非全日制人员、聘用的正式离退休人员、兼职人员和第二职业者等，以及在本单位中工作的外籍和港澳台方人员。

从业人员工资总额 指根据《关于工资总额组成的规定》(1990 年 1 月 1 日国家统计局发布的一号令）进行修订，本单位在报告期内（季度或年度）直接支付给本单位全部从业人员的劳动报酬总额。包括计时工资、计件工资、奖金、津贴和补贴、加班加点工资、特殊情况下支付的工资。

工资总额是税前工资，包括单位从个人工资中直接为其代扣或代缴的房费、水费、电费、住房公积金和社会保险基金个人缴纳部分等。

在岗职工工资总额 指本单位在报告期内直接支付给本单位全部在岗职工的劳动报酬总额。在岗职工工资总额从构成角度分解为四部分：基本工资、绩效工资、工资性津贴和补贴、其他工资。工资总额不包括人员的病假、事假等情况扣款，单位在填报在岗职工工资总额四项构成时，应根据实际情况调整对应项目；如不能确定调整项，可扣减基本工资项。

劳务派遣人员工资总额 指实际用工单位（派遣人员的使用方）在一定时期内为使用劳务派遣人员而付出的劳动报酬总额，包括用工单位负担的基本工资、加班工资、绩效工资以及各种津贴、补贴等，但不包含因使用派遣人员而支付的管理费用和其他用工成本。

其他从业人员工资总额 指本单位在报告期内直接支付给本单位其他从业人员的全部劳动报酬。

固定资产投资

● 资料整理：高 枫 吴文强

5-1 各县(市、区)全社会固定资产投资

单位:万元

年 份	商丘市	梁园区	睢阳区	民权县	睢 县	宁陵县	柘城县	虞城县	夏邑县	永城市
1979	**16120**	3821	1450	356	935	263	1475	2447	1924	3449
1980	**16865**	2708	1482	169	1261	253	1639	3873	2309	3171
1981	**16593**	2283	1850	485	1255	521	1719	3320	2501	2659
1982	**21591**	2976	2727	482	1898	834	1906	5420	2308	3040
1983	**25304**	2659	2392	448	1700	443	1860	8860	2978	3964
1984	**32131**	3299	3189	510	2383	607	2520	12433	3485	3705
1985	**37228**	4577	5022	961	2342	916	2879	12360	3441	4730
1986	**46010**	6452	5847	1680	3449	1734	3576	13043	4346	5883
1987	**67820**	14538	9130	5733	4402	1089	3927	15124	5867	8010
1988	**66604**	9763	10088	3813	5558	1514	4712	14973	8038	8145
1989	**67797**	12584	8989	1304	7484	3203	3949	13256	5090	11938
1990	**77719**	13331	9977	1834	6831	1271	3448	10200	4687	11142
1991	**110821**	23987	12380	4185	6994	2696	6170	14213	9196	20321
1992	**167337**	23207	21605	4144	11661	8158	9605	23049	13146	47959
1993	**181958**	30462	24083	10433	18295	6251	9377	11314	16448	50876
1994	**208544**	47905	33108	10257	19299	8787	13319	18214	17759	57177
1995	**306359**	62615	34536	13995	24896	11533	12694	19178	21762	97823
1996	**326863**	51638	46856	16871	29342	15302	16477	20488	24288	116060
1997	**412248**	65613	38923	22155	30490	21275	11819	31094	35471	146378
1998	**539985**	105839	57480	34523	37928	32543	18180	34828	55811	161633
1999	**657502**	184079	68447	44894	44004	41049	30926	41144	73569	127540
2000	**779224**	90993	82950	54854	60664	42970	39443	48523	100599	154697
2001	**911278**	101108	129071	94955	81904	73622	38957	82710	146040	150162
2002	**1039742**	128170	167040	81037	93612	80064	42304	91405	156466	167299
2003	**1219319**	197273	161955	86059	106237	44377	38788	72102	88926	346159
2004	**1583544**	291513	233767	103041	138858	43287	49389	101371	110196	373147
2005	**2321334**	427701	405961	171305	215531	68569	133281	169164	170732	474945
2006	**3009031**	466301	453166	216116	253501	139902	165733	264927	229380	557615
2007	**4007340**	448267	569297	426047	372635	194903	326453	442250	293424	777390
2008	**5338151**	512305	673225	565891	560954	300029	440922	596802	512665	925199
2009	**6931744**	630242	803334	785783	702683	427301	604767	769488	721656	1115430
2010	**8456616**	780296	980035	968596	850155	524514	748542	940621	883566	1328214
2010新口径	**7075011**	661684	747109	768880	735378	449839	647520	811643	761797	1112160
2011	**8858357**	819500	929949	950126	905406	555791	864170	975879	987693	1386365
2012	**10688447**	1005267	1120126	1119608	1085961	688751	1053228	1150988	1165234	1725690
2013	**13107167**	1227649	1366200	1366642	1314761	835978	1280109	1386305	1425057	2177885

5-2 各县（市、区）固定资产投资情况(2013年)

单位：万元

县（市、区）	固定资产投资	其中:房地产投资
商丘市	**12467850**	**1896791**
梁园区	1177248	119913
睢阳区	1313113	454500
民权县	1292811	170559
睢 县	1225142	104251
宁陵县	782432	113345
柘城县	1184890	254920
虞城县	1295394	101287
夏邑县	1329720	220532
永城市	2140519	305337
开发区	726581	52147

5-3 各县（市、区）全社会固定资产投资（2013年）

单位：万元

县（市、区）	全社会固定资产投资总额	固定资产投资完成情况	#工业投资	#房地产开发投资	民间投资	基础设施投资	农村农户投资
商丘市	**13107167**	**12467850**	**7827511**	**1896791**	**11625824**	**1194535**	**639317**
梁园区	1227649	1177248	591965	119913	1060627	184492	50401
睢阳区	1366200	1313113	611329	454500	1313113	113884	53087
民权县	1366642	1292811	1029553	170559	1262131	53933	73831
睢　县	1314761	1225142	962205	104251	1090386	72490	89619
宁陵县	835978	782432	574120	113345	692665	56652	53546
柘城县	1280109	1184890	834170	254920	1121090	62500	95219
虞城县	1386305	1295394	899024	101287	1223344	182403	90911
夏邑县	1425057	1329720	808358	220532	1210220	84300	95337
永城市	2177885	2140519	995510	305337	1979744	283136	37366
开发区	726581	726581	521277	52147	672504	100745	

5-4 各种分组的全社会固定资产投资（2013年）

单位：万元、平方米

指标名称	全社会总计	固定资产投资	农村农户投资
投资总额	13107167	12467850	639317
按登记注册类型分			
国有经济	781271	781271	0
集体经济	783122	783122	0
城乡个人	41761	41761	0
联营经济	45300	45300	0
股份制经济	3990164	3990164	0
港澳台投资经济	4100	4100	0
外商投资经济	34317	34317	0
私营经济	5334648	5334648	0
其他经济	1453167	1453167	0
按隶属关系分			
中央			
地方	12467850	12467850	0
资金来源			0
国家预算内资金	121751	121751	0
国内贷款	1419574	1407208	12366
债券	0	0	0
利用外资	0	0	0
自筹资金	11028418	10481696	546722
其他资金来源	2594446	2514217	80229
按构成分			
建筑安装工程	7560394	7025732	534662
设备工器具购置	4514433	4411152	103281
其他费用	1032340	1030966	1374
房屋建筑面积			
施工面积	36445821	36445050	771
其中：住宅	17063502	17062759	743
竣工面积	7369745	7368981	764
其中：住宅	3870253	3869521	732

5-5　分产业全社会固定资产投资(2013年)

单位：万元

指标名称	全社会总计	固定资产投资	农村农户投资
总　计	**13107167**	**12467850**	**639317**
第一产业	267585	139053	128532
农林牧渔业	267585	139053	128532
第二产业	7831440	7827511	3929
工业	7830675	7827511	3164
建筑业	#VALUE!		765
第三产业	5008142	4501286	506856
批发和零售业	433906	433906	0
交通运输、仓储和邮政业	547405	547405	0
住宿和餐饮业	18059	18059	0
信息传输、软件业和信息技术服务业	2000	2000	0
金融业	17200	17200	0
房地产业	3413550	2909048	504502
租赁和商务服务业	93934	93713	221
科学研究和技术服务	897	897	0
水利、环境和公共设施管理业	376176	376176	0
居民服务、修理和其他服务业	7533	5400	2133
教育	54533	54533	0
卫生和社会工作	23433	23433	0
文化、体育和娱乐业	12138	12138	0
公共管理、社会保障和社会组织	7378	7378	0

5-6 各县（市、区）按三次产业分全社会固定资产投资（2013年）

单位：万元

县（市、区）	投资总额	第一产业	农户	第二产业	农户	其中：工业	农户	第三产业	农户
商丘市	**13107167**	**267585**	**128532**	**7831440**	**3929**	**7831440**	**3929**	**5008142**	**506856**
梁园区	1227649	71653	15823	591992	27	591965	0	564004	34551
睢阳区	1366200	3581	1197	611329	0	611329	0	751290	51890
民权县	1366641	22148	1052	1032717	3164	1032717	3164	311776	69614
睢　县	1314761	5898	5898	962394	189	962205	0	346469	83532
宁陵县	835977	10609	5409	574120	0	574120	0	251248	48136
柘城县	1280110	8284	8284	834170	0	834170	0	437656	86936
虞城县	1386306	61059	25359	899024	0	899024	0	426223	65553
夏邑县	1425057	75114	63884	808907	549	808358	0	541036	30904
永城市	2177885	9239	1626	995510	0	995510	0	1173136	35740
开发区	726581			521277		521277		205304	

5-7　各种分组的固定资产投资（2013年）

单位：万元

指标名称	总　计	指标名称	总　计
投资总额	**12467850**	地方	12467850
按控股情况分		按构成分	
国有控股	812426	建筑安装工程	7025732
集体控股	924642	设备工器具购置	4411152
港澳台控股	4100	其他费用	1030966
外商控股	25500	按建设性质分	
私人及其他控股	10701182	新建	9581194
本年资金来源小计	12633513	扩建	777671
国家预算内资金	121751	改建	185074
国内贷款	1407208	本年新增固定资产	5885916
债券	0	房屋施工面积	
利用外资	0	施工面积	36445050
自筹资金	10481696	#住宅	17062759
其他资金	622858	竣工面积	7368981
按隶属关系分		#住宅	3869521
中央			

5-8　分产业固定资产投资（2013年）

单位：万元

指标名称	总　计	指标名称	总　计
总　计	**12467850**	住宿和餐饮业	18059
第一产业	139053	信息传输、软件业和信息技术服务业	2000
农林牧渔业	139053	金融业	17200
第二产业	7827511	房地产业	2909048
工业	7827511	租赁和商务服务业	93713
轻工业	4283328	科学研究和技术服务	897
重工业	3544183	水利、环境和公共设施管理业	376176
能源工业	130989	居民服务、修理和其他服务业	5400
建筑业		教育	54533
第三产业	4501286	卫生和社会工作	23433
批发和零售业	433906	文化、体育和娱乐业	12138
交通运输、仓储和邮政业	547405	公共管理、社会保障和社会组织	7378

5-9　分行业固定资产投资资金来源（2013年）

单位：万元

指标名称	本年资金来源小计	国家预算内资金	国内贷款	债券	利用外资	自筹资金	其他资金来源
总　计	**12633513**	**121751**	**1407208**	**0**	**0**	**10481696**	**622858**
农、林、牧、渔业	139083	5626	24600	0	0	93331	15526
农业	51	0	0	0	0	51	0
林业							
畜牧业	63924	0	9600	0	0	40924	13400
渔业							
农、林、牧、渔服务业	75108	5626	15000	0	0	52356	2126
工业	7832779	0	1027470	0	0	6685217	120092
采矿业							
煤炭开采和洗选业							
石油和天然气开采业							
黑色金属矿采选业							
有色金属矿采选业							
非金属矿采选业							
开采辅助活动							
其他采矿业							
制造业	7650851	0	1020270	0	0	6515489	115092
农副食品加工业	462791	0	57055	0	0	398736	7000
食品制造业	473027	0	31700	0	0	424127	17200
酒、饮料和精制茶制造业	87631	0	5500	0	0	82131	0
烟草制造业							
纺织业	384921	0	74300	0	0	294341	16280
纺织服装、服饰业	973207	0	84800	0	0	879807	8600
皮革、毛皮、羽毛及其制品和制鞋业	414585	0	71580	0	0	343005	0
木材加工及木、竹、藤、棕、草制品业	163986	0	33000	0	0	130986	0
家具制造业	235410	0	79500	0	0	155910	0
造纸及纸制品业	81691	0	16500	0	0	65191	0
印刷和记录媒介复制业	62782	0	20000	0	0	34782	8000
文教、工美、体育和娱乐用品制造业	39184	0	7600	0	0	31584	0
石油加工、炼焦及核燃料加工业	1000	0	0	0	0	1000	0
化学原料及化学制品制造业	342081	0	34000	0	0	302681	5400
医药制造业	222279	0	38615	0	0	176663	7001
化学纤维制造业	35805	0	7000	0	0	28805	0
橡胶和塑料制品业	190317	0	30670	0	0	152296	7351
非金属矿物制品业	821742	0	224200	0	0	593942	3600
黑色金属冶炼和压延加工业	210981	0	35300	0	0	174341	1340
有色金属冶炼及压延加工业	353593	0	5000	0	0	344593	4000
金属制品业	201731	0	9000	0	0	190731	2000
通用设备制造业	179836	0	3000	0	0	176836	0
专业设备制造业	213106	0	2750	0	0	210356	0
汽车制造业	211508	0	40000	0	0	155808	15700
铁路、船舶、航空航天和其他运输设备制造业	156370	0	9000	0	0	142870	4500
电气机械及器材制造业	708376	0	38500	0	0	663276	6600
计算机、通信和其他电子设备制造业	321958	0	48700	0	0	272738	520
仪器仪表制造业	89215	0	13000	0	0	76215	0
其他制造业	6756	0	0	0	0	6756	0

5-9续　分行业固定资产投资资金来源（2013年）

单位：万元

指标名称	本年资金来源小计	国家预算内资金	国内贷款	债券	利用外资	自筹资金	其他资金来源
废弃资源综合利用业	4982	0	0	0	0	4982	0
金属制品、机械和设备修理业							
电力、燃气及水的生产和供应业	181928	0	7200	0	0	169728	5000
电力、热力生产和供应业	79031	0	500	0	0	78531	0
燃气生产和供应业	50962	0	2500	0	0	48462	0
水的生产和供应业	51935	0	4200	0	0	42735	5000
建筑业							
房屋建筑业							
批发和零售业	433928	0	33000	0	0	374608	26320
批发业	233159	0	27000	0	0	192059	14100
交通运输、仓储和邮政业	547427	2100	28101	0	0	509026	8200
铁路运输							
道路运输业	295061	2100	5200	0	0	281561	6200
仓储业	64370	0	7001	0	0	55369	2000
邮政业	9001	0	0	0	0	9001	0
住宿和餐饮业	18075	0	1000	0	0	17075	0
住宿业	17492	0	1000	0	0	16492	0
信息传输、软件和信息技术服务业	2000	0	0	0	0	2000	0
电信、广播电视和卫星传输服务业							
互联网和相关服务							
金融业	17200	0	1000	0	0	16200	0
货币金融服务	8200	0	0	0	0	8200	0
保险业							
房地产业	3069305	36501	259387	0	0	2336698	436719
租赁和商务服务业	93717	0	8500	0	0	69716	15501
商务服务业	93717	0	8500	0	0	69716	15501
科学研究和技术服务业	897	0	0	0	0	897	0
研究和试验发展							
专业技术服务业	897	0	0	0	0	897	0
水利、环境和公共设施管理业	376217	65712	22150	0	0	287855	500
水利管理业	1043	0	0	0	0	1043	0
生态保护和环境治理业							
公共设施管理业	375174	65712	22150	0	0	286812	500
居民服务业、修理和其他服务业	5400	0	0	0	0	5400	0
居民服务业							
教育	54535	600	2000	0	0	51935	0
卫生和社会工作	23434	6961	0	0	0	16473	0
卫生	15395	0	0	0	0	15395	0
文化、体育和娱乐业	12138	0	0	0	0	12138	0
广播、电视、电影和影视录音制作业							
文化艺术业	6937	0	0	0	0	6937	0
公共管理、社会保障和社会组织	7378	4251	0	0	0	3127	0
国家机构	6781	4251	0	0	0	2530	0
社会保障							
国际组织							

5-10 按行业和注册类型

指标名称	投资额	中央	地方	内资
总　计	**12467850**		**12467850**	**12429433**
农、林、牧、渔业	139053		139053	139053
农业	50		50	50
林业				
畜牧业	63922		63922	63922
渔业				
农、林、牧、渔服务业	75081		75081	75081
工业	7827511		7827511	7793022
采矿业				
煤炭开采和洗选业				
石油和天然气开采业				
黑色金属矿采选业				
有色金属矿采选业				
非金属矿采选业				
开采辅助活动				
其他采矿业				
制造业	7645618		7645618	7611129
农副食品加工业	462593		462593	458493
食品制造业	472962		472962	472962
酒、饮料和精制茶制造业	87619		87619	87619
烟草制造业				
纺织业	384891		384891	384891
纺织服装、服饰业	973124		973124	973124
皮革、毛皮、羽毛及其制品和制鞋业	414570		414570	414570
木材加工及木、竹、藤、棕、草制品业	163959		163959	163959
家具制造业	235340		235340	235340
造纸及纸制品业	81680		81680	81680
印刷和记录媒介复制业	62760		62760	62760
文教、工美、体育和娱乐用品制造业	39183		39183	39183
石油加工、炼焦及核燃料加工业	1000		1000	1000
化学原料及化学制品制造业	341913		341913	341913
医药制造业	222269		222269	222269
化学纤维制造业	35798		35798	35798
橡胶和塑料制品业	190291		190291	190291
非金属矿物制品业	820683		820683	820683
黑色金属冶炼和压延加工业	210957		210957	210957
有色金属冶炼及压延加工业	353584		353584	353584
金属制品业	201688		201688	201688
通用设备制造业	179713		179713	179713
专业设备制造业	213095		213095	187595
汽车制造业	211500		211500	211500
铁路、船舶、航空航天和其他运输设备制造业	156345		156345	156345
电气机械及器材制造业	705226		705226	705226
计算机、通信和其他电子设备制造业	321924		321924	317035
仪器仪表制造业	89213		89213	89213
其他制造业	6756		6756	6756

分固定资产投资（2013年）

单位：万元

港澳台商投资	外商投资	国有控股	集体控股	私人控股	港澳台控股	外商控股	其他控股
4100	**34317**	**812426**	**924642**	**8881532**	**4100**	**25500**	**1819650**
		6300		111719			21034
							50
				45322			18600
		6300		66397			2384
4100	30389	123332	179782	6279429	4100	25500	1215368
4100	30389	98372	149648	6172908	4100	25500	1195090
4100			26553	371596	4100		60344
			1628	377280			94054
				67619			20000
			551	306690			77650
			28376	743048			201700
			1757	386813			26000
				143859			20100
				235340			
				81680			
				18760			44000
				39183			
				1000			
		93390	3195	244348			980
			14000	133369			74900
				35798			
			7254	155187			27850
			1934	775229			43520
			4477	96190			110290
			10723	342861			
				177688			24000
				162783			16930
	25500		3139	143394		25500	41062
				175100			36400
				102545			53800
			29344	573282			102600
	4889		16717	234197			71010
				41313			47900
				6756			

5-10续 按行业和注册类型

指标名称	投资额	中央	地方	内资
废弃资源综合利用业	4982		4982	4982
金属制品、机械和设备修理业				
电力、燃气及水的生产和供应业	181893		181893	181893
电力、热力生产和供应业	79029		79029	79029
燃气生产和供应业	50960		50960	50960
水的生产和供应业	51904		51904	51904
建筑业				
房屋建筑业				
批发和零售业	433906		433906	433906
批发业	233144		233144	233144
交通运输、仓储和邮政业	547405		547405	547405
铁路运输				
道路运输业	295054		295054	295054
仓储业	64365		64365	64365
邮政业	9000		9000	9000
住宿和餐饮业	18059		18059	18059
住宿业	17476		17476	17476
信息传输、软件和信息技术服务业	2000		2000	2000
电信、广播电视和卫星传输服务业				
互联网和相关服务				
金融业	17200		17200	17200
货币金融服务	8200		8200	8200
保险业				
房地产业	2909048		2909048	2905120
租赁和商务服务业	93713		93713	93713
商务服务业	93713		93713	93713
科学研究和技术服务业	897		897	897
研究和试验发展				
专业技术服务业	897		897	897
水利、环境和公共设施管理业	376176		376176	376176
水利管理业	1043		1043	1043
生态保护和环境治理业				
公共设施管理业	375133		375133	375133
居民服务业、修理和其他服务业	5400		5400	5400
居民服务业				
教育	54533		54533	54533
卫生和社会工作	23433		23433	23433
卫生	15395		15395	15395
文化、体育和娱乐业	12138		12138	12138
广播、电视、电影和影视录音制作业				
文化艺术业	6937		6937	6937
公共管理、社会保障和社会组织	7378		7378	7378
国家机构	6781		6781	6781
社会保障				
国际组织				

分固定资产投资（2013年）

单位：万元

港澳台商投资	外商投资	国有控股	集体控股	私人控股	港澳台控股	外商控股	其他控股
		4982					
		24960	30134	106521			20278
		4200	27885	26666			20278
				50960			
		20760	2249	28895			
		2000	22217	238425			171264
		2000	545	76669			153930
		227377	54742	161711			103575
		207877	2735	11067			73375
		19500	2800	41565			500
							9000
				16459			1600
				15876			1600
							2000
				9000			8200
							8200
	3928	181214	577824	1920879	0		229131
		18000	6713	69000			
		18000	6713	69000			
			897				
			897				
		225374	63304	61020			26478
			1043				
		225374	62261	61020			26478
				5400			
		5560	1483	6490			41000
		17460	5973				
		10500	4895				
			10138	2000			
			6937				
		5809	1569				
		5809	972				

5-11 各县（市、区）按三次产业

县（市、区）	投资总额	第一产业	第二产业	工业
商丘市	**12467850**	**139053**	**7827511**	**7827511**
梁园区	1177248	55830	591965	591965
睢阳区	1313113	2384	611329	611329
民权县	1292811	21096	1029553	1029553
睢县	1225142		962205	962205
宁陵县	782432	5200	574120	574120
柘城县	1184890		834170	834170
虞城县	1295394	35700	899024	899024
夏邑县	1329720	11230	808358	808358
永城市	2140519	7613	995510	995510
开发区	726581		521277	521277

分的固定资产投资（2013年）

第三产业	建设总规模	在建总规模	在建净规模
4501286	**35195744**	**27129223**	**14160808**
529453	3769081	3160635	1799032
699400	3362121	2281619	1042530
242162	3443983	2941393	1645087
262937	4171127	3223053	1851202
203112	1455292	720900	281687
350720	3758627	2900709	1636813
360670	3186950	2044211	1361988
510132	3512346	2222328	1252704
1137396	6795145	6710273	2650732
205304	1741072	924102	639033

5-12　分行业固定资产投资

指标名称	建设总规模	在建总规模	在建净规模	投资总额
总　计	**35195744**	**27129223**	**14160808**	**12467850**
农、林、牧、渔业	386578	349764	199411	139053
农业	34200	34200	34150	50
林业				
畜牧业	126801	99121	50915	63922
渔业				
农、林、牧、渔服务业	225577	216443	114346	75081
工业	19705319	14239824	7233882	7827511
采矿业				
煤炭开采和洗选业				
石油和天然气开采业				
黑色金属矿采选业				
有色金属矿采选业				
非金属矿采选业				
开采辅助活动				
其他采矿业				
制造业	19363355	14034043	7165432	7645618
农副食品加工业	1154142	809334	335891	462593
食品制造业	915886	736816	292515	472962
酒、饮料和精制茶制造业	148944	31756	21661	87619
烟草制造业				
纺织业	1223169	571510	389004	384891
纺织服装、服饰业	2023470	1310170	593054	973124
皮革、毛皮、羽毛及其制品和制鞋业	1558800	1362300	963904	414570
木材加工及木、竹、藤、棕、草制品业	487300	320800	200988	163959
家具制造业	407300	161800	36920	235340
造纸及纸制品业	224700	173700	68660	81680
印刷和记录媒介复制业	77500	21500	2740	62760
文教、工美、体育和娱乐用品制造业	119500	105500	60107	39183
石油加工、炼焦及核燃料加工业	6500	0	0	1000
化学原料及化学制品制造业	1003328	882270	274391	341913
医药制造业	658934	459434	293565	222269
化学纤维制造业	241800	241800	206002	35798
橡胶和塑料制品业	325610	107760	21460	190291
非金属矿物制品业	2231098	1634298	809383	820683
黑色金属冶炼和压延加工业	494200	296650	144963	210957
有色金属冶炼及压延加工业	940018	821512	240305	353584
金属制品业	481190	355690	180394	201688
通用设备制造业	472450	415800	236727	179713
专业设备制造业	516100	427750	212439	213095
汽车制造业	289560	147560	47160	211500
铁路、船舶、航空航天和其他运输设备制造业	333200	66200	37650	156345
电气机械及器材制造业	1781910	1441410	788915	705226
计算机、通信和其他电子设备制造业	957900	920700	543189	321924
仪器仪表制造业	249923	171100	137060	89213
其他制造业	32923	32923	26167	6756

和在建总投资（2013年）

单位：万元

建筑工程	安装工程	设备工器具购置	其他费用	#新 建	#扩 建	#改建和技术改造
6948704	**77028**	**4411152**	**1030966**	**9581194**	**777671**	**185074**
67956	825	61510	8762	138153	500	400
50	0	0	0	50		
24500	262	30710	8450	63022	500	400
43406	563	30800	312	75081		
3123228	66274	4022055	615954	6949736	687257	163874
3036019	64453	3935351	609795	6786712	669538	162724
171964	4544	251675	34410	394214	57863	10516
224304	5891	202234	40533	410662	60800	1500
23331	1245	58742	4301	62785	21090	
177355	2051	157845	47640	277840	76051	31000
446770	9280	470646	46428	927544	40580	
212720	4710	187427	9713	390070	22000	2500
61424	1207	89340	11988	161459	800	1700
58727	1587	172118	2908	208910	15430	11000
16510	1250	63420	500	81680		
35210	150	20350	7050	62760		
13798	585	18800	6000	39183		
0	5	995	0	1000		
139076	4428	161953	36456	231065	104990	5858
110166	1148	85485	25470	213769	8500	
16740	294	7467	11297	35798		
44632	2039	120690	22930	187806	2485	
337093	3055	416418	64117	797243	13740	9700
87037	1786	106234	15900	139807	52700	18450
209725	6062	124818	12979	343078	10506	
53546	1738	114676	31728	185092	16596	
81275	1032	77963	19443	157709	22004	
90653	1888	93885	26669	201595	11500	
100061	288	99795	11356	165600	21900	24000
44209	724	101712	9700	146345	10000	
162667	1156	461133	80270	649046	43180	5000
92772	4580	206363	18209	273924	48000	
20000	1382	56831	11000	28990	8823	41500
3354	266	2336	800	6756		

5-12续　分行业固定资产

指标名称	建设总规模	在建总规模	在建净规模	投资总额
废弃资源综合利用业	6000	6000	218	4982
金属制品、机械和设备修理业				
电力、燃气及水的生产和供应业	341964	205781	68450	181893
电力、热力生产和供应业	175205	135537	44876	79029
燃气生产和供应业	63498	10998	8	50960
水的生产和供应业	103261	59246	23566	51904
建筑业				
房屋建筑业				
批发和零售业	879045	615735	253680	433906
批发业	498135	382825	141491	233144
交通运输、仓储和邮政业	1532750	1269187	667731	547405
铁路运输				
道路运输业	847634	661271	329401	295054
仓储业	277185	261985	177590	64365
邮政业	9000	0	0	9000
住宿和餐饮业	150982	147622	123825	18059
住宿业	146360	143000	123824	17476
信息传输、软件和信息技术服务业	7500	7500	3500	2000
电信、广播电视和卫星传输服务业				
互联网和相关服务				
金融业	33700	25500	16500	17200
货币金融服务	8200	0	0	8200
保险业				
房地产业	10579486	8958198	4799208	2909048
租赁和商务服务业	382000	356000	228487	93713
商务服务业	382000	356000	228487	93713
科学研究和技术服务业	1800	1800	3	897
研究和试验发展				
专业技术服务业	1800	1800	3	897
水利、环境和公共设施管理业	1111943	798315	484709	376176
水利管理业	5147	5147	4	1043
生态保护和环境治理业				
公共设施管理业	1106796	793168	484705	375133
居民服务业、修理和其他服务业	41000	36000	31500	5400
居民服务业				
教育	166901	126831	79508	54533
卫生和社会工作	62863	55903	18840	23433
卫生	53003	53003	18838	15395
文化、体育和娱乐业	133544	133544	20019	12138
广播、电视、电影和影视录音制作业				
文化艺术业	13144	13144	10	6937
公共管理、社会保障和社会组织	20333	7500	5	7378
国家机构	17333	4500	2	6781
社会保障				
国际组织				

投资和在建总投资（2013年）

单位：万元

建筑工程	安装工程	设备工器具购置	其他费用	#新 建	#扩 建	#改建和技术改造
900	82	4000	0	4982		
87209	1821	86704	6159	163024	17719	1150
39167	799	38063	1000	79029		
18046	433	31132	1349	50960		
29996	589	17509	3810	33035	17719	1150
292079	1191	122186	18450	433906		
157660	808	71476	3200	233144		
430330	4551	77234	35290	521675	11230	14500
268719	520	8375	17440	269324	11230	14500
42667	379	15419	5900	64365		
9000	0	0	0	9000		
17059	0	780	220	16459	1600	
16476	0	780	220	15876	1600	
1500	20	480	0	2000		
9200	0	0	8000	17200		
8200	0	0	0	8200		
2562962	3837	44319	297930	938366	73891	
86713	0	0	7000	93713		
86713	0	0	7000	93713		
897	0	0	0	897		
897	0	0	0	897		
276980	236	66600	32360	366807	2593	6300
1043	0	0	0	1043		
275937	236	66600	32360	365764	2593	6300
0	20	5380	0	5400		
46651	74	3808	4000	53933	600	
13933	0	6500	3000	23433		
8895	0	6500	0	15395		
12138	0	0	0	12138		
6937	0	0	0	6937		
7078	0	300	0	7378		
6481	0	300	0	6781		

5-13 各县（市、区）分行业固定资产投资（不含房地产开发投资）（2013年）

单位：万元

县（市、区）	农、林、牧、渔业	采矿业	制造业	电力、热力、燃气及水生产和供应业	建筑业	批发和零售业	交通运输、仓储和邮政业	住宿和餐饮业	信息传输、软件和信息技术服务业	金融业
商丘市	**139053**		**7645618**	**181893**		**433906**	**547405**	**18059**	**2000**	**17200**
梁园区	55830		577789	14176		191540	169716		2000	
睢阳区	2384		574390	36939		31230	36445	14000		
民权县	21096		1025523	4030		20000	2800	1700		
睢县			960245	1960		17500	24190			
宁陵县	5200		572620	1500			7692			
柘城县			834170							
虞城县	35700		870424	28600		34500	95325			9000
夏邑县	11230		808358			34500	28800			
永城市	7613		942690	52820		33756	141340	2359		
开发区			479409	41868		70880	41097			8200

5-13续 各县（市、区）分行业固定资产投资（不含房地产开发投资）（2013年）

单位：万元

县（市、区）	房地产业	租赁和商务服务业	科学研究和技术服务业	水利、环境和公共设施管理业	居民服务、修理和其他服务业	教育	卫生和社会工作	文化、体育和娱乐业	公共管理、社会保障和社会组织	国际组织
商丘市	**1012257**	**93713**	**897**	**376176**	**5400**	**54533**	**23433**	**12138**	**7378**	
梁园区	19684	26000				600				
睢阳区	109725	13000		40500						
民权县				47103						
睢　县	65205			28960	4500	6880	10500		951	
宁陵县	34615			47460						
柘城县		30000		60500				2000	3300	
虞城县	62080			17478		41000				
夏邑县	151900	18000		55500	900					
永城市	553848	6713	897	72425		1483	5973	10138	3127	
开发区	15200			6250		4570	6960			

5-14 各县（市、区）按建设性质分的固定资产投资（2013年）

单位：万元

县（市、区）	投资总额	新建	扩建工程	改建
商丘市	**12467850**	**9581194**	**777671**	**185074**
梁园区	1177248	1017085	22006	14500
睢阳区	1313113	773249	85364	
民权县	1292811	987709	131193	3350
睢县	1225142	1037561	83330	
宁陵县	782432	625269	18802	25016
柘城县	1184890	881470	29200	6300
虞城县	1295394	1027757	82000	74450
夏邑县	1329720	891530	156200	61458
永城市	2140519	1708053	126653	
开发区	726581	631511	42923	

5-15　各县（市、区）按构成分的固定资产投资（2013年）

单位：万元

县（市、区）	本年完成投资	建筑工程	安装工程	设备工器具购置	其他费用
商丘市	**12467850**	**6948704**	**77028**	**4411152**	**1030966**
梁园区	1177248	817745	4667	276214	78622
睢阳区	1313113	981699	6671	323595	1148
民权县	1292811	345560	200	762201	184850
睢　县	1225142	469852	21234	705590	28466
宁陵县	782432	301081	4734	400978	75639
柘城县	1184890	673462	2280	393050	116098
虞城县	1295394	705093	5438	318416	266447
夏邑县	1329720	817042	2175	379295	131208
永城市	2140519	1633837	27899	406944	71839
开发区	726581	203333	1730	444869	76649

5-16　各县（市、区）能源固定资产投资（2013年）

单位：万元

县（市、区）	合　计	煤炭开采和洗选业	石油及天然气开采业	石油加工、炼焦和核燃料加工业	电力、热力及燃气的生产和供应业
商丘市	**130989**			**1000**	**129989**
梁园区					
睢阳区	4200				4200
民权县	20900				20900
睢　县					
宁陵县					
柘城县	1500				1500
虞城县					
夏邑县	10800			1000	9800
永城市					
开发区	51721				51721

5-17 分行业项目个数及新增固定资产（2013年）

单位：万元、个

指标名称	在建规模	#新开工规模	施工项目个数（个）	#新开工	全部投产项目（个）	新增固定资产
总计	**27159416**	**11334989**	**1124**	**520**	**423**	**4648387**
农、林、牧、渔业	386578	153854	29	15	13	69150
农业	34200	34200	1	1	0	50
林业						
畜牧业	126801	102111	20	9	10	55990
渔业						
农、林、牧、渔服务业	225577	17543	8	5	3	13110
工业	19705319	8767711	748	362	299	3651587
采矿业						
煤炭开采和洗选业						
石油和天然气开采业						
黑色金属矿采选业						
有色金属矿采选业						
非金属矿采选业						
开采辅助活动						
其他采矿业						
制造业	19363355	8595709	723	351	289	3555953
农副食品加工业	1154142	377610	75	24	27	237788
食品制造业	915886	504052	53	31	17	224609
酒、饮料和精制茶制造业	148944	77100	9	6	6	43775
烟草制造业						
纺织业	1223169	573710	38	17	22	245400
纺织服装、服饰业	2023470	847800	106	57	54	304848
皮革、毛皮、羽毛及其制品和制鞋业	1558800	737800	38	21	7	132330
木材加工及木、竹、藤、棕、草制品业	487300	249100	26	12	15	90795
家具制造业	407300	30500	14	4	11	174750
造纸及纸制品业	224700	56510	9	4	3	14900
印刷和记录媒介复制业	77500	61500	5	3	3	60470
文教、工美、体育和娱乐用品制造业	119500	77000	5	2	1	6990
石油加工、炼焦及核燃料加工业	6500	0	1	0	1	1000
化学原料及化学制品制造业	1003328	293990	23	11	8	118130
医药制造业	658934	393934	20	12	9	82300
化学纤维制造业	241800	241800	4	4	0	0
橡胶和塑料制品业	325610	88350	24	6	14	109662
非金属矿物制品业	2231098	778430	76	29	32	294880
黑色金属冶炼和压延加工业	494200	172500	15	6	5	100120
有色金属冶炼及压延加工业	940018	210700	16	4	3	58306
金属制品业	481190	202750	22	12	5	118848
通用设备制造业	472450	304000	17	9	4	77036
专业设备制造业	516100	339640	25	17	6	101712
汽车制造业	289560	156560	10	6	4	92400
铁路、船舶、航空航天和其他运输设备制造业	333200	76200	12	4	9	148345
电气机械及器材制造业	1781910	972150	49	28	15	583768
计算机、通信和其他电子设备制造业	957900	546600	18	12	3	53568
仪器仪表制造业	249923	192500	10	8	5	79223
其他制造业	32923	32923	2	2	0	0

5-17续　分行业项目个数及新增固定资产（2013年）

单位：万元、个

指标名称	在建规模	#新开工规模	施工项目个数（个）	#新开工	全部投产项目（个）	新增固定资产
废弃资源综合利用业	6000	0	1	0	0	0
金属制品、机械和设备修理业						
电力、燃气及水的生产和供应业	341964	172002	25	11	10	95634
电力、热力生产和供应业	175205	72243	8	2	2	31668
燃气生产和供应业	63498	29498	6	3	4	28400
水的生产和供应业	103261	70261	11	6	4	35566
建筑业						
房屋建筑业						
批发和零售业	879045	296000	43	17	19	178540
批发业	498135	64200	14	5	7	58510
交通运输、仓储和邮政业	1532750	685392	61	40	32	221973
铁路运输						
道路运输业	847634	412392	41	31	26	157573
仓储业	277185	181000	9	3	2	8800
邮政业	9000	9000	1	1	1	9000
住宿和餐饮业	150982	60000	5	2	1	1700
住宿业	146360	60000	4	2	1	1700
信息传输、软件和信息技术服务业	7500	0	1	0	0	0
电信、广播电视和卫星传输服务业						
互联网和相关服务						
金融业	33700	33700	2	2	1	17200
货币金融服务	8200	8200	1	1	1	8200
保险业						
房地产业	2543158	644834	145	45	25	239184
租赁和商务服务业	382000	126000	10	3	2	11000
商务服务业	382000	126000	10	3	2	11000
科学研究和技术服务业	1800	0	1	0	0	0
研究和试验发展						
专业技术服务业	1800	0	1	0	0	0
水利、环境和公共设施管理业	1111943	379038	50	25	22	194030
水利管理业	5147	0	1	0	0	0
生态保护和环境治理业						
公共设施管理业	1106796	379038	49	25	22	194030
居民服务业、修理和其他服务业	41000	36000	2	1	1	880
居民服务业						
教育	166901	121100	10	5	4	50960
卫生和社会工作	62863	31360	7	3	1	6960
卫生	53003	24400	5	2	0	0
文化、体育和娱乐业	133544	0	5	0	0	0
广播、电视、电影和影视录音制作业						
文化艺术业	13144	0	2	0	0	0
公共管理、社会保障和社会组织	20333	0	5	0	3	5223
国家机构	17333	0	4	0	3	5223
社会保障						
国际组织						

5-18 各县（市、区）投资项目个数和在建规模（2013年）

单位：万元、个

县（市、区）	施工项目个数	其中：本年新开工	本年投产项目个数	全部建成投产率%	计划总投资	本年新开工
商丘市	**1124**	**520**	**423**	**37.6**	**27159416**	**11334989**
梁园区	87	38	45	51.7	2669540	794309
睢阳区	82	44	66	80.5	1586111	557958
民权县	135	89	40	29.6	2606480	1684720
睢　县	156	60	58	37.2	3779495	1430121
宁陵县	48	32	35	72.9	1208592	417592
柘城县	80	27	30	37.5	3094500	930400
虞城县	95	66	48	50.5	2813823	1920909
夏邑县	119	49	65	54.6	2725351	1250913
永城市	277	85	3	1.1	5195057	1573261
开发区	45	30	33	73.3	1480467	774806

5-19 各县（市、区）亿元及以上项目投资情况（2013年）

单位：万元、个

县（市、区）	施工项目个数	本年新开工	计划总投资	本年新开工项目	本年完成投资
商丘市	**662**	**321**	**24566826**	**10214220**	**9017704**
梁园区	53	19	2497847	714283	947076
睢阳区	34	14	1297117	378958	593834
民权县	93	67	2380120	1576850	1009425
睢　县	108	40	3466834	1294621	962200
宁陵县	25	10	1096700	308700	571229
柘城县	67	22	3007600	906000	862170
虞城县	85	58	2727223	1851659	1113307
夏邑县	71	31	2542360	1179560	1004900
永城市	90	39	4114038	1267693	1322609
开发区	36	21	1436987	735896	630954

5-20 各县（市、区）施工、竣工房屋建筑面积及竣工价值（2013年）

单位：万元

县（市、区）	施工房屋面积	住宅	竣工房屋面积	住宅	竣工房屋价值	住宅
商丘市	**36445050**	**17062759**	**7368981**	**3869521**	**1035678**	**646331**
梁园区	3939196	2238143	190600	115819	37591	23640
睢阳区	3785497	3518359	853445	817218	203322	195312
民权县	3393908	1823911	944915	348475	95735	40315
睢县	1249931	1109127	508658	487120	56668	55300
宁陵县	2778672	552736	2308012	508646	236375	66184
柘城县	2895113	1548577	232068	205868	50000	39946
虞城县	5221820	1202986	1004721	199905	135161	34160
夏邑县	3459082	1671022	1045133	952773	159148	139420
永城市	9139183	2948751	243154	199008	50719	42135
开发区	582648	449147	38275	34689	10959	9919

5-21 各县（市、区）按登记注册

县（市、区）	本年完成投资	内资	国有	集体	股份合作	联营
商丘市	12467850	12429433	685881	631275	151847	45300
梁园区	1177248	1151748	91121			
睢阳区	1313113	1313113			35700	28100
民权县	1292811	1292811	30680	1150		
睢县	1225142	1221042	130656			
宁陵县	782432	782432	89767			
柘城县	1184890	1184890	63800			
虞城县	1295394	1295394	72050			
夏邑县	1329720	1329720	117500	46000		
永城市	2140519	2140519	36230	584125	116147	
开发区	726581	717764	54077			17200

类型分的固定资产投资(2013年)

单位：万元

有限责任公司	股份有限公司	私营	个体	其他	港澳台商投资	外商投资
2615887	1469667	5334648	41761	1453167	4100	34317
389764	348427	148186		174250		25500
239834	10804	284272		714403		
196969	259686	447782	40864	315680		
66309	37942	986135			4100	
78668	220497	393500				
224100		887420		9570		
927844	113908	6287		175305		
151346	299900	714974				
201243	57123	1113063	897	31691		
139810	121380	353029		32268		8817

5-22 各县（市、区）资金情况（2013年）

单位：万元

县（市、区）	本年资金来源小计	国家预算资金	国内贷款	债券	利用外资	自筹资金	其他资金来源
商丘市	**12633513**	**121751**	**1407208**	**0**	**0**	**10481696**	**622858**
梁园区	1197354	600	159466	0	0	960996	76292
睢阳区	1349990	0	116250	0	0	1071870	161870
民权县	1346443	5626	27700	0	0	1302771	10346
睢县	1244973	951	129055	0	0	1089758	25209
宁陵县	782644	10100	194500	0	0	578044	0
柘城县	1165490	16900	287195	0	0	861395	0
虞城县	1312863	2100	211662	0	0	903005	196096
夏邑县	1331931	78513	272800	0	0	973617	7001
永城市	2134452	0	4100	0	0	2011778	118574
开发区	767373	6961	4480	0	0	728462	27470

5-23 能源原材料工业投资完成情况（2013年）

单位：万元

指标名称	本年完成投资	去年同期完成
能源原材料工业合计	2105303	1679090
煤炭开采和洗选业		20419
石油和天然气开采业		
黑色金属矿采选业		
有色金属矿采选业		
非金属矿采选业		
石油加工、炼焦和核燃料加工业	1000	20150
化学原料和化学制品制造业	341913	288572
橡胶和塑料制品业	190291	212087
非金属矿物制品业	820683	539003
黑色金属冶炼和压延加工业	210957	142010
有色金属冶炼和压延加工业	353584	277239
废弃资源综合利用业	4982	900
电力、热力生产和供应业	79029	98972
燃气生产和供应业	50960	24210
水的生产和供应业	51904	55528

5-24 传统支柱产业投资完成情况（2013年）

单位：万元

指标名称	本年完成	去年同期完成
传统支柱产业	2779246	2476317
一、冶金工业	564541	419249
二、建材工业	810683	517193
三、化学工业	396681	356683
四、轻纺工业	877352	1039591
五、能源工业	129989	143601

5-25 高成长性制造业投资完成情况(2013年)

单位：万元

指标名称	自年初累计完成	去年同期完成
高成长性制造业	2442563	2172564
一、电子信息	279351	100017
二、装备制造	512086	374292
三、汽车及零部件产业	52250	75770
四、食品产业	424273	594947
五、现代家居产业	154990	230022
六、服装服饰	1019613	797516

5-26 六大高耗能投资完成情况(2013年)

单位：万元

指标名称	本年完成投资	去年同期完成
六大高耗能合计	4513525	3579044
煤炭开采和洗选业		20419
化学原料和化学制品制造业	341913	288572
非金属矿物制品业	820683	539003
黑色金属冶炼和压延加工业	210957	142010
有色金属冶炼和压延加工业	353584	277239
电力、热力生产和供应业	79029	98972

5-27 房地产开发企业按控股情况分企业个数（2013年）

单位：个

指标名称	年企业个数	年末从业人员总计
总　计	**296**	**8679**
国有控股		
集体控股	16	402
私人控股	262	7850
港澳台商控股	1	21
外商控股	2	39
其他	13	367

5-28 各县（市、区）企业个数

县（市、区）	企业个数	一级	二级	三级	四级	暂定	其他
商丘市	**296**	**4**	**18**	**48**	**8**	**205**	**13**
梁园区	58	1	2	18	4	33	
睢阳区	50	2	7	12	1	22	6
民权县	34		1	4		29	
睢　县	19				1	13	5
宁陵县	8					8	
柘城县	23	1	2	4		16	
虞城县	23		2	4		16	1
夏邑县	26			1		24	1
永城市	39		4	1	1	33	
开发区	16			4	1	11	

和就业人数（2013年）

单位：个

年末从业人员总计	一级	二级	三级	四级	暂定	其他
8679	**181**	**846**	**1449**	**114**	**5668**	**421**
1147	27	102	427	46	545	
1931	79	464	370	12	793	213
875		18	84		773	
581				32	386	163
151					151	
1118	75	82	248		713	
492		58	116		303	15
942			88		824	30
1100		122	0	0	978	
342			116	24	202	

5-29 房地产开发企业（单位）投资、资金和土地情况（2013年）

单位：万元、平方米

指标名称	总　计	指标名称	总　计
计划总投资	**8036328**	本年土地成交价款	75940
自开始建设累计完成投资	4099545	其中：拆迁补偿费	5920
本年完成投资	1896791	土地使用权出让金	34876
其中：配套工程投资	10375	契税	570
按构成分		一、本年资金来源合计	2139830
建筑工程	1597520	1.上年末结余资金	82808
安装工程	3677	2.本年资金来源小计	2057022
设备工器具购置	18529	其中:省外资金	54466
其他费用	277065	(1)国内贷款	184887
旧建筑物购置费	18539	其中：银行贷款	175460
土地购置费	183073	其中：非银行金融机构贷款	9427
按工程用途分		(2)利用外资	0
住宅	1579716	其中：外商直接投资	0
其中：90平方米以下	281274	(3)自筹资金	1465696
其中：144平方米以上	141402	其中：自有资金	732464
其中：别墅、高档公寓	3180	股东投入资金	79626
办公楼	1294	借入资金	30612
商业营业用房	195503	(4)其他资金来源	406439
其他	120278	其中：定金及预收款	158124
本年新增固定资产	1237529	其中：个人按揭贷款	40216
待开发土地面积	226324	二、本年各项应付款合计	212939
本年土地购置面积	668416	其中：工程款	138582

5-30 房地产开发企业（单位）施工、销售和待售情况（2013年）

单位：平方米、套、万元

指标名称	合计	住宅	90平米以下住房	144平米以上住房	别墅、高档公寓	办公楼	商业营业用房	其他房屋
房屋施工面积	19226308	16576559	3837286	1767785	44285	25014	2347527	277208
新开工面积	7915661	6861905	1619732	648510	40485	3235	897633	152888
房屋竣工面积	4319248	3867521	549943	558706	2000	483	439794	11450
不可销售面积	20850	5550	2000	2550	0	0	15300	0
商品住宅竣工套数（套）	0	33268	6464	3697	14	0	0	0
竣工房屋价值	729165	646131	95596	90984	180	140	81935	959
批准预售面积	3595933	3070389	506473	356147	0	483	498173	26888
批准预售套数（套）	0	27166	6021	2213	0	0	0	0
出租房屋面积	15000	0	0	0	0	0	15000	0
商品房销售面积	5280307	5004785	660593	836422	4717	3531	257543	14448
现房销售面积	2656194	2446403	229498	300509	1000	3531	197934	8326
期房销售面积	2624113	2558382	431095	535913	3717	0	59609	6122
商品房销售额	1415418	1288909	188636	140817	2191	1761	121873	2875
现房销售额	750892	654103	63386	67785	110	1761	93684	1344
期房销售额	664526	634806	125250	73032	2081	0	28189	1531
商品住宅销售套数（套）	0	42649	7879	5448	22	0	0	0
现房销售套数	0	20695	2832	1951	12	0	0	0
期房销售套数	0	21954	5047	3497	10	0	0	0
待售面积	2713848	2362528	398667	298551	1000	2301	338474	10545
待售1-3年面积	353865	290696	83607	42675	0	0	59310	3859
待售3年以上面积	0	0	0	0	0	0	0	0

5-31 按登记注册类型分的房地产开发投资（2013年）

单位：万元

指标名称	本年完成投资	指标名称	本年完成投资
总 计	1896791	股份有限公司	150559
一、内资	1892863	私营	607416
国有		其他内资	28780
集体		二、港澳台商投资	
股份合作	32545	与港澳台商合资经营	
联营	14092	与港澳台商合作经营	
国有联营		港澳台商独资	
集体联营		港澳台商投资股份有限公司	
国有与集体联营		三、外商投资	3928
其他联营	14092	中外合资经营	
有限责任公司	1059471	中外合作经营	3928
国有独自公司		外资企业	
其他有限责任公司	1059471	外商投资股份有限公司	

5-32 各县（市、区）按工程用途分的房地产开发完成情况（2013年）

单位：万元

县（市、区）	本年完成投资	商品住宅	90平方米以下	办公楼	商业营业用房	其 他
商丘市	**1896791**	**1579716**	**281274**	**1294**	**195503**	**120278**
梁园区	119913	74684	35413	2	36489	8738
睢阳区	454500	438023	84261	0	10059	6418
民权县	170559	144739	25787	0	19332	6488
睢 县	104251	79255	6979	322	2352	22322
宁陵县	113345	100942	0	0	12403	0
柘城县	254920	223969	9383	100	24301	6550
虞城县	101287	82961	10204	0	18056	270
夏邑县	220532	194536	18136	0	25996	0
永城市	305337	202943	70199	790	40055	61549
开发区	52147	37664	20912	80	6460	7943

5-33 各县（市、区）房地产

县（市、区）	本年资金来源小计	国内贷款	#银行贷款	利用外资	自筹资金
商丘市	**2057022**	**184887**	**175460**	**0**	**1465696**
梁园区	139965	0	0	0	116265
睢阳区	490337	63550	63550	0	264917
民权县	223231	4200	4200	0	210811
睢　县	124082	20850	20850	0	78023
宁陵县	113345	0	0	0	113345
柘城县	235520	27995	24230	0	207525
虞城县	118756	18912	14750	0	58448
夏邑县	222620	40800	40800	0	181820
永城市	299270	4100	4100	0	176596
开发区	89896	4480	2980	0	57946

开发资金来源（2013年）

单位：万元

#自有资金	#股东投入资金	#借入资金	其他资金来源	定金及预收款	#个人按揭贷款
732464	79626	30612	406439	158124	40216
26619	28767	8786	23700	3987	11689
94592	0	900	161870	30063	1617
106022	20445	0	8220	2739	761
35549	7244	8987	25209	11445	4980
0	0	0	0	0	0
191025	0	0	0	0	0
43088	9000	500	41396	28465	6728
177197	0	2093	0	0	0
46003	2300	4960	118574	67417	13011
12369	11870	4386	27470	14008	1430

5-34 各县（市、区）商品房施工房屋面积（2013年）

单位：平方米

县（市、区）	施工房屋面积	住宅	90平米以下住房	办公楼	商业营业用房	其他房屋
商丘市	**19226308**	**16576559**	**3837286**	**25014**	**2347527**	**277208**
梁园区	2548638	1987343	837240	7403	455583	98309
睢阳区	3785497	3518359	498388	0	215908	51230
民权县	2113921	1823511	529102	0	243337	47073
睢　县	1233931	1109127	114110	10988	113816	0
宁陵县	646539	550736	0	0	95803	0
柘城县	1906113	1548577	207750	3000	312042	42494
虞城县	1333630	1202986	237231	0	128690	1954
夏邑县	1570882	1438022	130560	0	132860	0
永城市	3564509	2948751	1060653	3140	584466	28152
开发区	522648	449147	222252	483	65022	7996

5-35 各县（市、区）商品房新开工房屋面积（2013年）

单位：平方米

县（市、区）	新开工房屋面积	住宅	90平米以下住房	办公楼	商业营业用房	其他房屋
商丘市	**7915661**	**6861905**	**1619732**	**3235**	**897633**	**152888**
梁园区	1280395	1095733	536776	0	139533	45129
睢阳区	306723	255912	57104	0	8581	42230
民权县	1449859	1269066	426434	0	153720	27073
睢　县	480033	470788	113090	2752	6493	0
宁陵县	405637	345890	0	0	59747	0
柘城县	998784	886387	29750	0	91656	20741
虞城县	399007	341702	9578	0	55351	1954
夏邑县	1266715	1164475	88780	0	102240	0
永城市	971799	732847	227514	0	230062	8890
开发区	356709	299105	130706	483	50250	6871

5-36 各县（市、区）商品房竣工房屋面积（2013年）

单位：平方米

县（市、区）	竣工房屋面积	住宅	90平米以下住房	办公楼	商业营业用房	其他房屋
商丘市	**4319248**	**3867521**	**549943**	**483**	**439794**	**11450**
梁园区	153100	115819	70247	0	37281	0
睢阳区	853445	817218	97722	0	36227	0
民权县	392815	348475	147999	0	35340	9000
睢　县	508658	487120	7000	0	21538	0
宁陵县	602449	506646	0	0	95803	0
柘城县	212068	205868	1800	0	6200	0
虞城县	270151	199905	1128	0	68292	1954
夏邑县	1045133	952773	89510	0	92360	0
永城市	243154	199008	103431	0	44146	0
开发区	38275	34689	31106	483	2607	496

5-37 各县（市、区）商品房竣工房屋价值

单位：万元

县（市、区）	竣工房屋价值	住宅	90平米以下住房	办公楼	商业营业用房	其他房屋
商丘市	**729165**	**646131**	**95596**	**140**	**81935**	**959**
梁园区	34591	23640	14158	0	10951	0
睢阳区	203322	195312	24307	0	8010	0
民权县	45440	40315	21728	0	4420	705
睢　县	56668	55300	770	0	1368	0
宁陵县	78357	65984	0	0	12373	0
柘城县	41000	39946	306	0	1054	0
虞城县	48961	34160	184	0	14691	110
夏邑县	159148	139420	14566	0	19728	0
永城市	50719	42135	10697	0	8584	0
开发区	10959	9919	8880	140	756	144

5-38 各县（市、区）商品房销售面积（2013年）

单位：平方米

县（市、区）	销售面积	住宅	90平米以下住房	办公楼	商业营业用房	其他房屋
商丘市	**5280307**	**5004785**	**660593**	**3531**	**257543**	**14448**
梁园区	317475	298540	112246	0	18935	0
睢阳区	560129	544913	12297	3531	11685	0
民权县	1281918	1228045	190237	0	44751	9122
睢　县	556856	552806	6027	0	4050	0
宁陵县	430934	354011	0	0	76923	0
柘城县	598516	583793	77100	0	14723	0
虞城县	405881	382293	1128	0	18872	4716
夏邑县	366886	343879	51942	0	22397	610
永城市	597633	570741	107500	0	26892	0
开发区	164079	145764	102116	0	18315	0

5-39 各县（市、区）商品房现房销售面积（2013年）

单位：平方米

县（市、区）	现房销售面积	住宅	90平米以下住房	办公楼	商业营业用房	其他房屋
商丘市	**2656194**	**2446403**	**229498**	**3531**	**197934**	**8326**
梁园区	104095	92095	37400	0	12000	0
睢阳区	459664	445798	5397	3531	10335	0
民权县	302639	273768	48058	0	25871	3000
睢　县	451236	448236	5000	0	3000	0
宁陵县	430934	354011	0	0	76923	0
柘城县	92021	81195	1800	0	10826	0
虞城县	217228	193856	1128	0	18656	4716
夏邑县	366886	343879	51942	0	22397	610
永城市	170483	169650	40555	0	833	0
开发区	61008	43915	38218	0	17093	0

5-40　各县（市、区）商品房期房销售面积（2013年）

单位：平方米

县（市、区）	期房销售面积	住宅	90平米以下住房	办公楼	商业营业用房	其他房屋
商丘市	**2624113**	**2558382**	**431095**	**0**	**59609**	**6122**
梁园区	213380	206445	74846	0	6935	0
睢阳区	100465	99115	6900	0	1350	0
民权县	979279	954277	142179	0	18880	6122
睢　县	105620	104570	1027	0	1050	0
宁陵县	0	0	0	0	0	0
柘城县	506495	502598	75300	0	3897	0
虞城县	188653	188437	0	0	216	0
夏邑县	0	0	0	0	0	0
永城市	427150	401091	66945	0	26059	0
开发区	103071	101849	63898	0	1222	0

5-41　各县（市、区）商品房销售额（2013年）

单位：万元

县（市、区）	商品房销售额	住宅	90平米以下住房	办公楼	商业营业用房	其他房屋
商丘市	**1415418**	**1288909**	**188636**	**1761**	**121873**	**2875**
梁园区	115432	106349	42494	0	9083	0
睢阳区	194345	188070	4544	1761	4514	0
民权县	251106	234768	48554	0	14462	1876
睢　县	137870	135770	1849	0	2100	0
宁陵县	132260	86276	0	0	45984	0
柘城县	148685	141392	14408	0	7293	0
虞城县	97016	86679	240	0	9460	877
夏邑县	97504	90955	13687	0	6427	122
永城市	183121	170669	31506	0	12452	0
开发区	58079	47981	31354	0	10098	0

5-42 各县（市、区）商品房现房销售额（2013年）

单位：万元

县（市、区）	现房销售额	住宅	90平米以下住房	办公楼	商业营业用房	其他房屋
商丘市	**750892**	**654103**	**63386**	**1761**	**93684**	**1344**
梁园区	35678	29678	12060	0	6000	0
睢阳区	157119	151519	2251	1761	3839	0
民权县	55989	50228	7445	0	5416	345
睢　县	110934	109434	1600	0	1500	0
宁陵县	132260	86276	0	0	45984	0
柘城县	25686	19869	468	0	5817	0
虞城县	52783	42591	240	0	9315	877
夏邑县	97504	90955	13687	0	6427	122
永城市	57493	57118	11853	0	375	0
开发区	25446	16435	13782	0	9011	0

5-43 各县（市、区）商品房期房销售额（2013年）

单位：万元

县（市、区）	期房销售额	住宅	90平米以下住房	办公楼	商业营业用房	其他房屋
商丘市	**664526**	**634806**	**125250**	**0**	**28189**	**1531**
梁园区	79754	76671	30434	0	3083	0
睢阳区	37226	36551	2293	0	675	0
民权县	195117	184540	41109	0	9046	1531
睢　县	26936	26336	249	0	600	0
宁陵县	0	0	0	0	0	0
柘城县	122999	121523	13940	0	1476	0
虞城县	44233	44088	0	0	145	0
夏邑县	0	0	0	0	0	0
永城市	125628	113551	19653	0	12077	0
开发区	32633	31546	17572	0	1087	0

5-44 各县（市、区）商品房待售面积（2013年）

单位：平方米

县（市、区）	待售面积	住宅	90平米以下住房	办公楼	商业营业用房	其他房屋
商丘市	**2713848**	**2362528**	**398667**	**2301**	**338474**	**10545**
梁园区	140966	115338	42758	0	25628	0
睢阳区	541568	512081	91003	0	29187	300
民权县	98164	76708	6703	0	16456	5000
睢　县	191323	162228	4007	0	28138	957
宁陵县	278300	259420	0	0	18880	0
柘城县	20797	10626	2326	0	10171	0
虞城县	106162	51509	85	0	54653	0
夏邑县	854549	776461	75977	0	78088	0
永城市	353985	286214	114123	2300	61912	3559
开发区	128034	111943	61685	1	15361	729

5-45 各县（市、区）房地产土地购置和开发情况（2013年）

单位：万元

县（市、区）	土地购置费	本年购置土地面积	本年土地成交价款			契税
				拆迁补偿费	土地使用权出让金	
商丘市	**183073**	**668416**	**75940**	**5920**	**34876**	**570**
梁园区	12187	0	0	0	0	0
睢阳区	400	4447	267	0	11	0
民权县	6492	39893	2040	0	2040	0
睢　县	6215	34155	4000	0	4000	215
宁陵县	34888	273631	34888	0	0	0
柘城县	15138	245188	27478	5920	21558	355
虞城县	0	0	0	0	0	0
夏邑县	40310	0	0	0	0	0
永城市	56915	0	0	0	0	0
开发区	10528	71102	7267	0	7267	0

5-46 房地产开发企业（单位）财务情况（2013年）

单位：千元

指标名称	本年实际	指标名称	本年实际
一、年初存货	685969	营业成本	929106
二、年末资产负债	0	主营业务成本	927176
流动资产合计	2300493	营业税金及附加	109155
其中：应收账款	117783	主营业务税金及附加	107497
其中：存货	1081318	其他业务利润	1108
固定资产合计	130047	销售费用	45402
固定资产原价	88081	管理费用	55585
累计折旧	15490	其中：税金	5200
其中：本年折旧	4156	其中：差旅费	0
在建工程	213322	其中：工会经费	0
资产总计	2848824	财务费用	22627
流动资产合计	1809866	其中：利息收入	517
其中：应付账款	158203	其中：利息支出	12521
非流动负债合计	130587	资产减值损失	10331
负债合计	1940453	公允价值变动收益（损失以“-”号记）	150
所有者权益合计	908371	投资收益（损失以“-”号记）	1254
实收资本	619801	营业利润	273077
三、损益及分配		营业外收入	8062
营业收入	1444386	其中：补贴收入	2296
主营业务收入	1437067	营业外支出	9491
土地转让收入	57	利润总额	273368
商品房屋销售收入	1376444	应交所得税	24953
房屋出租收入	2450	四、人工成本	0
其他收入	58117	应付职工薪酬(本年贷方累计发生额)	30882

5-47 各县（市、区）房地产开发

县（市、区）	固定资产原价	实收资本合计	资产总计	累计折旧	#本年折旧	负债合计
商丘市	**880806**	**6162010**	**28363020**	**154896**	**41561**	**19342976**
梁园区	69433	657374	4345975	23407	3263	3661331
睢阳区	231859	1966882	4672829	26556	2590	2217128
民权县	76326	1354699	2432643	10747	4954	897325
睢　县	5286	195890	2039329	1743	1085	1803021
宁陵县	10100	38000	438716	1029	503	122416
柘城县	116430	537904	3130641	11550	7449	2218578
虞城县	135246	306888	1953054	27491	4993	1077761
夏邑县	110056	411945	2655416	36855	10840	1627457
永城市	111048	462549	5472837	11179	4365	4877226
开发区	15022	229879	1221580	4339	1519	840733

企业（单位）财务状况（2013年）

单位：千元

流动资产合计	非流动负债合计	所有者权益合计	销售费用	管理费用	财务费用	本年应付工资总额(贷方累计发生额)	资产负债率（%）
18037105	**1305871**	**9020044**	**453157**	**555326**	**225729**	**307917**	**68.2**
3365409	295922	684644	38030	47810	13812	32435	84.2
1924463	292665	2455701	33830	44669	11605	69307	47.4
890930	6395	1535318	78329	80704	41736	35060	36.9
1702431	100590	236308	15748	19818	11377	18994	88.4
122416	0	316300	48258	29206	79	4391	27.9
2218578	0	912063	52837	65564	90140	46300	70.9
1027347	50414	875293	35263	63170	15079	18847	55.2
1627457	0	1027959	83856	122704	3495	22721	61.3
4335641	541585	595611	55431	66022	35217	47434	89.1
822433	18300	380847	11575	15659	3189	12428	68.8

5-48 各县（市、区）房地产开发

县（市、区）	营业收入	主营业务收入	土地转让收入	商品房屋销售收入	房屋出租收入	其他收入
商丘市	**14326935**	**14253754**	**569**	**13647516**	**24500**	**581169**
梁园区	573332	510151	2	486438	7188	16523
睢阳区	1852418	1852418	505	1756500	10201	85212
民权县	2159894	2159894	0	2159894	0	0
睢　县	673031	673031	0	672351	0	680
宁陵县	1329943	1329943	0	1329943	0	0
柘城县	2268101	2268101	0	2151694	0	116407
虞城县	1301895	1291895	62	1255103	1077	35653
夏邑县	1467305	1467305	0	1467305	0	0
永城市	2144647	2144647	0	1817953	0	326694
开发区	556369	556369	0	550335	6034	0

企业（单位）经营状况（2013年）

单位：千元

营业税金及附加	主营业务税金及附加	营业成本	主营业务成本	利润总额	营业利润	应交所得税
1085705	**1069126**	**9214087**	**9194784**	**2701499**	**2698591**	**249534**
71624	70814	446378	446378	-63015	-44355	3908
145281	145281	1213949	1213949	408914	405332	50369
145668	145668	1452410	1452410	370640	360616	17181
50445	50445	351339	340146	238488	235497	9854
101972	101972	940371	940371	209938	210057	52473
228568	228568	1508872	1508872	322765	322120	18724
75748	75748	991719	991719	111003	120916	23392
114900	114900	948282	948282	194068	194068	44674
124219	113450	926996	918886	836673	829445	21117
27280	22280	433771	433771	72025	64895	7842

主要指标解释

全社会固定资产投资 是以货币形式表现的在一定时期内全社会建造和购置固定资产的工作量以及与此有关的费用的总称。该指标是反映固定资产投资规模、结构和发展速度的综合性指标，又是观察工程进度和考核投资效果的重要依据。全社会固定资产投资按登记注册类型可分为国有、集体、个体、联营、股份制、外商、港澳台商、其他等。

固定资产投资 指城镇和农村各种登记注册类型的企业、事业、行政单位及城镇个体户进行的计划总投资(或实际需要总投资)500万元及以上的建设项目投资和房地产开发投资。

农村农户投资 指以农户为单位进行的房屋建设（主要指住宅建设）投资、农户对农、林、牧、渔及其服务行业进行的投资（如农户近年广泛进行的设施农业投资）、以及农户购买生产性固定资产的投资。根据农村固定资产投资调查规定，农户房屋建筑物、机器设备、器具等固定资产价值统计标准为50元，使用年限为2年。

固定资产投资的资金来源 根据固定资产投资的资金来源不同，分为国家预算资金、国内贷款、利用外资、自筹资金和其他资金来源。

（1）国家预算资金：自2011年起，按照全国人大和国务院的要求，各级财政的所有资金，包括税收和非税收入，均必须纳入预算管理，我国已不存在预算外资金的概念，因此各级政府用于固定资产投资的财政资金均为预算资金。由于已经没有预算外资金，因此名称改为国家预算资金，包括中央预算资金和地方预算资金，旧的国家预算内资金的内容和现中央预算资金的内容基本一致。

国家预算包括一般预算、政府性基金预算、国有资本经营预算和社保基金预算。各类预算中用于固定资产投资的资金全部作为国家预算资金填报，其中一般预算中用于固定资产投资的部分包括基建投资、车购税、灾后恢复重建基金和其他财政投资。各级政府债券也应归入国家预算资金。

（2）国内贷款：指报告期固定资产投资项目单位向银行及非银行金融机构借入的用于固定资产投资的各种国内借款，包括银行贷款、非银行金融机构贷款等。

银行贷款：是指向各商业银行、政策性银行借入的用于固定资产投资的各项贷款。

非银行金融机构贷款：是指向除上述银行之外从事金融业务的机构借入的用于固定资产投资的各项贷款。非银行金融机构包括保险公司和养老基金（企业年金）、信托投资公司、金融租赁公司、金融资产管理公司、汽车金融服务公司、金融担保公司、证券公司、投资基金、证券交易所、其他金融辅助机构。

投资项目单位从上级部门、总公司或公司股东处取得的用于固定资产投资的资金中，来源于银行或非银行金融机构贷款的部分，也应归入国内贷款。

通过银行理财产品和信托产品筹集的资金，如果是用于固定资产投资的，也做为国内贷款统计。

（3）利用外资：指报告期收到的用于固定资产建造和购置的国外资金(包括设备、材料、技术在内)。包括对外借款(外国政府贷款、国际金融组织贷款、出口信贷、外国银行商业贷款、对外发行债券和股票)、外商直接投资、外商其他投资(包括利用外商投资收益在国内进行固定资产再投资活动的资金)。不包括我国自有外汇资金(国家外汇、地方外汇、留成外汇、调济外汇和国内银行自有资金发放的外汇贷款等)。

（4）自筹资金：指固定资产投资单位在报告期收到的，由各企事业单位筹集用于固定资产投资的资金，包括各类企事业单位的自有资金和从其他单位筹集的用于固定资产投资的资金，但不包括各类财政性资金、从各类金融机借入资金和国外资金。

（5）其他资金来源：指在报告期收到的除以上各种资金之外的用于固定资产投资的资金。包括社会集资、个人资金、无偿捐赠的资金及其他单位拨入的资金等。

固定资产投资按国民经济行业分 根据建设项目建成投产后的主要产品种类或主要用途及社会经济活动性质来确定国民经济行业。一般情况下，一个建设项目或一个企业、事业单位只能属于一种国民经济行业。

固定资产投资按建设性质分 根据整个建设项目情况来确定。建设项目的性质一般分为新建、扩建、改建和技术改造、迁建、恢复。房地产开发单位、农村投资不划分建设性质。

（1）新建：一般是指从无到有、“平地起家”新开始建设的单位。有的单位原有的基础很小，经过建设后其新增加的固定资产价值超过原有固定资产价值(原值)三倍以上的也算新建。

（2）扩建：一般是指为扩大原有产品的生产能力，在厂内或其他地点增建主要生产车间(或主要工程)、独立的生产线或分厂的企业；事业单位和行政单位在原单位增建业务用房(如学校增建教学用房、医院增建门诊部或病床用房、行政机关增建办公楼等)也作为扩建。

（3）改建和技术改造：指现有企业、事业单位，对原有设施进行技术改造或更新（包括相应配套的辅助性生产、生活福利设施）的建设项目。现有企业、事业单位为适应市场变化的需要，而改变企业的主要产品种类（如军工企业转产民用品等）的建设项目，应作为改建。原有产品生产作业线由于各工序（车间）之间能力不平衡，为填平补齐充分发挥原有生产能力而增建不增加本企业主要产品设计能力的车间，也应作为改建。技术改造是指企业、事业单位在现有基础上，用先进的技术代替落后的技术，用先进的工艺和装备代替落后的工艺和装备，以改变企业落后的技术经济面貌，实现以内涵为主的扩大再生产，达到提高产品质量、促进产品更新换代、节约能源、降低消耗、扩大生产规模、全面提高社会经济效益的目的。技术改造具体包括以下内容：机器设备和工具的更新改造；生产工艺改革、节约能源和原材料的改造；厂房建筑和公共设施的改造；劳动条件和生产环境的改造等。

固定资产投资按构成分 固定资产投资活动按其工作内容和实现方式分为建筑安装工程，设备、工具、器具购置，其他费用三个部分。

（1）建筑安装工程（建筑安装工作量）：指各种房屋、建筑物的建造工程和各种设备、装置的安装工程。包括各种房屋建造工程，各种用途设备基础和各种工业窑炉的砌筑工程；为施工而进行的各种准备工作和临时工程以及完工后的清理工作等；铁路、道路的铺设，矿井的开凿及石油管道的架设等；水利工程；防空地下建筑等特殊工程；以及各种机械设备的安装工程；为测定安装工程质量，对设备进行的试运工作。在安装工程中，不包括被安装设备本身的价值。

（2）设备、工具、器具购置：指购置或自制达到固定资产标准的设备、工具、器具的价值，固定资产的标准按财务部门规定。新建单位、扩建单位的新建车间按照设计和计划要求购置或自制的全部设备、工具、器具，不论是否达到固定资产标准均计入“设备、工具、器具购置”中。

（3)其他费用：指在固定资产建造和购置过程中发生的，除建筑安装工程和设备、工具、器具购置以外的各种应摊入固定资产的费用。

施工项目 指报告期内曾进行建筑或安装工程施工活动的建设项目，包括报告期内新开工项目、报告期以前开工跨入报告期继续施工的项目以及报告期施过工并在报告期内全部建成投产或停缓建的项目。

全部建成投产项目 工业项目是指设计文件规定形成生产能力的主体工程及其相应配套的辅助设施全部建成，经负荷试运转，证明具备生产设计规定合格产品的条件，并经过验收鉴定合格或达到竣工验收标准，与生产性工程配套的生活福利设施可以满足近期正常生产的需要，正式移交生产的建设项目。非工业项目是指设计文件规定的主体工程和相应的配套工程全部建成，能够发挥设计规定的全部效益，经验收鉴定合格或达到竣工验收标准，正式移交使用的建设项目。

新增生产能力（或工程效益） 指通过固定资产投资活动而增加的设计能力（或工程效益），该指标是以实物形态表现的反映固定资产投资成果的指标，也是考核投资经济效果的重要依据之一。

新增生产能力（或工程效益）一般有以下几种表现形式：

（1）用产品数量表示，以工程在单位时间内（一般是一年）所能生产的产品数量（即年产量）表示。如原煤开采用万吨／年表示，化学农药用吨／年表示，汽车制造用辆／年表示等。某些化工产品由于含量差别较大，按其设计含量计算折合量表示，如氮肥、磷肥等。

（2）用单位时间内所能处理的原料数量表示，以工程每天（或小时）所能处理原料的数量表示。如城市污水处理能力用万吨／日表示等。

（3）用新增加的主要设备的数量或容量表示，如毛纺锭等锭数，发电厂新增发电机组容量用万千瓦表示等。

（4）用建筑物个数、容积、容量、面积、长度表示，是非工业项目或工程新增效益的一种表现形式。如铁路投产里程、公路里程、桥梁隧道延长米里程、新（扩）建公路客货运站个数等。

根据工程的特点，有时需要用两种或两种以上的复合计量单位表示新增生产能力或工程效益。如新增内燃机生产能力同时用年产台数、万千瓦数表示等。

为了规范新增生产能力（或工程效益）的名称和计算单位，国家统计局制订了《新增生产能力（或工程效益）目录及代码》。各固定资产投资单位在统计新增生产能力（或工程效益)时，必须按目录中规定的名称、计量单位和代码填报。

新增固定资产 指已经完成建造和购置过程，并已交付生产或使用单位的固定资产的价值，包括已经建成投入生产或交付使用的工程投资和达到固定资产标准的设备、工具、器具的投资及有关应摊入的费用。

属于增加固定资产价值的其他建设费用，应随同交付使用的工程一并计入新增固定资产。

房屋建筑面积 指房屋建筑物勒脚以上外墙外围的水平截面面积，包括房屋建筑物的有效面积和结构面积。该指标是从实物形态上反映建设规模和建设成果的重要指标之一，也是检查工程形象进度、计算工程造价、分析投资效果、研究施工任务和建筑材料之间平衡情况的重要依据。

住宅建筑面积 指施工和竣工房屋建筑面积中供居住用的房屋建筑面积。

施工面积 指报告期内施工的全部房屋建筑面积。包括本期新开工的面积和上期开工跨入本期继续施工的房屋面积，以及上期已停建在本期复工的房屋面积。本期竣工和本期施工后又停缓建的房屋，其建筑面积仍计入本期施工房屋面积中。

竣工面积 指在报告期内房屋建筑按照设计要求已全部完工，达到住人和使用条件，经验收鉴定合格（或达到竣工验收标准），可正式移交使用的各栋房屋建筑面积的总和。

房地产开发投资 指房地产开发公司、商品房建设公司及其他房地产开发法人单位和附属于其他法人单位实际从事房地产开发或经营的活动单位统一开发的包括统代建、拆迁还建的住宅、厂房、仓库、饭店、宾馆、度假村、写字楼、办公楼等房屋建筑物和配套的服务设施，土地开发工程（如道路、给水、排水、供电、供热、通讯、平整场地等基础设施工程）的投资；不包括单纯的土地交易活动。

房屋建筑面积 指从房屋外墙线算起的各层平面面积的总和，包括可供使用的有效面积和房屋结构（如柱、墙）占用的面积。多层建筑按各层（包括地下室）面积总和计算。

住宅建筑面积 指施工和竣工房屋建筑面积中供居住用的施工和竣工房屋建筑面积。

施工面积 指报告期内施工的全部房屋建筑面积。包括本期新开工的面积、上期跨入本期继续施工的房屋面积、上期停缓建在本期恢复施工的房屋面积、本期竣工的房屋面积及本期施工后又停缓建的房屋面积。

竣工面积 指在报告期内房屋建筑按照设计要求已全部完工，达到住人和使用条件，经验收鉴定合格，正式移交使用单位的建筑面积。

新增固定资产 指报告期内已经完成建造和购置过程，并已交付生产或使用单位的固定资产价值。该指标是表示固定资产投资成果的价值指标，也是反映建设进度，计算固定资产投资效果的重要指标。

别墅、高档公寓 指建筑造价和销售价格明显高于一般商品住宅的商品住宅。别墅一般指地处郊区，独立成栋的商品住宅；高档公寓一般指地处市内高尚社区，高层或多层的商品住宅。别墅、高档公寓的确定标准：一是经有房地产投资计划审批权的主管部门审批建设的别墅、高档公寓开发项目；二是销售价格高于当地同等地段商品住宅平均销售价格一倍以上的别墅、公寓开发项目。该指标可以分析房地产投资结构，反映高收入家庭商品住宅的供求平衡情况。

商品房销售面积 指报告期内出售商品房屋的合同总面积(即双方签署的正式买卖合同中所确定的建筑面积)。由现房销售建筑面积和期房销售建筑面积两部分组成。

商品房销售额 指报告期内出售商品房屋的合同总价款(即双方签署的正式买卖合同中所确定的合同总价)。该指标与商品房销售面积同口径，由现房销售额和期房销售额两部分组成。

商品房建设投资额 是指房地产开发企业（单位）开发建设的供出售、出租用的住宅、厂房、仓库、饭店、度假村、写字楼、办公楼等房屋工程及其配套的服务设施所完成的投资额。

完成开发土地面积 指报告期内对土地进行开发并已完成七通一平等前期开发工程，具备进行房屋建筑物施工或达到出让条件的土地面积。

本年购置土地面积 指在本年内通过各种方式获得土地使用权的土地面积。

建筑业

● 资料整理：胡婷婷

6-1 建筑业企业

项目	有工作量的企业个数	建筑业合同情况			承包工程	
		签订的合同额	上年结转合同额	本年新签合同额	直接从建设单位承揽工程完成的产值	自行完成施工产值
总计	**167**	**34418161**	**7073727**	**27344434**	**26443507**	**26292506**
其中：国有及国有控股企业	19	8240223	1650990	6589233	6703651	6703651
一、按登记注册类型分组						
内资企业	168	35664684	7099079	28565605	27250407	27099406
国有企业	2	273130	0	273130	245246	245246
集体企业	5	535023	81351	453672	750013	730006
有限责任公司	89	22287192	4865227	17421965	16998338	16869843
国有独资公司	3	659120	3690	655430	629108	629108
其他有限责任公司	86	21628072	4861537	16766535	16369230	16240735
股份有限公司	30	4505566	768560	3737006	3794453	3794453
私营企业	42	8063773	1383941	6679832	5462357	5459858
私营独资企业	1	65879	0	65879	65879	65879
私营有限责任公司	31	6131230	1254816	4876414	4006717	4004218
私营股份有限公司	10	1866664	129125	1737539	1389761	1389761
房屋建筑业	89	25805011	5210758	20594253	19053490	18960145
土木工程建筑业	45	8594951	1663022	6931929	7106690	7084384
铁路、道路、隧道和桥梁工程建筑	27	5088853	1443264	3645589	4212671	4190365
铁路工程建筑	1	66500	21400	45100	33580	33580
公路工程建筑	8	3127213	1313489	1813724	2510232	2490225
市政道路工程建筑	9	928956	108375	820581	714593	714593
其他道路、隧道和桥梁工程建筑	9	966184	0	966184	954266	951967
水利和内河港口工程建筑	6	688904	18061	670843	627432	627432
水源及供水设施工程建筑	6	688904	18061	670843	627432	627432
工矿工程建筑	2	1722624	187487	1535137	1194150	1194150
架线和管道工程建筑	6	287251	14210	273041	275118	275118
架线及设备工程建筑	4	100053	11108	88945	97470	97470
管道工程建筑	2	187198	3102	184096	177648	177648
其他土木工程建筑	4	807319	0	807319	797319	797319
建筑安装业	5	79983	23780	56203	47255	47255
电气安装		0	0	0	0	0
管道和设备安装	3	77858	23580	54278	46330	46330
其他建筑安装业	2	2125	200	1925	925	925
建筑装饰和其他建筑业	29	1184739	201519	983220	1042972	1007622
建筑装饰业	20	150025	2049	147976	127826	127826
其他未列明建筑业	9	1034714	199470	835244	915146	879796
三、按隶属关系分组						
中央						
省(自治区、直辖市)	4	5223509	1833212	3390297	3744739	3651594
地区(州、盟、省辖市)	35	9676027	2028261	7647766	7680010	7644660
县(区、市、旗)	34	5032351	652057	4380294	4510096	4510096
其他	95	15732797	2585549	13147248	11315562	11293056
四、按企业资质等级分组						
施工总承包	126	33991973	6863297	27128676	25769473	25653822
特级	1	1888948	1223391	665557	1342691	1342691
一级	8	13432584	2316696	11115888	9291996	9198851
二级	54	13201444	2571138	10630306	10337517	10337517
三级及以下	63	5468997	752072	4716925	4797269	4774763
专业承包	42	1672711	235782	1436929	1480934	1445584
一级	1	593560	8600	584960	444950	409600
二级	12	535856	210657	325199	506042	506042
三级及以下	29	543295	16525	526770	529942	529942

生产情况（2013年）

单位：千元

完成情况		建筑业总产值	装饰装修产值	在外省完成的产值	按构成分			竣工产值
分包出去工程的产值	从建设单位以外承揽工程完成的产值				建筑工程产值	安装工程产值	其他产值	
151001	**923752**	**27216258**	**387534**	**3198478**	**24521834**	**2070078**	**624346**	**18156045**
0	488050	7191701	16400	1014964	6428329	504304	259068	2221777
151001	923752	28023158	387534	3198478	25134509	2208951	679698	18972945
0	0	245246	0	0	245246	0	0	245246
20007	0	730006	0	0	630637	99369	0	527827
128495	771903	17641746	154316	3189306	15924218	1239021	478507	11069422
0	0	629108	0	0	629108	0	0	622697
128495	771903	17012638	154316	3189306	15295110	1239021	478507	10446725
0	0	3794453	57812	6172	3472230	239292	82931	2680222
2499	151849	5611707	175406	3000	4862178	631269	118260	4450228
0	0	65879	65879	0	65879	0	0	65879
2499	151849	4156067	108593	3000	3667571	426268	62228	2992435
0	0	1389761	934	0	1128728	205001	56032	1391914
93345	298001	19258146	271147	1812146	17541904	1413944	302298	14199478
22306	480908	7565292	8200	725496	6715907	547226	302159	3841378
22306	0	4190365	8200	545755	3898309	43376	248680	2561001
0	0	33580	0	33580	33580	0	0	33580
20007	0	2490225	8200	512175	2225957	33120	231148	1128143
0	0	714593	0	0	714593	0	0	563263
2299	0	951967	0	0	924179	10256	17532	836015
0	0	627432	0	0	529132	71369	26931	186415
0	0	627432	0	0	529132	71369	26931	186415
0	480850	1675000	0	173569	1610077	64923	0	73067
0	58	275176	0	0	16870	231758	26548	269576
0	58	97528	0	0	16870	80658	0	91928
0	0	177648	0	0	0	151100	26548	177648
0	0	797319	0	6172	661519	135800	0	751319
0	0	47255	325	0	6206	41049	0	2905
0	0	0	0	0	0	0	0	0
0	0	46330	0	0	5581	40749	0	2580
0	0	925	325	0	625	300	0	325
35350	144843	1152465	107862	660836	870492	206732	75241	929184
0	15043	142869	106026	2000	90040	14377	38452	126514
35350	129800	1009596	1836	658836	780452	192355	36789	802670
93145	7200	3658794	97181	1311054	3658794	0	0	2694672
35350	603451	8248111	23420	1533558	7227194	705428	315489	3792884
0	488	4510584	45214	2000	4082530	356174	71880	3768450
22506	312613	11605669	221719	351866	10165991	1147349	292329	8716939
115651	778850	26432672	291445	2497890	24070885	1760030	601757	17658593
0	0	1342691	8200	512175	1183181	33120	126390	242785
93145	617886	9816737	105381	1786908	9073766	659699	83272	5258826
0	157964	10495481	148334	145207	9601993	736276	157212	8192369
22506	3000	4777763	29530	53600	4211945	330935	234883	3964613
35350	144902	1590486	96089	700588	1063624	448921	77941	1314352
35350	122600	532200	0	506250	510680	21520	0	532200
0	14613	520655	10353	104901	316995	161251	42409	260949
0	7689	537631	85736	89437	235949	266150	35532	521203

6-1续　建筑业企业

项　目	房屋建筑施工面积	其中：本年新开工面积	其中：实行投标承包面积	其中：本年新开工	年末自有净值
总　　计	**15297368**	**10877195**	**11977381**	**10043571**	**996103**
其中：国有及国有控股企业	2427914	1571430	1827699	1463528	351188
一、按登记注册类型分组					
内资企业	15797281	11375195	12475381	10043571	1024758
国有企业	0	0	0	0	14842
集体企业	540789	304278	540789	304278	7006
有限责任公司	9441257	6587822	7233850	6129667	649327
国有独资公司	461218	461218	461218	461218	24281
其他有限责任公司	8980039	6126604	6772632	5668449	625046
股份有限公司	2266428	1589551	1593204	1416306	166994
私营企业	3548807	2893544	3107538	2193320	186589
私营独资企业	0	0	0	0	3598
私营有限责任公司	2496616	1920270	2093676	1750662	135531
私营股份有限公司	1052191	973274	1013862	442658	47460
房屋建筑业	14028497	10100030	11377191	8998483	617417
土木工程建筑业	1018200	745941	617139	617139	374986
铁路、道路、隧道和桥梁工程建筑	372193	152139	152139	152139	252429
铁路工程建筑	0	0	0	0	46
公路工程建筑	372193	152139	152139	152139	195831
市政道路工程建筑	0	0	0	0	11301
其他道路、隧道和桥梁工程建筑	0	0	0	0	45251
水利和内河港口工程建筑	0	0	0	0	10073
水源及供水设施工程建筑	0	0	0	0	10073
工矿工程建筑	181007	128802	0	0	72715
架线和管道工程建筑	0	0	0	0	2212
架线及设备工程建筑	0	0	0	0	2200
管道工程建筑	0	0	0	0	12
其他土木工程建筑	465000	465000	465000	465000	37557
建筑安装业	0	0	0	0	411
电气安装	0	0	0	0	0
管道和设备安装	0	0	0	0	411
其他建筑安装业	0	0	0	0	0
建筑装饰和其他建筑业	750584	529224	481051	427949	31944
建筑装饰业	0	0	0	0	6445
其他未列明建筑业	750584	529224	481051	427949	25499
三、按隶属关系分组					
中央					
省(自治区、直辖市)	962017	430870	434945	430870	52587
地区(州、盟、省辖市)	4213654	2539511	2928975	2260210	387521
县(区、市、旗)	3433747	2575415	3099873	2523250	168854
其他	7187863	5829399	6011588	4829241	415796
四、按企业资质等级分组					
施工总承包	14964577	10763851	11933110	9554402	989272
特级	372193	152139	152139	152139	165007
一级	3867774	2876248	3246608	2270346	244415
二级	7537451	5078659	5925500	4864872	352696
三级及以下	3187159	2656805	2608863	2267045	227154
专业承包	832704	611344	542271	489169	35486
一级	466030	395820	386200	371650	12020
二级	345774	194624	156071	117519	3773
三级及以下	20900	20900	0	0	19693

生产情况（2013年）

单位：千元

施工机械设备		从业人员情况						
总台数	总功率	从事主营业务活动的从业人员期末人数	从事主营业务活动的从业人员平均人数	年末从业人数	工程技术人员	一级建造师	现场施工工人	持证上岗人员
24132	**454305**	**96833**	**98420**	**104417**	**19579**	**742**	**76185**	**59394**
5566	110620	16425	15647	16740	2999	168	12177	11106
24301	456475	99533	101060	107217	20079	767	78585	60994
219	3869	492	486	492	133	6	351	343
836	8459	3023	2738	3394	425	10	2716	595
14608	324158	53777	54979	59260	11357	483	42785	36388
502	7408	2401	2312	2401	495	17	1937	1771
14106	316750	51376	52667	56859	10862	466	40848	34617
3793	50490	17131	17210	18162	4848	119	14194	11352
4845	69499	25110	25647	25909	3316	149	18539	12316
540	1625	805	784	805	140	0	554	450
3547	60971	18469	19285	18780	2165	99	13172	8242
758	6903	5836	5578	6324	1011	50	4813	3624
17395	329039	75983	77306	82774	14174	472	61729	47475
5587	122336	19931	20293	20740	4768	196	14703	11990
2051	73185	10530	11005	11144	3051	125	7021	5410
66	6500	88	88	88	48	0	78	68
1371	43783	4318	4394	4552	1558	79	2402	1558
246	8712	2110	2111	2264	1080	22	1778	1260
368	14190	4014	4412	4240	365	24	2763	2524
241	2363	1442	1447	1576	838	4	1192	973
241	2363	1442	1447	1576	838	4	1192	973
2773	40518	4308	3994	4308	219	36	4001	3398
34	1350	1135	1095	1165	455	27	518	284
22	210	477	433	477	99	5	308	259
12	1140	658	662	688	356	22	210	25
488	4920	2516	2752	2547	205	4	1971	1925
6	62	634	577	669	109	1	211	161
0	0	141	140	160	12	0	12	12
6	62	463	407	463	93	0	179	129
0	0	30	30	46	4	1	20	20
1313	5038	2985	2884	3034	1028	98	1942	1368
670	2262	1289	1236	1328	343	16	819	674
643	2776	1696	1648	1706	685	82	1123	694
2493	43315	7917	7279	7938	934	56	6068	4754
6428	117197	23334	22108	25487	4712	232	17258	14467
5151	68667	19976	21711	23048	3467	129	18916	14337
10229	227296	48306	49962	50744	10966	350	36343	27436
22714	442712	94506	96141	101979	18372	639	75580	58857
1242	29645	1790	1789	1790	771	50	625	625
6890	106533	25194	25643	24294	2439	167	19745	15754
9422	238304	44140	45438	50221	9857	262	37308	30340
5160	68230	23382	23271	25674	5305	160	17902	12138
1587	13763	5027	4919	5238	1707	128	3005	2137
106	65	418	415	418	122	16	92	87
339	7202	1303	1261	1350	403	40	867	689
1142	6496	3306	3243	3470	1182	72	2046	1361

6-2 建筑业企业

指标名称	流动资产合计	应收工程款	存　货	固定资产合计	固定资产减值准备	固定资产原价	累计折旧	本年折旧
总　　计	**9424504**	**2241324**	**1430158**	**2725772**	**2682**	**3008496**	**785813**	**131810**
其中：国有及国有控股企业	4663734	1063090	270279	581474	0	750519	216089	43888
按登记注册类型分组								
内资企业	9515675	2267622	1460694	2777411	2682	3031578	799421	138767
国有企业	40771	21085	2613	15704	0	30555	15576	1499
集体企业	312097	239935	50269	41475	0	42643	17143	1526
有限责任公司	7117633	1491822	962597	1566135	878	1849894	422870	82022
国有独资公司	173858	137776	300	112502	0	146038	33536	7100
其他有限责任公司	6943775	1354046	962297	1453633	878	1703856	389334	74922
股份有限公司	722283	202972	139230	490857	300	656910	232597	25412
私营企业	1322891	311808	305985	663240	1504	451576	111235	28308
私营独资企业	23554	0	0	38600	0	45000	6400	900
私营合伙企业								
私营有限责任公司	1003950	280352	221197	530246	1504	332979	82940	19393
私营股份有限公司	295387	31456	84788	94394	0	73597	21895	8015
按国民经济行业分组								
房屋建筑业	3665232	824753	959651	1673171	1816	1667709	394141	64111
土木工程建筑业	5256056	1346643	390683	873594	473	1101977	346841	67998
铁路、道路、隧道和桥梁	3902189	839953	113070	618277	300	780694	244492	45035
铁路工程建筑	12247	0	256	236	0	2972	2736	195
公路工程建筑	3414319	684907	45029	365052	0	512126	175178	31152
市政道路工程建筑	199918	90263	14986	83374	0	99613	17784	5086
其他道路、隧道和桥梁工程	275705	64783	52799	169615	300	165983	48794	8602
水利和内河港口工程建筑	76411	27252	25336	34022	0	42041	8026	1369
水源及供水设施工程建筑	76411	27252	25336	34022	0	42041	8026	1369
工矿工程建筑	903155	444282	221183	76405	0	128689	52362	9662
架线和管道工程建筑	94104	31797	29272	93466	173	130614	37386	10731
架线及设备工程建筑	82421	27003	23612	14125	0	25200	11075	2348
管道工程建筑	11683	4794	5660	79341	173	105414	26311	8383
其他土木工程建筑	280197	3359	1822	51424	0	19939	4575	1201
建筑安装业	18907	6271	2458	35140	300	42831	8891	1016
管道和设备安装	16165	6271	2360	34560	300	42186	8826	1006
其他建筑安装业	2742	0	98	580	0	645	65	10
建筑装饰和其他建筑业	575480	89955	107902	195506	93	219061	49548	5642
建筑装饰业	88661	17160	9828	53054	61	63617	12910	2782
其他未列明建筑业	486819	72795	98074	142452	32	155444	36638	2860
按隶属关系分组								
省(自治区、直辖市)	448936	48303	77998	97065	0	137144	44147	5232
地区(州、盟、省辖市)	5070608	1196256	394813	807792	405	1054269	314292	45670
县(区、市、旗)	1094761	207877	389575	530664	300	626826	158264	31468
其他	2901370	815186	598308	1341890	1977	1213339	282718	56397
按企业资质等级分组								
施工总承包	8807853	2132676	1317659	2471376	2589	2666679	709974	121665
特级	2544012	224594	15643	229609	0	272987	55012	15611
一级	2079011	531808	566740	341509	0	402859	114021	22339
二级	2727769	881609	464782	1229307	1996	1302425	379177	52194
三级以下	1457061	494665	270494	670951	593	688408	161764	31521
专业承包	707822	134946	143035	306035	93	364899	89447	17102
一级	212500	13550	16170	93270	0	74780	3630	201
二级	214048	39777	88214	37400	61	49964	17975	1684
三级以下	281274	81619	38651	175365	32	240155	67842	15217
按营业状态分								
营业	9496736	2267569	1456532	2767128	2682	3016612	794453	137491
停业(歇业)	18939	53	4162	9623	0	14406	4948	1266
按控股情况分								
国有控股	4663734	1063090	270279	581474	0	750519	216089	43888
集体控股	921311	477908	177075	289779	0	439056	191294	16798
私人控股	3473367	588749	973692	1704545	1977	1611240	331637	66861
其他	457263	137875	39648	201613	705	230763	60401	11220

财务状况（2013）

单位：千元

年末资产负债（千元）											
在建工程	资产合计	流动负债合计	应付账款	非流动负债合计	负债合计	所有者权益合计	实收资本	国家资本	集体资本	法人资本	个人资本
360032	**13246842**	**6302664**	**933524**	**196079**	**6957902**	**6288940**	**3976013**	**988759**	**259853**	**930528**	**1796873**
20296	5668034	3984596	478650	108634	4094771	1573263	1097591	915954	27000	42120	112517
388589	13389652	6376717	956459	196079	7031955	6357697	4038173	988759	259853	930528	1859033
0	76652	35047	18209	840	35887	40765	40120	40120	0	0	0
15200	356719	74054	36646	512	274657	82062	63332	0	53332	10000	0
117249	9433980	5303222	720674	114339	5592745	3841235	2650526	917970	150200	444556	1137800
0	290424	184767	803	3890	188657	101767	67560	67560	0	0	0
117249	9143556	5118455	719871	110449	5404088	3739468	2582966	850410	150200	444556	1137800
27355	1455997	540634	55228	25932	646487	809510	508228	28974	54898	267479	156877
228785	2066304	423760	125702	54456	482179	1584125	775967	1695	1423	208493	564356
0	62154	15423	0	0	15423	46731	42300	0	0	42300	0
200228	1606668	242854	86844	54456	301273	1305395	585577	1695	923	137693	445266
28557	397482	165483	38858	0	165483	231999	148090	0	500	28500	119090
319523	5939170	2046738	406448	72593	2290180	3648990	2408819	186933	194961	590768	1436157
45743	6595294	3983322	502365	108340	4378336	2216958	1239997	781585	64522	217566	176324
45426	4898487	3198198	253977	67640	3469467	1429020	1008219	715570	27100	185000	80549
0	31015	25245	3377	0	25245	5770	21300	0	0	20700	600
19888	4065655	2936814	202621	61352	3198136	867519	682036	628936	100	43000	10000
0	323739	109489	9189	0	112300	211439	148633	79184	0	27000	42449
25538	478078	126650	38790	6288	133786	344292	156250	7450	27000	94300	27500
1	182768	14013	8332	0	66048	116720	87970	14651	26500	20	46799
1	182768	14013	8332	0	66048	116720	87970	14651	26500	20	46799
78	982729	688779	224065	40000	728779	253950	84740	49764	0	0	34976
238	199689	77446	15643	0	108456	91233	30522	1600	10922	18000	0
0	105067	75701	15136	0	75701	29366	22522	1600	10922	10000	0
238	94622	1745	507	0	32755	61867	8000	0	0	8000	0
0	331621	4886	348	700	5586	326035	28546	0	0	14546	14000
1100	56551	23418	3359	11900	36011	20540	18100	0	0	11100	7000
1100	51585	23396	3359	11900	35296	16289	13900	0	0	8900	5000
0	4966	22	0	0	715	4251	4200	0	0	2200	2000
22223	798637	323239	44287	3246	327428	471209	371257	20241	370	111094	239552
103	144861	21226	232	2406	24575	120286	106786	121	370	58743	47552
22120	653776	302013	44055	840	302853	350923	264471	20120	0	52351	192000
0	586625	160443	40223	0	160443	426182	193690	43536	0	25000	125154
53462	6394642	4111733	492872	106792	4306177	2088465	1452272	802293	83500	95486	470993
44952	1761003	726663	189712	22931	826048	934955	575889	69051	134808	246770	125260
290175	4647382	1377878	233652	66356	1739287	2908095	1816322	73879	41545	563272	1137626
366366	12333426	5962657	902398	192973	6582144	5751282	3592788	987038	248561	776988	1580201
11634	3044383	2347629	136090	61352	2408981	635402	538936	538936	0	0	0
28965	2594077	1299245	399928	42520	1352790	1241287	663110	132263	0	19000	511847
268531	4361285	1806592	268499	38877	2012855	2348430	1520762	232740	241776	443630	602616
57236	2333681	509191	97881	50224	807518	1526163	869980	83099	6785	314358	465738
22223	1056226	414060	54061	3106	449811	606415	445385	1721	11292	153540	278832
22120	305770	140610	1960	0	140610	165160	110000	0	0	0	110000
16	277591	105404	11984	106	106221	171370	152027	121	820	40624	110462
87	472865	168046	40117	3000	202980	269885	183358	1600	10472	112916	58370
388589	13350957	6372450	956459	196079	7027526	6323431	4004675	988759	259853	924030	1832033
0	38035	4267	0	0	4429	33606	32838	0	0	5838	27000
20296	5668034	3984596	478650	108634	4094771	1573263	1097591	915954	27000	42120	112517
34500	1369414	486908	105081	15892	790512	578902	407823	66110	191408	78241	72064
306766	5605260	1590193	294991	71553	1787800	3817460	2296520	6695	1445	648217	1640163
27027	746944	315020	77737	0	358872	388072	236239	0	40000	161950	34289

6-2续　建筑业企业

损益及分配　（千元）

指标名称	营业收入	主营业务收入	营业成本	主营业务成本	营业税金及附加	主营业务税金及附加	其他业务利润	销售费用
总　　计	**25746043**	**25559048**	**21117012**	**20732209**	**1017174**	**1008207**	**15052**	**344607**
其中：国有及国有控股企业	7042150	7015112	5586459	5536607	312181	312169	6992	11012
按登记注册类型分组								
内资企业	26552943	26365948	21857200	21472397	1044285	1035318	15052	349809
国有企业	245246	245246	185348	185348	9198	9198	0	100
集体企业	780056	760049	592178	575449	16560	16560	0	12803
有限责任公司	16954275	16909988	13975347	13918441	672955	669289	13622	172956
国有独资公司	652517	652517	461182	461182	97347	97347	0	5701
其他有限责任公司	16301758	16257471	13514165	13457259	575608	571942	13622	167255
股份有限公司	3653356	3613694	3062466	2823747	154090	152151	1425	34516
私营企业	4920010	4836971	4041861	3969412	191482	188120	5	129434
私营独资企业	65879	65879	59238	56238	3987	3987	0	638
私营合伙企业								
私营有限责任公司	3461989	3378950	2708874	2639425	137287	133925	5	116199
私营股份有限公司	1392142	1392142	1273749	1273749	50208	50208	0	12597
按国民经济行业分组								
房屋建筑业	18252802	18114782	15536641	15233426	660102	651756	7993	277935
土木工程建筑业	7203826	7159047	5446512	5373913	347699	347693	7054	47313
铁路、道路、隧道和桥梁	4049908	4006028	2843415	2777144	225818	225818	6992	12289
铁路工程建筑	33580	33580	32142	32142	1404	1404	0	8
公路工程建筑	2434230	2390350	1530512	1464241	144108	144108	6992	6116
市政道路工程建筑	717702	717702	564000	564000	30502	30502	0	2975
其他道路、隧道和桥梁	864396	864396	716761	716761	49804	49804	0	3190
水利和内河港口工程建筑	651776	651776	507670	506741	29998	29998	0	10735
水源及供水设施工	651776	651776	507670	506741	29998	29998	0	10735
工矿工程建筑	1675064	1675064	1460029	1460029	59751	59751	0	145
架线和管道工程建筑	244850	244060	167078	165280	9046	9046	0	13996
架线及设备工程建筑	119362	118572	75031	73233	3667	3667	0	12944
管道工程建筑	125488	125488	92047	92047	5379	5379	0	1052
其他土木工程建筑	582228	582119	468320	464719	23086	23080	62	10148
建筑安装业	44255	43835	33857	33547	1698	1686	0	960
管道和设备安装	43330	43330	33355	33355	1680	1680	0	951
其他建筑安装业	925	505	502	192	18	6	0	9
建筑装饰和其他建筑业	1052060	1048284	840190	831511	34786	34183	5	23601
建筑装饰业	153850	150074	129391	120712	7470	6868	5	2355
其他未列明建筑业	898210	898210	710799	710799	27316	27315	0	21246
按隶属关系分组								
省(自治区、直辖市)	3663136	3658414	3212628	3211506	123309	123228	3600	22039
地区(州、盟、省辖市)	8184264	8151873	6591419	6334505	339558	336352	7644	58916
县(区、市、旗)	4002295	3968335	3163948	3134824	166699	164992	1425	35702
其他	10703248	10587326	8889205	8791562	414719	410746	2383	233152
按企业资质等级分组								
施工总承包	25160459	24978559	20758785	20388370	998519	990173	14985	311183
特级	1227063	1204453	568725	520034	30898	30898	6992	4940
一级	9302565	9217326	8116662	8058366	321917	319142	1769	103623
二级	10045569	10002927	8373500	8144091	472189	467502	6224	163080
三级以下	4585262	4553853	3699898	3665879	173515	172631	0	39540
专业承包	1392484	1387389	1098415	1084027	45766	45145	67	38626
一级	532200	532200	405600	405600	16610	16610	0	16260
二级	338873	337943	293555	290055	6205	5802	5	3140
三级以下	521411	517246	399260	388372	22951	22733	62	19226
按营业状态分								
营业	26528119	26341124	21834817	21452256	1043330	1034494	15052	349776
停业(歇业)	21814	21814	19825	17583	798	667	0	32
当年关闭	3010	3010	2558	2558	157	157	0	1
按控股情况分								
国有控股	7042150	7015112	5586459	5536607	312181	312169	6992	11012
集体控股	3493514	3437896	2811837	2565012	119550	117215	3256	52069
私人控股	14968957	14871766	12559391	12471525	568927	562367	1836	262017
其他	1048322	1041174	899513	899253	43627	43567	2968	24711

财务状况（2013）

单位：千元

管理费用	其中：税金	财务费用	利息收入	其中：利息支出	营业利润	营业外收入	营业外支出	利润总额	应交所得税	应付职工薪酬（本年贷方累计发生额）	建筑业企业在境外完成的营业收入	利税总额
1642726	**54470**	**259740**	**16694**	**213318**	**1398097**	**19271**	**30708**	**1384979**	**183358**	**3278807**	**156613**	**2456623**
613264	7048	160790	12752	138982	358442	16155	27711	346885	57783	939217	0	666114
1674954	54992	259873	16694	213348	1400135	19271	30708	1387017	183867	3305741	156613	2486294
7118	3054	2020	968	281	41462	0	0	41462	880	14461	0	53714
36707	3705	3597	79	506	118211	0	54	118157	778	69835	0	138422
1187395	25001	218943	14195	186050	726005	14970	19488	719806	124972	2161986	78265	1417762
11053	1369	7257	69	7188	69977	0	0	69977	17358	45793	0	168693
1176342	23632	211686	14126	178862	656028	14970	19488	649829	107614	2116193	78265	1249069
156414	10347	14062	400	8751	224001	3709	9951	217759	27052	452380	78000	382196
287320	12885	21251	1052	17760	290456	592	1215	289833	30185	607079	348	494200
362	120	512	0	450	1142	0	0	1142	286	25163	0	5249
244806	10531	19224	1033	16071	277393	534	1181	276746	25972	462426	348	424564
42152	2234	1515	19	1239	11921	58	34	11945	3927	119490	0	64387
914959	32730	67259	1940	41755	829460	5689	3983	829485	114187	2449819	0	1522317
704308	12883	165894	13466	146503	492098	13326	25833	479591	62422	766151	78000	840173
591965	8928	143128	13129	124993	233291	12342	24954	220679	23874	308583	78000	455425
1200	1	1	0	0	−1175	0	304	−1479	0	2030	0	−74
537696	4233	133965	11138	121204	81831	12307	24650	69488	12538	140673	0	217829
23116	2280	5202	971	286	91907	35	0	91942	3997	71218	0	124724
29953	2414	3960	1020	3503	60728	0	0	60728	7339	94662	78000	112946
19497	788	481	79	305	83395	0	110	83285	8994	42088	0	114071
19497	788	481	79	305	83395	0	110	83285	8994	42088	0	114071
49867	663	14468	197	13617	90804	984	666	91122	17053	280181	0	151536
30160	2007	84	8	74	24486	0	103	24383	4920	39805	0	35436
25430	1700	16	8	6	2274	0	103	2171	65	18855	0	7538
4730	307	68	0	68	22212	0	0	22212	4855	20950	0	27898
12819	497	7733	53	7514	60122	0	0	60122	7581	95494	0	83705
2309	163	3316	3	3254	2015	192	126	2081	229	9660	0	3942
2236	142	3312	0	3252	1696	100	90	1706	205	8750	0	3528
73	21	4	3	2	319	92	36	375	24	910	0	414
53378	9216	23404	1285	21836	76562	64	766	75860	7029	80111	78613	119862
4508	868	1307	9	980	8680	11	766	7925	1697	37278	348	16263
48870	8348	22097	1276	20856	67882	53	0	67935	5332	42833	78265	103599
236883	1097	−96	43	727	67444	2030	255	69219	16570	208958	0	193625
721726	11769	176070	13099	157500	296830	12613	18352	291053	50392	1135374	0	642380
185420	5679	18912	1438	8229	429467	242	253	429456	40220	635883	0	601834
530925	36447	64987	2114	46892	606394	4386	11848	597289	76685	1325526	156613	1048455
1589928	45673	235716	15351	190983	1299782	18984	29480	1287642	171981	3156189	78348	2331834
487931	586	125443	11034	117714	9126	8119	14496	2749	687	65826	0	34233
485330	3365	22409	1075	16218	294412	3908	2936	295383	40704	1131611	0	620665
410086	29746	53369	2995	37807	570554	6686	11563	564034	88648	1286109	348	1065969
206581	11976	34495	247	19244	425690	271	485	425476	41942	672643	78000	610967
85026	9319	24157	1343	22365	100353	287	1228	99375	11886	149552	78265	154460
35820	5860	18260	1260	19520	39650	0	0	39650	991	9850	0	62120
13507	668	3247	16	387	19080	195	1089	18186	3220	40218	0	25059
35699	2791	2650	67	2458	41623	92	139	41539	7675	99484	78265	67281
1674374	54918	259832	16684	213333	1399303	19271	30708	1386185	183711	3293228	156613	2484433
345	62	40	10	14	774	0	0	774	155	11417	0	1634
235	12	1	0	1	58	0	0	58	1	1096	0	227
613264	7048	160790	12752	138982	358442	16155	27711	346885	57783	939217	0	666114
219066	6274	18030	43	5136	270173	2030	364	271839	22839	501551	0	397663
822608	40061	80705	3780	69018	711413	1083	1974	710485	93472	1748349	156613	1319473
20016	1609	348	119	212	60107	3	659	57808	9773	116624	0	103044

6-3 各县(市、区)建筑业

县(市、区)	有工作量的企业个数	建筑业合同情况			承包工程完成情况			
		签订的合同额	上年结转合同额	本年新签合同额	直接从建设单位承揽工程完成的产值	自行完成施工产值	分包出去工程的产值	从建设单位以外承揽工程完成的产值
总 计	**167**	**34418161**	**7073727**	**27344434**	**26443507**	**26292506**	**151001**	**923752**
梁园区	54	14335152	4790405	9544747	10023189	9894494	128695	281195
睢阳区	32	5715453	519634	5195819	3893264	3873257	20007	158849
民权县	11	2667747	310371	2357376	2092851	2092851	0	0
睢 县	5	688674	40505	648169	801003	801003	0	0
宁陵县	3	745201	148616	596585	666640	666640	0	0
柘城县	9	1666733	94840	1571893	1624623	1624623	0	0
虞城县	14	1440597	196985	1243612	1246789	1246789	0	0
夏邑县	13	1774589	14598	1759991	1668578	1668578	0	2858
永城市	26	5384015	957773	4426242	4426570	4424271	2299	480850

6-3续 各县(市、区)建筑业

县(市、区)	施工机械设备			从业人员情况(人)				
	年末自有施工机械设备(净值)(千元)	年末自有施工机械设备(总台数)(台)	年末自有施工机械设备(总功率)(千瓦)	从事主营业务活动的从业人员期末人数	从事主营业务活动的从业人员平均人数	年末从业人数	工程技术人员	一级建造师
总 计	**996103**	**24132**	**454305**	**96833**	**98420**	**104417**	**19579**	**742**
梁园区	414586	8284	218435	31135	31406	33584	6474	300
睢阳区	82251	2436	54236	11111	10849	11814	2271	162
民权县	40902	714	9153	7682	9437	9740	4185	13
睢 县	10741	602	4268	6356	5884	6327	510	10
宁陵县	41197	809	15421	4442	4855	4672	373	8
柘城县	65792	2598	15013	6908	7060	6908	1126	51
虞城县	61649	1528	16578	5867	6129	6720	1205	82
夏邑县	69217	1104	20604	6342	6724	6342	1127	47
永城市	209768	6057	100597	16990	16076	18310	2308	69

企业生产情况（2013年）

单位：千元

建筑业总产值	装饰装修产值	在外省完成的产值	按构成分：建筑工程产值	按构成分：安装工程产值	按构成分：其他产值	房屋建筑施工面积(平方米)：四、房屋建筑施工面积	房屋建筑施工面积(平方米)：本年新开工面积	房屋建筑施工面积(平方米)：实行投标承包面积	房屋建筑施工面积(平方米)：本年新开工
27216258	**387534**	**3198478**	**24521834**	**2070078**	**624346**	**15297368**	**10877195**	**11977381**	**10043571**
10175689	117814	2668824	8821162	1131957	222570	5231025	3320204	3688415	2968810
4032106	60972	124220	3800964	71629	159513	1761171	1346478	1481482	1315662
2092851	3020	0	2089831	3020	0	1478637	1153780	1175385	1052685
801003	4624	0	773003	28000	0	554033	375613	554033	375613
666640	45514	0	597726	68914	0	527750	374345	527750	374345
1624623	65879	78265	1322846	165800	135977	1076251	1054951	1076251	1054951
1246789	7726	53600	1037571	209218	0	565925	409906	565925	409906
1671436	325	0	1671378	58	0	1159442	1159442	1157192	1157192
4905121	81660	273569	4407353	391482	106286	2943134	1682476	1750948	1334407

企业生产情况（2013年）

单位：千元

现场施工工人	持证上岗人员	主要建筑材料消耗量：1. 钢材(吨)	主要建筑材料消耗量：2. 木材(立方米)	主要建筑材料消耗量：3. 水泥(吨)	主要建筑材料消耗量：4. 平板玻璃(重量箱)	主要建筑材料消耗量：4. 平板玻璃(平方米)	主要建筑材料消耗量：5. 铝材(吨)	补充资料(千元)：企业总产值	竣工产值
76185	**59394**	**770316**	**287876**	**4061218**	**186385**	**4899848**	**61687**	**27558527**	**18156045**
21012	18252	283620	128293	1391417	50109	835217	15081	10332944	6291833
7950	3942	91785	23411	201502	17338	130957	10315	4068761	2535158
8295	7769	19252	1112	152686	9124	92962	157	2092866	1634717
4407	1725	25089	18652	80274	397	34461	242	911393	361273
4043	3474	33603	5783	239371	20406	76699	289	696394	571425
5941	4791	45165	20965	107951	8384	132028	12350	1624623	1524335
4712	4243	11162	2784	51538	9650	117836	401	1254989	1131837
6106	5739	129703	33533	1157887	32105	881445	14779	1671436	1580188
13719	9459	130937	53343	678592	38872	2598243	8073	4905121	2525279

6-4 各县（市、区）建筑业

县（市、区）	年末资产负债（千元）									
	流动资产合计	应收工程款	存　货	固定资产合计	固定资产减值准备	固定资产原价	累计折旧	本年折旧	在建工程	资产合计
商丘市	**9424504**	**2241324**	**1430158**	**2725772**	**2682**	**3008496**	**785813**	**131810**	**360032**	**13246842**
梁园区	4095545	566549	399595	964927	878	1073392	231197	39395	104204	5812856
睢阳区	1742925	630518	181329	491648	1384	437577	163342	18456	180333	2381614
民权县	493896	46856	277733	155798	0	172481	18748	7997	0	700639
睢　县	79058	23720	14828	56243	120	50815	6076	1420	10729	139448
宁陵县	172762	9800	64238	54377	300	54611	18268	3165	8980	230460
柘城县	533062	0	5545	159329	0	150656	26452	5450	0	699991
虞城县	331744	73646	117917	298982	0	361478	112598	19944	33200	677209
夏邑县	180412	9923	28773	193869	0	223306	34437	9829	5000	386988
永城市	1795100	880312	340200	350599	0	484180	174695	26154	17586	2217637

6-4续 各县（市、区）建筑业

县（市、区）	损益及分配　（千元）									
	营业收入	主营业务收入	营业成本	主营业务成本	营业税金及附加	主营业务税金及附加	其他业务利润	销售费用	管理费用	税　金
商丘市	**25746043**	**25559048**	**2. 1E+07**	**20732209**	**1017174**	**1008207**	**15052**	**344607**	**1642726**	**54470**
梁园区	9824789	9789773	8194859	7932119	315519	311942	11791	110932	872506	15153
睢阳区	3735516	3625616	2982249	2898843	187056	183725	5	100058	236382	12592
民权县	2017951	2017801	1633455	1630608	92784	92776	0	392	87027	5881
睢　县	588580	588580	403866	403866	15635	15635	0	8294	29715	608
宁陵县	604306	571425	499758	475063	35160	33517	1425	1581	33652	726
柘城县	1463123	1463123	1255854	1252854	56689	56689	0	22883	20948	2576
虞城县	1062828	1057310	866635	861117	43566	43270	0	10031	54522	4140
夏邑县	1597639	1596849	1242950	1241152	91005	91005	0	68211	72849	9720
永城市	4851311	4848571	4037386	4036587	179760	179648	1831	22225	235125	3074

企业财务状况（2013年）

单位：千元

流动负债合计	应付账款	非流动负债合计	负债合计	所有者权益合计	实收资本	国家资本	集体资本	法人资本	个人资本
6302664	**933524**	**196079**	**6957902**	**6288940**	**3976013**	**988759**	**259853**	**930528**	**1796873**
3191447	273409	80889	3387094	2425762	1865779	612529	103500	247863	901887
911419	112894	27749	1142023	1239591	724127	200879	973	152729	369546
383303	124278	0	434503	266136	211250	8000	0	125750	77500
65778	24266	4528	70427	69021	64932	0	27932	13000	24000
38793	1500	0	38793	191667	68835	0	5400	44835	18600
133444	0	0	133444	566547	174651	0	0	159151	15500
219836	28213	32	278764	398445	166273	6651	48122	69600	41900
129409	19186	3890	133299	253689	171120	44160	10400	0	116560
1229235	349778	78991	1339555	878082	529046	116540	63526	117600	231380

企业财务状况（2013年）

单位：千元

财务费用	利息收入	其中：利息支出	营业利润	营业外收入	营业外支出	利润总额	应交所得税	应付职工薪酬（本年贷方累计发生额）	建筑业企业在境外完成的营业收入	利税总额
259740	**16694**	**213318**	**1398097**	**19271**	**30708**	**1384979**	**183358**	**3278807**	**156613**	**2456623**
165156	13386	149899	165974	8570	15665	157199	32836	1189624	0	487871
19885	786	5254	251678	7095	13291	245481	18284	248256	348	445129
289	14	173	204004	150	8	204146	18307	316641	0	302811
4211	9	52	126859	35	48	126846	1667	98227	0	143089
1417	0	212	30591	0	0	30591	4397	108741	0	66477
12293	0	10924	94456	15	15	94456	14318	239735	78265	153721
9294	1007	4838	73220	0	319	72901	14452	185945	78000	120607
16038	4	16041	106586	0	55	106531	30417	155921	0	207256
31157	1488	25925	344729	3406	1307	346828	48680	735717	0	529662

主要指标解释

建筑业统计单位 建筑业统计单位 指从事房屋、构筑物建造和设备安装活动的法人企业。建筑业法人企业应同时具备的条件是：① 依法成立，有自己的名称、组织机构和场所，能够承担民事责任；②独立拥有和使用资产，承担负债，有权与其他单位签订合同；③独立核算盈亏，能够编制资产负债表。

建筑业总产值 是以货币形式表现的建筑业企业在一定时期内生产的建筑业产品和提供的服务的总和。建筑业总产值包括：

（1）建筑工程产值：指列入建筑工程预算内的各种工程价值。

（2）安装工程产值：指设备安装工程价值，不包括被安装设备本身的价值。

（3）其他产值：建筑业总产值中除建筑工程、安装工程以外的产值。包括房屋构筑物修理产值、非标准设备制造产值、总包企业向分包企业收取的管理费以及不能明确划分的施工活动所完成的产值。

a. 房屋构筑物修理产值：指房屋和构筑物修理所完成的产值，但不包括被修理房屋、构筑物本身价值和生产设备的修理产值。

b. 非标准设备制造产值：指加工制造没有定型的非标准生产设备的加工费和原材料价值（如化工厂、炼油厂用的各种罐、槽，矿井生产统一使用的各种漏斗、三角槽、阀门等）以及附属加工厂为本企业承建工程制作的非标准设备的价值。

房屋建筑施工面积 指在报告期内施工的全部房屋建筑面积，包括本期新开工的房屋面积、上期施工跨入本期继续施工的房屋面积、上期停缓建在本期恢复施工的房屋面积、本期竣工的房屋面积及本期施工后又停缓建的房屋面积。

房屋建筑竣工面积 指在报告期内房屋建筑按照设计要求全部完工，达到了住人和使用条件，经验收鉴定合格，正式移交使用单位的房屋建筑面积。

自有机械设备年末总台数 指归本企业所有，属于本企业固定资产的生产性机械设备年末总台数。包括施工机械、生产设备、运输设备以及其他设备。

自有机械设备年末总功率 指本企业自有施工机械、生产设备、运输设备以及其他设备等列为在册固定资产的生产性机械设备年末总功率，按设定能力或查定能力计算。包括机械本身的动力和为该机械服务的单独动力设备，如电动机等。计算单位用千瓦，动力换算可按 1 马力 = 0.735 千瓦折合成千瓦数。电焊机、变压器、锅炉不计算动力。

工程结算收入 指企业承包工程实现的工程价款结算收入，以及向发包单位收取的除工程价款以外的按规定列作营业收入的各种款项，如临时设施费、劳动保险费、施工机械调迁费等以及向发包单位收取的各种索赔款。

工程结算利润 指已结算工程实现的利润，如亏损以“－”号表示。计算公式为：

工程结算利润 = 工程结算收入 – 工程结算成本 – 工程结算税金及附加 – 经营费用

农 业

● 资料整理：高云峰 刘子书

7-1　农村基本情况

指　　标	单 位	2007年	2008年	2009年	2010年	2011年	2012年	2013年
一、农村基层组织								
1、乡镇	个	174	173	173	173	172	170	170
#镇	个	55	56	56	61	66	77	83
2、村民委员会	个	4630	4631	4639	4634	4631	4623	4629
二、农村社会基础设施								
1、自来水受益村数	个	1056	1662	1924	2113	2452	2682	2767
2、通汽车村数	个	4583	4613	4637	4634	4631	4623	4629
3、通电话村数	个	4630	4631	4643	4634	4631	4623	4629
三、乡村人口、劳动力资源								
乡村户数	万户	189.03	188.97	190.88	193.75	193.27	193.64	194.55
乡村人口数	万人	734.42	733.06	735.97	744.54	742.39	742.6	742.98
乡村劳动力	万人	457.69	460.69	463.8	469.67	475.10	475.82	479.85
男劳动力	万人	227.97	230.01	229.33	233.47	251.50	249.99	253.04
女劳动力	万人	206.69	207.33	207.01	208.56	223.60	225.83	226.81

7-2 各县（市、区）农村基本情况（2013年底）

县（市、区）	乡镇个数	#镇个数（个）	村委会个数（个）	乡村户数（万户）	乡村人口（万人）	乡村劳动力资源数（万人）	#男劳动力（万人）	#女劳动力（万人）
商丘市	**170**	**83**	**4629**	**194.55**	**742.98**	**479.85**	**253.05**	**228.81**
梁园区	10	3	241	11.74	48.06	32.43	17.43	15.01
睢阳区	13	9	332	17.17	66.99	41.32	22.94	18.38
民权县	17	9	529	19.32	75.55	48.34	24.86	23.48
睢　县	19	7	550	18.48	71.51	51.94	27.02	24.92
宁陵县	14	7	359	15.24	59.77	36.53	19.46	17.08
柘城县	19	7	494	20.67	76.49	49.72	26.85	22.87
虞城县	26	9	646	26.37	100.20	66.42	34.03	32.39
夏邑县	23	11	727	29.30	107.36	63.70	31.91	31.79
永城市	29	21	730	34.13	131.31	87.31	47.28	40.04
开发区	1	1	21	2.14	5.75	2.15	1.29	0.87

7-3 各县（市、区）耕地面积情况（2013年）

单位：千公顷

县（市、区）	一、年初耕地总资源	二、年内增加	三、年内减少	四、年末耕地总资源	（一）常用耕地面积	（二）临时性耕地面积
商丘市	**720.0**	**1.45**	**0.45**	**721.1**	**667.7**	**53.5**
梁园区	40.3	1.07	0.19	41.2	40.7	0.5
睢阳区	69.5	0.04	0.09	69.5	63.4	6.1
民权县	81.1	0.11	0.01	81.2	74.5	6.7
睢　县	66.7	0.07	0.07	66.7	63.2	3.5
宁陵县	53.7	0.11	0.02	53.8	48.7	5.1
柘城县	71.5	0.02	0.03	71.5	70.8	0.7
虞城县	98.7		0.01	98.7	93.6	5.1
夏邑县	101.3	0.03	0.03	101.3	93.8	7.5
永城市	137.2			137.2	119.0	18.3

7-4 农业总产值（2013年）

单位：万元

年份	农林牧渔业总产值	农业	林业	牧业	渔业	农林牧渔服务业
2006年	3662378	2276573	61328	1179524	37576	107377
2007年	3881652	2690511	75100	950843	42853	122345
2008年	4502962	2836644	80191	1399651	52874	133602
2009年	4803901	3161244	85919	1340868	66322	149548
2010年	5309286	3575924	84445	1421427	67262	160228
2011年	5621415	3744426	76836	1561879	71623	166651
2012年	5731420	3802412	81183	1579258	92346	176221
2013年	6085164	4029412	86204	1686800	97716	185032

7-5 农业总产值指数（2013年）

（以上年为100）

单位：%

年份	农林牧渔业总产值	农业	林业	牧业	渔业	农林牧渔服务业
2006年	110.2	112.3	109.6	105.5	159.7	108.0
2007年	117.5	118.2	122.5	115.8	114.0	113.9
2008年	105.7	105.0	108.0	107.5	110.0	105.0
2009年	104.2	103.4	106.0	105.5	108.5	106.0
2010年	104.5	104.2	105.6	105.1	105.6	105.0
2011年	104.0	103.6	105.6	104.5	107.0	105.0
2012年	104.7	104.6	105.6	104.8	106.0	105.0
2013年	104.5	104.3	106.0	104.8	106.5	105.0

7-6 各县（市、区）农业总产值（2013年）

单位：万元

县（市、区）	农林牧渔业总产值	农业	林业	牧业	渔业	农林牧渔服务业
商丘市	**6085164**	**4029412**	**86204**	**1686800**	**97716**	**185032**
梁园区	364161	196883	14013	135914	5278	12073
睢阳区	589213	388651	7707	165553	5356	21946
民权县	694103	415647	23008	203861	17592	33995
睢　县	707397	520001	7453	164618	5159	10166
宁陵县	394123	277748	7501	99388	3739	5748
柘城县	733229	489147	14816	181705	5103	42458
虞城县	777036	523433	9353	204980	8156	31114
夏邑县	773825	516385	14079	213551	8737	21073
永城市	1049725	650077	14119	334124	19788	31617

7-7 各县（市、区）农业总产值指数(2013年)

（以上年为100）

单位：%

县（市、区）	农林牧渔业总产值	农业	林业	牧业	渔业	农林牧渔服务业
商丘市	**104.5**	**104.3**	**106.0**	**104.8**	**106.5**	**105.0**
梁园区	104.5	104.7	104.4	104.1	104.1	105.2
睢阳区	104.5	104.3	106.0	104.8	106.9	104.9
民权县	104.2	103.9	106.6	104.7	104.8	104.4
睢　县	104.3	104.1	106.0	104.8	105.9	105.5
宁陵县	104.4	104.2	109.3	104.5	106.8	106.2
柘城县	104.6	104.6	108.0	104.6	108.0	103.5
虞城县	104.7	104.6	107.2	104.7	108.2	102.5
夏邑县	104.3	103.9	106.5	105.2	105.5	106.9
永城市	104.5	104.0	108.2	105.1	109.0	105.0

7-8 各县（市、区）农业总产值增加值(2013年)

单位：万元

县（市、区）	农林牧渔业增加值	农 业	林 业	牧 业	渔 业	农林牧渔服务业
商丘市	**3431692**	**2477918**	**67151**	**764120**	**69769**	**52734**
梁园区	205560	118863	11428	67726	4296	3247
睢阳区	332488	239827	5931	76318	4139	6273
民权县	392169	258035	14655	96346	11235	11898
睢 县	399185	312002	4918	76101	3096	3068
宁陵县	222286	164957	5573	47342	2806	1608
柘城县	415008	296088	10964	91443	3776	12737
虞城县	439026	315559	7689	100277	6422	9079
夏邑县	437015	316914	12148	97727	6781	3445
永城市	600090	402409	11154	161983	13478	11066

7-9 农作物播种面积

单位：千公顷

指　　标	2007年	2008年	2009年	2010年	2011年	2012年	2013年
农作物总播种面积	1409.31	1382.29	1378.70	1379.81	1388.80	1391.95	1400.76
一、粮食作物	898.41	909.95	922.12	926.78	938.21	959.52	980.81
粮食作物占总播种面积%	63.75	65.83	66.88	67.22	68.56	68.93	70.02
1、夏收粮食	551.55	555.02	559.65	560.32	564.47	567.46	574.49
2、秋收粮食	346.86	354.93	362.47	366.46	373.74	392.06	406.32
（一）谷物	812.69	820.25	828.89	835.08	846.88	871.74	901.79
#小麦	548.81	552.42	557.20	558.03	562.72	566.31	573.61
玉米	260.63	265.10	269.00	274.68	281.91	304.45	327.22
谷子	0.03	0.03	0.03	0.03			
高粱	0.05	0.05	0.02	0.02			
其他谷物	2.74	2.16	2.15	1.86	1.75	0.82	0.78
（二）豆类	67.21	73.20	72.08	71.11	71.64	67.52	57.96
大豆	63.05	67.68	68.26	67.17	68.04	62.99	54.18
杂豆	4.16	3.81	3.81	3.50	3.60	3.70	3.78
（三）红薯(折粮）	18.50	16.50	21.15	20.59	19.69	20.26	21.05
二、经济作物	235.35	214.00	198.01	180.53	172.96	144.95	121.83
经济作物占总播种面积%	16.70	15.48	14.36	13.08	12.45	10.41	8.70
1、油料	93.45	86.86	85.88	86.12	89.30	90.08	90.83
花生	71.14	65.76	64.90	66.05	70.30	71.80	74.27
油菜籽	16.85	15.74	16.17	14.39	14.01	14.18	13.64
芝麻	5.46	5.36	4.82	5.68	4.99	4.10	2.92
2、棉花	137.44	116.79	101.26	83.71	72.97	45.55	31.00
3、麻类	0.05	0.03	0.03	0.03	0.02	0.03	0.00
#黄红麻	0.05	0.03	0.03	0.03	0.02	0.03	0.00
三、其他作物	275.55	258.34	258.58	272.51	277.63	287.48	298.12
其他作物占总播种面积%	19.55	18.69	18.76	19.75	19.99	20.65	21.28
1、蔬菜（含菜用瓜）	206.70	203.50	202.00	212.34	215.90	217.80	220.28
2、瓜类（果用瓜）	51.31	47.12	49.20	52.40	54.70	55.55	56.36

7-10 主要农产品产量

单位：吨

指　　标	2007年	2008年	2009年	2010年	2011年	2012年	2013年
粮　　食	5701938	5857140	5945800	5986800	6081894	6296541	6441629
1、夏　　粮	3700978	3800000	3858000	3882300	3931251	3979718	4045213
2、秋　　粮	2000959	2057140	2087800	2104500	2150643	2316823	2396416
（一）谷物	5448937	5577108	5661966	5700606	5786636	6008669	6191626
#小麦	3686900	3785116	3844193	3869512	3916386	3972190	4039424
玉米	1743779	1774200	1800994	1816541	1853771	2028964	2145206
谷子	143	172	153	153			
高粱	145	240	40	41			
其他谷物	14078	12480	11673	11239	13223	6435	5365
（二）豆类	149905	189153	193034	194894	204586	192811	154516
# 大豆	139980	166236	184165	181545	188743	178029	141614
杂豆	9925	9563	8869	11238	11782	12209	12902
（三）红暑（折粮）	103096	90879	90800	91300	90672	95061	95487
棉　　花	147551	127651	99696	87100	78219	47212	30713
油　　料	391771	368944	360042	370672	373252	412245	421479
#花生	325412	305360	298697	319007	321480	358006	368475
油菜籽	56907	54391	53544	43764	44806	47497	47931
芝麻	9452	9193	7801	7901	6966	6742	5073
麻　　类	142	132	137	147	134	166	
#黄红麻	142	132	137	147	134	166	
蔬菜瓜类							
#蔬菜（含菜用瓜）	8357981	8533547	8536028	8798053	8978351	9359814	9640863
瓜类（果用瓜）	2604958	2443200	2683263	2901495	2941013	3200577	3239383

7-11 主要农产品单位面积产量

单位：公斤/亩

指　　标	2007年	2008年	2009年	2010年	2011年	2012年	2013年
粮　　食	423	429	430	431	432.2	440.0	437.8
1、夏　　粮	447	456	460	462	464.3	467.6	469.4
2、秋　　粮	385	386	384	383	383.6	394.0	393.2
（一）谷物	447	453	455	455	455.5	459.5	457.7
#小麦	448	457	460	462	463.9	467.6	469.5
玉米	446	446	446	441	438.4	444.3	437.1
谷子	286	400	378	392			
高粱	181	250	157	161			
其他谷物	343	386	362	404	502.6	521.9	505.2
（二）豆类	149	172	179	183	190.4	190.4	177.7
# 大豆	148	164	180	180	184.9	188.4	174.3
杂豆	239	168	155	214	218.0	220.1	227.5
（三）红暑（折粮）	378	367	286	296	307.0	312.8	302.4
棉　　花	72	73	66	69	71.5	69.1	66.1
油　　料	280	283	280	287	278.7	305.1	309.3
#花生	305	310	307	322	304.8	332.4	330.7
油菜籽	225	230	221	203	213.3	223.4	232.9
芝麻	115	114	108	93	93.1	109.6	115.7
麻　　类	178	200	304	306	388.4	409.9	
#黄红麻	178	200	304	306	388.4	409.9	
蔬菜瓜类							
# 蔬菜（含菜用瓜）	2696	2796	2817	2762	2772.3	2865.0	2917.8
瓜类（果用瓜）	3384	3457	3636	3691	3584.4	3840.9	3831.6

7-12 各县（市、区）主要农作物播种面积（2013年）

单位：千公顷

县（市、区）	粮　食	夏收粮食	#小麦	秋收粮食	#玉米	#大豆	#红薯
商丘市	**980.81**	**574.50**	**573.61**	**406.31**	**327.22**	**54.18**	**21.05**
梁园区	65.97	36.92	36.91	29.05	28.43	0.43	0.08
睢阳区	77.88	48.04	47.87	29.84	23.00	4.22	2.37
民权县	98.19	68.34	68.34	29.85	24.87	1.83	2.30
睢　县	95.51	58.01	57.79	37.50	29.16	4.44	2.54
宁陵县	67.91	42.85	42.85	25.06	21.22	1.79	1.85
柘城县	97.65	61.67	61.40	35.98	34.40	0.60	0.88
虞城县	137.59	77.05	76.97	60.55	46.48	7.87	5.94
夏邑县	152.02	79.41	79.32	72.61	62.03	5.93	3.93
永城市	189.77	103.13	103.10	86.65	58.39	27.07	1.17
开发区	2.65	1.42	1.42	1.23	1.23	0.00	0.00

7-12续 各县（市、区）主要农作物播种面积(2013年)

单位：千公顷

县（市、区）	棉　花	油　料	#花生	#油菜籽	#芝麻	蔬　菜	瓜　类
商丘市	**31.00**	**90.83**	**74.27**	**13.64**	**2.92**	**220.28**	**56.36**
梁园区	0.03	1.90	1.77	0.13	0.00	8.78	0.78
睢阳区	6.88	6.04	5.21	0.82	0.01	34.72	11.94
民权县	7.09	22.64	20.21	2.147	0.28	24.60	3.45
睢　县	6.00	13.86	13.20	0.18	0.48	30.55	10.83
宁陵县	0.45	19.21	17.79	1.31	0.11	13.23	2.30
柘城县	1.74	2.69	1.49	0.99	0.21	32.69	2.12
虞城县	6.83	12.19	10.29	0.89	1.02	28.87	14.69
夏邑县	0.00	6.60	3.00	3.40	0.20	18.80	3.93
永城市	1.96	5.69	1.31	3.76	0.62	27.88	6.34
开发区	0.03	0.00	0.00	0.00	0.00	0.16	0.00

7-13 各县（市、区）主要农产品产量(2013年)

单位：吨

县（市、区）	粮 食	夏收粮食	#小麦	秋收粮食	#玉米	#大豆	#红薯
商丘市	**6441629**	**4045213**	**4039424**	**2396416**	**2145206**	**141614**	**95487**
梁园区	434899	262144	261555	172755	168433	1483	2883
睢阳区	517506	334214	333013	183292	160782	11231	10152
民权县	655513	475749	475749	179764	157321	6209	12404
睢 县	613938	403000	402160	210938	183714	8789	14976
宁陵县	450272	299536	299536	150736	137964	5631	6760
柘城县	663361	438028	436058	225333	219695	1393	3960
虞城县	905064	544965	544348	360099	315852	23515	19207
夏邑县	1015312	562246	561647	453066	422416	15818	11960
永城市	1194956	727712	727478	467244	386384	67545	13185
开发区	16600	9900	9900	6700	6700		

7-13续 各县（市、区）主要农产品产量（2013年）

单位：吨

县（市、区）	棉 花	油 料	#花生	#油菜籽	#芝麻	蔬 菜	瓜 类
商丘市	**30713**	**421479**	**368475**	**47931**	**5073**	**9640863**	**3239383**
梁园区	1490	9982	9429	536	17	558665	32347
睢阳区	7144	29588	27152	2428	8	1224352	727427
民权县	11936	88669	79931	8358	380	831562	162992
睢 县	6510	65874	64232	632	1010	1756731	701129
宁陵县	512	101107	97686	3230	191	641278	99419
柘城县	4128	10240	6482	3489	269	998375	119491
虞城县	9251	52824	49173	2676	975	1255801	699535
夏邑县		22990	10918	11730	342	862090	261053
永城市	1910	23799	8836	13712	1251	1368959	429025
开发区	182					3410	

7-14 各县（市、区）果园面积（2013年）

单位：千公顷

县（市、区）	年末果园面积	#苹果园	#梨园	#葡萄园	#桃园
商丘市	**44.79**	**27.66**	**8.30**	**3.80**	**2.98**
梁园区	1.43	0.95	0.14	0.08	0.17
睢阳区	1.86	0.87	0.02	0.30	0.37
民权县	9.70	6.50	0.89	1.19	0.51
睢　县	1.92	0.74	0.16	0.52	0.17
宁陵县	4.26	0.46	2.67	0.90	0.14
柘城县	1.03	0.70	0.13	0.05	0.08
虞城县	13.25	11.16	1.25	0.16	0.48
夏邑县	6.14	4.47	1.12	0.16	0.24
永城市	6.17	1.82	1.92	0.44	0.82
开发区	0.00	0.00	0.00	0.00	0.00

7-15 各县（市、区）水果产量（2013年）

单位：吨

县（市、区）	水果产量	#苹　果	#梨	#葡　萄	#桃　子
商丘市	**1819543**	**1036050**	**531051**	**97998**	**89241**
梁园区	98851	68014	14884	4436	7574
睢阳区	55949	31272	1759	8071	4392
民权县	281561	201560	36983	19832	9354
睢　县	71305	25866	6620	21367	4923
宁陵县	238252	19569	186590	25664	3938
柘城县	59353	39528	7430	2968	4262
虞城县	486180	379900	67050	6900	24960
夏邑县	280120	204754	59078	3890	8100
永城市	247972	65587	150657	4870	21738

7-16 林业生产情况

指　　标	单 位	2006年	2007年	2008年	2009年	2010年	2011年	2012年	2013年
一、营林情况									
1、当年造林面积	千公顷	3.53	1.53	15.93	19.60	10.27	6.72	4.83	4.69
人工造林	千公顷	3.53	1.53	15.93	19.60	10.27	6.72	4.83	4.69
2、迹地更新面积	千公顷	0.19	0.13	0.11		0.01	0.27		0.20
3、零星（四旁）植树	万株	2004.33	1749.46	1638.66	1680.22	846.80	1051.00	985	1230
4、育苗面积	千公顷	1.64	2.97	2.49	2.39	2.48	2.42	1.86	2.7
5、中、幼林抚育作业面积	千公顷	9.22	20.70	17.64	17.00	11.40	8.22	7.64	1.62
6、成林抚育面积	千公顷	6.73	18.00	12.76	14.47	29.32	10.24	4.66	
按用途分的造林面积									
用材林	千公顷	1.45	0.46	1.36	4.16	1.37	3.07	2.18	2.46
#速生丰产林面积	千公顷	0.07						2.67	0.71
经济林	千公顷	0.16	0.11	3.10	2.30	0.15	0.35	0.15	0.17
防护林	千公顷	1.92	0.96	11.48	13.10	8.75	3.30	2.5	1.36
二、村及村以下林木采伐量									
木材	万立方米	8.60	29.65	45.49		51.95	37.54	37.9	39

7-17 牧业生产情况

指　　标	单 位	2006年	2007年	2008年	2009年	2010年	2011年	2012年	2013年
畜牧年底存栏头数									
一、大牲畜存栏	万头	124.93	92.53	97.18	100.29	97.39	92.05	88.5	88.9
#役畜	万头	17.63	5.99	3.07	5.15	0.47			
1、牛存栏	万头	121.52	90.25	94.53	98.53	95.57	90.3	87	87.44
黄牛	万头	117.86	85.34	85.79	91.31	88.67	82.81	79.28	79.5
乳牛	万头	3.66	4.91	6.63	6.71	6.9	7.49	7.72	7.94
2、马存栏	万头	0.90	0.72	1.14	0.73	0.92	0.84	0.68	0.66
3、驴存栏	万头	1.94	1.17	1.22	0.9	0.8	0.81	0.79	0.84
4、骡存栏	万头	0.57	0.39	0.29	0.13	0.11	0.1	0.04	0.03
二、猪年末存栏	万头	393.50	312.74	331.8	333	334.33	335.64	347.5	333.57
三、羊年末存栏	万只	749.17	314.57	328.3	321.58	305.18	300.32	294.31	294.81
1、山羊	万只	747.65	314.29	324.43	317.66	302.16	297.67	291.33	292.03
2、绵羊	万只	1.52	0.29	3.89	3.92	3.02	2.66	2.98	2.78
四、家禽年末存栏	万只	5221.12	4685.39	5500.2	5651.03	5589.9	5816.52	6143	6136
五、兔年末存栏	万只	42.15	52.48	29.46	34.4	58.36	75.05	82.81	85.3
畜产品产量									
一、猪牛羊当年出栏头（只）数									
猪	万头	503.47	338.9	366.4	381.4	397.6	406.7	443	462.1
牛	万头	98.53	60.00	64.94	65.2	66.00	65.3	64	64.3
羊	万只	774.50	330.82	357.63	350.6	342.17	323	320.16	321.31
二、肉类总产量	吨	668904	450037	481990	509071	510037	518749	544221	560937
#猪肉	吨	381611	256600	285515	292938	305300	309357	327900	343100
牛肉	吨	134729	96636	95140	98974	98781	98401	96400	96700
禽肉	吨	49891	46461	52297	56298	59800	61500	69036	69100
羊肉	吨	97689	39500	42108	41721	40500	39200	39130	39200
兔肉	吨	2028	4890	1014	1228	1450	2894	3099	3265
三、其他畜产品产量									
1、奶类产量	吨	110485	174054	214315	244029	255600	290100	303027	303100
#牛奶	吨	109925	174054	214086	243981	255462	290000	303000	303070
2、羊毛产量	吨	33		0.05	38.12	262.0	1440	1490	1544
#绵羊毛	吨	33		0.05	38.12	50.0			
3、羊绒	吨				0.3	12.0	40	40	44
4、蜂蜜	吨	969	956	205	233	377	186890	190000	217911
5、禽蛋	吨	267313	236003	253473	267200	271277	276000	285780	286050

7-18 各县（市、区）畜牧饲养情况（2013年）

县（市、区）	大牲畜年底头数（万头）	牛			马（万头）	驴（万头）
		牛（万头）	黄牛	乳牛		
商丘市	**88.98**	**87.45**	**79.50**	**7.95**	**0.66**	**0.84**
梁园区	5.04	4.07	3.74	0.33	0.50	0.47
睢阳区	6.04	6.02	5.62	0.40	0.01	0.02
民权县	10.91	10.91	9.41	1.50	0.00	0.00
睢　县	6.44	6.44	5.81	0.63	0.00	0.00
宁陵县	4.11	4.11	3.95	0.16	0.00	0.01
柘城县	9.93	9.93	9.66	0.27	0.00	0.00
虞城县	19.19	18.96	15.10	3.86	0.13	0.08
夏邑县	12.37	12.35	11.80	0.55	0.01	0.02
永城市	0.01	14.65	14.42	0.24	0.02	0.26
开发区	0.01	0.01	0.00	0.01	0.00	0.00

7-18续 各县（市、区）畜牧饲养情况(2013年)

县（市、区）	骡（万头）	猪年末存栏头数（万头）	羊年末存栏只数（万只）			家禽年末存栏（万只）	兔年末存栏（万只）
				山羊	绵羊		
商丘市	**0.03**	**333.57**	**294.81**	**292.03**	**2.78**	**6136.00**	**85.30**
梁园区	0.00	11.61	11.80	11.80	0.00	515.29	3.02
睢阳区	0.00	57.15	23.50	23.50	0.00	717.35	5.72
民权县	0.00	29.75	48.27	46.27	2.00	710.45	2.70
睢　县	0.00	36.05	39.96	39.96	0.00	730.26	18.66
宁陵县	0.00	29.07	23.79	23.01	0.77	290.30	0.64
柘城县	0.00	30.64	20.78	20.78	0.00	415.46	31.00
虞城县	0.02	29.55	47.80	47.80	0.00	631.89	6.35
夏邑县	0.00	73.00	29.81	29.81	0.00	743.14	2.70
永城市	0.01	40.00	49.10	49.10	0.00	1380.00	14.52
开发区	0	0.04	0.01	0.01	0.00	1.88	0.00

7-19 各县（市、区）水产品产量和养殖面积（2013年）

县（市、区）	一、水产品产量（吨）		（一）按品种分		（二）按生产方式分	
		#国有	1、鱼类	2、其他	1、养殖产量	2、捕捞产量
商丘市	83282	13375	81655	1627	80551	2731
梁园区	8106	700	7974	132	8003	103
睢阳区	6032	519	6012	20	5791	241
民权县	19659	7354	18759	900	19442	217
睢　县	4700	1100	4438	262	4576	124
宁陵县	3828		3828	0	3652	176
柘城县	5380		5380	0	5265	115
虞城县	13802	862	13715	87	13266	536
夏邑县	5785	2050	5702	83	5105	680
永城市	15990	790	15847	143	15271	719

7-19续 各县（市、区）水产品产量和养殖面积（2013年）

县(市、区)	二、养殖情况			#国有渔业		
	养殖面积(公顷)	养殖产量(吨)	养殖单产（公斤/公顷）	养殖面积	养殖产量	养殖单产
商丘市	11442	80551	6949	2777	13244	4769
梁园区	1166	8003	6864	403	700	1737
睢阳区	1200	5791	4976	140	508	3629
民权县	2391	19442	8131	1306	7234	5539
睢　县	795	4576	5605	253	1100	4348
宁陵县	471	3652	7754			
柘城县	544	5265	9678			
虞城县	1789	13266	7415	468	862	1842
夏邑县	953	5105	4401	127	2050	16142
永城市	2133	15271	7151	80	790	9875

7-20 农用机械和农产品加工机械拥有量

指　　标	单位	2006年	2007年	2008年	2009年	2010年	2011年	2012年	2013年
农业机械总动力	万千瓦	1005.36	1043.88	1067.62	1093.91	1123.2	1140.29	1161.63	1176.14
#柴油发动机动力	万千瓦	926.57	963.73	982.68	1010.41	1037.1	1053.15	1073.9	1085.51
汽油发动机动力	万千瓦	4.67	4.89	4.93	4.91	6.55	6.58	6.73	7.06
电动机动力	万千瓦	74.09	75.26	80.01	78.59	79.49	80.56	80.99	83.55
大中型拖拉机	台	13860	15700	17226	19216	21200	23143	25375	26313
	万千瓦	50.49	61.12	69.25	80.44	94.27	105.76	120.69	129.07
小型拖拉机	万台	24.57	24.68	24.79	24.56	24.44	23.42	25.19	22.75
	万千瓦	284.31	292.64	296.26	293.29	291.76	286.84	283.98	278.51
大中型拖拉机配套农具	部	33150	35920	35537	44057	47700	51702	56235	59456
小型拖拉机配套农具	万部	36.48	38.92	37.3	41.44	41.08	38.99	38.51	37.81
农用排灌动力机械	万台	18.3	18.69	19.15	19.33	19.52	19.73	19.7	19.69
#柴油机	万台	8.94	9.03	9.11	9.14	9.19	9.16	9.1	8.99
	万千瓦	89.23	90.08	91.89	91.7	92.36	89.69	89.18	88.31
电动机	万台	9.36	9.66	10.04	10.2	10.33	10.55	10.59	10.69
	万千瓦	36.39	38.23	38.93	39.07	39.62	40.15	40.26	40.68
农用水泵	万台	15.7	15.43	16.21	17.73	18.24	18.35	18.38	18.56
节水灌溉机械	套	43800	46050	26777	26306	25300	24040	24020	24264
联合收割机	台	10900	11650	13182	16228	17900	20020	21840	24398
	千瓦	327570	400910	430471	548958	709700	831214	946042	110086
机动脱粒机	台	85070	80640	79202	75457	73900	71970	68370	68540
机动喷雾(粉)机	部	16680	17640	18401	20662	22897	27810	27984	31756
	千瓦	27960	31370	33490	33558	35046	34520	34830	36026
农产品加工机械动力	万千瓦	67.29	69.12	70.75	73.94	73.95	73.55	73.39	95.09
粮食加工机械	台	36640	37230	34439	32186	32899	32758	32773	32553
棉花加工机械	台	9500	9570	8870	4950	4900	4679	4728	4675
油料加工机械	台	15700	15900	15740	10915	10834	10719	10763	10668
农用运输车	辆	370050	382130	383524	381423	382460	380358	379429	375419
	万千瓦	432.16	442.34	448.4	446.11	450.51	447.7	445.93	439.64

7-21 各县（市、区）农用机械和农产品加工机械拥有量(2013年)

县（市、区）	农用机械总动力（万千瓦）	#柴油发动机	#汽油发动机	#电动机	大中型拖拉机（台）	大中型拖拉机（万千瓦）	小型拖拉机（万台）	小型拖拉机（万千瓦）
商丘市	1176.14	1085.52	7.07	83.55	26313	129.07	22.75	278.51
梁园区	80.44	74.17	2.48	3.79	3011	13.82	1.88	25.68
睢阳区	115.82	103.47	0.59	11.76	2515	13.33	2.86	36.94
民权县	122.56	111.26	1.41	9.89	4322	17.54	2.30	22.93
睢　县	117.08	101.55	0.26	15.27	2495	11.66	1.59	18.08
宁陵县	97.76	89.39	0.46	7.91	1961	10.93	1.75	20.67
柘城县	116.72	109.62	0.37	6.73	2720	15.99	2.26	26.72
虞城县	175.10	162.07	0.47	12.56	2962	15.19	3.22	42.64
夏邑县	172.33	164.81	0.49	7.03	2473	12.57	2.65	31.11
永城市	178.32	169.18	0.53	8.61	3854	18.04	4.24	53.74

7-21续1 各县（市、区）农用机械和农产品加工机械拥有量（2013年）

县（市、区）	大中型拖拉机配套农具（部）	小型拖拉机配套农具（万部）	农用排灌动力机械（万台）	农用排灌动力机械（万千瓦）	#电动机（万台）	#电动机（万千瓦）	农用水泵（万台）	节水灌溉机械（万套）
商丘市	59456	37.81	19.69	131.74	10.69	40.68	18.56	2.43
梁园区	9025	3.36	1.29	4.45	0.78	1.47	1.71	0.43
睢阳区	4700	3.74	2.59	13.08	2.08	7.75	2.67	0.01
民权县	8869	3.30	2.16	16.64	1.23	5.95	1.70	0.13
睢　县	5440	2.95	2.68	17.51	1.94	9.38	2.74	0.02
宁陵县	4276	3.23	2.11	10.19	1.66	5.19	2.67	0.06
柘城县	6259	2.50	1.73	12.98	0.88	2.72	1.56	0.60
虞城县	6588	5.62	3.38	24.41	0.97	3.53	2.83	0.12
夏邑县	5766	5.51	1.72	12.59	0.69	1.68	1.46	0.36
永城市	8533	7.59	2.02	19.88	0.46	2.99	2.21	0.70

7-21续2 各县（市、区）农用机械和农产品加工机械拥有量（2013年）

县（市、区）	联合收割机		机动脱粒机（台）	小麦联合收割机		农产品加工机械	
	（台）	（千瓦）		（台）	（千瓦）	（台）	（万千瓦）
商丘市	**24398**	**1100886**	**68540**	**20205**	**918884**	**95097**	**73.07**
梁园区	1223	58619	3440	876	38908	7600	3.94
睢阳区	2493	134979	6692	2000	110128	6340	7.01
民权县	3366	137552	5700	2818	107596	10330	9.86
睢　县	2394	108081	9350	1961	91645	11791	9.02
宁陵县	1836	77255	8020	1406	66251	5490	4.73
柘城县	2740	105539	12000	2220	91785	10400	7.33
虞城县	3281	134888	7000	2741	118466	19893	15.95
夏邑县	2411	130366	5138	1967	102592	10406	6.94
永城市	4654	213608	11200	4216	191513	12847	8.28

7-21续3 各县（市、区）农用机械和农产品加工机械拥有量（2013年）

县（市、区）	粮食加工机械（台）	棉花加工机械（台）	油料加工机械（台）	农用运输车		农用运输车	
				（万辆）	（万千瓦）	三轮车（万辆）	四轮车（万辆）
商丘市	**32553**	**4675**	**10668**	**37.54**	**439.64**	**34.65**	**2.46**
梁园区	345	630	2060	1.53	26.28	1.11	0.42
睢阳区	2802	330	1320	4.84	31.37	4.37	0.05
民权县	2290	620	1130	3.59	41.20	3.40	0.19
睢　县	5000	465	1520	3.94	47.32	3.90	0.03
宁陵县	2150	350	650	3.65	39.82	3.60	0.05
柘城县	3750	30	225	3.14	41.28	2.86	0.28
虞城县	6390	910	1423	5.69	62.31	5.24	0.45
夏邑县	4907	601	1136	6.57	94.52	5.79	0.78
永城市	4919	739	1204	4.60	55.55	4.38	0.22

7-22 农业机械化、能源、主要物资消耗及水利建设情况

指　　标	单位	2006年	2007年	2008年	2009年	2010年	2011年	2012年	2013年
一、农业机械化情况									
1.当年实际机耕面积	千公顷	565.99	526.76	605.71	637.36	649.06	681.49	703.66	706.04
占耕地面积比重	%	84.91	79.02	90.87	95.62	97.37			
2.当年机械播种面积	千公顷	680.59	723.85	807.1	905.46	1049.84	1098.51	976.22	1165.37
占农作物播种面积比重	%	47.71	51.36	58.39	65.68	76.09	79.1	70.13	83.2
3.当年机械收割面积	千公顷	543.27	546.31	602.48	666.92	796.55	865.32	819.95	1002.37
占农作物播种面积比重	%	38.08	38.76	43.59	48.37	57.73	62.31	58.91	71.56
二、农村能源情况									
农村用电量	万千瓦小时	119236	132404.4	147123	164295	152986	164233.9	187734.93	217373.2
三、农业主要物资消耗情况									
1.农用化肥施用折纯量	吨	481216	500988	574682	662000	701855	739105	771078.00	794470.2
每公顷耕地平均施用量	公斤	721.95	751.56	862.11	993.14	1052.94			
2.农用塑料薄膜使用量	吨	9411	8864	10013	10045	11982	11769	12363.00	13020.6
3.农药施用实物量	吨	13295	14400	14343	15592	17169	19044	19148.00	19857.1
四、农田水利建设情况									
1.农田有效灌溉面积	千公顷	593.32	596.71	605.66	595.02	599.41	600.04	590.54	576.03
#机电提灌面积	千公顷	593.32	580.17	596.98	596.51	594.53	594.93	586.29	
机电井灌溉面积	千公顷		557.94	566.31	567.86	571.67	571.9	566.87	
固定站灌溉面积	千公顷		2.99	13.58	8.99	8.95	8.76	8.79	
流动机灌溉面积	千公顷		7.44	5.7	5.96	6.4	4.15	4.50	
2.机电井数	万眼	18.97	19.11	19.33	19.05	19.12	18.91	18.65	15.59
#已配套的井数	万眼	18.53	18.6	18.74	18.82	18.89	18.58	18.23	
3.旱涝保收农田面积	千公顷	517.96	524.91	534.17	546.21	557.58	539.03	540.74	

7-23 各县（市、区）农业机械化、能源、农用物资消耗及水利建设情况（2013年）

县（市、区）	机灌面积（千公顷）	农田有效灌溉面积（千公顷）	机播面积（千公顷）	机收面积（千公顷）	农村用电量（万千瓦小时）	农用化肥量折纯量（吨）	#氮肥折纯量（吨）	#磷肥折纯量（吨）	#钾肥折纯量（吨）
商丘市	**550.83**	**576.03**	**1165.38**	**1002.37**	**217373**	**794470**	**257811**	**157128**	**111174**
梁园区	47.99	28.49	74.62	58.73	31855	69148	23041	15569	9023
睢阳区	0.70	57.20	102.70	83.67	8950	141917	53192	39159	14219
民权县	60.00	69.39	120.64	115.93	17367	56964	20103	17152	8689
睢　县	56.90	51.85	107.39	91.16	7575	56355	16578	13672	8027
宁陵县	46.80	46.90	73.93	82.12	12776	49882	16737	11021	11940
柘城县	64.75	64.39	138.17	114.93	12214	55215	19815	12298	7566
虞城县	73.33	88.93	178.00	137.20	41899	126769	44357	28902	24550
夏邑县	82.27	86.89	165.07	135.13	47705	126059	29008	9905	14780
永城市	118.10	81.99	204.86	183.50	37033	112161	34980	9450	12380

7-23续 各县（市、区）农业机械化、能源、农用物资消耗及水利建设情况（2013年）

县（市、区）	机电井数 （眼）	年供水量（万立方米）	除涝面积 （千公顷）
商丘市	**155890**	**103864**	**212.48**
梁园区	8879	7068	16.59
睢阳区	15590	12774	12.25
民权县	14896	8682	19.83
睢县	15275	9264	17.27
宁陵县	13037	7209	14.64
柘城县	13294	11950	20.67
虞城县	24866	4257	26.67
夏邑县	25754	16899	21.23
永城市	24299	25762	63.33

主要指标解释

农林牧渔业增加值 农林牧渔业增加值是指农、林、牧、渔业生产货物及农林牧渔服务业提供服务活动所增加的价值，为农林牧渔业现价总产值扣除农林牧渔业现价中间投入后的余额，是农、林、牧、渔及其服务业各单位生产经营对社会所作的贡献。从宏观上来说，农林牧渔业增加值是计算国内生产总值的基础；从微观上来说，农林牧渔业增加值能客观反映农林牧渔业各生产单位或行业的投入、产出、效益、速度和收入等情况。

粮食产量 指全社会的产量。包括国有经济经营的、集体统一经营的和农民家庭经营的粮食产量，还包括工矿企业办的农场和其他生产单位的产量。粮食除包括稻谷、小麦、玉米、高粱、谷子及其他杂粮外，还包括薯类和豆类。其产量计算方法，豆类按去豆荚后的干豆计算；薯类(包括甘薯和马铃薯，不包括芋头和木薯)1963年以前按每4公斤鲜薯折1公斤粮食计算，从1964年开始改为按5公斤鲜薯折1公斤粮食计算。城市郊区作为蔬菜的薯类(如马铃薯等)按鲜品计算，并且不作粮食统计，河南省粮食产量中也不包括马铃薯产量。其他粮食一律按脱粒后的原粮计算。

油料产量 指全部油料作物的生产量。包括花生、油菜籽、芝麻、向日葵籽、胡麻籽（亚麻籽）和其他油料。不包括大豆、木本油料和野生油料。花生以带壳干花生计算。

水产品产量 指人工养殖的水产品和天然生长的水产品的捕捞量。包括海水的鱼类、虾蟹类、贝类和藻类以及内陆水域的鱼类、虾蟹类和贝类，不包括淡水生植物。?

猪、牛、羊肉产量 指当年出栏并已屠宰、除去头蹄下水后带骨肉(即胴体重)的重量。

期初(末)畜禽存栏头(只)数 指报告期初(末)农村各种合作经济组织和国营农场、农民个人、机关、团体、学校、工矿企业、部队等单位以及城镇居民饲养的大牲畜、猪、羊、家禽等畜禽的存栏数。

常用耕地 是指耕地总资源中专门种植农作物并经常进行耕种、能够正常收获的土地。包括当年实际耕种的熟地；弃耕、休闲不满三年，随时可以复耕的地；开荒利用三年以上的地。不包括临时种植农作物的坡度在25度以上的陡坡地；在河套、湖畔、库区临时开发的成片或零星土地；也不包括已列为国家和省（区、市）退耕计划但临时耕种的土地。

农作物播种面积 指实际播种或移植有农作物的面积。凡是实际种植有农作物的面积，不论种植在耕地上还是种植在非耕地上，均包括在农作物播种面积中。在播种季节基本结束后，因遭灾而重新改种和补种的农作物面积，也包括在内。

有效灌溉面积 指具有一定的水源，地块比较平整，灌溉工程或设备已经配套，在一般年景下当年能够进行正常灌溉的耕地面积。

农用化肥施用量 指本年内实际用于农业生产的化肥数量，包括氮肥、磷肥、钾肥和复合肥。化肥施用量要求按折纯量计算数量。折纯量是指把氮肥、磷肥、钾肥分别按含氮、含五氧化二磷、含氧化钾的百分之一百成份进行折算后的数量。复合肥按其所含主要成分折算。

农业机械总动力 指主要用于农、林、牧、渔业的各种动力机械的动力总和。包括耕作机械、排灌机械、收获机械、农用运输机械、植物保护机械、牧业机械、林业机械、渔业机械和其他农业机械〔内燃机按引擎马力折成瓦(特)计算、电动机按功率折成瓦(特)计算〕。不包括专门用于乡镇、村、组办工业、基本建设、非农业运输、科学试验和教学等非农业生产方面用的动力机械与作业机械。

农林牧渔业劳动力 指全社会直接参加农林牧渔业生产活动的劳动力。

工 业

● 资料整理：严小兵　张 明

8-1 工业企业单位数、总产值及指数

项目	2007年	2008年	2009年	2010年	2011年	2012年	2013年
企业单位数(个)	**55008**	**55088**	**53173**	**56636**	**56297**	**56490**	**45095**
#规模以上工业	450	530	696	810	769	855	**979**
#大中型企业	51	52	75	75	172	199	242
按经济类型分							
国有企业	43	73	46	69	71	87	77
集体企业	252	252	172	94	43	51	36
城乡个体工业	48968	48968	46887	49398	49098	48911	36949
其它各种经济类型	5745	5795	6068	7075	7085	7441	8033
工业总产值(万元)	**9313608**	**11593488**	**12881733**	**17123270**	**20105885**	**22366161**	**26017796**
#规模以上工业	6220993	8168968	9058248	13594361	16756788	19022739	**22577915**
按经济类型分							
国有企业	3072205	4090805	4072004	4830498	5723443	5591047	1239513
集体企业	221948	267738	170121	446986	394185	477604	415898
城乡合作个体工业	1582778	1627610	1958370	1807491	1640972	1416952	920041
其它各种经济类型	4436677	5607335	6681238	10038295	12347285	14880558	23442344
工业总产值指数(上年为100)	**115.0**	**115.4**	**111.5**	**117.4**	**120.9**	**117.6**	**115.8**
#规模以上企业	126.0	119.0	114.2	121.5	124.4	120.5	**117.7**
按经济类型分							
国有企业	122.0	117.0	110.8	98.7	114.0	103.9	101.5
集体企业	103.3	110.6	105.9	157.4	144.8	118.1	86.9
城乡合作个体工业	109.0	106.9	106.0	104.1	105.7	96.7	104.3
其它各种经济类型	119.1	114.7	112.6	118.6	121.3	118.9	117.6

8-2 全部工业总产出、总产值及增加值（2013年）

项目	企业单位数（个）	从业人数（人）	工业总产出（万元）	工业总产值（万元）	工业总产值指数（%）	工业增加值（万元）	工业增加值指数（%）
一、全部工业总计	**45095**	**565285**	**28316348**	**26017796**	**115.8**	**6250293**	**114.3**
#轻工业	26265	310240	13673121	12797602	114.7	2833097	114.3
重工业	18830	255045	14643227	13220194	116.6	3417196	114.2
#国有及国有控股	77	69866	2404214	1239513	101.5	203480	100.7
#集体企业	36	1667	416362	415898	86.9	109339	86.9
股份制企业	878	245117	19248103	15784386	121.2	3925828	118.3
外商及港澳台投资企业	24	10732	4929204	300323	141.8	76084	143.4
#私营企业	5704	248790	14289446	13443473	118.0	2934891	117.3
城乡个体工业	36949	119239	920041	920041	104.3	266812	103.1
#大型企业	29	95557	9103463	7762543	110.5	2183937	109.8
中型企业	213	95768	8455137	7705311	119.8	1672402	119.7
小型企业	7904	254721	9837706	9629900	119.6	2127143	118.2
二、国有及限额以上工业总计	**979**	**279019**	**24876466**	**22577915**	**117.7**	**5395262**	**116.2**
#轻工业	616	161482	12122649	11247130	115.8	2455014	115.6
重工业	363	117537	12753817	11330785	119.4	2940249	116.6
#国有及国有控股	48	68224	2389517	1224816	101.5	200050	100.7
#集体企业	7	1104	409731	409267	86.7	107791	86.8
股份制企业	771	241758	19176460	15712743	121.3	3909104	118.4
外商及港澳台投资企业	17	10495	4923761	294880	142.5	74814	144.1
#私营企业	629	132886	12583172	11737199	121.2	2536587	120.9
#大型企业	29	95557	9103463	7762543	110.5	2183937	109.8
中型企业	213	95768	8455137	7705311	119.8	1672402	119.7
小型企业	737	87694	7317866	7110060	125.9	1538924	124.8
三、限额以下工业总计	**7167**	**167027**	**2519840**	**2519840**	**104.9**	**588219**	**103.9**
#轻工业	2978	80567	1120365	1120365	108.3	253353	107.2
重工业	4189	86460	1399475	1399475	102.4	334866	101.4
#国有及国有控股	29	1642	14697	14697	102.2	3431	101.2
#集体企业	29	563	6631	6631	98.6	1548	97.6
股份制企业	107	3359	71643	71643	108.0	16724	106.9
外商及港澳台投资企业	7	237	5443	5443	113.2	1271	112.1
#私营企业	5075	115904	1706274	1706274	99.7	398304	98.7
四、城乡个体工业	**36949**	**119239**	**920041**	**920041**	**104.3**	**266812**	**103.1**
#轻工业	22671	68191	430107	430107	105.1	124731	104.3
重工业	14278	51048	489934	489934	102.7	142081	101.8

8-3 各县（市、区）全部工业企业数及总产出（2013年）

县(市、区)	企业单位数（个）				工业总产出（万元）			
	合 计	规模以上	规模以下	个体经营	合 计	规模以上	规模以下	个体经营
合 计	**44893**	**979**	**6965**	**36949**	**28315956**	**24876466**	**2519449**	**920041**
梁园区	3089	113	511	2465	1576640	1427828	91421	57391
睢阳区	5774	170	761	4843	3067093	2752468	187767	126858
民权县	6696	98	840	5758	2783277	2342212	314030	127035
睢 县	5541	64	589	4888	1620432	1294147	218316	107969
宁陵县	1725	62	588	1075	1439910	1222990	191103	25818
柘城县	5769	82	859	4828	1939892	1542804	278617	118471
虞城县	4228	109	688	3431	3317345	2866095	320881	130369
夏邑县	7253	108	1313	5832	2399025	1868205	402512	128308
永城市	4327	128	733	3466	9473455	8899428	483596	90431
开发区	491	45	83	363	698887	660289	31206	7392

8-4 各县（市、区）全部工业总产值(2013年)

单位:万元

县(市、区)	合计	指数%	规模以上	指数%	规模以下	指数%	个体经营	指数%
合 计	**26017405**	**19.9**	**22577915**	**17.7**	**2519449**	**104.9**	**920041**	**104.1**
梁园区	1475436	14.8	1326624	13.5	91421	105.0	57391	104.4
睢阳区	3037892	19.5	2723267	17.8	187767	104.9	126858	104.3
民权县	2637893	24.6	2196827	21.3	314030	105.1	127035	104.2
睢 县	1618053	24.0	1291768	20.1	218316	104.4	107969	104.3
宁陵县	1394560	21.8	1177639	19.0	191103	104.6	25818	103.9
柘城县	1824817	24.4	1427729	20.1	278617	106.7	118471	104.1
虞城县	2953069	21.9	2501820	19.2	320881	105.2	130369	103.9
夏邑县	2308424	23.5	1777604	19.1	402512	104.7	128308	104.9
永城市	8093244	12.8	7519217	12.0	483596	104.5	90431	103.7
开发区	674018	22.0	635420	21.0	31206	104.8	7392	104.4

8-5 各县（市、区）全部工业增加值（2013年）

单位:万元

县（市、区）	合计	指数%	规模以上	指数%	规模以下	指数%	个体经营	指数%
合　计	**6250293**	**114.3**	**5395262**	**116.2**	**588219**	**103.9**	**266812**	**103.1**
梁园区	312303	114.5	274316	116.2	21344	104.0	16643	103.4
睢阳区	624416	117.2	543789	119.5	43838	103.9	36789	103.3
民权县	506890	115.7	396733	119.5	73317	104.1	36840	103.2
睢　县	392758	115.8	310477	119.6	50971	103.4	31311	103.3
宁陵县	320642	116.3	268538	119.2	44617	103.6	7487	102.9
柘城县	445667	116.1	346262	119.8	65049	105.6	34356	103.1
虞城县	685137	116.4	572414	119.3	74916	104.2	37807	102.9
夏邑县	546415	115.2	415231	119.4	93975	103.7	37209	103.9
永城市	2267232	109.5	2128102	109.9	112906	103.5	26225	102.7
开发区	148832	118.5	139403	119.7	7286	103.8	2144	103.4

8-6 各县（市、区）全部工业增加值率及从业人数（2013年）

县（市、区）	工业增加值率（%）				从业人数（人）			
	合计	规模以上	规模以下	个体经营	合计	规模以上	规模以下	个体经营
合　计	**24.02**	**23.90**	**23.35**	**29.00**	**565240**	**279019**	**166982**	**119239**
梁园区	21.17	20.68	23.35	29.00	33446	17957	8051	7438
睢阳区	20.55	19.97	23.35	29.00	70358	40863	13054	16441
民权县	19.22	18.06	23.35	29.00	54168	16849	20855	16464
睢　县	24.27	24.04	23.35	29.00	55769	25754	16022	13993
宁陵县	22.99	22.80	23.35	29.00	30903	15653	11904	3346
柘城县	24.42	24.25	23.35	29.00	51991	17510	19127	15354
虞城县	23.20	22.88	23.35	29.00	72836	34107	21833	16896
夏邑县	23.67	23.36	23.35	29.00	80730	32022	32079	16629
永城市	28.01	28.30	23.35	29.00	98490	65332	21438	11720
开发区	22.08	21.94	23.35	29.00	16549	12972	2619	958

8-7 各县（市、区）规模以上

项　目		商丘市	梁园区	睢阳区	民权县
总　　计		**22577915**	**1326624**	**2723267**	**2196827**
在总计中：	1 本级以上属	3060961	10936	706168	213933
	2 本级及以下属	19516954	1315687	2017099	1982894
在总计中：	1 轻工业	11247130	695586	1572763	1180086
	2 重工业	11330785	631038	1150504	1016742
在总计中：	1 国有控股企业	5562031	294964	834903	307259
	2 集体控股企业	595992	152823	37902	
	3 私人控股企业	15854390	837867	1741792	1889568
	4 港澳台控股企业	151524		9509	
	5 外商控股企业	58299	7389	18838	
	6 其他控股企业	355678	33580	80323	
在总计中：	1 国有企业	1224816	206929	792186	52281
	2 集体企业	409267	22784		
	3 股份合作企业	125984	71734		
	4 股份制企业	15712743	816942	919743	1181434
	5 外商和港澳台商投资企业	294880	8398	38859	
	6 其他	4810224	199837	972480	963113
在总计中：	1 公有制	6158023	447787	872805	307259
	2 非公有制	16419891	878837	1850462	1889568
在总计中：	1 大型企业	7762543	280914	939588	260241
	2 中型企业	7705311	351649	543403	1351495
	3 小型企业	7055315	678085	1239141	585091
	4 微型企业	54746	15976	1136	
在总计中：	大中型企业	15467854	632563	1482991	1611736
	其中：国有控股企业	5504797	284797	834903	287388
在总计中：	中小型企业	14760626	1029733	1782544	1936587
在总计中：	高技术产业	996693	110155	98882	73026
在总计中：	农村工业	610070	13850	543725	
在总计中：	内资企业	22283034	1318226	2684409	2196827
	港、澳、台商投资企业	239218	6274	9509	
	外商投资企业	55663	2124	29350	

工业总产值（2013年）

单位：万元

睢 县	宁陵县	柘城县	虞城县	夏邑县	永城市	开发区
1291768	**1177639**	**1427729**	**2501820**	**1777604**	**7535745**	**635420**
27114		24359			3756977	28797
1264654	1177639	1403370	2501820	1777604	3778768	606623
903486	657007	838433	1991686	1042103	1996331	382472
388282	520632	589296	510134	735501	5539414	252947
44715	39436	36465	63205	47783	3883648	
149502		227103			12415	8126
919816	1121163	1095206	2390791	1729820	3603318	562180
70685			44546			25070
			3277			28626
107050	17040	68955			36364	11418
44715	39436	36465		47783		
143561		225011			3915	8126
	4644	2092	13008	32541		
687153	661565	838966	1794231	874556	7482920	553043
137214			57067		4639	45646
279124	471994	325196	637514	822723	44271	28604
194217	39436	263568	63205	47783	3896063	8126
1097551	1138203	1164161	2438615	1729820	3639682	627294
212007	249702	63541	916183	276215	4564151	0
759984	695928	811941	1077031	876781	738532	447412
319777	232009	540729	508606	624608	2208244	185570
		11519			24817	2438
971991	945630	875482	1993214	1152996	5302683	447412
35818	39436	24359	63205	47783	3877900	0
1079760	927937	1352669	1585636	1501389	2946776	632982
88865		138253	332837	53763	30180	60410
8263	15835			20046		
1154553	1177639	1427729	2444753	1777604	7531106	589773
137214			53790		4639	25070
			3277			20576

8-7续 各县（市、区)规模

行　业	商丘市	梁园区	睢阳区	民权县
煤炭开采和洗选业	2203625			
农副食品加工业	3658711	244745	112755	332259
食品制造业	1399315	110871	42216	35645
酒、饮料和精制茶制造业	728104	6260	137115	113803
纺织业	1514168	83029	331473	
纺织服装、服饰业	1304058	5950	752283	73113
皮革、毛皮、羽毛及其制品和制鞋业	706074	73110	28493	6768
木材加工和木、竹、藤、棕、草制品业	525023	9641	66507	28993
家具制造业	31438	3019		
造纸和纸制品业	305013	0	27014	4371
印刷和记录媒介复制业	64771	12553		18924
文教、工美、体育和娱乐用品制造业	113842	2124	18838	
石油加工、炼焦和核燃料加工业	24955	6324		
化学原料和化学制品制造业	735305	75714	147796	87466
医药制造业	386145	110155	54109	
化学纤维制造业	29821	5186	5400	
橡胶和塑料制品业	291057	11009	28777	55692
非金属矿物制品业	1200838	84907	95833	24198
黑色金属冶炼和压延加工业	1654579	24751	8786	255979
有色金属冶炼和压延加工业	1553215	396783	22668	
金属制品业	251944	20793	7594	19523
通用设备制造业	151993	9842	2587	53967
专用设备制造业	171371	20464		27914
汽车制造业	286289	3365	12315	150741
铁路、船舶、航空航天和其他运输设备制造业	92313	2147	5885	
电气机械和器材制造业	855272	0	7301	588106
计算机、通信和其他电子设备制造业	235743	0	3408	73026
仪器仪表制造业	374805	0	41366	
其他制造业	44604	0	15957	
金属制品、机械和设备修理业	11592	0		
电力、热力生产和供应业	1654984	0	746792	246342
水的生产和供应业	9633	3884		

以上工业总产值（2013年）

单位：万元

睢　县	宁陵县	柘城县	虞城县	夏邑县	永城市	开发区
					2203625	
198533	154893	213855	447431	357001	1611040	57832
115746	153035	24451	761014	48591	59807	42040
70685	145480	33747	51678	45018	108479	9493
8604	128081	13787	544595	287853	108446	
79202	17937	127130	75413	118613	7810	28551
234505	5764	272710	21011	13369	42648	
119181	36213	25062	56642	115829	57572	5819
20846	2456		4628			
137892	8326		37482		48942	42615
		4418		27866		
16537	20998			45122	9159	
			15867			2439
37096	40803	25362	21999	90114	175078	29889
9216		131499	17336	53763		5500
				10657		8329
55674	24747	21087		10967	34636	47736
24367	137674	442986	19488	31547	288772	51814
29690	253518		32970	238022	808737	1546
				6191	1141816	5335
		11053	15562	40788	128275	13469
	4716	14691			64830	
6807	3564				99315	16321
		4471		50284	40763	23669
1980						83011
9740		30307		110275	3774	99355
79649		6754	23729		30180	18138
			291772			36771
				27952		
					11592	
35818	39436	24359	63205	47783	442644	
						5748

8-8 各县（市、区）规模

项目		商丘市	梁园区	睢阳区	民权县
总计		**5395262**	**274316**	**543789**	**396733**
在总计中：	1 本级以上属	1070487	2498	116613	40348
	2 本级及以下属	4324775	271817	427176	356385
在总计中：	1 轻工业	2455014	164967	334285	189205
	2 重工业	2940249	109349	209504	207528
在总计中：	1 国有控股企业	1676165	56011	140168	51492
	2 集体控股企业	147341	34306	6743	
	3 私人控股企业	3433361	174417	368062	345240
	4 港澳台控股企业	36196		1904	
	5 外商控股企业	16587	1807	6978	
	6 其他控股企业	85612	7775	19935	
在总计中：	1 国有企业	200050	32577	130574	7180
	2 集体企业	107791	5055		
	3 股份合作企业	30151	16991		
	4 股份制企业	3909104	175148	203512	191784
	5 外商和港澳台商投资企业	74814	3000	11573	
	6 其他	1073353	41545	198131	197769
在总计中：	1 公有制	1823506	90317	146911	51492
	2 非公有制	3571756	183998	396879	345240
在总计中：	1 大型企业	2183937	51760	172494	25139
	2 中型企业	1672402	73118	110667	247198
	3 小型企业	1526277	145970	260374	124395
	4 微型企业	12647	3468	255	
在总计中：	大中型企业	3856338	124878	283160	272337
	其中：国有控股企业	1665469	53637	140168	49573
在总计中：	中小型企业	3198679	219088	371041	371593
在总计中：	高技术产业	247741	28237	23922	21667
在总计中：	农村工业	123346	3101	108168	
在总计中：	内资企业	5320449	271316	532216	396733
	港、澳、台商投资企业	58621	2511	1904	
	外商投资企业	16193	488	9670	

以上工业增加值（2013年）

单位：万元

睢 县	宁陵县	柘城县	虞城县	夏邑县	永城市	开发区
310477	**268538**	**346262**	**572414**	**415231**	**2128102**	**139403**
6895		3954			1357058	6275
303582	268538	342308	572414	415231	771043	133127
217501	153971	203513	455391	241852	416309	78920
92976	114566	142749	117023	173379	1711793	60483
7564	6401	7169	10258	7755	1387675	
40337		59984			2032	1846
217542	258063	263777	551553	407475	728797	122865
18319			9818			5739
			785			6939
26715	4074	15332			9597	2015
7564	6401	7169		7755		
38888		59455			990	1846
	1206	529	3206	7748		
159259	150627	200547	407110	206030	2115084	118017
34965			12679		913	10869
69799	110304	78562	149419	193698	11115	8670
47901	6401	67153	10258	7755	1389707	1846
262576	262137	279109	562156	407475	738394	137557
50225	62542	15441	209814	65936	1530587	
186204	151554	197473	244107	203769	153633	92949
74047	54442	130625	118493	145526	437998	45861
		2723			5884	592
236429	214096	212914	453921	269705	1684219	92949
5813	6401	3954	10258	7755	1386299	
260252	205996	328098	362600	349295	591631	138810
22482		34214	80469	14199	4651	15126
2157	3774			4502		
275512	268538	346262	559735	415231	2127189	128534
34965			11894		913	5739
			785			5131

8-8续　各县（市、区）规模

行　业	商丘市	梁园区	睢阳区	民权县
煤炭开采和洗选业	1065453			
农副食品加工业	743428	51768	22469	67699
食品制造业	327656	26217	9921	8742
酒、饮料和精制茶制造业	185137	1661	34733	28974
纺织业	364635	20277	79355	
纺织服装、服饰业	267149	1446	136708	17767
皮革、毛皮、羽毛及其制品和制鞋业	186568	19360	7551	1793
木材加工和木、竹、藤、棕、草制品业	139265	2537	18023	7656
家具制造业	8186	798		
造纸和纸制品业	74908		6592	1058
印刷和记录媒介复制业	16868	3289		4858
文教、工美、体育和娱乐用品制造业	29583	488	6978	
石油加工、炼焦和核燃料加工业	3997	1401		
化学原料和化学制品制造业	155408	15540	30251	16230
医药制造业	97865	28237	12872	
化学纤维制造业	6298	1110	1073	
橡胶和塑料制品业	68156	2617	6840	13238
非金属矿物制品业	306948	22332	21680	6478
黑色金属冶炼和压延加工业	349481	5200	1813	52834
有色金属冶炼和压延加工业	234794	54726	2779	
金属制品业	60627	5243	1649	4094
通用设备制造业	32180	1950	596	9817
专用设备制造业	39036	4951		6808
汽车制造业	51442	810	2446	24602
铁路、船舶、航空航天和其他运输设备制造业	20193	481	1021	
电气机械和器材制造业	102247	0	1641	56811
计算机、通信和其他电子设备制造业	57487	0	853	21667
仪器仪表制造业	92389	0	10197	
其他制造业	13834	0	4545	
金属制品、机械和设备修理业	3706	0		
电力、热力生产和供应业	283812	0	121204	45608
水的生产和供应业	4656	1877		

以上工业增加值（2013年）

单位：万元

睢　县	宁陵县	柘城县	虞城县	夏邑县	永城市	开发区
					1065453	
41121	30734	45416	89620	73791	322090	12886
26869	36819	6033	176145	10868	14375	10289
17834	36832	8579	13652	11358	27369	2525
2060	30663	3301	130376	70622	25962	0
19246	4279	30893	17944	27039	1760	6433
62989	1526	72460	5502	3381	9863	0
31547	9703	6634	14933	30660	15110	1502
5510	649		1102			0
34134	2015		9102		12101	10313
		1158		7301		0
3802	4827			10455	2789	0
			2204			339
8436	7210	6132	5731	21931	36125	6842
2554		32524	4804	14199		1524
				2281		1782
12615	5882	5012		2607	7811	11347
6706	36874	109595	5190	8838	75773	13821
6128	52326		6805	56673	167183	368
				950	176788	1962
		2854	3380	9720	32109	2926
	1032	3471			15047	
1803	766				21353	3981
		940		12108	6547	3794
444						18409
941		5616		23621	808	11979
19928		1690	3743		4651	4538
			71922			9064
				9074		
					3706	
5813	6401	3954	10258	7755	81334	
						2778

8-9 各县（市、区）主要

产品名称	单 位	商丘市	梁园区	睢阳区	民权县
小麦粉	吨	8688964	267318	329920	891558
饲料	吨	1359689	21105	52943	53998
其中：配合饲料	吨	1249965	19262	52943	53998
混合饲料	吨	9955			
精制食用植物油	吨	28189	11002	11850	
鲜、冷藏肉	吨	261980	82050		19045
畜肉制品*	吨	32189	1060	5448	
淀粉及淀粉制品*	吨	19542	6930		
糕点*	吨	37695	3272		3381
饼干*	吨	42560	29839		
速冻米面食品	吨	581387			
方便面	吨	336947	57267	539	
乳制品	吨	351692			
其中：液体乳	吨	338195			
罐头	吨	82324	8355	7530	
酱油	吨	52969	34783		
冷冻饮品	吨	30397			30397
食品添加剂	吨	7041			
发酵酒精（折96度，商品量）	千升	69454			
饮料酒	千升	615962		344837	37145
其中：白酒（折65度，商品量）	千升	89129		12703	
啤酒	千升	467027		332134	
葡萄酒	千升	59806			37145
软饮料	吨	192431	11381	10476	9992
包装饮用水类	吨	11381	11381		
果汁和蔬菜汁饮料类	吨	181050		10476	9992
精制茶	吨	62			
纱	吨	547878	27986	99235	
棉纱	吨	533156	27986	99235	
棉混纺纱	吨	4969			
化学纤维纱	吨	9753			
布	万米	919			
其中：棉布	万米	451			
棉混纺布	万米	468			

工业产品产量（2013年）

睢　县	宁陵县	柘城县	虞城县	夏邑县	永城市	开发区
371685	560675	276923	1044466	891397	4055023	
98913		111247	314867		706617	
94965		55085	314867		658845	
		7817			2138	
1784			2210		1343	
18059			7507	86786	12509	36023
2515		23166				
	4671			7941		
	8976				22066	
6256					6465	
	115117		466270			
	41706		178333			59102
16860	74050		260782			
3363	74050		260782			
			18124	48315		
549		17637				
7041						
69454						
24569	33148	15795	250	139066	21152	
1908	33148	15795	250	4173	21152	
				134893		
22661						
	81563	11342	67677			
	81563	11342	67677			
						62
	76798		182814	123142	37903	
	76798		182814	108420	37903	
				4969		
				9753		
				468	451	
					451	
				468		

8-9续1 各县（市、区）主要

产品名称	单 位	商丘市	梁园区	睢阳区	民权县
印染布	万米	2360		2360	
毛机织物（呢绒）	万米	334	334		
服装	万件	39250	37	28821	856
梭织服装	万件	8846	37	2643	856
其中：羽绒服	万件	172		90	
西服套装	万件	1117			
衬衫	万件	7			
针织服装	万件	30404		26178	
轻革	平方米	1299180	570710		
鞣制毛皮(折羊毛皮)*	张	3191239			
皮革鞋靴	万双	227			51
人造板	立方米	1718961	15894	76908	6224
其中：胶合板	立方米	1262283	15894		
纤维板	立方米	214902		76908	
刨花板	立方米	93528			6224
人造板表面装饰板	平方米	18349			
实木木地板	平方米	27221		27221	
家具	件	336301	30588		
其中：木质家具	件	266345	30588		
金属家具	件	57882			
机制纸及纸板（外购原纸加工除外）	吨	195485		15580	
涂布类印刷用纸	吨	102772			
纸制品	吨	423824		3473	
其中：瓦楞纸箱	吨	254973		3473	
工艺美术制品*	千元	1158918			
精甲醇	吨	116814	14830		
甲醛*	吨	11355		11355	
农用氮、磷、钾化学肥料总计（折纯）	吨	293824		2346	
氮肥（折含N100%）	吨	56962			
磷肥（折五氧化二磷100%）	吨	2346		2346	
钾肥（折氧化钾100%）	吨	234516			
磷酸一铵（实物量）	吨	124460			
磷酸二铵（实物量）	吨	103200			
化学农药原药（折有效成分100%）	吨	493			

工业产品产量（2013年）

睢　县	宁陵县	柘城县	虞城县	夏邑县	永城市	开发区
1464	221	451	83	6831	13	474
1464	207	451	83	2820	13	272
52			31			
914			52	115		36
						7
	14			4011		202
	228280	500190				
	0	3191239				
30	24	0	122			
176397	138521	84345	137994	1030183	52495	
81978	138521	30370		995520		
			137994			
87304						
18349						
208473	39358		57882			
208473	27284					
			57882			
179905						
102772						
62014	32407		76755		80730	168444
	6301		76755			168444
	1137825			21093		
					101984	
56962	234516					
56962						
	234516					
		17160			107300	
					103200	
			493			

8-9续2 各县（市、区）主要

产品名称	单 位	商丘市	梁园区	睢阳区	民权县
涂料	吨	26501	14550		
初级形态的塑料	吨	2285			
化学试剂	吨	80804		22290	40479
塑料助剂*	吨	6318	6318		
印染助剂*	吨	8176	8176		
合成洗涤剂	吨	11085		11085	
化学药品原药	吨	4479	681		
中成药	吨	82			
化学纤维用浆粕	吨	323		323	
化学纤维	吨	13141	3980		
合成纤维	吨	13141	3980		
丙纶纤维	吨	13141	3980		
橡胶轮胎外胎	条	367290			
塑料制品	吨	74357			
水泥	吨	4798268	1546156	273502	359552
其中：强度等级42.5水泥（含	吨	532316			
商品混凝土	立方米	4476939	449666	837805	260843
砖	万块	73388		8600	
瓦	万片	1027			1027
平板玻璃	重量箱	7237119		7237119	
钢化玻璃	平方米	819003		819003	
石棉制品*	吨	46115			
耐火材料制品	吨	52134			
石墨及炭素制品	吨	186326	22398		
磨具*	吨	884			
铸铁件	吨	314806	1790		
钢材	吨	2177617	51254	27771	613618
棒材	吨	27771		27771	
钢筋	吨	1217737			
线材（盘条）	吨	616139			613618
中厚宽钢带	吨	43710			
冷轧窄钢带	吨	40969	37871		
无缝钢管	吨	100146			
焊接钢管	吨	13383	13383		

工业产品产量（2013年）

睢 县	宁陵县	柘城县	虞城县	夏邑县	永城市	开发区
			8950	3001		
					2285	
					3937	14098
3493		306				
		82				
				9161		
				9161		
				9161		
367290						
	54064			15795	84	4414
	369523				1514090	735445
	369523				162793	
	107452		126069	168953	2426351	99800
10686					54102	
				46115		
	42858					9276
					163869	59
		884				
				313016		
82600	217908		43710		1140756	
82600					1135137	
					2521	
			43710			
					3098	
	100146					

8-9续3 各县（市、区）主要

产品名称	单　位	商丘市	梁园区	睢阳区	民权县
其他钢材	吨	117762			
铁合金	吨	78900			
原铝（电解铝）	吨	434719	26268		
铝合金	吨	80568			
铜材	吨	16600			
铝材	吨	376908	126660	8145	
其中：铝型材*	吨	1730			
铝箔材*	吨	906			
日用精铝制品*	吨	9462	8546		
铸造机械	台	3251			
工矿车辆*	辆	854			
滚动轴承	万套	1434			
冷藏加工设备*	台(套、座)	66277	2741		63536
矿山专用设备	吨	20318			
环境污染防治专用设备	台（套）	2085	1664		
固体废弃物处理设备	台	1664	1664		
改装汽车	辆	10012			5669
汽车配件*	件	190190			
摩托车整车	辆	24082		10777	
电动自行车	辆	437850	8285		
电力电缆	千米	21549			
锂离子电池	只（自然只）	7134			
家用电冰箱	台	2243287			1381512
家用冷柜（家用冷冻箱）	台	3393457			2531685
家用洗衣机	台	182151			182151
电光源(荧光灯)	万只	13306		13306	
光电子器件	万只（片）	9			
其中：发光二极管（LED）	万只	2			
电子元件	万只	162266		1962	
工业自动调节仪表与控制系统	台（套）	15947		15947	
量具*	件	3465310		9026	
分析仪器及装置	台（套）	488			
供电量*	万千瓦小时	2438734		1766433	61258
自来水生产量	万立方米	2147	2147		

工业产品产量（2013年）

睢　县	宁陵县	柘城县	虞城县	夏邑县	永城市	开发区
	117762					
					78900	
					408451	
					80568	
					16600	
					242103	
					1730	
					906	
		916				
	3251					
					854	
		1434				
	3862				16456	
						421
						4343
				190190		
						13305
1970						427595
				21549		
						7134
						861775
						861772
					9	
					2	
155851		31				4423
			3279223			177061
						488
80895	96117	54389	92574	106506	180562	

8-10 各县（市、区）规模以上主要经济效益指标（2013年）

单位：万元

县(市、区)	企业单位数（个）	亏损企业	年初存货	产成品	资产总计	在建工程
商丘市	**979**	**30**	**994784**	**407594**	**15534959**	**684265**
梁园区	113	18	133619	71456	920821	30252
睢阳区	170	2	122209	74146	1657585	96707
民权县	98	2	69521	19707	1099505	43177
睢　县	64		33528	11323	655163	5865
宁陵县	62	1	34620	14967	537811	19774
柘城县	82		61734	21843	856318	
虞城县	109	1	140334	68877	1519758	13115
夏邑县	108		28533	13827	778402	5446
永城市	128	5	331948	97985	7056907	390796
开发区	45	1	38739	13463	452690	79133

8-10续1 各县（市、区）规模以上主要经济效益指标（2013年）

单位：万元

县(市、区)	流动资产合计	应收账款	存货	产成品	在产品	固定资产合计	固定资产原价
商丘市	**7012714**	**970949**	**1553109**	**577102**	**175314**	**6447239**	**7978830**
梁园区	423341	72240	162803	65248	12442	359586	423192
睢阳区	554824	86233	225190	70073	5352	764294	1012264
民权县	453067	97587	139656	42418	6481	563064	700429
睢　县	210727	33872	34865	21688	4994	405538	381246
宁陵县	259207	25378	61813	21619	3984	157719	169978
柘城县	305562	86212	96280	46042	2819	477990	486704
虞城县	684188	142721	277806	123505	44880	439174	514496
夏邑县	215400	33965	43580	25160	5989	441997	487316
永城市	3732809	350064	454075	141503	79762	2662761	3683062
开发区	173588	42678	57042	19846	8611	175117	120143

8-10续2　各县（市、区）规模以上主要经济效益指标（2013年）

单位：万元

县(市、区)	实收资本	国家资本	集体资本	法人资本	个人资本	港澳台资本	外商资本
商丘市	**2781500**	**279860**	**56711**	**1176277**	**1186014**	**9135**	**36441**
梁园区	199947	46844	6231	75734	63870	2800	744
睢阳区	332514	43374	18951	22057	221055		1237
民权县	336890	136638	7280	120971	72002		
睢　县	353034	1185	550	274559	75490		1250
宁陵县	212247	2029	19620	89630	94519		6449
柘城县	130682	3537	1367	19653	106125		
虞城县	158148	4384		46251	107513		
夏邑县	282583	1890		76453	200241		
永城市	668271	38978	2712	406167	190571	1832	24511
开发区	107185	1000		44802	54630	4502	2250

8-10续3　各县（市、区）规模以上主要经济效益指标（2013年）

单位：万元

县(市、区)	累计折旧	本年折旧	负债合计	流动负债合计	应付账款	非流动负债合计	所有者权益合计
商丘市	**2076995**	**384768**	**7955871**	**5529063**	**1163997**	**1994125**	**7499460**
梁园区	102352	21709	739947	470586	131563	88545	176705
睢阳区	390855	54623	989817	663047	141692	300095	665794
民权县	171109	49079	663522	426046	98200	198076	429812
睢　县	53223	30920	192872	104842	32648	50156	458357
宁陵县	29005	5595	120637	81571	33678	9646	406486
柘城县	49829	10725	365298	340536	9651	4014	485603
虞城县	75851	17359	590101	288899	112939	284888	923861
夏邑县	82320	25769	103961	92300	28272	4907	662157
永城市	1102550	162447	3988678	2926341	544942	1007436	3055990
开发区	19901	6542	201040	134897	30412	46363	234696

8-10续4 各县（市、区）规模以上主要经济效益指标（2013年）

单位：万元

县(市、区)	营业收入	主营业务收入	营业成本	主营业务成本	营业税金及附加	主营业务税金及附加
商丘市	**24592000**	**24474820**	**21722661**	**21590833**	**153013**	**151612**
梁园区	1218968	1204003	1160460	1144118	2216	2132
睢阳区	2687346	2679292	2456754	2442273	25456	25389
民权县	2186693	2183797	1930145	1906605	9308	9192
睢　县	1287393	1282814	1060752	1059626	23210	23200
宁陵县	1172703	1171650	968895	966396	15446	15446
柘城县	1380095	1380090	1225906	1225905	2466	2457
虞城县	2642327	2628461	2414577	2385020	1739	1725
夏邑县	1824029	1822948	1463128	1462684	10712	10683
永城市	9619969	9555787	8538576	8504224	60202	59143
开发区	572478	565977	503469	493984	2258	2245

8-10续5 各县（市、区）规模以上主要经济效益指标（2013年）

单位：万元

县(市、区)	其他业务收入	其他业务利润	销售费用	财务费用	利息收入	利息支出
商丘市	**117180**	**16221**	**370228**	**283332**	**14228**	**264765**
梁园区	14965	762	24490	21520	712	21045
睢阳区	8053	116	33855	34068	737	29042
民权县	2896	-7473	57361	28882	270	26424
睢　县	4579		35575	21470	3	11657
宁陵县	1053		40064	18693	54	8420
柘城县	5		5213	5498	10	5467
虞城县	13865		29076	8091	8	8038
夏邑县	1082		53822	12156	141	11911
永城市	64181	22786	82362	130669	12130	140665
开发区	6501	30	8409	2285	162	2096

8-10续6　各县（市、区）规模以上主要经济效益指标（2013年）

单位：万元

县(市、区)	管理费用	税金	资产减值损失	公允价值变动收益	营业利润
商丘市	**532199**	**25703**	**18368**	**38**	**1476076**
梁园区	50241	1714	297		-11811
睢阳区	46177	1179	40		77811
民权县	53474	922	461		125158
睢　县	26106	1079			117865
宁陵县	36962	156	-84		99983
柘城县	10106	324			152553
虞城县	13999	246	14876		174910
夏邑县	82626	2590			164166
永城市	198532	16990	2493	38	559300
开发区	13977	504	285		16141

8-10续7　各县（市、区）规模以上主要经济效益指标（2013年）

单位：万元

县(市、区)	投资收益	营业外收入	补贴收入	营业外支出	利润总额
商丘市	**1630**	**49389**	**7246**	**30017**	**1489846**
梁园区	934	6930	4222	3998	-9278
睢阳区	35	18095	1630	1587	93071
民权县	19	9869	934	1380	132919
睢　县	85	415	35	199	116857
宁陵县		261	19	233	99057
柘城县		96	85	47	152602
虞城县		5187		2849	177247
夏邑县		663		880	164225
永城市	452	4461		18299	544158
开发区	105	3414		545	18989

8-10续8 各县（市、区）规模以上主要经济效益指标（2013年）

单位：万元

县(市、区)	应交所得税	亏损企业亏损总额	利税总额	应交税金及附加	本年应付职工薪酬	本年应交增值税	全部从业人员年平均人数（人）
商丘市	**192410**	**44958**	**2157491**	**885758**	**1002033**	**514632**	**279019**
梁园区	2813	34145	7350	21155	44097	14412	17957
睢阳区	1773	369	147346	57227	135323	28819	40863
民权县	8591	436	169676	46270	41371	27448	16849
睢　县	1571		174046	59839	62094	33980	25754
宁陵县	11944	468	144048	57091	38387	29545	15653
柘城县	15407		210499	73627	43732	55431	17510
虞城县	27735	1257	243805	94539	90571	64819	34107
夏邑县	20955		218015	77334	106276	43078	32022
永城市	99495	8171	815635	387962	408877	211275	65332
开发区	2127	112	27072	10713	31305	5825	12972

8-11　按登记注册类型分的规模以上工业企业主要经济指标（2013年）

单位：万元

类　型	企业单位数（个）	亏损企业	年初存货	产成品	资产总计	在建工程
总　计	**979**	**30**	**994784**	**407594**	**15534959**	**684265**
内资企业	962	27	973470	400992	15326568	673765
国有企业	12	1	22548	2251	760320	88554
中央企业	1		7913	752	101683	17353
地方企业	11	1	14635	1500	658637	71201
集体企业	7	1	1239	853	17192	
股份合作企业	1		1252	1200	9553	
联营企业	1				1600	
国有联营企业						
集体联营企业	1				1600	
国有与集体联营企业						
其他联营企业						
有限责任公司	230	13	390893	166644	7993138	504524
国有独资公司	5		63931	14996	3395350	403430
其他有限责任公司	225	13	326962	151648	4597788	101094
股份有限公司	44	4	53878	25852	1069780	21468
私营企业	629	8	495197	201191	5335247	59220
私营独资企业	122		21107	10513	516512	290
私营合伙企业	10		2420	1143	60132	
私营有限责任公司	450	6	372811	131213	4105003	45542
私营股份有限公司	47	2	98859	58323	653600	13388
其他企业	38		8464	3001	139737	
港、澳、台商投资企业	9	2	17779	6188	181404	10103
合资经营企业(港或澳、台资)	6	1	17138	5984	164259	7288
合作经营企业(港或澳、台资)						
港澳台商独资经营企业	3	1	641	205	17144	2816
港澳台商投资股份有限公司						
其他港澳台投资						
外商投资企业	8	1	3535	414	26988	397
中外合资经营企业	3	0	3071	182	17456	396
中外合作经营企业						
外资企业	3	1	412	191	5371	1
外商投资股份有限公司	1				2678	
其他外商投资	1		52	41	1482	

8-11续1　按登记注册类型分的规模以上工业企业主要经济指标（2013年）

单位：万元

类　型	流动资产合　计	应收账款	存货			固定资产合计	固定资产原价
				产成品	在产品		
总　　计	**7012714**	**970949**	**1553109**	**577102**	**175314**	**6447239**	**7978830**
内资企业	6931962	950564	1531618	567405	174268	6344710	7868350
国有企业	141896	4280	17492	1508	5334	566200	857058
中央企业	47865		4881	430	332	26214	56444
地方企业	94031	4280	12611	1078	5003	539985	800614
集体企业	7715	1032	1485	991	34	9334	9412
股份合作企业	3397	746	2094	2054		6157	6200
联营企业	1152	5	53	42		293	1466
国有联营企业							
集体联营企业	1152	5	53	42		293	1466
国有与集体联营企业							
其他联营企业							
有限责任公司	3930127	382037	556156	199870	80843	3143833	4077406
国有独资公司	1770081	179685	79795	27329	6490	1139119	1603499
其他有限责任公司	2160046	202353	476362	172542	74353	2004714	2473907
股份有限公司	317797	73129	98075	28763	11118	507623	655961
私营企业	2463667	467880	833266	332476	76792	2070378	2224676
私营独资企业	249535	32482	66930	25134	4209	187830	194216
私营合伙企业	27359	1635	2647	1137	919	30527	35076
私营有限责任公司	1907052	378777	653204	237523	59289	1598982	1733893
私营股份有限公司	279721	54986	110484	68683	12375	253040	261491
其他企业	66211	21455	22997	1702	147	40893	36173
港、澳、台商投资企业	65766	17328	15276	8390	959	92649	99078
合资经营企业(港或澳、台资)	57695	16508	14392	8173	959	88787	94686
合作经营企业(港或澳、台资)							
港澳台商独资经营企业	8071	820	884	217		3862	4392
港澳台商投资股份有限公司							
其他港澳台投资							
外商投资企业	14987	3057	6215	1308	87	9879	11401
中外合资经营企业	9383	2016	3256	1039	87	7108	9918
中外合作经营企业							
外资企业	4258	622	2862	189		888	1483
外商投资股份有限公司	795		41	40		1883	
其他外商投资	550	419	56	41			

8-11续2　按登记注册类型分的规模以上工业企业主要经济指标（2013年）

单位：万元

类　型	实收资本	国家资本	集体资本	法人资本	个人资本	港澳台资本	外商资本
总　计	**2781500**	**279860**	**56711**	**1176277**	**1186014**	**9135**	**36441**
内资企业	2693169	277410	56033	1115090	1177089	1832	30960
国有企业	95141	86444	5600	100	2997		
中央企业	16000	16000					
地方企业	79141	70444	5600	100	2997		
集体企业	1920		28	30	1862		
股份合作企业	6000				6000		
联营企业	2000			2000			
国有联营企业							
集体联营企业	2000			2000			
国有与集体联营企业							
其他联营企业							
有限责任公司	926487	67003	6270	574843	229816	1832	24511
国有独资公司	350897	23198	0	288147	15041		24511
其他有限责任公司	575590	43805	6270	286696	214775	1832	
股份有限公司	302103	116945	150	79270	105738		
私营企业	1310910	6858	40501	456465	789945		6449
私营独资企业	238085	90	6000	99198	131067		
私营合伙企业	29655			25767	3888		
私营有限责任公司	909708	6723	18134	304788	564652		6449
私营股份有限公司	133463	45	16367	26712	90338		
其他企业	48606	160	3484	2382	40730		
港、澳、台商投资企业	76097	2450	21	58000	6645	7303	1354
合资经营企业(港或澳、台资)	71113	2450	21	58000	6645	2423	1250
合作经营企业(港或澳、台资)							
港澳台商独资经营企业	4984					4879	104
港澳台商投资股份有限公司							
其他港澳台投资							
外商投资企业	12235		657	3186	2280		4126
中外合资经营企业	5340			750	2280		2310
中外合作经营企业							
外资企业	3801						1816
外商投资股份有限公司	2436			2436			
其他外商投资	657		657				

8-11续3　按登记注册类型分的规模以上工业企业主要经济指标（2013年）

单位：万元

类　　型	累计折旧	本年折旧	负债合计	流动负债合计	应付账款	非流动负债合计	所有者权益合计
总　　计	**2076995**	**384768**	**7955871**	**5529063**	**1163997**	**1994125**	**7499460**
内资企业	2060387	379517	7847155	5462202	1145577	1952613	7394095
国有企业	368686	49165	722964	342499	110755	235556	37356
中央企业	30230	2980	84138	49600		34538	17546
地方企业	338456	46186	638826	292899	110755	201018	19810
集体企业	900	808	6570	4715	1920	1590	10528
股份合作企业	43	4	3226	3226			6327
联营企业	1173		5				1441
国有联营企业							
集体联营企业	1173		5				1441
国有与集体联营企业							
其他联营企业							
有限责任公司	1152403	166328	4591054	3362489	699932	1195617	3385112
国有独资公司	589419	63786	1552692	1361187	365574	191505	1842658
其他有限责任公司	562984	102543	3038362	2001301	334358	1004113	1542454
股份有限公司	177923	35701	681757	362856	80813	291712	386271
私营企业	355415	125569	1799178	1355825	249195	225780	3472711
私营独资企业	43939	10748	128321	77028	16662	10616	373662
私营合伙企业	7555	2995	10295	3778	1337	4885	49807
私营有限责任公司	263019	101311	1377536	1036969	169305	185648	2688686
私营股份有限公司	40902	10515	283026	238050	61891	24631	360556
其他企业	3844	1941	42402	30592	2962	2359	94350
港、澳、台商投资企业	13157	4538	101553	60817	17879	40171	79851
合资经营企业(港或澳、台资)	12515	4227	91091	50920	13118	40171	73169
合作经营企业(港或澳、台资)							
港澳台商独资经营企业	642	311	10462	9897	4761		6683
港澳台商投资股份有限公司							
其他港澳台投资							
外商投资企业	3451	714	7163	6044	541	1340	25515
中外合资经营企业	2810	631	5311	3971	478	1340	12145
中外合作经营企业							
外资企业	641	83	1058	2074	63		4277
外商投资股份有限公司			137				2436
其他外商投资			658				6657

8-11续4 按登记注册类型分的规模以上工业企业主要经济指标（2013年）

单位：万元

类型	营业收入	主营业务收入	营业成本	主营业务成本	营业税金及附加	主营业务税金及附加
总计	**24592000**	**24474820**	**21722661**	**21590833**	**153013**	**151612**
内资企业	24323636	24207955	21495058	21363230	149984	148583
国有企业	1122631	1101928	1103670	1087318	2061	2011
中央企业	48841	44182	41383	40119	162	162
地方企业	1073790	1057746	1062287	1047199	1899	1849
集体企业	95321	95321	81890	81890	433	433
股份合作企业	10951	10951	8592	8592	79	79
联营企业	5204	5204	5095	5095	4	4
国有联营企业						
集体联营企业	5204	5204	5095	5095	4	4
国有与集体联营企业						
其他联营企业						
有限责任公司	9790183	9712292	8605526	8548142	73209	72201
国有独资公司	4540861	4494728	3960112	3936336	23715	22789
其他有限责任公司	5249322	5217564	4645413	4611806	49495	49413
股份有限公司	1296740	1283861	1172179	1121518	14425	14408
私营企业	11451360	11447154	10028743	10021312	56689	56367
私营独资企业	1205281	1205281	1042458	1042458	6390	6358
私营合伙企业	417614	417614	358516	358516	3743	3743
私营有限责任公司	8750656	8746524	7687332	7680618	42469	42193
私营股份有限公司	1077809	1077735	940437	939720	4086	4073
其他企业	551245	551245	489364	489364	3083	3079
港、澳、台商投资企业	215742	214243	181295	181295	2686	2686
合资经营企业(港或澳、台资)	178745	178745	147071	147071	2657	2657
合作经营企业(港或澳、台资)						
港澳台商独资经营企业	36997	35498	34224	34224	30	30
港澳台商投资股份有限公司						
其他港澳台投资						
外商投资企业	52622	52622	46308	46308	343	343
中外合资经营企业	29212	29212	26800	26800	7	7
中外合作经营企业						
外资企业	11863	11863	9861	9861	132	132
外商投资股份有限公司	7919	7919	7153	7153	146	146
其他外商投资	3628	3628	2495	2495	57	57

8-11续5 按登记注册类型分的规模以上工业企业主要经济指标（2013年）

单位：万元

类 型	其他业务收入	其他业务利润	销售费用	财务费用	利息收入	利息支出
总 计	**117180**	**16221**	**370228**	**283332**	**14228**	**264765**
内资企业	115680	16195	362150	280192	14210	263907
国有企业	20703	682	2533	23623	510	23544
中央企业	4659		1781	2191	38	2229
地方企业	16044	682	753	21432	472	21315
集体企业			1748	1730		1730
股份合作企业			270	129	3	133
联营企业			3	4		3
国有联营企业						
集体联营企业			3	4		3
国有与集体联营企业						
其他联营企业						
有限责任公司	77891	22899	106033	147807	12419	153435
国有独资公司	46132	21404	27132	28015	10564	38224
其他有限责任公司	31759	1495	78900	119792	1855	115211
股份有限公司	12880	1276	36960	30932	153	30079
私营企业	4207	-8662	204898	70961	918	51502
私营独资企业			23481	11646	12	6193
私营合伙企业			5621	4112	6	3658
私营有限责任公司	4132	-8662	158809	48726	832	35924
私营股份有限公司	74		16987	6477	69	5727
其他企业			9705	5006	206	3482
港、澳、台商投资企业	1499	26	7231	2648	3	708
合资经营企业(港或澳、台资)			6540	2640	3	705
合作经营企业(港或澳、台资)						
港澳台商独资经营企业	1499	26	692	8		2
港澳台商投资股份有限公司						
其他港澳台投资						
外商投资企业			847	492	16	150
中外合资经营企业			273	245	16	148
中外合作经营企业						
外资企业			318	237		
外商投资股份有限公司			140	7		
其他外商投资			117	2		2

8-11续6　按登记注册类型分的规模以上工业企业主要经济指标（2013年）

单位：万元

类　型	管理费用	税金	资产减值损失	公允价值变动收益	营业利润
总　计	**532199**	**25703**	**18368**	**38**	**1476076**
内资企业	523838	25485	18368	38	1459230
国有企业	13155	358	63		-13072
中央企业	2805				520
地方企业	10350	358	63		-13592
集体企业	1824	10			6516
股份合作企业	571	6			681
联营企业	7				101
国有联营企业					
集体联营企业	7				101
国有与集体联营企业					
其他联营企业					
有限责任公司	251274	18595	2676		601709
国有独资公司	136675	10988	734		378334
其他有限责任公司	114599	7606	1942		223375
股份有限公司	23851	1037	14876		45804
私营企业	217690	5273	753	38	791034
私营独资企业	38226	1651			84987
私营合伙企业	5716	65			38617
私营有限责任公司	146479	3194	753	38	586102
私营股份有限公司	27269	363			81328
其他企业	15465	207			26458
港、澳、台商投资企业	7228	193			13934
合资经营企业(港或澳、台资)	6770	185			13467
合作经营企业(港或澳、台资)					
港澳台商独资经营企业	458	8			466
港澳台商投资股份有限公司					
其他港澳台投资					
外商投资企业	1133	26			2913
中外合资经营企业	675	26			1352
中外合作经营企业					
外资企业	306				284
外商投资股份有限公司	33				440
其他外商投资	120				837

8-11续7　按登记注册类型分的规模以上工业企业主要经济指标（2013年）

单位：万元

类　型	投资收益	营业外收入	补贴收入	营业外支出	利润总额
总　计	**1630**	**49389**	**7246**	**30017**	**1489846**
内资企业	1628	48113	6687	30005	1471739
国有企业		19588	3261	955	5568
中央企业		15212			15732
地方企业		4376	3261	955	-10164
集体企业		40	40		6603
股份合作企业					681
联营企业					101
国有联营企业					
集体联营企业					101
国有与集体联营企业					
其他联营企业					
有限责任公司	828	13778	2094	8243	606152
国有独资公司	743	10532	1195	1544	387363
其他有限责任公司	85	3246	900	6699	218789
股份有限公司	-1	6664	85	2917	49551
私营企业	801	8043	1207	17718	776798
私营独资企业	35	421	195	232	83537
私营合伙企业					38617
私营有限责任公司	766	6708	842	8698	581063
私营股份有限公司		915	170	8788	73582
其他企业				172	26286
港、澳、台商投资企业		1246	529	7	15169
合资经营企业(港或澳、台资)		32		6	13490
合作经营企业(港或澳、台资)					
港澳台商独资经营企业		1214	529	1	1679
港澳台商投资股份有限公司					
其他港澳台投资					
外商投资企业	2	30	30	5	2939
中外合资经营企业	2	30	30	5	1378
中外合作经营企业					
外资企业					284
外商投资股份有限公司					440
其他外商投资					837

8-11续8 按登记注册类型分的规模以上工业企业主要经济指标（2013年）

单位：万元

类　型	应交所得税	亏损企业亏损总额	利税总额	应交税金及附加	本年应付职工薪酬	本年应交增值税	全部从业人员年平均人数（人）
总　计	**192410**	**44958**	**2157491**	**885758**	**1002033**	**514632**	279019
内资企业	189851	42498	2131173	874770	981654	509450	**268524**
国有企业	53	23015	27350	22194	53631	19721	6533
中央企业			15894	162	4418		1038
地方企业	53	23015	11456	22032	49213	19721	5495
集体企业	50	50	11945	5403	2310	4910	1104
股份合作企业	68		912	305	507	152	100
联营企业			313	212	81	208	32
国有联营企业							
集体联营企业			313	212	81	208	32
国有与集体联营企业							
其他联营企业							
有限责任公司	114057	15599	939737	466236	507811	260375	99863
国有独资公司	88867		542892	255384	233617	131814	22597
其他有限责任公司	25190	15599	396845	210853	274194	128561	77266
股份有限公司	6416	1152	91449	49350	47941	27472	19557
私营企业	69071	2682	1027242	324788	347755	193755	132886
私营独资企业	5688		107957	31760	49701	18030	18792
私营合伙企业	58		49064	10570	6235	6704	1831
私营有限责任公司	49559	2453	767776	239466	243296	144244	94298
私营股份有限公司	13766	229	102445	42992	48523	24777	17965
其他企业	136		32225	6283	21619	2857	8449
港、澳、台商投资企业	2464	2260	22806	10294	17216	4950	8727
合资经营企业(港或澳、台资)	2439	2147	21029	10163	15671	4882	8289
合作经营企业(港或澳、台资)							
港澳台商独资经营企业	25	113	1777	130	1545	68	438
港澳台商投资股份有限公司							
其他港澳台投资							
外商投资企业	94	200	3513	694	3163	231	1768
中外合资经营企业	94		1469	211	1010	84	1018
中外合作经营企业							
外资企业		200	475	191	1307	59	464
外商投资股份有限公司			623	183	285	37	106
其他外商投资			947	109	562	52	180

8-12 按经济组织类型分的规模以上工业企业主要经济指标（2013年）

单位：万元

类型	企业单位数（个）	亏损企业	年初存货	产成品	资产总计	在建工程
独资企业	147	4	45946	14013	1316539	91660
国有企业	12	1	22548	2251	760320	88554
集体企业	7	1	1239	853	17192	
私营独资企业	122		21107	10513	516512	290
港澳台商独资经营企业	3	1	641	205	17144	2816
外资企业	3	1	412	191	5371	1
合作、合伙企业	51		12188	5385	212505	
股份合作企业	1		1252	1200	9553	
国有联营企业						
集体联营企业	1				1600	
国有与集体联营企业						
其他联营企业						
私营合伙企业	10		2420	1143	60132	
合作经营企业(港或澳、台资)						
中外合作经营企业						
其他企业（内资）	38		8464	3001	139737	
其他港澳台商投资企业						
其他外商投资企业	1		52	41	1482	
股份有限公司	92	6	152737	84174	1726059	34856
股份有限公司(内资)	44	4	53878	25852	1069780	21468
私营股份有限公司	47	2	98859	58323	653600	13388
港澳台商投资股份有限公司						
外商投资股份有限公司	1				2678	
有限责任公司	689	20	783913	304022	12279856	557749
国有独资公司	5		63931	14996	3395350	403430
私营有限责任公司	450	6	372811	131213	4105003	45542
合资经营企业(港或澳、台资)	6	1	17138	5984	164259	7288
中外合资经营企业	3		3071	182	17456	396
其他有限责任公司	225	13	326962	151648	4597788	101094
在总计中:亏损企业	30	30	66579	18666	496089	26473
在总计中:国有控股企业	36	8	282784	103178	7597635	582803
在总计中:农村工业	53		8541	3250	166525	
在总计中:轻工业	616	16	592565	252540	5329910	85143
重工业	363	14	402220	155054	10205050	599122
在总计中:大型企业	29	1	415866	167469	7951832	518082
中型企业	213	12	323366	128877	4191393	114945
小型企业	737	17	255552	111248	3391735	51238

8-12续1　按经济组织类型分的规模以上工业企业主要经济指标（2013年）

单位：万元

类　型	流动资产合计					固定资产合计	固定资产原价
		应收账款	存货	产成品	在产品		
独资企业	411475	39235	89654	28037	9577	768113	1066561
国有企业	141896	4280	17492	1508	5334	566200	857058
集体企业	7715	1032	1485	991	34	9334	9412
私营独资企业	249535	32482	66930	25134	4209	187830	194216
港澳台商独资经营企业	8071	820	884	217		3862	4392
外资企业	4258	622	2862	189		888	1483
合作、合伙企业	98668	24261	27847	4975	1065	77870	78915
股份合作企业	3397	746	2094	2054		6157	6200
国有联营企业							
集体联营企业	1152	5	53	42		293	1466
国有与集体联营企业							
其他联营企业							
私营合伙企业	27359	1635	2647	1137	919	30527	35076
合作经营企业(港或澳、台资)							
中外合作经营企业							
其他企业（内资）	66211	21455	22997	1702	147	40893	36173
其他港澳台商投资企业							
其他外商投资企业	550	419	56	41			
股份有限公司	598314	128115	208600	97486	23494	762546	917451
股份有限公司(内资)	317797	73129	98075	28763	11118	507623	655961
私营股份有限公司	279721	54986	110484	68683	12375	253040	261491
港澳台商投资股份有限公司							
外商投资股份有限公司	795		41	40		1883	
有限责任公司	5904257	779339	1227009	446605	141178	4838710	5915903
国有独资公司	1770081	179685	79795	27329	6490	1139119	1603499
私营有限责任公司	1907052	378777	653204	237523	59289	1598982	1733893
合资经营企业(港或澳、台资)	57695	16508	14392	8173	959	88787	94686
中外合资经营企业	9383	2016	3256	1039	87	7108	9918
其他有限责任公司	2160046	202353	476362	172542	74353	2004714	2473907
三、在总计中:亏损企业	189148	25664	79028	27752	12355	253078	310164
在总计中:国有控股企业	3476166	255966	333447	95242	71232	3378821	4693540
在总计中:农村工业	90039	23310	43492	3746	246	39515	37981
在总计中:轻工业	2423230	417453	990327	366418	88666	1953892	2087882
重工业	4589484	553496	562782	210684	86649	4493346	5890948
在总计中:大型企业	3801954	329669	442751	196084	80678	3256353	4502297
中型企业	1649481	334918	544252	172106	56264	1953888	2181638
小型企业	1561279	306362	566106	208912	38372	1236998	1294895

8-12续2　按经济组织类型分的规模以上工业企业主要经济指标（2013年）

单位：万元

类　型	实收资本	国家资本	集体资本	法人资本	个人资本	港澳台资本	外商资本
独资企业	343931	86534	11628	99328	135926	4879	1921
国有企业	95141	86444	5600	100	2997		
集体企业	1920		28	30	1862		
私营独资企业	238085	90	6000	99198	131067		
港澳台商独资经营企业	4984					4879	104
外资企业	3801						1816
合作、合伙企业	86919	160	4141	30149	50619		
股份合作企业	6000				6000		
国有联营企业							
集体联营企业	2000			2000			
国有与集体联营企业							
其他联营企业							
私营合伙企业	29655			25767	3888		
合作经营企业(港或澳、台资)							
中外合作经营企业							
其他企业（内资）	48606	160	3484	2382	40730		
其他港澳台商投资企业							
其他外商投资企业	657		657				
股份有限公司	438002	116990	16517	108419	196077		
股份有限公司(内资)	302103	116945	150	79270	105738		
私营股份有限公司	133463	45	16367	26712	90338		
港澳台商投资股份有限公司							
外商投资股份有限公司	2436			2436			
有限责任公司	1912649	76176	24425	938381	803393	4255	34520
国有独资公司	350897	23198		288147	15041		24511
私营有限责任公司	909708	6723	18134	304788	564652		6449
合资经营企业(港或澳、台资)	71113	2450	21	58000	6645	2423	1250
中外合资经营企业	5340			750	2280		2310
其他有限责任公司	575590	43805	6270	286696	214775	1832	
三、在总计中:亏损企业	124438	49436		48453	21188	4617	744
在总计中:国有控股企业	730307	271797	5600	393689	30470	4240	24511
在总计中:农村工业	83954		400	15800	49292		
在总计中:轻工业	1299372	30838	44784	475719	718335	4632	1981
重工业	1482129	249022	11927	700558	467680	4502	34460
在总计中:大型企业	847359	132797	15000	527036	146765		25761
中型企业	881829	133767	9100	366124	357229	6911	8699
小型企业	1052312	13295	32611	283118	682020	2224	1981

8-12续3 按经济组织类型分的规模以上工业企业主要经济指标（2013年）

单位：万元

类型	累计折旧	本年折旧	负债合计	流动负债合计	应付账款	非流动负债合计	所有者权益合计
独资企业	414808	61115	869374	436212	134161	247762	432505
国有企业	368686	49165	722964	342499	110755	235556	37356
集体企业	900	808	6570	4715	1920	1590	10528
私营独资企业	43939	10748	128321	77028	16662	10616	373662
港澳台商独资经营企业	642	311	10462	9897	4761		6683
外资企业	641	83	1058	2074	63		4277
合作、合伙企业	12615	4941	56585	37596	4299	7244	158581
股份合作企业	43	4	3226	3226			6327
国有联营企业							
集体联营企业	1173		5				1441
国有与集体联营企业							
其他联营企业							
私营合伙企业	7555	2995	10295	3778	1337	4885	49807
合作经营企业(港或澳、台资)							
中外合作经营企业							
其他企业（内资）	3844	1941	42402	30592	2962	2359	94350
其他港澳台商投资企业							
其他外商投资企业			658				6657
股份有限公司	218826	46216	964920	600906	142704	316343	749263
股份有限公司(内资)	177923	35701	681757	362856	80813	291712	386271
私营股份有限公司	40902	10515	283026	238050	61891	24631	360556
港澳台商投资股份有限公司							
外商投资股份有限公司			137				2436
有限责任公司	1430746	272496	6064992	4454348	882833	1422776	6159111
国有独资公司	589419	63786	1552692	1361187	365574	191505	1842658
私营有限责任公司	263019	101311	1377536	1036969	169305	185648	2688686
合资经营企业(港或澳、台资)	12515	4227	91091	50920	13118	40171	73169
中外合资经营企业	2810	631	5311	3971	478	1340	12145
其他有限责任公司	562984	102543	3038362	2001301	334358	1004113	1542454
三、在总计中:亏损企业	72588	14251	521461	313889	74286	50319	-26730
在总计中:国有控股企业	1548250	203331	5079819	3429362	763695	1500783	2517015
在总计中:农村工业	6627	2223	46107	43753	3134	2589	117049
在总计中:轻工业	360572	107112	2094492	1484378	331304	410679	3197851
重工业	1716423	277657	5861379	4044684	832693	1583445	4301610
在总计中:大型企业	1442664	206742	4804892	3232283	710008	1372307	3146940
中型企业	434632	120177	1874483	1350395	248012	474403	2294389
小型企业	199699	57849	1276496	946384	205977	147415	2058132

8-12续4 按经济组织类型分的规模以上工业企业主要经济指标（2013年）

单位：万元

类 型	营业收入	主营业务收入	营业成本	主营业务成本	营业税金及附加	主营业务税金及附加
独资企业	2472093	2449891	2272102	2255750	9047	8963
国有企业	1122631	1101928	1103670	1087318	2061	2011
集体企业	95321	95321	81890	81890	433	433
私营独资企业	1205281	1205281	1042458	1042458	6390	6358
港澳台商独资经营企业	36997	35498	34224	34224	30	30
外资企业	11863	11863	9861	9861	132	132
合作、合伙企业	988642	988642	864062	864062	6966	6963
股份合作企业	10951	10951	8592	8592	79	79
国有联营企业						
集体联营企业	5204	5204	5095	5095	4	4
国有与集体联营企业						
其他联营企业						
私营合伙企业	417614	417614	358516	358516	3743	3743
合作经营企业(港或澳、台资)						
中外合作经营企业						
其他企业（内资）	551245	551245	489364	489364	3083	3079
其他港澳台商投资企业						
其他外商投资企业	3628	3628	2495	2495	57	57
股份有限公司	2382468	2369514	2119769	2068390	18658	18628
股份有限公司(内资)	1296740	1283861	1172179	1121518	14425	14408
私营股份有限公司	1077809	1077735	940437	939720	4086	4073
港澳台商投资股份有限公司						
外商投资股份有限公司	7919	7919	7153	7153	146	146
有限责任公司	18748796	18666773	16466729	16402631	118342	117058
国有独资公司	4540861	4494728	3960112	3936336	23715	22789
私营有限责任公司	8750656	8746524	7687332	7680618	42469	42193
合资经营企业(港或澳、台资)	178745	178745	147071	147071	2657	2657
中外合资经营企业	29212	29212	26800	26800	7	7
其他有限责任公司	5249322	5217564	4645413	4611806	49495	49413
三、在总计中:亏损企业	591613	565163	604954	575785	437	411
在总计中:国有控股企业	8041095	7956052	7194320	7112414	55982	55005
在总计中:农村工业	570230	569731	504405	503905	5823	5821
在总计中:轻工业	11002727	10984880	9612422	9579680	82797	82551
重工业	13589273	13489940	12110239	12011153	70216	69061
在总计中:大型企业	10450978	10367770	9220282	9156927	78007	77019
中型企业	7527415	7508734	6636956	6583658	38097	37951
小型企业	6613607	6598316	5865423	5850247	36909	36642

8-12续5 按经济组织类型分的规模以上工业企业主要经济指标（2013年）

单位：万元

类　型	其他业务收入	其他业务利润	销售费用	财务费用	利息收入	利息支出
独资企业	22203	708	28772	37244	522	31469
国有企业	20703	682	2533	23623	510	23544
集体企业			1748	1730		1730
私营独资企业			23481	11646	12	6193
港澳台商独资经营企业	1499	26	692	8		2
外资企业			318	237		
合作、合伙企业			15716	9253	215	7278
股份合作企业			270	129	3	133
国有联营企业						
集体联营企业			3	4		3
国有与集体联营企业						
其他联营企业						
私营合伙企业			5621	4112	6	3658
合作经营企业(港或澳、台资)						
中外合作经营企业						
其他企业（内资）			9705	5006	206	3482
其他港澳台商投资企业						
其他外商投资企业			117	2		2
股份有限公司	12954	1276	54086	37417	222	35806
股份有限公司(内资)	12880	1276	36960	30932	153	30079
私营股份有限公司	74		16987	6477	69	5727
港澳台商投资股份有限公司						
外商投资股份有限公司			140	7		
有限责任公司	82023	14237	271654	199418	13269	190212
国有独资公司	46132	21404	27132	28015	10564	38224
私营有限责任公司	4132	-8662	158809	48726	832	35924
合资经营企业(港或澳、台资)			6540	2640	3	705
中外合资经营企业			273	245	16	148
其他有限责任公司	31759	1495	78900	119792	1855	115211
三、在总计中:亏损企业	26451	837	7650	17025	196	16521
在总计中:国有控股企业	85043	24717	66347	171504	12621	182320
在总计中:农村工业	499		10857	5774	30	3605
在总计中:轻工业	17847	640	238789	77697	1256	60205
重工业	99333	15580	131439	205635	12973	204560
在总计中:大型企业	83208	23487	155034	163869	12791	170527
中型企业	18681	-7355	111618	79961	682	66694
小型企业	15291	89	103576	39502	756	27544

8-12续6 按经济组织类型分的规模以上工业企业主要经济指标（2013年）

单位：万元

类　型	管理费用	税金	资产减值损失	公允价值变动收益	营业利润
独资企业	53969	2027	63		79181
国有企业	13155	358	63		-13072
集体企业	1824	10			6516
私营独资企业	38226	1651			84987
港澳台商独资经营企业	458	8			466
外资企业	306				284
合作、合伙企业	21879	278			66693
股份合作企业	571	6			681
国有联营企业					
集体联营企业	7				101
国有与集体联营企业					
其他联营企业					
私营合伙企业	5716	65			38617
合作经营企业(港或澳、台资)					
中外合作经营企业					
其他企业（内资）	15465	207			26458
其他港澳台商投资企业					
其他外商投资企业	120				837
股份有限公司	51153	1400	14876		127572
股份有限公司(内资)	23851	1037	14876		45804
私营股份有限公司	27269	363			81328
港澳台商投资股份有限公司					
外商投资股份有限公司	33				440
有限责任公司	405198	21999	3429	38	1202630
国有独资公司	136675	10988	734		378334
私营有限责任公司	146479	3194	753	38	586102
合资经营企业(港或澳、台资)	6770	185			13467
中外合资经营企业	675	26			1352
其他有限责任公司	114599	7606	1942		223375
三、在总计中:亏损企业	25171	1071	-94		-48657
在总计中:国有控股企业	210960	16972	2438		380499
在总计中:农村工业	17479	136			23110
在总计中:轻工业	235880	5921	15294		718942
重工业	296320	19782	3075	38	757135
在总计中:大型企业	245120	17561	17222		576990
中型企业	143258	4045	340		529125
小型企业	143822	4098	807	38	369962

8-12续7 按经济组织类型分的规模以上工业企业主要经济指标（2013年）

单位：万元

类型	投资收益	营业外收入	补贴收入	营业外支出	利润总额
独资企业	35	21262	4024	1188	97670
国有企业		19588	3261	955	5568
集体企业		40	40		6603
私营独资企业	35	421	195	232	83537
港澳台商独资经营企业		1214	529	1	1679
外资企业					284
合作、合伙企业				172	66521
股份合作企业					681
国有联营企业					
集体联营企业					101
国有与集体联营企业					
其他联营企业					
私营合伙企业					38617
合作经营企业(港或澳、台资)					
中外合作经营企业					
其他企业（内资）				172	26286
其他港澳台商投资企业					
其他外商投资企业					837
股份有限公司	-1	7578	255	11705	123573
股份有限公司(内资)	-1	6664	85	2917	49551
私营股份有限公司		915	170	8788	73582
港澳台商投资股份有限公司					
外商投资股份有限公司					440
有限责任公司	1596	20548	2967	16952	1202082
国有独资公司	743	10532	1195	1544	387363
私营有限责任公司	766	6708	842	8698	581063
合资经营企业(港或澳、台资)		32		6	13490
中外合资经营企业	2	30	30	5	1378
其他有限责任公司	85	3246	900	6699	218789
三、在总计中:亏损企业	-372	4184	3370	538	-44958
在总计中:国有控股企业	743	31122	4525	4857	406814
在总计中:农村工业		4		526	21345
在总计中:轻工业	1052	18549	1687	19831	715599
重工业	579	30840	5559	10186	774247
在总计中:大型企业	743	35880	4456	10311	602685
中型企业	-267	7099	1224	12967	521731
小型企业	1155	6409	1566	6739	365430

8-12续8　按经济组织类型分的规模以上工业企业主要经济指标（2013年）

单位：万元

类　型	应交所得税	亏损企业亏损总额	利税总额	应交税金及附加	本年应付职工薪酬	本年应交增值税	全部从业人员年平均人数（人）
独资企业	5817	23378	149504	59678	108494	42788	27331
国有企业	53	23015	27350	22194	53631	19721	6533
集体企业	50	50	11945	5403	2310	4910	1104
私营独资企业	5688		107957	31760	49701	18030	18792
港澳台商独资经营企业	25	113	1777	130	1545	68	438
外资企业		200	475	191	1307	59	464
合作、合伙企业	263		83460	17479	29003	9973	10592
股份合作企业	68		912	305	507	152	100
国有联营企业							
集体联营企业			313	212	81	208	32
国有与集体联营企业							
其他联营企业							
私营合伙企业	58		49064	10570	6235	6704	1831
合作经营企业(港或澳、台资)							
中外合作经营企业							
其他企业（内资）	136		32225	6283	21619	2857	8449
其他港澳台商投资企业							
其他外商投资企业			947	109	562	52	180
股份有限公司	20181	1380	194517	92525	96748	52286	37628
股份有限公司(内资)	6416	1152	91449	49350	47941	27472	19557
私营股份有限公司	13766	229	102445	42992	48523	24777	17965
港澳台商投资股份有限公司							
外商投资股份有限公司			623	183	285	37	106
有限责任公司	166149	20199	1730010	716076	767788	409585	203468
国有独资公司	88867		542892	255384	233617	131814	22597
私营有限责任公司	49559	2453	767776	239466	243296	144244	94298
合资经营企业(港或澳、台资)	2439	2147	21029	10163	15671	4882	8289
中外合资经营企业	94		1469	211	1010	84	1018
其他有限责任公司	25190	15599	396845	210853	274194	128561	77266
三、在总计中:亏损企业	18	44958	-43168	2879	22979	1354	8481
在总计中:国有控股企业	95436	35466	691765	397358	444125	228969	61691
在总计中:农村工业	118		31749	10659	28744	4581	10644
在总计中:轻工业	64926	7093	984120	339367	404193	185724	161482
重工业	127484	37864	1173371	546390	597840	328908	117537
在总计中:大型企业	125142	23015	940095	480112	513356	259403	95557
中型企业	41284	17552	723654	247252	264894	163826	95768
小型企业	25983	4391	493742	158393	223784	91403	87694

8-13 分行业规模以上工业企业主要经济指标（2013年）

单位：万元

行　业	企业单位数（个）	亏损企业	年初存货	产成品	资产总计	在建工程
总　计	**979**	**30**	**994784**	**407594**	**15534959**	**684265**
煤炭开采和洗选业	3		186500	53524	5759523	380795
农副食品加工业	171	4	160192	42676	1235705	18984
食品制造业	70	2	74000	30907	646906	6887
酒、饮料和精制茶制造业	39	1	50896	23077	360911	5973
纺织业	61	3	167886	94066	1233222	8023
纺织服装、服饰业	102		28055	12083	534714	641
皮革、毛皮、羽毛及其制品和制鞋业	31	1	16521	9739	341575	2707
木材加工和木、竹、藤、棕、草制品业	47		12900	7311	206321	372
家具制造业	6		314	282	29290	102
造纸和纸制品业	15		8464	5879	95326	213
印刷和记录媒介复制业	16		12274	6284	92200	1108
文教、工美、体育和娱乐用品制造业	14	1	1736	861	90088	1
石油加工、炼焦和核燃料加工业	2		978	651	12595	150
化学原料和化学制品制造业	53	3	29394	11588	441572	23630
医药制造业	28	2	17173	8985	186902	19448
化学纤维制造业	4		814	621	8506	0
橡胶和塑料制品业	32		5720	3040	149529	544
非金属矿物制品业	80	2	38270	12230	703235	86120
黑色金属冶炼和压延加工业	23	1	15876	5771	362637	159
有色金属冶炼和压延加工业	20	6	63836	38205	532424	1745
金属制品业	25		4445	1598	147213	
通用设备制造业	13		2689	603	44445	53
专用设备制造业	20		6256	1548	106742	1183
汽车制造业	12	1	9023	2919	117885	6271
铁路、船舶、航空航天和其他运输设备制造	9		4332	1992	63880	375
电气机械和器材制造业	25	2	43931	15469	576773	22282
计算机、通信和其他电子设备制造业	10		10765	3956	94471	6053
仪器仪表制造业	29		18899	11524	244428	2406
其他制造业	3		553	208	6265	
废弃资源综合利用业	1				3800	
电力、热力生产和供应业	13		1581		1082100	86614
水的生产和供应业	2	1	515		23777	1425

8-13续1　分行业规模以上工业企业主要经济指标（2013年）

单位：万元

行　业	流动资产合计	应收账款	存货			固定资产合计	固定资产原价
				产成品	在产品		
总　计	**7012714**	**970949**	**1553109**	**577102**	**175314**	**6447239**	**7978830**
煤炭开采和洗选业	3029865	192623	206158	64170	47614	2153834	3073911
农副食品加工业	622824	82824	266342	84032	11810	442770	506086
食品制造业	291500	43816	110926	39346	11163	197024	222985
酒、饮料和精制茶制造业	193069	28830	75565	32373	18458	100083	120752
纺织业	558637	60840	272015	106518	24567	366675	413339
纺织服装、服饰业	193697	58249	74673	16994	3088	266254	254426
皮革、毛皮、羽毛及其制品和制鞋业	108731	26476	27032	18521	1904	189909	190766
木材加工和木、竹、藤、棕、草制品业	77815	15841	20110	8745	1100	111763	121369
家具制造业	13363	6640	1103	933	36	8104	8081
造纸和纸制品业	31164	9207	10686	6619	3262	53982	46584
印刷和记录媒介复制业	43663	8892	18554	7658	664	35969	37427
文教、工美、体育和娱乐用品制造业	38206	3351	3868	2687	192	32815	32170
石油加工、炼焦和核燃料加工业	5134	3037	1380	928	362	6461	6838
化学原料和化学制品制造业	175856	15669	57120	20739	4362	135657	151548
医药制造业	94514	24121	39079	13243	2016	77100	67504
化学纤维制造业	4595	1307	1925	146	43	3305	2768
橡胶和塑料制品业	59905	12608	10522	5939	186	74659	75750
非金属矿物制品业	291116	60921	59516	22816	1502	330258	297898
黑色金属冶炼和压延加工业	132492	15352	21963	12985	1113	153825	182044
有色金属冶炼和压延加工业	203484	53709	56972	12811	9135	300116	331823
金属制品业	91419	9348	37160	22269	12320	47370	41453
通用设备制造业	25003	9999	7027	4252	37	13997	16017
专用设备制造业	49740	11453	11084	2580	320	27722	28884
汽车制造业	44524	7767	11446	3207	895	60004	62898
铁路、船舶、航空航天和其他运输设备制造	15793	2835	9153	1345	51	29316	24148
电气机械和器材制造业	306463	123701	73186	34280	10854	238715	245084
计算机、通信和其他电子设备制造业	37457	13149	8997	6844	500	31078	35473
仪器仪表制造业	105845	34395	36821	23657	7375	97859	108834
其他制造业	2437	845	752	368	384	3828	4871
废弃资源综合利用业	2000	500	300	100		1500	1500
电力、热力生产和供应业	154091	32122	21457			841002	1244635
水的生产和供应业	8314	520	221			14285	20966

8-13续2　分行业规模以上工业企业主要经济指标（2013年）

单位：万元

行　业	实收资本	国家资本	集体资本	法人资本	个人资本	港澳台资本	外商资本
总　计	**2781500**	**279860**	**56711**	**1176277**	**1186014**	**9135**	**36441**
煤炭开采和洗选业	421867	29133		353182	15041		24511
农副食品加工业	305105	1050	12340	105134	184877		104
食品制造业	178957	693	450	81877	89126		
酒、饮料和精制茶制造业	68309	578	7607	22076	35479	377	
纺织业	231255	4891	15000	31983	177549	1832	
纺织服装、服饰业	166439	800		53436	104774		
皮革、毛皮、羽毛及其制品和制鞋业	105593		28	81002	22213		
木材加工和木、竹、藤、棕、草制品业	102874		450	56466	45898		60
家具制造业	21038	2000	5000	9470	4568		
造纸和纸制品业	42912		1334	35875	5704		
印刷和记录媒介复制业	16012			5930	10082		
文教、工美、体育和娱乐用品制造业	21633		2684	11990	5142		1816
石油加工、炼焦和核燃料加工业	721			121	600		
化学原料和化学制品制造业	183437		7267	88297	76122	4502	6449
医药制造业	35910	3376	341	7414	22566	15	
化学纤维制造业	2605			880	1725		
橡胶和塑料制品业	64370		600	32055	28522		
非金属矿物制品业	175487	19260	410	67280	80536		
黑色金属冶炼和压延加工业	90642		3200	46151	41291		
有色金属冶炼和压延加工业	78412	41018		22425	14469		
金属制品业	46947			2405	44543		
通用设备制造业	14527			8610	5917		
专用设备制造业	54185	45		13117	40023		
汽车制造业	16206	760		2061	12400		
铁路、船舶、航空航天和其他运输设备制造	18428			5300	13128		
电气机械和器材制造业	92585	17095		26154	49336		
计算机、通信和其他电子设备制造业	18796			1940	13356		3500
仪器仪表制造业	25739				25739		
其他制造业	1920				1920		
废弃资源综合利用业	3000			3000			
电力、热力生产和供应业	169911	156711		650	12550		
水的生产和供应业	5679	2450			821	2408	

8-13续3　分行业规模以上工业企业主要经济指标（2013年）

单位：万元

行　业	累计折旧	本年折旧	负债合计	流动负债合计	应付账款	非流动负债合计	所有者权益合计
总　计	**2076995**	**384768**	**7955871**	**5529063**	**1163997**	**1994125**	**7499460**
煤炭开采和洗选业	977378	118245	3471969	2490969	495695	981001	2287554
农副食品加工业	106947	34036	501854	389432	67472	80199	721932
食品制造业	44683	11791	283925	156368	42008	101020	361648
酒、饮料和精制茶制造业	30206	8572	133446	98802	26752	28951	229630
纺织业	73200	15654	459260	319744	66237	89324	771456
纺织服装、服饰业	17767	6950	188396	138608	19410	32201	337080
皮革、毛皮、羽毛及其制品和制鞋业	23727	7862	104335	82317	21056	6084	235787
木材加工和木、竹、藤、棕、草制品业	19140	9051	51242	29688	12397	5269	149599
家具制造业	629	322	6581	235	167	313	20302
造纸和纸制品业	9471	6959	12877	7935	3777	2967	82346
印刷和记录媒介复制业	6872	1967	33495	23203	5858	9835	54630
文教、工美、体育和娱乐用品制造业	7402	2237	35477	7339	2500	6962	54413
石油加工、炼焦和核燃料加工业	777	607	5797	3817	826	1981	6797
化学原料和化学制品制造业	30162	9262	181222	159225	27120	17468	265601
医药制造业	11106	2598	94298	74826	9889	18945	91306
化学纤维制造业	1041	75	7725	1334	222	185	1509
橡胶和塑料制品业	7776	3970	42680	36444	6245	2183	106187
非金属矿物制品业	58757	13258	304927	190848	16791	81915	384465
黑色金属冶炼和压延加工业	34058	14699	78526	73437	18767	3423	270307
有色金属冶炼和压延加工业	53002	18140	505935	321064	73236	32115	23643
金属制品业	4991	1224	13104	10370	3284	2336	133195
通用设备制造业	2747	1275	17382	14624	849		26764
专用设备制造业	2503	1350	30238	15953	4757	267	74926
汽车制造业	4070	2729	36589	30545	11506	465	77282
铁路、船舶、航空航天和其他运输设备	2848	1223	21738	21118	4156	615	40745
电气机械和器材制造业	39758	15881	262166	235942	59728	14865	311796
计算机、通信和其他电子设备制造业	4802	1441	47311	32673	5073	14320	47159
仪器仪表制造业	11066	3576	66192	32034	10435	32230	173445
其他制造业	1042	276	1473	1473	966		4792
废弃资源综合利用业							3000
电力、热力生产和供应业	481130	68482	924354	511539	144870	412781	157745
水的生产和供应业	7940	1060	31357	17158	1951	13906	-7580

8-13续4　分行业规模以上工业企业主要经济指标（2013年）

单位：万元

行　业	营业收入	主营业务收入	营业成本	主营业务成本	营业税金及附加	主营业务税金及附加
总　计	**24592000**	**24474820**	**21722661**	**21590833**	**153013**	**151612**
煤炭开采和洗选业	6197951	6145886	5450170	5429425	34684	33759
农副食品加工业	3351921	3349270	2995359	2991940	12550	12452
食品制造业	1478057	1467121	1319895	1292984	3531	3468
酒、饮料和精制茶制造业	759000	757969	573711	572274	38543	38499
纺织业	1534467	1534229	1342586	1342472	5131	5128
纺织服装、服饰业	1289865	1289447	1169388	1169358	6242	6236
皮革、毛皮、羽毛及其制品和制鞋业	512939	512939	455814	455814	2551	2551
木材加工和木、竹、藤、棕、草制品业	482728	478674	399215	398270	8170	8153
家具制造业	30115	30115	26803	26803	123	123
造纸和纸制品业	216761	215734	170662	170662	4541	4541
印刷和记录媒介复制业	155444	155444	139304	139304	528	528
文教、工美、体育和娱乐用品制造业	308291	308129	254804	254446	1864	1862
石油加工、炼焦和核燃料加工业	22717	22717	20962	20962	44	44
化学原料和化学制品制造业	591865	591633	516602	503816	3742	3612
医药制造业	337782	337706	286614	286522	2065	2065
化学纤维制造业	18997	18997	15844	15844	236	236
橡胶和塑料制品业	265140	264740	230845	230545	2417	2415
非金属矿物制品业	1117275	1112173	956868	954581	4341	4326
黑色金属冶炼和压延加工业	1355637	1355632	1211003	1211002	4054	4054
有色金属冶炼和压延加工业	944681	919291	931761	906965	2003	2003
金属制品业	220284	220056	190247	190147	799	768
通用设备制造业	95221	95221	81979	81979	288	288
专用设备制造业	131102	125631	115684	107971	825	813
汽车制造业	354450	354132	303122	302138	2386	2386
铁路、船舶、航空航天和其他运输设备制造	70477	70163	58526	58456	1992	1992
电气机械和器材制造业	954237	953648	808855	808550	2410	2410
计算机、通信和其他电子设备制造业	134826	134826	114191	114191	1166	1166
仪器仪表制造业	372930	372900	331350	329979	1465	1464
其他制造业	27836	27836	24166	24166	134	134
废弃资源综合利用业	2700	2700	1856	1856	459	459
电力、热力生产和供应业	1246107	1239665	1215243	1188177	3660	3609
水的生产和供应业	10197	10197	9235	9235	67	67

8-13续5　分行业规模以上工业企业主要经济指标（2013年）

单位：万元

行　业	其他业务收入	其他业务利润	销售费用	财务费用	利息收入	利息支出
总　计	**117180**	**16221**	**370228**	**283332**	**14228**	**264765**
煤炭开采和洗选业	52066	22630	43833	116764	11740	127565
农副食品加工业	2651	251	48939	22613	552	17868
食品制造业	10936		39858	11552	96	9516
酒、饮料和精制茶制造业	1031		29673	6065	32	5758
纺织业	238	121	23735	13007	30	11737
纺织服装、服饰业	419		19733	7685	52	3968
皮革、毛皮、羽毛及其制品和制鞋业			6369	2054	80	790
木材加工和木、竹、藤、棕、草制品业	4054	1	9167	4329	8	2543
家具制造业			217	105		95
造纸和纸制品业	1027		6409	2431		238
印刷和记录媒介复制业			2131	730	2	677
文教、工美、体育和娱乐用品制造业	162		6099	5812		5030
石油加工、炼焦和核燃料加工业			128	53		53
化学原料和化学制品制造业	232		7913	8152	28	7069
医药制造业	76	-15	13020	2380	339	1851
化学纤维制造业			425	70		54
橡胶和塑料制品业	400		6555	2277	19	598
非金属矿物制品业	5102	10	21090	12497	107	8052
黑色金属冶炼和压延加工业	5	5	13840	7323	148	5452
有色金属冶炼和压延加工业	25390	593	6513	14541	151	14590
金属制品业	229		2684	445	2	519
通用设备制造业			1324	609		522
专用设备制造业	5471		1877	728	90	535
汽车制造业	318	-8869	8522	1141	32	991
铁路、船舶、航空航天和其他运输设备制	314		1129	62	5	26
电气机械和器材制造业	588	284	40203	3343	60	3114
计算机、通信和其他电子设备制造业			3170	2037	18	877
仪器仪表制造业	30	30	3399	885	168	1034
其他制造业			665	179		179
废弃资源综合利用业			45	80		80
电力、热力生产和供应业	6442	1181	654	33288	470	33289
水的生产和供应业			911	96	1	97

8-13续6 分行业规模以上工业企业主要经济指标（2013年）

单位：万元

行　业	管理费用	税金	资产减值损失	公允价值变动收益	营业利润
总　计	**532199**	**25703**	**18368**	**38**	**1476076**
煤炭开采和洗选业	157201	15492	2140		390182
农副食品加工业	48901	2272	122		213572
食品制造业	24386	1002	14876		80244
酒、饮料和精制茶制造业	19654	375			84926
纺织业	35514	591			112195
纺织服装、服饰业	31454	354			55932
皮革、毛皮、羽毛及其制品和制鞋业	13484	133			50541
木材加工和木、竹、藤、棕、草制品业	11864	247	174		33526
家具制造业	144	5			2434
造纸和纸制品业	2795	68			14947
印刷和记录媒介复制业	2493	48			7750
文教、工美、体育和娱乐用品制造业	8721	130			28359
石油加工、炼焦和核燃料加工业	152				1379
化学原料和化学制品制造业	13217	433	-66		40086
医药制造业	10222	221	296		27612
化学纤维制造业	1167	5			1091
橡胶和塑料制品业	5609	405			15789
非金属矿物制品业	21236	1395	270	38	90355
黑色金属冶炼和压延加工业	17313	393			89080
有色金属冶炼和压延加工业	12212	640			-22705
金属制品业	4091	103			16932
通用设备制造业	1313	9			8878
专用设备制造业	1737	157	511		7331
汽车制造业	8826	41			25722
铁路、船舶、航空航天和其他运输设备制造业	1754	30			1410
电气机械和器材制造业	33963	552			39343
计算机、通信和其他电子设备制造业	3667	82			10739
仪器仪表制造业	5566	216	74		34109
其他制造业	805	38			1887
废弃资源综合利用业	60				200
电力、热力生产和供应业	30750	223	-28		14333
水的生产和供应业	1930	46			-2100

8-13续7 分行业规模以上工业企业主要经济指标（2013年）

单位：万元

行业	投资收益	营业外收入	补贴收入	营业外支出	利润总额
总计	**1630.2**	**49389**	**7246**	**30017**	**1489846**
煤炭开采和洗选业	742.6	2224	830	3054	389353
农副食品加工业	82	2683	829	14945	201120
食品制造业	934.6	6633	290	3801	83077
酒、饮料和精制茶制造业		141	26	54	85013
纺织业		730	434	187	112662
纺织服装、服饰业	35	109	30	103	55158
皮革、毛皮、羽毛及其制品和制鞋业				123	49470
木材加工和木、竹、藤、棕、草制品业	85.3	360	339	962	31924
家具制造业					2434
造纸和纸制品业					14947
印刷和记录媒介复制业		13	9		7763
文教、工美、体育和娱乐用品制造业		10		12	28357
石油加工、炼焦和核燃料加工业					1379
化学原料和化学制品制造业	-0.8	804	165	323	39548
医药制造业		378		9	27977
化学纤维制造业				1	1090
橡胶和塑料制品业	18.6	120			15879
非金属矿物制品业		17362		224	107274
黑色金属冶炼和压延加工业	-372.3	850	251	759	89298
有色金属冶炼和压延加工业		3602	3261	58	-20569
金属制品业		12		28	16916
通用设备制造业		5			8883
专用设备制造业		291	233	61	7562
汽车制造业		779		3093	23407
铁路、船舶、航空航天和其他运输设备制造业		29		336	1039
电气机械和器材制造业		7792	69	271	46864
计算机、通信和其他电子设备制造业	1.8	30	30	5	10764
仪器仪表制造业	103.4	2480		4	36586
其他制造业					1887
废弃资源综合利用业					200
电力、热力生产和供应业		1921	450	1601	14660
水的生产和供应业		32		5	-2074

8-13续8 分行业规模以上工业企业主要经济指标（2013年）

单位：万元

行业	应交所得税	亏损企业亏损总额	利税总额	应交税金及附加	本年应付职工薪酬	本年应交增值税	全部从业人员年平均人数（人）
总计	**192410**	**44958**	**2157491**	**885758**	**1002033**	**514632**	**279019**
煤炭开采和洗选业	92019		609517	327675	340590	185480	43231
农副食品加工业	9999	1727	255766	66916	65685	42095	25920
食品制造业	8699	58	107944	34568	53294	21336	23600
酒、饮料和精制茶制造业	13541	113	142689	71593	27544	19133	10914
纺织业	15075	1737	150335	53339	75298	32542	28015
纺织服装、服饰业	4431		77786	27413	74678	16387	29624
皮革、毛皮、羽毛及其制品和制鞋业	3963	867	67306	21932	19862	15285	9087
木材加工和木、竹、藤、棕、草制品业	1525		48625	18473	18882	8532	7274
家具制造业	55		3585	1211	1748	1028	724
造纸和纸制品业	123		26434	11677	13118	6945	4138
印刷和记录媒介复制业	954		9911	3150	7834	1620	2596
文教、工美、体育和娱乐用品制造业	24	200	38597	10394	11695	8376	4193
石油加工、炼焦和核燃料加工业	260		2088	970	430	666	198
化学原料和化学制品制造业	3896	1142	52913	17694	22600	9623	7836
医药制造业	1358	149	40591	14193	21817	10549	6544
化学纤维制造业	9		1576	500	1090	250	377
橡胶和塑料制品业	438		23880	8844	13822	5584	5679
非金属矿物制品业	7878	394	143310	45309	36885	31695	13331
黑色金属冶炼和压延加工业	10666	372	114971	36733	30347	21620	7932
有色金属冶炼和压延加工业	57	35725	-15971	5295	14355	2595	5673
金属制品业	725		21053	4966	7622	3338	3026
通用设备制造业	350		10236	1711	2291	1064	1169
专用设备制造业	362		10224	3180	6162	1837	2479
汽车制造业	379		31149	8162	7978	5356	2710
铁路、船舶、航空航天和其他运输设备	180		3204	2374	4491	172	2802
电气机械和器材制造业	7731	326	61209	22628	26565	11935	10640
计算机、通信和其他电子设备制造业	2013		14683	6013	9592	2752	4822
仪器仪表制造业	5082		48904	17616	17272	10853	5817
其他制造业	228		2490	868	1186	469	658
废弃资源综合利用业			720	520	122	61	45
电力、热力生产和供应业	392		53471	39426	64460	35150	6767
水的生产和供应业		2147	-1703	417	2719	304	1198

主要指标解释

工业 指从事自然资源的开采，对采掘品和农产品进行加工和再加工的物质生产部门。具体包括：（1）对自然资源的开采，如采矿、晒盐、森林采伐等（不包括禽兽捕猎和水产捕捞）；（2）对农副产品的加工、再加工，如粮油加工、食品加工、轧花、缫丝、纺织、制革等；（3）对采掘品的加工、再加工，如炼铁、炼钢、化工生产、石油加工、机器制造、木材加工等，以及电力、自来水、煤气的生产和供应等；（4）对工业品的修理、翻新，如机器设备的修理、交通运输工具（包括小卧车的修理等。1984 年以前农村的村及村以下办工业归属农业，1984 年以后划归工业。

国有控股企业 指在企业的全部实收资本中，国有资本绝对控股、相对控股或协议控股的企业。包括国有经济成分的出资人拥有的实收资本（股本）所占企业全部实收资本（股本）的比例大于 50% 的绝对控股企业，或虽未大于 50%，但相对大于其他任何一方经济成分的出资人所占比例的企业，或者虽不大于其他经济成分，但根据协议规定拥有企业实际控制权的企业。对于投资双方各占 50%，且未明确由谁绝对控股的企业，若其中一方为国有经济成分的，一律按国有控股统计。

轻工业 指主要提供生活消费品和制作手工工具的工业。按其所使用的原料不同，可分为两大类：(1) 以农产品为原料的轻工业，是指直接或间接以农产品为基本原料的轻工业。主要包括食品制造、饮料制造、烟草加工、纺织、缝纫、皮革和毛皮制作、造纸以及印刷等工业；(2) 以非农产品为原料的轻工业，是指以工业品为原料的轻工业。主要包括文教体育用品、化学药品制造、合成纤维制造、日用化学制品、日用玻璃制品、日用金属制品、手工工具制造、医疗器械制造、文化和办公用机械制造等工业。

重工业 指为国民经济各部门提供物质技术基础的主要生产资料的工业。按其生产性质和产品用途，可以分为下列三类：(1) 采掘（伐）工业，是指对自然资源的开采，包括石油开采、煤炭开采、金属矿开采、非金属矿开采等工业；(2) 原材料工业，指向国民经济各部门提供基本材料、动力和燃料的工业。包括金属冶炼及加工、炼焦及焦炭、化学、化工原料、水泥、人造板以及电力、石油和煤炭加工等工业；(3) 加工工业，是指对工业原材料进行再加工制造的工业。包括装备国民经济各部门的机械设备制造工业、金属结构、水泥制品等工业，以及为农业提供的生产资料如化肥、农药等工业。

工业增加值 是指工业企业在报告期内以货币形式表现的工业生产活动的最终成果，是企业全部生产活动的总成果扣除了在生产过程中消耗或转换的物质产品和劳务价值后的余额，是企业生产过程中新增加的价值。

实收资本 指企业实际收到的投资人投入的资本。按投资主体可分为国家资本、集体资本、法人资本、个人资本、港澳台资本和外商资本等。

资产合计 指企业拥有或控制的能以货币计量的经济资源。包括各种财产、债权和其他权利。资产按其流动性划分为流动资产、长期投资、固定资产、无形及递延资产和其他资产。

（1）**流动资产** 指企业可以在一年内或者超过一年的一个生产周期内变现或耗用的资产合计。包括现金及各种存款、短期投资、应收及预付款项、存货等。

（2）**固定资产** 指企业固定资产净值、固定资产清理、在建工程、待处理固定资产损失所占用的资金合计。

（3）**无形资产** 指企业长期使用而没有实物形态的资产。包括专利权、非专利技术、商标权、著作权、土地使用权、商誉等。

负债合计 指企业承担的能以货币计量，将以资产或劳务偿付的债务。负债一般按偿还期长短分为流动负债和长期负债、递延税项等。

（1）**流动负债** 指企业在一年内或者超过一年的一个营业周期内需要偿还的债务合计，其中包括短期借款、应付及预收款项、应付工资、应交税金和应交利润等。

（2）**长期负债** 指企业在一年以上或者超过一年的一个营业周期以上需要偿还的债务合计，其中包括长期借款、应付债务、长期应付款项等。

所有者权益 指企业投资人对企业净资产的所有权。企业净资产等于企业全部资产减去全部负债后的余额，其中包括投资者对企业的最初投入，以及资本公积金、盈余公积金和未分配利润，对股份制企业即为股东权益。

固定资产原价 指企业在建造、购置、安装、改建、扩建、技术改造某项固定资产时所支出的全部货币总额。它一般包括买价、包装费、运杂费和安装费等。

固定资产净值 是指固定资产原价减去历年已提折旧额后的净额。

产品销售收入 指企业销售产品和提供劳务等主要经营业务取得的收入总额。

产品销售成本 指企业销售产品和提供劳务等主要经营业务的实际成本。

产品销售税金及附加 指企业销售产品和提供工业性劳务等主要经营业务应负担的城市维护建设税、消费税、资源税和教育费附加。

应交增值税 指企业在报告期内应交纳的增值税额。它等于本年销项税额加上出口退税加上进项税额转出数减去本年进项税额。小规模纳税企业直接按全年计税销售额乘以征收率计算取得。

总资产贡献率 反映企业全部资产的获利能力，是企业经营业绩和管理水平的集中体现，是评价和考核企业盈利能力的核心指标。计算公式为：

总资产贡献率 =(利润总额 + 税金总额 + 利息支出)/ 平均资产总额 ×100%

资产负债率 该指标既反映企业经营风险的大小，也反映企业利用债权人提供的资金从事经营活动的能力。计算公式为：

资产负债率 = 负债总额 / 资产总额 ×100%

工业成本费用利润率 指在一定时期内实现的利润与成本费用之比，是反映工业生产成本及费用投入的经济效益指标，同时也是反映降低成本的经济效益的指标。计算公式为：

工业成本费用利润率(%)= 利润总额 / 成本及费用总额 ×100%

工业增加值率 指在一定时期内工业增加值占同期工业总产出的比重，反映降低中间消耗的经济效益。计算公式为：

工业增加值率(%)= 工业增加值(现价)/ 工业总产出 ×100%

流动资产周转次数 指在一定时期内流动资产完成的周转次数，反映流动资产的周转速度。计算公式为：

流动资产周转次数 = 产品销售收入 / 全部流动资产平均余额

产品销售率 指报告期工业销售产值与同期全部工业总产值之比，是反映工业产品已实现销售的程度，分析工业产销衔接情况，研究工业产品满足社会需求程度的指标。计算公式为：

产品销售率(%)= 工业销售产值 / 工业总产值(现价) ×100%

全员劳动生产率 指根据产品的价值量指标计算的平均每一个就业人员在单位时间内的产品生产量。是考核企业经济活动的重要指标，是企业生产技术水平、经营管理水平、职工技术熟练程度和劳动积极性的综合表现。目前我国的全员劳动生产率是将工业企业的工业增加值除以同一时期全部就业人员的平均人数来计算的。计算公式为：

全员劳动生产率(%)= 工业增加值 / 全部就业人员平均人数 ×100%

人民生活

● 资料整理：权新红 焦开宇

9-1 农村居民收支情况

单位：元/人

指 标 名 称	2008年	2009年	2010年	2011年	2012年	2013年
一、总 收 入	4853.0	5311.8	5803.7	7233.4	8278.2	9356.8
二、纯 收 入	3750.0	4054.0	4673.6	5636.8	6426.4	7216.9
1、工资性收入	1438.0	1640.4	1935.9	2505.0	3092.4	3692.5
2、家庭经营纯收入	2067.0	2245.8	2408.6	2822.8	3078.0	3119.5
第一产业纯收入	1811.0	1991.9	2100.9	2277.4	2495.9	2561.3
#农 业	1464.0	1601.5	1726.7	1818.3	2040.3	2177.2
牧 业	244.0	266.3	226.4	331.3	324.5	284.6
第二产业纯收入	64.0	59.7	69.1	129.7	112.4	163.9
第三产业纯收入	192.0	194.2	238.7	415.7	469.7	394.7
3、财产性收入	81.0	62.9	104.9	77.1	11.2	73.5
4、转移性收入	165.0	193.5	224.2	231.9	244.8	331.4
三、总 支 出	3643.0	3950.1	4132.7	5335.4	5946.8	6922.7
（一）生产费用支出	939.0	1001.3	962.0	1338.2		
1、家庭经营费用支出	939.0	1001.3	961.9	1338.2	1510.3	1563.2
#农业生产支出	583.0	604.7	616.3	777.0	781.7	915.5
牧业生产支出	272.0	291.4	248.5	339.6	410.2	366.4
2、购置生产性固定资产	39.0	73.1	55.7	97.1	77.4	132.2
（二）税费支出	5.0	1.8	1.3	2.7	0.9	
（三）生活消费支出	2438.0	2693.4	2890.2	3460.3	3969.6	4772.2
# 食 品	961.0	1011.2	1080.8	1406.9	1549.5	1844.4
衣 着	168.0	184.6	190.8	322.6	361.3	461.0
居 住	539.0	682.7	726.5	530.9	628.2	655.2
家庭设备、用品	139.0	145.6	175.4	252.6	298.7	414.9
医疗保健	142.0	199.5	223.7	392.2	473.1	425.1
交通和通讯	258.0	237.0	265.3	189.0	238.0	592.0
文化教育、娱乐	187.0	190.4	182.1	311.8	351.5	308.3
（四）财产性支出	2.4	1.9	8.3	32.8		4.9
（五）转移性支出	219.0	178.5	215.1	396.4	386.4	449.9
四、现金收入	3754.0	4143.4	4655.8	6219.0	7212.7	8246.0
五、现金支出	3290.0	3518.0	3817.9	5144.0	5766.6	6760.5
#生活消费现金支出	2166.0	2340.5	2616.4	3309.7	3795.4	4630.4
六、扣除物价后纯收入	3538.0	4082.6	4524.3	5358.0	6269.7	7048.1
七、扣除物价后生活消费支出	2300.0	2712.4	2797.9	3289.0	3872.8	4660.3

9-2 各县（市、区）农民人均纯收入

单位：元

县（市、区）	2004年	2005年	2006年	2007年	2008年	2009年	2010年	2011年	2012年	2013年
全　市	2056.0	2346.0	2745.0	3248.1	3750.0	4054.0	4674.3	5637.2	6426.4	7216.9
梁园区	2749.0	3020.0	3262.0	3620.4	4161.0	4400.0	5016.0	5979.1	6783.0	7590.2
睢阳区	2730.0	3072.0	3327.0	3833.7	4268.0	4482.0	5105.0	6003.5	6812.0	7619.5
民权县	1851.0	2136.0	2513.0	2959.8	3491.0	3770.0	4377.0	5213.0	5935.3	6688.5
睢　县	2017.0	2309.0	2659.0	3204.8	3781.0	4023.0	4578.2	5205.2	5918.0	6635.3
宁陵县	1873.0	2096.0	2492.0	2938.7	3487.0	3745.0	4082.1	4902.5	5596.3	6267.9
柘城县	1583.0	2050.0	2458.0	2963.0	3491.0	3814.0	4363.2	5357.8	6096.0	6888.5
虞城县	1802.0	2104.0	2503.0	3015.8	3563.0	3851.0	4463.3	5494.0	6285.0	7089.5
夏邑县	2062.0	2319.0	2552.0	2756.4	3480.0	3800.0	4370.0	5445.0	6222.2	7010.6
永城市	2412.0	2700.0	3111.0	3706.9	4330.0	4745.0	5428.3	6557.0	7488.1	8469

9-3 各县（市、区）农民人均现金收入

单位：元

县（市、区）	2007年	2008年	2009年	2010年	2011年	2012年	2013年
全 市	**3273.0**	**3754.0**	**4143.0**	**4656.0**	**6219.0**	**7212.7**	8246.0
梁园区	3367.5	3811.0	4158.0	5761.0	7106.0	7960.8	7053.4
睢阳区	3969.7	4335.0	4641.0	5079.0	6931.0	7602.6	10080.1
民权县	3076.3	3667.0	4214.0	4269.0	5856.0	6947.3	8049.0
睢 县	2808.1	3594.0	3852.0	4211.0	4923.0	5324.2	6509.9
宁陵县	2740.8	4321.0	3603.0	3823.0	5151.0	5516.6	6722.2
柘城县	3366.1	3490.0	4102.0	4520.0	5948.0	6640.4	7835.6
虞城县	2890.5	3446.0	3811.0	4248.0	5875.0	6609.7	7684.2
夏邑县	2606.8	2999.0	3469.0	4134.0	6715.0	8905.2	8483.6
永城市	4137.0	4794.0	5145.0	5717.0	6911.0	8064.9	10378.3

9-4 各县（市、区）农民人均生活消费总支出

单位：元

县（市、区）	2009年	2010年	2011年	2012年	2013年
全　市	2693.0	2890.0	3460.3	3969.6	4772.2
梁园区	1410.0	1389.0	2207.8	2108.8	4689.9
睢阳区	2419.0	2585.0	3398.2	4113.5	4919.8
民权县	2469.0	2669.0	3645.6	4195.8	4988.6
睢　县	2202.0	2136.0	2340.4	2520.6	2838.6
宁陵县	2566.0	2815.0	3605.1	4365.7	5593.6
柘城县	1939.0	2151.0	2687.7	3738.9	4186.5
虞城县	3350.0	3380.0	3618.8	3781.8	5289.9
夏邑县	3207.0	3617.0	3984.2	4315.4	4606.1
永城市	3347.0	3715.0	4333.7	5118.9	5715.5

9-5 各县（市、区）按收入来源分组的农村居民家庭平均每人纯收入(2013年)

单位：元

县（市、区）	工资性收入	家庭经营收入	财产性收入	转移性收入
全 市	**3692.5**	**3119.9**	**73.5**	**331.4**
梁园区	5074.1	2238.0	10.6	267.2
睢阳区	3396.7	3981.7	30.9	210.1
民权县	2417.1	3793.1	189.1	289.3
睢 县	3304.3	2797.3	173.4	360.2
宁陵县	3066.9	2522.0	70.4	607.4
柘城县	3984.9	2632.5	2.9	266.2
虞城县	3765.4	2865.6	32.7	425.8
夏邑县	3604.4	3036.9	143.1	225.5
永城市	4390.2	3716.1	2.7	360.1

9-6 农村住户

指 标 名 称	单位	商丘市	梁园区	睢阳区
农村住户家庭基本情况	--			
一、调查户数	户	664	50	50
(一)调查户从业类型(按总收入比重计算)	*	1641	146	113
1. 农业户	户	62	1	1
2. 农业兼业户	户	261	13	35
3. 非农业兼业户	户	307	25	14
4. 非农业户	户	34	11	
(二)调查户从业类型(按从业劳动力比重计算)	*	1588	102	132
1. 农业户	户	214	29	10
2. 农业兼业户	户	83	1	7
3. 非农业兼业户	户	260	9	24
4. 非农业户	户	107	11	9
(六)是否参加新型农村合作医疗	*	675	50	50
1. 参加的户数	户	653	50	50
2. 未参加的户数	户	11		
(七)是否领取最低生活保障	*	664	50	50
1. 领取的户数	户	25	2	
2. 未领取的户数	户	639	48	50
二、期末生产性固定资产拥有情况	--			
(一)生产性固定资产原值	元	7893456		674850
(二)主要生产性固定资产数量	--			
三、期末主要耐用消费品拥有情况	--			
01. 洗衣机	台	581	41	43
02. 电冰箱	台	378	32	26
03. 空调机	台	161	20	15
04. 抽油烟机	台	9		1
05. 吸尘器	台			
06. 微波炉	台	57	2	7
07. 热水器	台	261	18	18
其中：太阳能热水器	台	212	13	16
08. 自行车	辆	579	63	42
其中：电动自行车	辆			
09. 摩托车	台	341	13	29
10. 汽车(生活用)	台	45	2	2
11. 固定电话机	部	100	19	5
12. 移动电话	部	1266	104	71
其中：接入互联网的	部	336	20	51
13. 彩色电视机	台	696	60	45
其中：接入有线电视网的	台	393	33	9
14. 黑白电视机	台			
其中：接入有线电视网的	台			
15. 摄像机	台	5	1	
16. 影碟机	台			
17. 照相机	架	19	2	2
18. 家用计算机	台	103	12	10
其中：接入互联网的	台	81	6	8
19. 中高档乐器	件	2		

家庭基本情况（2013年）

民权县	睢县	宁陵县	柘城县	虞城县	夏邑县	永城市
90	75	89	70	90	70	80
204	178	207	179	223	195	196
12	9	19	2	8	4	6
47	30	31	27	31	15	32
26	35	30	41	51	43	42
5	1	9			8	
253	205	170	165	184	192	185
16	14	51	14	39	18	23
6	8	8	17	11	9	16
47	37	17	39	37	16	34
21	16	13		3	27	7
90	76	99	70	90	70	80
90	74	79	70	90	70	80
	1	10				
90	75	89	70	90	70	80
3	4	4	3		8	1
87	71	85	67	90	62	79
1620300	1125655	1691931	339600	848390	735195	857535
88	70	76	59	75	64	65
53	41	48	14	68	42	54
15	15	26	1	35	15	19
	1	2		1	3	1
10	7	5	4	4	6	12
26	37	39	13	42	30	38
13	33	30	13	35	27	32
64	62	89	47	107	70	35
57	54	33	27	38	39	51
4	5	16		8	6	2
12	17	11	2	15	9	10
161	187	181	92	190	127	153
1	38	16	3	167	15	25
94	90	90	66	97	70	84
25	56	85	66	46	33	40
2		2				
2	3	7		2	1	
12	21	19	2	17	6	4
9	18	17	2	15	4	2
	1	1				

9-7 农村住户

指 标 名 称	单位	商丘市	梁园区	睢阳区
农村住户居住情况	--			
一、期末拥有住房情况	--			
(一)期末拥有住房面积	平方米	95416	7252	6855
其中：出租住房面积	平方米	180	180	
(二)期末拥有住房价值	元	56292167	4770000	4260000
二、期末居住住房情况	--			
(一)居住住房性质	--			
1.自有	户	662	50	50
2.租住	户			
3.其他	户	2		
(二)居住住房面积	平方米	95144	7072	6855
(三)居住住房价值	元	55992167	4470000	4260000
(四)居住住房类型	--			
1.楼房面积	平方米	237	24	14
2.砖瓦平房面积	平方米	834	92	60
3.其他	平方米	240		48
(五)居住住房结构	--			
1.钢筋混泥土结构面积	平方米	10498		2000
2.砖木结构面积	平方米	84516	7072	4855
3.其他	平方米	130		
三、期内新建(购)住房情况	--			
(一)新建(购)住房面积	平方米	2470		
新建住房面积	平方米	2470		
新购住房面积	平方米			
(二)新建(购)住房价值	元	1680000		
新建住房价值	元	1680000		
新购住房价值	元			
(五)期内新建(购)住房资金来源	元	168		
1.国内贷款	元			
2.自筹资金	元	120		
3.其他	元	48		

居住情况(2013年)

民权县	睢县	宁陵县	柘城县	虞城县	夏邑县	永城市
12088	12632	13755	8865	12746	10393	10830
5723667	7490000	7910000	5030000	7912000	6014500	7182000
90	74	89	70	90	70	79
	1					1
12088	12540	13755	8865	12746	10393	10830
5723667	7490000	7910000	5030000	7912000	6014500	7182000
30	26	28	18	35	22	40
114	96	122	104	108	96	42
24	8			8		152
1850	588	5860	200			
10238	11952	7895	8665	12696	10393	10750
				50		80
	150	1740		580		
	150	1740		580		
	150000	1190000		340000		
	150000	1190000		340000		
	15	119		34		
	10	94		16		
	5	25		18		

9-7续　农村住户

指　标　名　称	单位	商丘市	梁园区	睢阳区
四、居住条件	--			
(一)住房卫生设备使用情况	*	664	50	50
1.使用水冲式厕所的户数	户	25	9	
2.使用旱厕的户数	户	637	41	50
3.无厕所的户数	户	2		
(三)炊事使用的主要能源	*	664	50	50
#1.使用沼气的户数	户	2		
2.使用其他燃气的户数	户	262	15	32
3.使用燃油的户数	户			
4.使用电的户数	户	65	18	
5.使用太阳能的户数	户			
6.使用煤炭的户数	户	32	4	9
7.使用柴草的户数	户	296	13	8
(四)饮用水来源情况	*	664	50	50
1.饮用自来水的户数	户	231	18	19
2.饮用深井水的户数	户	195	2	20
3.饮用浅井水的户数	户	206	30	11
4.饮用江河湖泊水的户数	户	3		
5.饮用塘水的户数	户			
6.饮用其他水源的户数	户	29		
(五)住宅外道路路面状况	*	664	50	50
1.水泥或柏油路面的户数	户	352	32	38
2.沙石或石板等硬质路面的户数	户	35	4	
3.其他路面的户数	户	277	14	12
五、附：期内新建(购)房屋户数	户	10		

居住情况（2013年）

民权县	睢县	宁陵县	柘城县	虞城县	夏邑县	永城市
90	75	89	70	90	70	80
1	1	3			11	
89	74	85	70	90	59	79
		1				1
90	75	89	70	90	70	80
	1					1
60	26	57	9	53	10	
1	11	15		2	18	
		2	1	12	3	1
29	37	12	60	23	36	78
90	75	89	70	90	70	80
50	37	41	33	14	19	
10	3	19	37	70	34	
19	27	19		6	15	79
	1				2	
11	7	10				1
90	75	89	70	90	70	80
49	36	51	42	39	43	22
7	1	1	11	8	1	2
34	38	37	17	43	26	56
	1	7		2		

9-8 农业生产结构

指 标 名 称	单位	商丘市	梁园区	睢阳区
农业生产结构及生产技术应用情况	*			
一、土地经营情况	*			
(一)期初实际经营土地面积	亩	3310		322
1. 耕地	亩	3277		322
其中：有效灌溉面积	亩	3208		322
2. 山地	亩	1		
3. 园地	亩			
4. 牧草地	亩	16		
5. 养殖水面	亩	16		
(二)期内增加的经营土地面积	亩	60		
1. 耕地	亩	60		
其中：有效灌溉面积	亩	83		
(四)期内减少的经营土地面积	亩	67		
1. 耕地	亩	35		
其中：有效灌溉面积	亩	55		
2. 山地	亩			
3. 园地	亩			
4. 牧草地	亩	16		
5. 养殖水面	亩	16		
(六)期末实际经营的土地面积	亩	3302		322
1. 耕地	亩	3302		322
其中：有效灌溉面积	亩	3236		322
2. 山地	亩	1		
二、土地种植情况	*			
(一)粮食播种面积	亩	6628	528	623
其中:1. 小麦播种面积	亩	3582	231	322
2. 水稻播种面积	亩	2		
3. 玉米播种面积	亩	2485	295	301
4. 豆类播种面积	亩	555		
5. 薯类播种面积	亩	4	2	
(二)经济作物播种面积	亩	443		14
1. 棉花播种面积	亩	5		2
6. 蔬菜播种面积	亩	48		
7. 瓜类播种面积	亩	23		
三、农业生产技术应用情况	--			
(一)机耕面积	亩	3191		316
(二)抛秧面积	亩			
(三)机播面积	亩	3692		316
(四)机收面积	亩	3522		316
(五)机电灌溉面积	亩	3160		316

及生产技术应用情况(2013年)

民权县	睢县	宁陵县	柘城县	虞城县	夏邑县	永城市
484	331	499	334	490	276	574
484	331	467	334	490	276	574
484	324	457	334	490	223	574
					1	
		16				
		16				
50	10					
50	10					
50	10				23	
27	3	32		5		
27	3			5		
27	2	16		5	5	
		16				
		16				
507	338	467	334	485	276	574
507	338	467	334	485	276	574
507	332	442	334	485	241	574
					1	
953	686	584	636	990	471	1157
488	352	448	335	510	323	574
					2	
465	334	136	301	481	133	41
			1		14	540
						2
38	17	337	34		1	3
	1		3			
1		17	30			
11		12				
446	333	434	328	485	275	574
677	329	434	327	760	275	574
510	326	434	327	760	275	574
454	327	429	327	490	256	562

9-9 农村住户

指 标 名 称	单位	商丘市	梁园区	睢阳区
一、全年纯收入	元	7217	7590	7619
(一)工资性收入	元	3692	5074	3397
(二)家庭经营纯收入	元	3120	2238	3982
1.第一产业纯收入	元	2561	2054	3618
(1)农业收入	元	2177	2054	2764
(2)林业收入	元	111	7	381
(3)牧业收入	元	285	-6	489
(4)渔业收入	元	-1	2	-13
2.非农产业纯收入	元	559	184	363
A.第二产业纯收入	元	164	3	143
(1)工业收入	元	49	-1	131
(2)建筑业收入	元	115	3	12
B.第三产业纯收入	元	395	181	220
(1)交通.运输.邮电业收入	元	90		
(2)批零贸易业.饮食业收入	元	206	171	232
(3)社会服务业收入	元	63	10	-2
(4)文教卫生业收入	元			
(5)其他行业收入	元	36		-10
(三)财产性纯收入	元	74	11	31
1.利息	元	6		26
2.集体分配股息和红利	元			
3.其他股息和红利	元	3		
4.租金(包括农业机械)	元	35	2	
5.出让无形资产净收入	元			
6.储蓄性保险投资收入	元			
7.转让承包土地经营权收入	元	25	9	5
8.其他	元	5		
(四)转移性纯收入	元	331	267	210
1.家庭住户成员寄回和带回	元			
2.城市亲友赠送	元	11	10	
4.离退休金、养老金	元	71	37	29
5.城市亲友支付赡养费	元	40	46	19
6.农村亲友支付赡养费	元			
7.救济金、抚恤金、救灾款	元	8	4	10
11.退税	元			
12.退耕还林还草补贴	元			
13.无偿扶贫或扶持款	元			
14.得到赔款	元			
15.各项补贴收入	元	189	90	153
24.其他	元	12	81	

全年纯收入(2013年)

民权县	睢县	宁陵县	柘城县	虞城县	夏邑县	永城市
6688	6635	6267	6887	7090	7010	8469
2417	3304	3067	3985	3765	3604	4390
3793	2797	2522	2632	2866	3037	3716
3140	2546	2478	2498	2438	1386	3006
2259	2008	2150	1882	2361	1193	2840
391	11	76	101	29	13	84
506	556	256	515	58	189	96
		-1				2
653	251	44	135	428	1651	710
268	4	-16		113	827	
306		-21		13	35	
-38	4	5		100	792	
385	247	60	135	315	824	710
372	12	-18		10	365	-4
18	90	111	133	178	170	542
-7	146	-73	2	36	290	44
2		39		91		128
189	173	70	3	33	143	3
	18	15		1	5	
					20	
152	148	4	3	7	-10	
35	8			21	127	
2		51		4	1	3
289	360	607	266	426	225	360
	2	1		68	6	
99	3	315	18	102	43	66
31	63	76	6	74	21	36
3	4	14			5	26
1						
2						
153	281	199	201	181	149	231
	7	2	42		1	1

9-10 农村住户

指 标 名 称	单位	商丘市	梁园区	睢阳区
农村住户现金收支情况	*			
一. 期内现金收入	元	8246	7053	10080
(一) 工资性收入	元	3692	5074	3397
(二) 家庭经营现金收入	元	3781	1625	5844
1. 第一产业现金收入	元	2876	1201	5014
(1) 农业现金收入	元	2067	1154	2709
(2) 林业现金收入	元	126	15	397
(3) 牧业现金收入	元	682	29	1909
(4) 渔业现金收入	元		2	
2. 第二产业现金收入	元	268	12	247
(1) 工业收入	元	113		205
(2) 建筑业收入	元	155	12	42
3. 第三产业现金收入	元	637	413	583
(三) 财产性收入	元	74	11	31
(四) 转移性收入	元	700	344	808
三. 期内现金支出	元	6761	6149	8031
(一) 生产费用支出	元	1675	932	2923
1. 家庭经营费用支出	元	1543	930	2897
(1) 第一产业生产费用支出	元	1288	689	2491
①农业生产费用支出	元	903	642	1079
②林业生产费用支出	元	15	8	16
③牧业生产费用支出	元	359	35	1394
④渔业生产费用支出	元			
(2) 第二产业生产费用支出	元	65	9	96
①工业生产费用支出	元	31	1	66
②建筑业生产费用支出	元	34	9	30
(3) 第三产业生产费用支出	元	190	232	310
①交通运输邮电业生产费用支出	元	52		
②批零贸易餐饮业生产费用支出	元	103	225	298
③社会服务业生产费用支出	元	22	6	2

现金收支情况(2013年)

民权县	睢县	宁陵县	柘城县	虞城县	夏邑县	永城市
8049	6510	6722	7836	7684	8484	10378
2417	3302	3067	3985	3762	3604	4389
4856	2409	2750	2780	3258	4488	4960
3094	1998	2418	2640	2544	2520	3956
1599	1099	1578	1871	2157	1738	3636
413	21	125	103	33	19	110
1082	878	716	665	353	763	210
818	4	11		188	999	
785		6		18	58	
33	4	5		170	940	
944	407	321	140	526	969	1004
189	173	70	3	33	143	3
587	626	835	1068	632	249	1027
7911	3886	7857	5254	7628	6861	7497
2409	913	1860	1014	1921	1776	1578
2353	820	1778	901	1630	1370	1565
1572	774	1665	901	1386	1163	1297
961	422	1160	755	1103	830	1124
21	11	48	2	4	5	26
576	312	454	144	269	318	132
292				74	113	
223				5	6	
70				69	107	
488	46	113		169	94	269
435					30	2
4	7	73		125	25	214
49	39	14		23	39	13

9-10续1 农村住户

指 标 名 称	单位	商丘市	梁园区	睢阳区
2.购置生产性固定资产支出	元	132	2	26
3.建.造生产性固定资产雇工支出	元			
(二)税费支出	元			
(三)生活消费支出	元	4630	4665	4856
其中：服务性支出	元	1156	1150	1137
1.食品消费支出	元	1743	1972	1762
a.购买食品支出	元	1535	1722	1567
(1)谷物	元	259	375	546
(2)薯类	元	24	30	13
(3)豆类	元	16	27	17
(4)食用油	元	103	108	68
(5)蔬菜及制品	元	159	159	139
(6)肉.禽.蛋.奶及制品	元	476	463	293
(7)水产品及制品	元	26	37	14
(8)烟.酒	元	203	149	250
(9)茶叶.饮料	元	28	19	26
(10)其它类食品	元	241	355	203
b. 食品消费服务性支出	元	208	250	195
(1)在外饮食	元	204	241	193
(2)食品加工费	元	4	9	2
(3)其他服务	元			
2.衣着	元	461	465	408
a.购买衣着支出	元	460	464	408
(1)服装	元	322	342	342
(2)服装材料	元	29	13	7
(3)鞋类	元	108	105	57
(4)其他	元	1	4	2
b.衣着消费服务性支出	元	1	1	

现金收支情况（2013年）

民权县	睢县	宁陵县	柘城县	虞城县	夏邑县	永城市
56	94	82	113	291	406	13
3						
4846	2688	5517	3964	5223	4602	5361
1411	571	1477	841	1393	966	1446
1694	1101	2171	1239	1974	1476	2293
1532	1033	1878	1106	1654	1332	1992
155	126	170	127	251	306	331
17	21	25	15	7	44	38
17	24	15	7	15	15	14
121	71	93	106	97	105	134
183	102	197	154	190	119	185
497	332	618	367	565	377	672
33	23	30	22	27	21	27
237	122	325	176	163	148	283
36	26	32	6	36	22	37
236	188	373	128	303	176	271
162	67	293	133	320	144	301
158	65	287	130	311	142	299
4	2	6	3	10	1	3
470	296	502	518	455	463	539
469	296	501	518	455	460	539
352	214	387	408	245	288	362
10	9	11		101	40	31
108	72	101	110	108	128	145
	1	1		1	4	
		1		1	3	

9-10续2 农村住户

指 标 名 称	单位	商丘市	梁园区	睢阳区
(1)衣着加工费	元	1	1	
(2)其他服务	元			
3.居住	元	615	443	807
a.购买居住消费品支出	元	373	237	669
(1)购买建筑生活用房材料	元	63	16	62
(2)购买维修生活用房材料	元	87	66	362
(3)购买装修生活用房材料	元	116	24	107
(4)购买生活用房	元			5
(5)购买生活用燃料	元	107	131	132
b.居住消费服务性支出	元	242	206	138
(1)建筑.维修生活用房雇工工资	元	5		
(2)房租	元	5		5
(3)生活用水	元	8	11	8
(4)生活用电	元	164	193	123
(5)清洁费.卫生费	元			
(6)其他	元	59	2	2
4.家庭设备.用品及服务	元	415	385	501
a.购买家庭设备.用品支出	元	404	374	492
(1)日用品	元	114	135	54
(2)床上用品	元	35	41	37
(3)室内装饰品	元	10	8	8
(4)家俱类	元	78	80	195
(5)机电设备	元	168	110	198
b.家庭设备服务消费支出	元	10	11	9
(1)家庭设备修理费	元	10	11	9
(2)日杂用品加工修理费	元			
(3)家政服务费	元			
(4)其他	元			
5.交通和通讯	元	592	532	475
a.购买交通和通讯用品支出	元	407	347	334
(1)交通工具	元	247	180	220

现金收支情况(2013年)

民权县	睢县	宁陵县	柘城县	虞城县	夏邑县	永城市
		1		1	3	
1004	236	491	777	432	987	419
401	132	256	524	288	698	213
15	42	37	338	68		3
110	5	41	60	35	136	52
187	18	39		59	473	59
88	67	139	127	126	89	98
603	104	235	252	144	289	206
			46			
5	1	6	17		13	1
19	5	13	13	4	6	1
159	94	185	176	138	205	196
		1				
419	4	31		1	66	8
350	264	413	453	493	428	439
344	256	401	451	477	419	422
118	88	164	118	136	87	128
35	19	35	59	52	21	24
11	16	6		13	16	7
58	21	52	122	44	155	24
122	112	143	153	232	140	240
6	8	12	2	16	9	17
6	8	11	2	15	9	17
		1		1		
549	368	1016	535	760	434	710
342	249	790	342	540	309	475
192	123	605	258	282	181	282

9-10续3　农村住户

指　标　名　称	单位	商丘市	梁园区	睢阳区	民权县
(2)交通工具用燃料	元	46	32	39	30
(3)交通工具用零配件	元	37	43	25	37
(4)通讯工具	元	76	92	50	83
(5)通讯工具用零配件	元				
b.交通和通讯服务消费支出	元	185	185	141	207
(1)交通服务支出	元	45	36	55	38
①交通客运费	元	42	26	54	38
②生活物品货运费	元				
③交通工具修理费	元				
④其他(过路过桥费等)	元	3	9	1	
(2)通讯服务支出	元	141	149	86	169
①邮寄费	元				
②通讯费	元				
③通讯工具修理费	元				
④其他	元	141	149	86	169
6.文化教育.娱乐用品及服务	元	308	346	390	282
a.购买文化教育.娱乐用品	元	102	50	85	102
(1)文教.娱乐用机电消费品	元	65	21	53	49
(2)书.报.杂志	元	6	7	2	4
(3)纸张.文具	元	7	10	18	6
(4)音像制品	元				
(5)电脑软件	元				
(6)体育用品	元	1		3	1
(7)计算机零配件及耗材	元				
(8)鲜花	元		2		
(9)娱乐用品	元	11	9	3	26
(10)其他用品	元	10	1	5	16
b.教育服务消费	元	175	221	269	174

现金收支情况(2013年)

睢县	宁陵县	柘城县	虞城县	夏邑县	永城市
53	65	7	99	30	51
37	65	8	72	29	26
36	54	69	86	70	115
120	227	193	220	124	235
28	77	38	64	21	54
23	72	38	55	21	54
6	5		9		
91	150	155	156	103	181
91	150	155	156	103	181
207	258	214	292	397	369
62	62	133	115	130	122
24	36	116	51	115	78
9	5	12	8	2	2
6	10	4	5	2	9
9			1		
			1		1
6	5		37	7	4
9	6		11	3	27
135	173	48	134	207	232

9-10续4　农村住户

指　标　名　称	单位	商丘市	梁园区	睢阳区
(1)托儿费	元	22	11	82
(2)幼儿园赞助费	元			
(3)小学初中交纳各种教育费用(生活费除外)	元	47	22	131
(4)高中学杂费(不包括私立学校)	元	51		40
(5)大中专及以上学杂费(不包括私立学校)	元	11	59	
(8)大中专及以上学生生活费	元	22	42	4
(9)入学赞助费(不包括私立学校)	元	10	23	3
(10)成人培训费	元	12	63	8
c.文化.体育.娱乐服务消费	元	32	75	36
(1)旅游	元	14	43	10
(2)休闲娱乐费	元	18	32	26
7.医疗保健	元	425	364	416
a.购买医疗保健用品	元	145	211	83
(1)购买医疗卫生用品	元	141	207	83
①药品	元	140	206	83
②医疗卫生器械	元		1	
③其他医疗卫生用品	元			
(2)保健用品	元	4	4	
①药品类保健品	元			
②保健器材	元	1	1	
b.医疗保健服务消费支出	元	280	152	332
8.其他商品和服务	元	71	159	98
(四)财产性支出	元	5		1
(五)转移性支出	元	450	551	251

现金收支情况(2013年)

民权县	睢县	宁陵县	柘城县	虞城县	夏邑县	永城市
20	15	23	12	41	9	9
24	28	24	24	53	25	81
78	62	78	9	13	74	79
5	14	15	2	10	6	7
35	1	29		9	12	56
7	13	1			43	
5	1	4		7	38	
6	9	23	33	44	60	15
1	3	15	3	18	39	4
6	6	9	30	26	21	11
443	174	554	211	744	336	528
204	59	102	31	254	239	103
199	58	101	31	248	224	100
198	57	100	31	248	223	100
1	1	1				
5	2	1		6	16	3
2					5	
238	115	452	180	490	97	425
55	41	111	17	73	81	63
	37	3	1		1	
653	249	477	275	484	482	558

9-11 农村住户

指标名称	单位	商丘市	梁园区	睢阳区
农村住户食品消费情况	*			
一.粮食消费量	公斤	125	139	156
(一)谷物消费量	公斤	119	133	152
1.小麦	公斤	95	110	74
2.稻谷	公斤	22	16	66
3.玉米	公斤	2	5	12
4.其他谷物	公斤	1	1	
(二)薯类消费量	公斤	2	2	2
1.红薯	公斤	1	1	2
2.马铃薯	公斤		1	
3.其他薯类	公斤			
(三)豆类消费量	公斤	4	5	3
1.大豆	公斤	1		
2.其他豆类	公斤	3	5	2
二.油脂类消费量	公斤	8	8	6
植物油	公斤	8	8	6
三.烟叶消费量	公斤			
四.豆制品	公斤	3	5	2
五.蔬菜及菜制品消费量	公斤	57	50	51
1.鲜菜	公斤	54	48	46
2.干菜	公斤	1		3
3.菜制品	公斤	1		3
4.鲜菌	公斤		1	
六. 瓜类	公斤	38	42	19
1.西瓜	公斤			
2.其他瓜果	公斤	38	42	19
七.水果类	公斤	38	42	20
八.坚果消费量	公斤	1	2	1
九.肉禽及其制品	公斤	14	14	8
1.猪肉	公斤	7	7	4
2.牛肉	公斤	1		
3.羊肉	公斤			
4.家禽	公斤	4	5	3
5.其他肉禽及制品	公斤	2	1	1
十.蛋类及蛋制品	公斤	8	9	8
十一.奶和奶制品	公斤	5	7	3
十二.水产品	公斤	2	3	1
1.鱼类	公斤	2	3	1
十三.食糖	公斤	1	1	
十四、酒	公斤	6	6	5
其中:1.白酒	公斤	2	1	2
2.啤酒	公斤	4	5	3

食品消费情况(2013年)

民权县	睢县	宁陵县	柘城县	虞城县	夏邑县	永城市
125	106	96	151	102	107	145
120	99	91	148	98	101	133
102	77	68	125	84	85	112
17	18	22	23	14	14	19
	2				1	
1	1	1		1	1	2
1	2	2	1	1	3	4
	1	1		1	2	3
					1	
		1	1			1
4	6	3	2	3	3	8
					1	5
3	5	3	1	3	3	2
10	6	7	8	8	8	11
10	6	7	8	8	7	11
3	5	3	1	3	3	2
67	38	64	69	63	37	67
64	37	60	69	56	36	66
1		1		3		
1		1		3		
		1			1	
41	30	81	19	50	29	38
				1		
41	30	81	19	50	29	38
42	31	81	19	50	31	39
1	1	1		2	1	2
15	9	18	10	14	13	19
7	4	9	6	6	8	9
	1	1	1		1	1
			1		1	
5	3	4	3	4	3	5
2	1	4		3		4
9	7	10	6	11	6	8
6	6	6	2	9	3	3
3	2	3	2	2	2	3
2	2	2	2	2	2	3
1	1	1		1		1
6	4	8	3	6	3	11
2	1	3	2	1	1	5
3	3	5	1	5	2	6

9-12 农村住户调查户

指 标 名 称	单位	商丘市	梁园区	睢阳区
一、调查村个数	个	66	5	5
三、调查村土地资源	--			
1.年末实有	亩	333		29
2.有效灌溉面积	亩	328		29
四、社会发展	--			
(一)通公路情况	*	61		5
1.通公路的村个数	个	61		5
(二)通电话情况	*	61		5
1.通电话的村个数	个	61		5
(三)通电情况	*	61		5
1.通电的村个数	个	61		5
(四)接收电视节目情况	*	65		5
1.能接收电视节目的村个数	个	57		5
2.不能接收电视节目的村个数	个	4		
(五)距最近县城的距离	--	257	5	23
1.2公里以下的村个数	个	7	5	
2.2-5公里的村个数	个	2		
3.5-10公里的村个数	个	8		1
4.10-20公里的村个数	个	23		
5.20公里以上的村个数	个	26		4
(六)距最近乡镇政府所在地距离	--	134	5	11
1.2公里以下的村个数	个	22	5	1
2.2-5公里的村个数	个	24		2
3.5-10公里的村个数	个	17		2
4.10-20公里的村个数	个	2		
5.20公里以上的村个数	个	1		
(九)距最近车站(码头)的距离	--	188	5	21
1.2公里以下的村个数	个	23	5	1
2.2-5公里的村个数	个	9		
3.5-10公里的村个数	个	8		
4.10-20公里的村个数	个	7		
5.020公里以上的村个数	个	19		4
(十一)距最近邮电所的距离	--	131	5	11
1.2公里以下的村个数	个	22	5	1
2.2-5公里的村个数	个	27		2
3.5-10公里的村个数	个	14		2
4.10-20公里的村个数	个	2		
5.20公里以上的村个数	个	1		

所在村基本情况(2013年)

民权县	睢县	宁陵县	柘城县	虞城县	夏邑县	永城市
9	7	9	7	9	7	8
50	35	41	36	35	43	65
50	35	41	36	35	38	65
9	7	9	7	9	7	8
9	7	9	7	9	7	8
9	7	9	7	9	7	8
9	7	9	7	9	7	8
9	7	9	7	9	7	8
9	7	9	7	9	7	8
13	7	9	7	9	7	8
5	7	9	7	9	7	8
4						
41	29	29	32	37	24	37
		1			1	
		1		1		
1	1	2	1	1	1	
2	4	5	1	3	5	3
6	2		5	4		5
15	12	20	12	21	17	21
4	3	3	3	1	1	1
4	3	2	3	5	2	3
1	1	3	1	2	4	3
		1		1		
						1
32	13	13	28	25	31	20
1	3	7	1	3		2
2	2			2		3
1	2	2	1	1		1
1			1		4	1
4			4	3	3	1
18	12	18	14	15	18	20
3	3	4	2	3		1
4	3	2	3	6	3	4
1	1	2	2		4	2
1		1				
						1

9-13 农村住户

指 标 名 称	单位	商丘市	梁园区	睢阳区
一.农村住户人口状况	*			
(一)家庭常住人口	人	2475	214	200
本地户籍人口	人	2475	213	199
其中:16岁以上非在校人口	人	1879	154	148
(二)常住人口与户主关系	*			
1.户主	人	664	50	50
2.配偶	人	625	47	44
3.子女	人	888	71	82
4.孙子女	人	171	29	18
5.父母	人	50	1	4
6.祖父母	人			
7.兄弟姐妹	人	8	1	
8.其他亲属	人	83	15	2
(三)常住人口年龄状况	*			
1.6岁及以下	人	180	19	15
2.7-15岁	人	267	24	27
3.16-18岁	人	119	6	6
4.19-22岁	人	208	9	14
5.23-25岁	人	200	24	20
6.26-30岁	人	171	18	13
7.31-40岁	人	295	28	34
8.41-50岁	人	480	44	26
9.51-60岁	人	253	23	11
10.60岁以上	人	316	19	34
(四)在校学生人数	人	441	41	39
其中:6-15岁以下在校学生人数	人	278	24	29
(五)参加农村养老保险的人数	人	1712	134	139
参加城镇养老保险的人数	人	41	2	
参加商业养老保险的人数	人	21		1
二.农村住户劳动力素质状况	*			
(一)整半劳动力数	人	1777	138	142
其中:男劳动力	人	946	72	75
其中:整劳动力	人	1140	93	89

人口和劳动力状况(2013年)

民权县	睢县	宁陵县	柘城县	虞城县	夏邑县	永城市
357	311	293	262	318	239	282
362	309	294	262	318	237	281
272	228	220	209	248	189	211
90	75	89	70	90	70	80
83	70	87	66	90	64	74
139	104	99	107	101	82	103
30	29	14	6	17	15	13
4	15	4	5	10	2	5
2	1		1	1	1	1
18	17	1	7	10	4	9
29	24	16	13	26	11	27
35	41	33	29	26	22	30
24	17	10	15	11	18	12
37	16	27	34	31	17	23
38	27	11	20	18	19	23
22	16	21	18	21	17	25
39	39	31	28	31	35	30
73	55	57	61	62	35	67
27	32	38	17	53	31	21
42	44	50	27	40	33	27
63	60	60	40	48	40	50
33	42	35	29	29	24	33
248	218	189	209	188	176	211
6	7	16		6	3	1
2		13			5	
253	209	209	208	241	174	203
139	111	109	113	119	95	113
177	132	115	145	134	114	141

9-14 农村住户

指 标 名 称	单位	商丘市	梁园区	睢阳区
一.就业劳动力人数	人	1725	122	140
其中:男劳动力	人	931	68	75
整劳动力	人	1109	81	88
受过专业培训的人数	人	155		
(一)与户主关系	*			
1.户主	人	637	42	49
2.配偶	人	563	33	40
3.子女	人	416	36	46
4.孙子女	人	11		2
5.父母	人	23		1
7.兄弟姐妹	人	7	1	
8.其他亲属	人	68	10	2
(二)年龄结构	--			
1.16-18岁	人	32	1	2
2.19-22岁	人	134	4	10
3.23-25岁	人	174	13	18
4.26-30岁	人	165	15	13
5.31-40岁	人	286	24	33
6.41-50岁	人	466	41	24
7.51-60岁	人	232	16	11
8.60岁以上	人	236	8	29
(三)文化程度	--			
1.不识字或识字很少	人	90	5	9
2.小学程度	人	276	11	31
3.初中程度	人	1107	83	73
4.高中程度	人	177	19	18
6.大专及以上	人	75	4	9
(1)农、林、牧、渔业	人	976	85	71
(2)采矿业	人	2		
(3)制造业	人	229	4	17
(4)电力、燃气及水的生产和供应业	人	10	2	2
(5)建筑业	人	258	6	20
(6)交通运输、仓储和邮政业	人	40	2	
(7)信息传输、计算机服务和软件业	人	7		3
(8)批发和零售业	人	46	1	11
(9)住宿和餐饮业	人	24	1	3
(10)金融业	人	3		
(12)租赁和商务服务业	人	2		
(13)科学研究、技术服务和地质勘察业	人	1		
(14)水利、环境和公共设施管理业	人	1		
(15)居民服务和其他服务业	人	63	12	7
(16)教育	人	22	4	
(17)卫生、社会保障和社会福利业	人	19	1	5
(18)文化、体育和娱乐业	人	8	2	1
(19)公共管理和社会组织	人	14	2	
(六)年内从事各种行业时间	月	5157		
1.农业	月	734		
2.本地非农自营	月	90		
3.本地非农务工	月	111		
4.外出从业	月	4222		

劳动力就业情况(2013年)

民权县	睢县	宁陵县	柘城县	虞城县	夏邑县	永城市
241	199	209	208	241	164	201
134	108	109	113	119	93	112
169	128	115	145	134	110	139
		155				
84	73	88	70	89	65	77
79	59	80	66	88	47	71
62	47	37	60	47	41	40
	2	1			5	1
	5	2	4	7	1	3
1	1		1	1	1	1
15	12	1	7	9	4	8
3	7	1	9	3	4	2
14	13	11	30	22	14	16
37	21	10	19	16	18	22
22	15	21	18	21	16	24
39	38	31	28	31	33	29
71	51	56	61	62	33	67
24	28	37	17	53	25	21
31	26	42	26	33	21	20
14	17	4		16	11	14
24	39	37	16	46	34	38
166	115	121	179	137	102	131
26	11	34	9	29	16	15
11	17	13	4	13	1	3
102	94	147	124	159	73	121
1						1
41	25	24	36	24	15	43
1				2	1	2
46	43	10	44	20	52	17
17	3			8	7	3
2	1				1	
10	8	2	2	5	3	4
2	6	5		5		2
		3				
				1		1
						1
				1		
16	7	4		7	8	2
	6	3	2	6	1	
	3	6		2		2
		3			2	
3	3	2		1	1	2
		5157				
		734				
		90				
		111				
		4222				

9-15 农村小康监测

指标名称	单位	商丘市	梁园区	睢阳区
一、6岁及6岁以上人口的文化程度	*			
6岁及6岁以上人口数	人	2121	186	154
受教育年限	年	19555	1660	1546
二、农村养老保险(覆盖)情况	*			
1.超过劳动年龄的人数	人	370	24	38
2.60岁及以上人口数	人	280	18	29
三、主要耐用消费品普及情况	*			
1.拥有洗衣机的户数	户	568	40	42
2.拥有电冰箱的户数	户	371	31	26
3.拥有空调机的户数	户	141	16	14
4.拥有抽油烟机的户数	户	9		1
6.拥有微波炉的户数	户	54	2	6
7.拥有热水器的户数	户	258	18	18
#拥有太阳能热水器的户数	户	212	13	16
8.拥有自行车的户数	户	486	41	39
9.拥有摩托车的户数	户	328	13	28
10.拥有汽车(生活用)的户数	户	45	2	2
11.拥有电话机的户数	户	93	19	5
12.拥有移动电话的户数	户	630	48	41
#接入互联网的	户	195	10	31
13.拥有电视机的户数	户	628	47	41
#接入有线电视网的	户	362	24	9
(1)拥有彩色电视机的户数	户	628	47	41
#接入有线电视网的	户	362	24	9
14.拥有摄像机的户数	户	5	1	
16.拥有照相机的户数	户	19	2	2
17.拥有家用计算机的户数	户	96	11	10
#接入互联网的	户	76	6	8
18.拥有中高档乐器的户数	户	2		
全部调查户	户	664	50	50
农村老口径推荐范围	户	664	50	50
农村老口径自填范围	户	1328	100	100

相关指标(2013年)

民权县	睢县	宁陵县	柘城县	虞城县	夏邑县	永城市
313	243	260	251	268	225	221
2969	2248	2536	2224	2469	1801	2102
49	50	58	30	52	39	30
35	38	49	24	33	31	23
87	69	75	59	75	61	60
52	41	47	14	67	41	52
14	11	21	1	30	15	19
	1	2		1	3	1
9	7	5	4	4	5	12
26	37	39	13	39	30	38
13	33	30	13	35	27	32
55	54	76	47	87	60	27
56	48	31	27	37	38	50
4	5	16		8	6	2
12	17	9	2	14	8	7
84	73	87	68	89	64	76
1	30	13	3	79	10	18
88	74	85	66	87	67	73
21	47	84	66	41	30	40
88	74	85	66	87	67	73
21	47	84	66	41	30	40
2		2				
2	3	7		2	1	
11	18	18	2	16	6	4
9	15	16	2	14	4	2
	1	1				
90	75	89	70	90	70	80
90	75	89	70	90	70	80
180	150	178	140	180	140	160

9-16 农村住户

指标名称	单位	商丘市	梁园区	睢阳区
农村住户固定资产投资情况	*			
一、本年新增固定资产原值	元	778350	300	4800
二、本年固定资产投资完成额	元	778350	300	4800
七、调查户数	人	664	50	50
调查户常住人口	人	2475	214	200
农村住户食品消费情况	*			
一.粮食消费量	公斤	303506	29328	31244
(一)谷物消费量	公斤	288968	27917	30417
(二)薯类消费量	公斤	4397	388	308
(三)豆类消费量	公斤	10141	1023	520
二.油脂类消费量	公斤	20029	1730	1235
三.烟叶消费量	公斤	39		10
四.豆制品	公斤	7992	1004	510
五.蔬菜及菜制品消费量	公斤	141372	10645	10281
六. 瓜类	公斤	97334	8864	3867
1.西瓜	公斤	186		
2.其他瓜果	公斤	97148	8864	3867
七.水果类	公斤	97922	8967	3895
八.消费茶叶	公斤	25	3	7
九.坚果消费量	公斤	3216	381	251
十.肉禽及其制品	公斤	33215	2923	1654
1.猪肉	公斤	16433	1565	850
2.牛肉	公斤	1540	47	90
3.羊肉	公斤	757	56	45
4.家禽	公斤	9497	976	535
5.其他肉禽及制品	公斤	4988	280	135
十一.蛋类及蛋制品	公斤	20886	1936	1521
十二.奶和奶制品	公斤	12406	1552	531
十三.水产品	公斤	5603	648	205
1.鱼类	公斤	5160	560	205
2.虾、贝、蟹类	公斤	101	21	1
3.藻类	公斤	160	11	
4.其他	公斤	182	57	
十四.食糖	公斤	2011	247	99
十五、酒	公斤	14342	1274	943
其中:1.白酒	公斤	4995	227	311
2.啤酒	公斤	9258	1047	632
3.果酒	公斤	89		

固定资产投资及食品消费情况(2013年)

民权县	睢县	宁陵县	柘城县	虞城县	夏邑县	永城市
57680	339170	29760	24685	84740	136515	100700
57680	339170	29760	24685	84740	136515	100700
90	75	89	70	90	70	80
357	311	293	262	318	239	282
44541	32905	28336	38780	32957	24875	40540
42731	30501	26807	38051	31585	23509	37449
450	611	506	292	217	593	1032
1360	1792	1023	436	1156	773	2059
3623	1783	2100	2107	2577	1734	3141
9	1	5		2	2	10
1190	1649	948	426	1056	634	576
23572	11917	19164	17780	20131	8465	19417
14624	9233	22711	4792	15969	6918	10355
				186		
14624	9233	22711	4792	15783	6918	10355
14720	9303	22769	4799	15796	7154	10519
4	3	4	1	1		1
505	310	276	75	546	344	527
5333	2648	5359	2635	4558	2865	5240
2621	1122	2609	1396	2015	1791	2465
132	181	289	326	146	183	148
58	33	75	147	42	176	125
1682	891	1238	673	1313	598	1592
840	421	1149	94	1043	116	910
3436	2257	2935	1554	3400	1303	2543
2121	1748	1672	421	2834	662	865
1001	646	794	493	661	408	746
880	595	709	463	658	371	720
19	7	40	6	1	1	4
56	8	13	24		31	17
46	36	32		2	4	4
328	188	310	87	334	113	305
2094	1245	2366	668	1936	763	3054
871	389	814	454	307	238	1385
1213	829	1502	214	1629	525	1667
10	27	50				2

9-17 城镇居民收支及恩格尔系数

年份	城镇居民家庭人均可支配收入（元）	城市居民人均消费支出（元）	恩格尔系数（%）
1987	629	643	58.1
1988	837	889	52.5
1989	904	911	57.3
1990	1024	969	57.8
1991	1214	1259	54.4
1992	1486	1387	51.6
1993	1724	1674	48.7
1994	2505	2189	50.0
1995	3030	2706	50.2
1996	3782	2902	50.3
1997	4272	3465	42.9
1998	4481	3999	37.2
1999	4878	3897	38.2
2000	4215	3345	37.5
2001	4406	3688	32.3
2002	5154	3780	35.5
2003	5552	4018	35.9
2004	6322	4230	38.4
2005	7247	4838	36.4
2006	8346	5715	32.9
2007	10166	6401	37.6
2008	11752	6969	37.2
2009	12716	8035	36.3
2010	14178	8734	38.0
2011	16151	10361	34.8
2012	18312	11936	33.9
2013	20214	12604	32.5

注：2001年以后(包括2001年)为城镇数,2001年以前为城市数。

9-18 城镇居民家庭居住情况

项　　目	计量单位	附加单位	2007年	2008年	2009年	2010年	2011年	2012年	2013年
调查户数	户		2760	2760	430	430	450	450	278
1. 家庭居住人口	人	户	3.06	2.97	2.95	2.94	3.02	3.02	3.43
2. 现住房总建筑面积	平方米	人	40.40	38.18	38.61	38.75	41.78	41.69	40.74
3. 房屋产权									
租赁公房	-	%	0.96	0.75	0.64	0.64	0.52		0.46
租赁私房	-	%	2.85	2.46	2.10	2.28	1.46	1.81	2.35
原有私房	-	%	39.65	42.87	44.85	44.67	35.03	35.09	59.51
房改私房	-	%	25.18	25.78	25.58	25.58	22.36	22.91	9.53
商品房	-	%	28.16	28.13	26.82	26.82	40.46	39.49	26.83
其它	-	%	3.20				0.18	0.09	
4. 住宅建筑式样									
四居室	-	%	2.30	2.85	2.75	2.75	5.19	5.2	2.04
三居室	-	%	35.69	27.43	28.28	28.46	43.67	42.03	27.83
二居室	-	%	5.32	14.46	15.83	15.83	11.98	12.52	7.87
一居室	-	%	0.21		0.09	0.09			
普通楼房	-	%	14.87	23.30	21.53	21.53	0.09	0.09	3.28
平房及其它	-	%	41.60	31.96	31.53	31.34	39.07	40.17	14.94
5. 租赁房房租	元	户	6.98	5.50	54.21	54.62	30.59	2.67	9.83
6. 自有房房租折算	元	户	118.77	111.75	2857.05	2860.40	1606.09	365.63	507.03
7. 购房时间	年	户	5.20	5.11	5.52	6.04	5.99	6.5	4.37
8. 购房总金额	元	户	35565.23	35767.08	35148.24	35148.17	65525.13	64962.99	42364.35
购房实际支出金额	元	户	31971.43	35233.28	34699.23	34699.16	65251.70	64689.1	41658.59
9. 饮水情况									
自来水	-	%	83.30	87.23	88.52	88.52	94.46	93.42	87.65
井、河水	-	%	16.70	12.77	11.48	11.48	5.54	6.58	11.20
10. 用水情况									
独用自来水	-	%	82.17	81.95	83.87	83.87	92.73	91.17	89.64
公用自来水	-	%	0.75	5.28	4.60	4.60	0.52	1.04	
井、河水	-	%	17.07	12.77	11.54	11.54	6.74	7.78	
11. 卫生设备									
无卫生设备	-	%	8.03	5.29	4.89	4.83	5.68	5.04	6.49
有厕所浴室	-	%	75.40	64.93	64.26	64.84	84.27	84.47	70.77
有厕所无浴室	-	%	5.39	16.31	19.61	19.28	8.39	8.31	20.84
公用	-	%	11.18	13.47	11.23	11.05	1.66	2.17	1.89
12. 取暖设备									
空调设备	-	%	23.55	29.87	29.29	29.29	47.89	48.39	
暖气	-	%	15.47	8.59	7.97	7.97	12.81	13.35	
其它	-	%	60.99	61.53	62.74	62.74	39.29	38.25	67.37
13. 炊用燃料使用情况									
煤炭	-	%	68.82	62.93	59.57	58.92	20.37	21.27	12.64
罐装液化石油气	-	%	24.52	30.75	34.34	34.34	54.12	52.57	55.48
管道天然气	-	%	6.25	5.56	5.45	6.09	21.52	22.67	11.18
其它燃料	-	%	0.41	0.75	0.64	0.64	4.00	3.49	19.24

9-19 城镇居民家庭就业情况

项　　目	计量单位	附加单位	2007年	2008年	2009年	2010年	2011年	2012年	2013年
人口就业情况(按月平均)	户								
(一)家庭人口数	人	户	3.06	2.97	2.96	2.94	3.02	3.02	3.31
1.有收入者人数	人	户	2.14	1.96	2.02	2.03	2.01	2.04	2.20
(1)就业人口数	人	户	1.62	1.59	1.64	1.65	1.63	1.65	1.90
①国有经济单位职工人数	人	户	1.13	1.02	1.05	1.05	0.99	1	0.73
②城镇集体经济单位职工人数	人	户	0.10	0.04	0.04	0.04	0.14	0.14	
③其它经济类型单位职工人数	人	户	0.12	0.10	0.09	0.09	0.07	0.06	
④城镇个体或私营企业主人数	人	户	0.16	0.27	0.23	0.24	0.23	0.24	0.39
⑤城镇个体或私营企业被雇人数	人	户	0.07	0.11	0.17	0.18	0.16	0.18	
⑥离退休再就业人数	人	户	0.02	0.02	0.02	0.02			0.05
⑦其它就业人数	人	户	0.01	0.03	0.03	0.03	0.03	0.03	0.73
(2)离退休人数	人	户	0.50	0.34	0.34	0.34	0.36	0.37	0.11
(3)其它有收入者人数	人	户	0.01	0.03	0.04	0.04	0.02	0.02	0.19
2.无收入者人数	人	户	0.92	1.01	0.94	0.91	1.02	0.97	1.11
(二)在外就学人数	人	户	0.09	0.06	0.09	0.09	0.06	0.08	0.06
(三)非家庭人口在家用餐	人次	户	6.91	3.19	2.59	4.43	2.78	3.25	0.57
(四) 家庭人口在外用餐	人次	户	7.55	7.45	10.47	10.42	11.00	12.53	0.62

9-20 城镇居民家庭平均每百户主要消费品年末拥有量

项　　目	计量单位	附加单位	2007年	2008年	2009年	2010年	2011年	2012年	2013年
1.摩托车	辆	百户	43.03	27.76	31.29	31.83	21.95	22.29	11.68
2.助力车	辆	百户	47.31	51.30	64.14	67.77	92.89	95.58	94.34
3.家用汽车	辆	百户	3.43	4.30	4.40	5.62	19.21	21.51	22.99
4.洗衣机	台	百户	97.56	93.89	95.00	95.95	100.42	101.58	98.94
5.电冰箱	台	百户	71.68	74.89	79.08	80.45	86.68	88.43	86.20
6.彩色电视机	台	百户	151.03	127.89	129.68	131.09	133.88	140.16	120.39
7.家用电脑	台	百户	36.66	35.51	39.94	43.34	68.04	68.99	70.70
8.组合音响	套	百户	15.48	14.23	15.99	15.99	11.17	9.83	2.60
9.摄像机	架	百户	1.17	2.68	2.67	2.67	1.92	2.57	3.95
10.照相机	架	百户	30.46	15.49	14.85	15.72	19.86	22.46	16.12
11.钢琴	架	百户	3.05		0.54	0.54	1.88	1.37	
12.其它中高档乐器	件	百户	10.67	1.33	1.32	1.41	1.93	0.9	1.56
13.微波炉	台	百户	23.46	22.80	24.98	25.35	27.00	29.47	21.23
14.空调器	台	百户	103.79	88.20	90.43	92.95	121.05	124.62	99.99
15.淋浴热水器	台	百户	22.60	16.69	20.33	23.27	52.01	49.99	66.53
16.消毒碗柜	台	百户	6.90	6.10	5.26	5.26	5.08	5.74	2.57
17.洗碗机	台	百户		0.37	0.22	0.22			0.94
18.健身器材	套	百户	7.08	2.30	2.33	2.33	1.50	1.87	2.29
19.固定电话	部	百户	98.10	85.81	84.49	84.49	77.67	75.15	41.59
20.移动电话	部	百户	154.88	149.09	154.59	157.45	194.15	201.42	212.72
21.接入互联网的移动电话	部	百户	3.01	7.50	5.13	7.30	14.46	17.51	78.01
22.接入有线电视网络的电视机	台	百户	112.82	88.54	90.93	91.10	112.24	115.25	91.84
23.接入互联网的计算机	台	百户	23.89	21.04	22.81	25.48	52.29	53.59	66.30

9-21 城镇居民家庭平均每人现金收支情况

项目	计量单位	附加单位	2007年	2008年	2009年	2010年	2011年	2012年	2013年
一、期初手存现金	元	人	388.33	424.76	575.02	1241.90	333.94	1386.5	3968.42
二、家庭总收入	元	人	10398.28	11962.09	13012.94	14508.00	16365.48	18530.67	20641.52
其中:可支配收入	元	人	10165.92	11751.86	12715.81	14178.04	16151.20	18312.45	20214.16
(一)工资性收入	元	人	7034.21	7945.53	8892.39	9704.46	10763.82	12091.91	15701.70
1.工资及补贴收入	元	人	6869.75	7427.80	8302.42	9242.14	10656.53	11914.97	13183.64
2.其它劳动收入	元	人	164.46	517.73	589.98	462.31	107.29	176.94	2518.06
(二)经营性收入	元	人	701.17	1540.65	1462.00	1694.63	1968.12	2552.04	2700.85
(三)财产性收入	元	人	181.63	258.26	197.18	298.17	154.51	190.42	439.71
1.利息收入	元	人	40.39	16.29	37.75	42.16	15.89	43	44.54
2.股息与红利收入	元	人	12.83	70.07	1.54	46.40	10.92	1.08	15.68
3.保险收益	元	人	0.30		19.45	46.80	8.16	2.44	1.95
4.其它投资收入	元	人	70.78	15.28	13.92	1.25	8.06	1.68	23.90
5. 出租房屋收入	元	人	57.33	155.56	124.53	159.27	106.48	116.48	261.62
6. 其它财产性收入	元	人		1.06		2.29	4.99	25.74	51.49
(四)转移性收入	元	人	2481.26	2217.65	2461.37	2810.75	3479.04	3696.29	1799.27
1.养老金或离退休金	元	人	2263.65	1981.18	2229.27	2357.30	2695.04	2962.32	1124.99
2.社会救济收入	元	人	5.17	4.81	7.90	8.84	9.41	9.32	20.15
其中:最低生活保障收入	元	人	3.95	3.80	7.45	7.22	7.85	6.53	19.67
3. 赔偿收入	元	人		3.77	1.18	14.71	1.34		
4. 保险收入	元	人			5.55	4.40	2.27		
其中:失业保险金	元	人			3.68	1.82	1.83		
5. 赡养收入	元	人	52.88	74.70	91.42	197.44	417.44	417.18	335.36
6. 捐赠收入	元	人	127.11	113.14	110.79	192.34	338.38	281.87	196.54
7. 提取住房公积金	元	人	22.18	12.47	6.20	1.02			0.76
8. 记帐补贴	元	人	8.80	9.48	7.45	21.16	10.89	20.84	80.02
9. 其它转移性收入	元	人	1.48	18.10	1.60	13.54	4.27	4.76	41.43
三、出售财物收入	元	人	7.55	6.59	48.86	5.81	3.79	1.77	9.20
1.出售住房收入	元	人	0.82						
2.出售其它物品收入	元	人	6.73	6.59	48.86	5.81	3.79	1.77	9.20
四、借贷收入	元	人	1061.66	1151.16	2138.32	2853.25	2935.05	3354.7	532.28
1.提取储蓄存款	元	人	1024.53	1027.54	2094.36	2852.57	2853.62	3234.62	512.12
2.借入款	元	人	4.90	16.74	4.22		18.06	117.77	
3.收回借出款	元	人	31.54	106.16	7.29	0.67	2.88	0.47	2.56
4.收回储蓄性保险本	元	人			0.59				
5.兑售有价证券	元	人					5.75		
6. 住房贷款	元	人			31.86		54.73		8.40
7. 其它贷款	元	人	0.70	0.72					

9-21续　城镇居民家庭平均每人现金收支情况

项　　目	计量单位	附加单位	2007年	2008年	2009年	2010年	2011年	2012年	2013年
五、家庭总支出	元	人	7971.07	8946.00	10070.85	10838.98	12830.78	14618.2	16207.79
(一)消费性支出	元	人	6401.22	6969.21	8034.66	8733.99	10361.36	11936.12	12604.16
(二)财产性支出	元	人	0.26	4.06	2.15	0.07	0.90	6.4	1.34
非生产性贷款利息支出	元	人	0.26	4.06	2.15	0.07	0.90	2.04	
(三)转移性支出	元	人	1332.29	1603.67	1624.27	1649.89	1659.60	1953.51	1744.15
1.交纳所得税	元	人	14.38	5.31	2.60	1.92	1.93	1.18	13.19
2.捐赠支出	元	人	995.24	1173.07	1221.00	1337.01	1321.03	1592.51	1151.51
3.购买彩票	元	人	3.37	0.30	0.79	0.93	3.90	7.46	0.86
4.赡养支出	元	人	277.05	399.35	319.61	272.12	257.15	249.84	358.83
其中：在外就学子女费用	元	人	162.80	215.04	201.63	148.13	159.15	142.62	39.40
5.各种非储蓄性保险支出	元	人	8.48	5.01	33.42	21.21	55.77	60.22	38.08
其中：车辆保险支出	元	人		0.91	6.82	2.72	22.00	20.86	6.67
6. 其它转移性支出	元	人	33.77	20.64	46.85	16.69	19.83	42.29	181.68
(四)社会保障支出	元	人	209.18	195.44	287.08	306.88	201.47	196.19	334.15
1.个人交纳的养老基金	元	人	76.74	92.33	83.22	98.45	75.78	61.67	106.23
2.个人交纳的住房公积金	元	人	87.00	50.59	114.08	84.94	57.96	48.47	88.41
3.个人交纳的医疗基金	元	人	40.95	43.75	83.04	114.82	63.01	74.37	119.60
4.个人交纳的失业基金	元	人	4.48	8.77	6.75	8.43	4.37	3.1	8.55
5.其它社会保障支出	元	人				0.25	0.36	8.58	11.37
(五)购房与建房支出	元	人	28.13	173.61	122.69	148.15	607.45	525.97	1523.98
1.购房	元	人	17.97	102.74	95.98		416.43	176.78	737.29
2.建房	元	人	10.16	70.87	26.71	148.15	191.02	349.19	786.69
六、借贷支出	元	人	2485.40	2853.57	4008.49	5883.69	4946.93	5644.69	1027.06
1.存入储蓄款	元	人	2309.45	2707.02	3790.37	5771.00	4860.48	5411.14	902.36
2.借出款	元	人	12.81	12.47	71.23	6.34	1.04	76.27	9.51
3.归还借款	元	人	29.98	37.08	31.95	25.74	5.86	16.3	0.23
4.储蓄性保险支出	元	人	71.29	52.65	102.14	69.71	48.05	55.77	32.50
5.购买有价证券	元	人	7.01			0.58			
6.其它投资支出	元	人			1.06		5.45	2.68	
7.归还住房贷款	元	人	54.65	43.88	8.63	10.32	26.05	74.66	82.46
8.归还其它贷款	元	人			3.12				
9.其它借贷支出	元	人	0.21	0.48					
七、期末手存现金	元	人	1423.83	1773.47	1713.98	2042.43	2028.09	3049.27	766.73

9-22 城镇居民家庭平均每人全年消费性支出

项　　目	计量单位	附加单位	2007年	2008年	2009年	2010年	2011年	2012年	2013年
消费支出	元	人	6401.22	6969.21	8034.66	8733.99	10361.36	11936.12	12604.16
其中:服务性消费支出	元	人	1375.30	1352.13	1694.60	1719.70	2160.79	2437.4	
一、食品	元	人	2407.91	2589.88	2916.60	3321.00	3606.14	4054.74	4102.57
㈠粮油类	元	人	438.74	487.67	472.57	542.06	551.45	563.58	703.46
1.粮食	元	人	284.47	277.88	281.90	326.67	317.24	321.82	508.53
2.淀粉及薯类	元	人	45.52	45.58	43.46	56.33	65.89	72.26	45.27
3.干豆类及豆制品	元	人	29.80	40.00	46.09	49.88	49.25	48.75	33.32
4.油脂类	元	人	78.96	124.22	101.11	109.19	119.08	120.76	116.34
㈡肉禽蛋水产品类	元	人	628.92	649.22	692.07	799.58	831.60	907.61	809.43
1.肉类	元	人	320.79	344.68	381.06	436.80	451.35	511.62	467.78
2.禽类	元	人	120.14	134.00	129.62	157.67	149.60	156.12	146.90
3.蛋类	元	人	133.46	116.54	121.16	132.84	150.94	148.72	117.95
4.水产品类	元	人	54.52	53.99	60.23	72.28	79.71	91.14	76.80
㈢蔬菜类	元	人	274.00	253.44	303.02	325.53	288.78	294.06	384.45
㈣调味品	元	人	40.08	35.82	42.52	51.30	49.19	56.41	68.16
㈤糖烟酒饮料类	元	人	195.78	233.37	299.73	330.29	337.46	425.31	574.63
1.糖类	元	人	18.84	18.74	20.21	30.08	26.54	30.92	18.37
2.烟草类	元	人	77.37	80.50	108.15	94.24	101.90	139.06	117.39
3.酒类	元	人	66.19	99.34	118.70	144.89	147.50	182.15	377.49
4.饮料	元	人	33.37	34.79	52.67	61.06	61.51	73.18	61.37
㈥干鲜瓜果类	元	人	228.42	171.25	213.84	278.77	314.20	379.57	323.54
㈦糕点、奶及奶制品	元	人	207.37	193.67	221.12	239.10	280.70	314.28	201.56
1.糕点.单价	元/千克		11.42	12.89	14.08	14.72	17.61	20.68	
2.奶及奶制品	元	人	149.02	134.63	154.22	163.73	192.91	206.5	145.25
㈧其它食品	元	人	36.51	35.34	56.34	74.09	77.79	104.26	196.00
㈨饮食服务	元	人	358.07	530.09	615.40	680.29	874.98	1009.66	841.35
1.食品加工服务费	元	人	2.42	1.99	1.72	0.92	1.48	1.32	4.42
2.在外饮食	元	人	355.65	528.11	613.68	679.37	873.50	1008.34	836.93

9-22续　城镇居民家庭平均每人全年消费性支出

项　　目	计量单位	附加单位	2007年	2008年	2009年	2010年	2011年	2012年	2013年
二、衣着	元	人	983.29	1171.43	1201.86	1228.88	1707.43	1976.91	1976.13
(一)服装.单价	元/件		82.23	99.80	102.36	105.89	131.18	141.87	
(二)衣着材料	元	人	5.46	5.73	3.05	2.00	4.41	3.84	3.58
(三)鞋类.单价	元/双		61.78	76.82	78.11	79.65	105.52	109.16	101.79
(四)其它衣着用品	元	人	12.60	18.16	28.73	28.83	35.51	40.56	76.44
(五)衣着加工服务费	元	人	5.43	4.93	5.10	6.32	6.99	5.24	3.17
三、居住	元	人	640.19	696.48	779.16	933.00	812.24	995.92	1191.09
(一)住房	元	人	128.81	100.85	166.73	333.85	145.77	306.95	519.50
(二)水电燃料及其它	元	人	477.31	566.66	579.33	564.78	615.56	638.17	629.55
(三)居住服务费	元	人	34.07	28.97	33.10	34.37	50.91	50.8	42.03
四、家庭设备用品及服务	元	人	464.55	475.39	525.51	559.69	759.19	782.02	939.78
(一)耐用消费品	元	人	261.89	253.30	265.65	266.63	439.34	341.99	445.00
(二)室内装饰品	元	人	19.61	4.97	20.96	19.92	13.43	14.36	19.62
(三)床上用品	元	人	33.67	52.95	58.74	67.05	70.34	120.81	76.57
(四)家庭日用杂品	元	人	127.82	144.55	164.25	177.49	206.80	273.57	265.94
(五)家具材料	元	人	5.25	3.59	1.04	6.04	1.93	3.24	111.15
(六)家庭服务	元	人	16.31	16.03	14.87	22.57	27.35	28.05	21.51
五、医疗保健	元	人	349.55	460.40	552.27	521.24	556.69	650.07	633.77
(一)医疗器具	元	人	12.06	3.21	1.20	0.74	0.40	0.48	6.85
(二)保健器具	元	人	1.87	4.24	12.28	11.59	14.36	0.74	11.70
(三)药品费	元	人	241.54	361.16	355.93	352.31	365.39	460.64	183.05
(四)滋补保健品	元	人	2.99	29.51	17.44	32.36	46.19	30.41	20.06
(五)医疗费	元	人	89.87	61.33	163.62	120.03	127.16	152.48	627.49
(六)其它医疗保健支出	元	人	1.22	0.95	1.81	4.20	3.19	5.33	
六、交通和通讯	元	人	690.08	703.15	977.52	1075.99	1494.01	1718.71	1966.82
(一)交通	元	人	273.82	272.57	553.99	616.17	960.36	1097.99	1377.27
(二)通信	元	人	416.26	430.58	423.54	459.82	533.65	620.72	589.56
七、教育文化娱乐服务	元	人	662.86	657.03	816.56	758.31	1021.01	1279.26	1327.95
(一)文化娱乐用品	元	人	156.24	200.16	222.43	261.06	285.44	400.88	693.67
(二)文化娱乐服务	元	人	196.56	146.13	198.40	205.91	387.41	431.99	214.55
(三)教育	元	人	310.05	310.75	395.73	291.34	348.15	446.39	419.73
八、其它商品和服务	元	人	202.80	215.44	265.17	335.87	404.65	478.5	466.04
(一)其它商品	元	人	116.27	149.99	201.89	216.19	274.90	344.55	339.01
(二)服务	元	人	86.53	65.45	63.28	119.68	129.75	133.95	127.03

9-23 城镇居民家庭平均每人非现金收入情况

项目	计量单位	附加单位	2007年	2008年	2009年	2010年	2011年	2012年	2013年
非现金(实物与服务)收入总	元	人	110.69	80.56	178.98	257.03	252.67	317.49	236.28
一、食品	元	人	93.53	72.41	149.65	205.13	192.75	238.19	14.25
㈠粮油类	元	人	24.20	15.28	28.99	23.62	27.36	25.21	3.59
㈡肉禽蛋水产品类	元	人	13.57	10.68	18.98	23.96	23.39	27.16	0.43
㈢蔬菜类	元	人	0.57	1.21	2.44	1.69	1.75	1.34	
㈤糖烟酒饮料类	元	人	16.83	20.97	23.23	57.58	53.89	69.87	1.10
㈥干鲜瓜果类	元	人	4.86	5.38	8.93	9.47	9.65	10.26	
㈦糕点、奶及奶制品	元	人	8.77	9.24	18.98	25.52	25.02	25.68	0.23
㈧其它食品	元	人	0.78	0.28	3.34	6.42	4.06	8.82	0.62
㈨饮食服务	元	人	23.94	9.37	44.76	56.89	47.62	69.86	8.27
二、衣着	元	人	5.95	1.78	10.33	12.36	11.91	12.19	0.23
三、居住	元	人		0.50	0.37	0.14	0.23	0.98	0.15
㈠住房	元	人		0.08	0.27		0.11		0.04
㈡水电燃料及其它	元	人			0.10	0.14	0.13	0.98	
㈢居住服务费	元	人		0.42					0.11
四、家庭设备用品及服务	元	人	2.17	3.45	3.22	15.32	17.96	12.76	3.31
五、医疗保健	元	人	7.00	0.50	3.48	12.48	11.52	25.23	215.43
其中:医疗基金	元	人	4.07	0.31	0.08				215.38
㈠医疗器具	元	人					0.13		
㈡保健用品	元	人			0.02			2.23	
㈢药品费	元	人	2.43	0.11	3.10	9.45	7.07	6.44	
㈣滋补保健品	元	人	0.37	0.08	0.18	1.53	3.92	3.09	
㈤医疗费	元	人	0.12		0.11	1.50	0.40	13.47	
㈥其它医疗保健	元	人							
六、交通和通讯	元	人	0.34	1.39	0.82	3.63	2.81	17.64	0.23
㈠交通	元	人	0.34		0.69	1.64	2.24	8.09	
㈡通信	元	人		1.39	0.13	1.99	0.57	9.55	
七、教育文化娱乐服务	元	人	0.16	0.10	5.46	5.90	12.97	6.07	2.67
㈠文化娱乐用品	元	人	0.16	0.10	4.46	1.33	1.69	1.06	
㈡文化娱乐服务	元	人			0.51	4.58	11.04	3.79	
㈢教育	元	人			0.50		0.24	1.22	
八、其它商品和服务	元	人	1.55	0.42	5.64	2.06	2.51	4.42	0.02

9-24 按收入等级分的城镇居民家庭平均每人现金收支情况(2013年)

指标*相对收入			合计	低20%	较低20%	中20%	较高20%	高20%
一、期初手存现金	元	人	3968.42	2776.92	2324.42	5074.56	4507.59	5600.72
二、家庭总收入	元	人	20641.52	11398.67	16869.87	20626.41	24737.89	33295.92
其中:可支配收入	元	人	20214.16	11159.39	16281.02	20334.43	24324.52	32608.03
(一)工资性收入	元	人	15701.70	9484.98	14451.70	15090.56	19345.16	22287.21
1.工资及补贴收入	元	人	13183.64	8466.86	13363.38	12261.16	14306.16	19455.01
2.其它劳动收入	元	人	2518.06	1018.12	1088.32	2829.40	5039.01	2832.20
(二)经营性收入	元	人	2700.85	835.96	525.59	2154.69	2780.45	8590.63
(三)财产性收入	元	人	439.71	340.25	40.43	241.21	715.95	967.12
1.利息收入	元	人	44.54	2.23	5.00	42.66	46.55	152.82
2.股息与红利收入	元	人	15.68	62.64		3.72		2.26
3.保险收益	元	人	1.95		6.80	2.99		
4.其它投资收入	元	人	23.90				116.84	
5.出租房屋收入	元	人	261.62	248.65	28.64	50.68	432.79	611.59
6.其它财产性收入	元	人	51.49	26.73		2.58	119.76	124.66
㈣转移性收入	元	人	1799.27	737.48	1852.14	3139.95	1896.33	1450.96
1.养老金或离退休金	元	人	1124.99	346.06	1472.18	2171.33	1195.63	417.47
2.社会救济收入	元	人	20.15	33.70	6.64	26.18	27.77	
其中:最低生活保障收入	元	人	19.67	33.53	6.64	24.01	27.77	
3.赔偿收入	元	人						
4.保险收入	元	人						
其中:失业保险金	元	人						
5.赡养收入	元	人	335.36	120.21	253.59	577.26	221.38	582.59
6.捐赠收入	元	人	196.54	98.76		289.55	313.34	311.06
7.记帐补贴	元	人	80.02	74.10	75.96	56.73	78.32	124.76
8.其它转移性收入	元	人	41.43	64.65	43.77	18.90	56.17	15.09
三、出售财物收入	元	人	9.20	1.46		2.08	40.10	1.45
出售其它物品收入	元	人	9.20	1.46		2.08	40.10	1.45
四、借贷收入	元	人	532.28	1139.61	435.32	254.31	385.14	314.95
1.提取储蓄存款	元	人	512.12	1137.32	435.32	252.22	333.82	261.35
2.借入款	元	人						
3.收回借出款	元	人	2.56				11.22	1.62
4.兑售有价证券	元	人						
5.住房贷款	元	人	8.40	0.83				50.54

9-24续　按收入等级分的城镇居民家庭平均每人现金收支情况(2013年)

指标*相对收入			合计	低20%	较低20%	中20%	较高20%	高20%
五、家庭总支出	元	人	16207.79	9771.99	13843.11	13082.43	23244.97	23336.26
(一)消费性支出	元	人	12604.16	7848.36	11925.72	11190.37	16280.80	17371.36
(二)财产性支出	元	人	1.34		0.53	0.69	3.42	2.46
非生产性贷款利息支出	元	人						
(三)转移性支出	元	人	1744.15	817.05	1413.95	1346.45	3368.03	1924.13
1.交纳所得税	元	人	13.19		9.97			69.11
2.捐赠支出	元	人	1151.51	672.85	1279.15	1145.19	1451.48	1311.53
3.购买彩票	元	人	0.86	0.26	0.09	2.23	0.21	1.76
4.赡养支出	元	人	358.83	89.81	54.39	84.69	1126.43	489.80
其中：在外就学子女费用	元	人	39.40	46.22	31.53	46.65	41.28	27.71
5.各种非储蓄性保险支出	元	人	38.08	8.22	20.37	18.12	129.13	12.61
其中：车辆保险支出	元	人	6.67	1.94			25.23	6.49
6. 其它转移性支出	元	人	181.68	45.91	49.98	96.24	660.77	39.32
(四)社会保障支出	元	人	334.15	165.18	502.91	235.25	335.05	494.03
1.个人交纳的养老基金	元	人	106.23	60.17	166.55	67.85	112.66	138.96
2.个人交纳的住房公积金	元	人	88.41	40.75	218.37	52.29	78.92	56.23
3.个人交纳的医疗基金	元	人	119.60	62.66	104.74	109.45	97.84	259.15
4.个人交纳的失业基金	元	人	8.55	1.57	13.20	5.32	9.99	15.11
5.其它社会保障支出	元	人	11.37	0.03	0.06	0.33	35.64	24.58
(五)购房与建房支出	元	人	1523.98	941.39		309.66	3257.67	3544.29
1.购房	元	人	737.29	702.85		234.55	233.47	2945.40
2.建房	元	人	786.69	238.54		75.11	3024.20	598.88
六、借贷支出	元	人	1027.06	429.64	898.25	1136.11	1393.52	1439.61
1.存入储蓄款	元	人	902.36	373.37	837.88	1075.51	1022.58	1368.74
2.借出款	元	人	9.51	34.69	0.19	6.93		
3.归还借款	元	人	0.23	0.83				0.25
4.储蓄性保险支出	元	人	32.50	18.24	12.29	8.41	61.88	70.61
5.其它投资支出	元	人						
6.归还住房贷款	元	人	82.46	2.50	47.89	45.26	309.05	
七、期末手存现金	元	人	766.73	460.61	155.38	1217.42	800.63	1338.27

9-25 按收入等级分的城镇居民家庭平均每人全年消费性支出(2013年)

指标*相对收入			合计	低20%	较低20%	中20%	较高20%	高20%
消费支出	元	人	12604.16	7848.36	11925.72	11190.37	16280.80	17371.36
其中:服务性消费支出	元	人						
一、食品	元	人	4102.57	3036.84	3675.18	4216.05	4630.85	5337.65
(一)粮油类	元	人	703.46	567.80	669.86	641.24	869.39	807.25
1.粮食	元	人	508.53	411.15	474.92	433.54	670.07	579.12
2.淀粉及薯类	元	人	45.27	34.17	54.50	47.56	39.67	54.13
3.干豆类及豆制品	元	人	33.32	29.52	36.11	33.88	33.80	34.05
4.油脂类	元	人	116.34	92.96	104.33	126.26	125.85	139.95
(二)肉禽蛋水产品类	元	人	809.43	676.66	802.08	802.81	814.96	1009.62
1.肉类	元	人	467.78	373.68	435.19	489.80	474.48	605.83
2.禽类	元	人	146.90	144.03	157.97	138.57	133.11	165.40
3.蛋类	元	人	117.95	103.68	124.84	105.27	130.34	130.31
4.水产品类	元	人	76.80	55.26	84.08	69.18	77.02	108.08
(三)蔬菜类	元	人	384.45	315.50	395.69	394.03	357.09	491.89
(四)调味品	元	人	68.16	54.25	68.37	64.86	71.94	87.20
(五)糖烟酒饮料类	元	人	574.63	340.17	417.98	688.03	700.15	799.70
1.糖类	元	人	18.37	14.30	14.75	16.98	20.97	27.07
2.烟草类	元	人	117.39	78.81	121.24	90.95	131.68	183.02
3.酒类	元	人	377.49	208.25	218.33	533.80	455.49	518.42
4.饮料	元	人	61.37	38.81	63.65	46.30	92.02	71.18
(六)干鲜瓜果类	元	人	323.54	244.29	311.42	332.50	332.43	429.16
(七)糕点、奶及奶制品	元	人	201.56	151.86	182.33	161.97	272.16	256.67
1.糕点	元/千克							
2.奶及奶制品	元	人	145.25	111.19	121.94	106.02	215.13	183.43
(八)其它食品	元	人	196.00	147.16	176.64	181.94	248.54	240.79
(九)饮食服务	元	人	841.35	539.16	650.81	948.67	964.20	1215.37
1.食品加工服务费	元	人	4.42	8.04	3.09	2.19	5.67	2.07
2.在外饮食	元	人	836.93	531.12	647.72	946.49	958.53	1213.31

9-25续 按收入等级分的城镇居民家庭平均每人全年消费性支出(2013年)

指标*相对收入			合计	低20%	较低20%	中20%	较高20%	高20%
二、衣着	元	人	1976.13	1357.85	1427.99	1830.21	2282.57	3322.24
㈠服装	元/件							
㈡衣着材料	元	人	3.58	0.77	1.31	1.75	8.74	6.11
㈢鞋类.单价	元/双		101.85	50.96	119.21	123.48	126.31	123.42
㈣其它衣着用品	元	人	76.44	50.05	59.92	64.12	90.65	131.76
㈤衣着加工服务费	元	人	3.17	0.77	3.22	2.68	3.73	6.46
三、居住	元	人	1191.09	805.47	894.64	837.19	1562.05	2078.60
㈠住房	元	人	519.50	264.89	296.15	161.80	847.39	1190.02
㈡水电燃料及其它	元	人	629.55	518.58	565.67	648.96	657.08	806.75
㈢居住服务费	元	人	42.03	22.00	32.82	26.43	57.58	81.83
四、家庭设备用品及服务	元	人	939.78	432.09	646.83	886.95	1364.79	1552.19
㈠耐用消费品	元	人	445.00	157.66	295.96	350.31	793.20	716.91
㈡室内装饰品	元	人	19.62	9.94	20.04	13.68	23.99	34.88
㈢床上用品	元	人	76.57	46.84	66.91	72.08	120.10	81.60
㈣家庭日用杂品	元	人	265.94	197.86	242.42	212.80	286.99	431.95
㈤家具材料	元	人	111.15	0.32	0.79	212.34	127.96	255.48
㈥家庭服务	元	人	21.51	19.47	20.70	25.75	12.56	31.38
五、医疗保健	元	人	633.77	530.04	594.54	693.48	776.39	575.27
㈠医疗器具	元	人	6.85	0.58	33.02	1.00	0.04	
㈡保健器具	元	人	11.70	2.10	7.96	26.36	20.50	0.50
㈢药品费	元	人	183.05	174.78	183.07	201.45	226.42	117.17
㈣滋补保健品	元	人	20.06	19.06	17.21	29.10	14.53	20.57
㈤医疗费	元	人	627.49	658.25	555.62	597.02	820.09	466.30
㈥其它医疗保健支出	元	人						
六、交通和通讯	元	人	1966.82	664.50	3126.49	958.43	3359.09	1933.97
㈠交通	元	人	1377.27	308.14	2533.17	433.31	2622.39	1119.97
㈡通信	元	人	589.56	356.36	593.32	525.12	736.70	814.01
七、教育文化娱乐服务	元	人	1327.95	803.53	1151.87	1412.39	1661.65	1765.48
㈠文化娱乐用品	元	人	693.67	295.21	441.88	765.34	991.52	1104.01
㈡文化娱乐服务	元	人	214.55	100.51	163.52	241.40	313.86	280.84
㈢教育	元	人	419.73	407.81	546.47	405.66	356.27	380.63
八、其它商品和服务	元	人	466.04	218.03	408.17	355.67	643.40	805.94
㈠其它商品	元	人	339.01	137.58	336.15	283.25	410.13	610.95
㈡服务	元	人	127.03	80.46	72.02	72.42	233.27	195.00

9-26 按收入等级分的城镇居民家庭平均每人非现金收入情况(2013年)

指标*相对收入			合计	低20%	较低20%	中20%	较高20%	高20%
非现金(实物与服务)收入总计	元	人	236.28	338.25	236.73	186.32	327.18	38.06
一、食品	元	人	14.25	10.14	14.59	18.35	19.75	7.62
㈠粮油类	元	人	3.59	4.28	3.05	4.52	3.40	2.36
㈡肉禽蛋水产品类	元	人	0.43	0.21	0.14	1.13		0.74
㈢蔬菜类	元	人						
㈤糖烟酒饮料类	元	人	1.10	0.65		1.16	3.50	
㈥干鲜瓜果类	元	人						
㈦糕点、奶及奶制品	元	人	0.23	0.11	0.07	0.61		0.40
㈧其它食品	元	人	0.62	0.47	1.18	0.42	0.37	0.72
㈨饮食服务	元	人	8.27	4.42	10.15	10.51	12.48	3.42
二、衣着	元	人	0.23	0.89			0.11	
三、居住	元	人	0.15	0.16		0.56		
㈠住房	元	人	0.04	0.16				
㈡水电燃料及其它	元	人						
四、家庭设备用品及服务	元	人	3.31	2.31	5.69	5.97	1.21	1.17
五、医疗保健	元	人	215.43	324.74	202.61	161.44	305.19	29.27
㈠医疗器具	元	人						
㈡药品费	元	人						
㈢滋补保健品	元	人						
㈣医疗费	元	人						
六、交通和通讯	元	人	0.23		0.19		0.92	
㈠交通	元	人						
㈡通信	元	人						
七、教育文化娱乐服务	元	人	2.67		13.55			
㈠文化娱乐用品	元	人						
㈡文化娱乐服务	元	人						
㈢教育	元	人						
八、其它商品和服务	元	人	0.02		0.10			

主要指标解释

一、农村居民

常住人口 指全年经常在家或在家居住6个月以上，而且经济和生活与本户连成一体的人口。

总收入 指调查期内农村住户和住户成员从各种来源渠道得到的收入总和。按收入的性质划分为工资性收入、家庭经营收入、财产性收入和转移性收入。

总支出 指农村住户用于生产、生活和再分配的全部支出。家庭经营费用支出、购置生产性固定资产支出、生产性固定资产折旧、税费支出、生活消费支出、财产性支出和转移性支出。

纯收入 指农村住户当年从各个来源得到的总收入相应地扣除所发生的费用后的收入总和。纯收入主要用于再生产投入和当年生活消费支出，也可用于储蓄和各种非义务性支出。“农民人均纯收入”按人口平均的纯收入水平，反映的是一个地区或一个农户农村居民的平均收入水平。计算方法：

纯收入 = 总收入 – 家庭经营费用支出 – 税费支出 – 生产性固定资产折旧 – 赠送农村内部亲友

现金收入 指农村住户和住户成员在调查期内得到以现金形态表现的收入。按来源分成工资性收入、家庭经营现金收入、财产性收入、转移性收入。

现金支出 指农村住户在调查期内用于生产、生活和再分配所支付的现金。包括家庭经营费用支出、缴纳的税费、购买生产性固定资产、生活消费、财产性和转移性支。

二、 城镇居民

家庭人口 指居住在一起，经济上合在一起共同生活的家庭成员。凡计算为家庭人口的成员其全部收支都应包括在调查表中，它与户籍管理部门的“常住人口”的含义不尽一致。

有收入者人口 指就业者及当月财产性收入、转移性收入、零星劳动收入在200元以上的非就业者。

就业人口 包括国有经济单位职工、城镇集体经济单位职工、其他各种经济类型单位职工、城镇个体或私营企业主、个体或私营被雇人员、离退休再就业人员、其他就业人口。

离退休再就业人员 指离退休人员接受原单位和其他单位聘用并单独领取离退休金以外报酬的人。包括离退休后领取个体执照、从事个体劳动的人以及在所调查的月份内从事社会劳动时间超过半个月，所取得的报酬在当地足以维持本人生活的离退休人员。

离退休人口 按规定退出工作岗位，并领取离退休金或养老金的人员。不包括离退休再就业人员。

可支配收入 指调查户可用于最终消费支出和其它非义务性支出以及储蓄的总和，即居民家庭可以用来自由支配的收入。它是家庭总收入扣除交纳的所得税、个人交纳的社会保障费以及调查户的记帐补贴后的收入。计算公式为：

可支配收入 = 家庭总收入—交纳个人所得税—个人交纳的社会保障支出—记帐补贴

家庭总支出 指家庭除借贷支出以外的全部实际支出。包括消费性支出、购房建房支出、转移性支出、财产性支出、社会保障支出。支出统计是以实际购得的商品或服务的总价值填报，不论其付款方式是一次付清、分期付款，还是赊购，只要商品或服务已被消费就要按其总价值计量。如果采用分期付款或赊购形式，则要在借贷收入类相应的项目填入实付款与总的应付款和差额。

消费性支出 指调查户用于家庭日常生活的全部支出。包括食品、衣着、居住、家庭设备用品及服务、医疗保健、交通和通讯、娱乐教育文化服务、其它商品和服务八大类等。包括用于赠送的商品或服务。

交通运输

● 资料整理：朱 丹

10-1 全社会公路客货运输量

年份	旅　客 周转量 （亿人公里）	客运量 （万人）	货　物 周转量 （亿吨公里）	货运量 （万吨）
1978			1.34	
1979			1.30	
1980			1.37	
1981			1.49	
1982			1.92	
1983	3.49		2.04	
1984	3.69		2.73	
1985	5.05		2.60	
1986	5.72			
1987	6.39			
1988	9.08		4.09	
1989	7.40		4.52	
1990	8.69		4.04	
1991	10.07		4.84	
1992	11.69		4.50	
1993	12.77		8.07	
1994	12.60	1817	10.09	1464
1995	14.28	2432	10.87	1556
1996	18.34	2474	10.82	2425
1997	18.53	3058	14.68	2446
1998	12.04	1863	15.72	317
1999	20.17	3136	24.72	1718
2000	20.74	3188	14.41	2049
2001	21.57	3269	20.20	2136
2002	22.41	3721	15.81	2368
2003	22.75	3766	15.99	2394
2004	23.09	3949	16.48	2452
2005	25.32	4417	18.29	2581
2006	27.62	4803	20.39	2763
2007	34.31	5655	31.47	4092
2008	57.70	8873	38.69	11713
2009	68.37	10652	479.70	13979
2010	78.01	12065	604.94	17432
2011	89.90	13749	729.53	20931
2012	97.02	14504	837.14	23953
2013	105.87	16314	938.33	27199

注：1.1985年以后公路客运、货运包括私人个体公路运输。

2.2008年，交通运输部组织开展了全国公路水路运输量专项调查，统计口径发生变化，公路水路客货运输量和周转量数据不宜进行历史对比。

10-2 全社会公路客货运输量（2013年）

指标	计量单位	总计	营业性	个体经济
一、客运量	万人	16314	16314	652
1、汽车	万人	16314	16314	652
2、其他机动车	万人			
二、旅客周转量	万人公里	1058720	1058720	26300
1、汽车	万人公里	1058720	1058720	26300
2、其他机动车	万人公里			
三、货运量	万吨	27199	27199	10052
1、汽车	万吨	21669	21669	4522
2、其他机动车	万吨	5279	5279	5279
3、轮胎式拖拉机	万吨	251	251	251
四、货运周转量	万吨公里	9383258	9383258	1871492
1、汽车	万吨公里	8993814	8993814	1482048
2、其他机动车	万吨公里	356146	356146	356146
3、轮胎式拖拉机	万吨公里	33298	33298	33298

10-3 公路运输工具拥有量（2013年底）

指　　标	计算单位	总计	营业性	
				个体
一、汽车	辆	74078	74078	39833
1、载客汽车	辆	4408	4408	151
	客位	133692	133692	2839
其中：大型	辆	1712	1712	5
	客位	76743	76743	835
中型	辆	2203	2203	67
	客位	50117	50117	1338
2、载货汽车	辆	71265	71265	39888
	吨位	748450	748450	147815
（1）普通载货汽车	辆	69670	69670	39682
	吨位	714152	714152	145462
其中：大型	辆	31311	31311	7157
	吨位	653777	653777	98614
其中：重型	辆	26663	26663	5025
	吨位	626033	626033	82514
中型	辆	4951	4951	2632
	吨位	15823	15823	9013
（2）专用载货汽车	辆	1595	1595	206
	吨位	34298	34298	2353
其中：集装箱车	辆	0	0	0
	TEU	0	0	0
二、其他机动车	辆	32098	32098	32098
	吨位	36788	36788	36788
三、轮胎式拖拉机	辆	885	885	885
	吨位	1315	1315	1315

批零贸易、住宿餐饮业

● 资料整理：张素芹　金长伟

11-1 各县(市、区）批发和零售业、住宿和餐饮业法人企业单位数（2013年）

单位：个

县（市、区）	批发业	#限额以上	零售业	#限额以上	住宿业	#限额以上	餐饮业	#限额以上
商丘市	**2198**	**77**	**2674**	**187**	**149**	**26**	**373**	**49**
梁园区	278	14	411	47	39	5	52	3
睢阳区	518	31	398	35	29	9	85	17
民权县	137	6	234	12	25	2	36	7
睢　县	142	0	300	14	15	2	17	
宁陵县	172	0	178	10	3	1	10	1
柘城县	251	9	376	17	7	3	38	4
虞城县	219	7	257	10	10	1	20	5
夏邑县	300	3	223	18	5		34	4
永城市	156	2	280	20	13	3	76	5
开发区	25	5	17	4	3		5	3

11-2 各县（市、区）社会消费品零售总额（2013年）

单位：亿元

县（市、区）	社会消费品零售总额	城镇	乡村	批发和零售业	住宿和餐饮业
商丘市	**623.42**	**460.45**	**162.97**	**518.74**	**104.68**
梁园区	152.30	152.16	0.14	133.13	19.17
睢阳区	85.98	79.63	6.35	74.70	11.28
民权县	45.87	29.39	16.48	38.09	7.78
睢　县	46.13	30.01	16.12	38.40	7.73
宁陵县	31.17	18.53	12.64	27.18	3.99
柘城县	50.35	29.80	20.55	41.55	8.80
虞城县	51.88	34.06	17.82	41.09	10.79
夏邑县	55.91	37.97	17.94	46.22	9.69
永城市	113.32	89.03	24.29	80.82	32.50
开发区	11.40	11.40		11.21	0.19

11-3 限额以上批发和零售业商品分类值销售情况（2013年）

单位：万元

指标名称	销售额	批发业	零售业
总　　计	**6166078**	**4267555**	**1898523**
1.食品、饮料、烟酒类	790186	620102	170085
(1)食品类	162045	53183	108862
其中：粮油类	55401	21975	33426
肉禽蛋类	22858	8770	14088
水产品类	972	0	972
蔬菜类	3154	0	3154
干鲜果品类	5632	0	5632
(2)饮料类	24701	0	24701
(3)烟酒类	603440	566919	36521
2.服装、鞋帽、针纺织品类	71462	3319	68144
(1)服装类	46561	548	46013
(2)鞋帽类	12098	254	11844
(3)针、纺织品类	12804	2517	10286
3.化妆品类	13889	0	13889
4.金银珠宝类	10986	0	10986
5.日用品类	31978	2102	29876
其中：洗涤用品类	9023	0	9023
儿童玩具类	3456	0	3456
6.五金、电料类	24963	16427	8536
7.体育、娱乐用品类	1692	0	1692
8.书报杂志类	33031	0	33031
9.电子出版物及音像制品类	2057	0	2057
10.家用电器和音像器材类	58568	6843	51725
11.中西药品类	575420	537246	38174
其中：西药类	492576	471698	20879
中草药及中成药类	67977	56639	11338
12.文化办公用品类	11415	2342	9073
13.家具类	17487	0	17487
14.通讯器材类	3491	0	3491
15.煤炭及制品类	508273	508113	160
16.木材及制品类	8878	8878	0
17.石油及制品类	549054	65316	483739
18.化工材料及制品类	250010	240821	9189
其中：化肥类	57104	49480	7624
19.金属材料类	1582026	1582026	0
20.建筑及装潢材料类	32234	30970	1265
21.机电产品及设备类	121122	102594	18528
其中：农机类	2271	2271	0
22.汽车类	983176	73481	909695
23.种子饲料类	5222	3704	1518
24.棉麻类	13578	13578	0
25.其他类	465880	449695	16184

11-4 各县(市、区)限额以上批发零售企业商品购销存总额(2013年)

单位：万元

指标名称	商品购进总额	销售总额			年末商品库存总额
		合计	批发额	零售额	
商丘市	**4884201**	**6158671**	**4617013**	**1541657**	**554432**
梁园区	986824	1050954	216084	834869	62147
睢阳区	1085980	1249743	998227	251517	90939
民权县	437609	417066	350449	66617	357793
睢　县	70392	81438	10672	70766	2262
宁陵县	15522	18847	3425	15422	554
柘城县	79367	82334	41086	41248	2805
虞城县	131417	152294	115157	37137	8221
夏邑县	83173	83002	25889	57113	3154
永城市	1744927	2763361	2649489	113872	9842
开发区	248992	259633	206537	53096	16716

11-5 限额以上住宿和餐饮业法人经营情况（2013年）

单位：万元

指标名称	营业额	客房收入	餐费收入	商品销售额	其他收入
商丘市	**67155**	**17738**	**45526**	**2500**	**1391**
住宿业	24234	12937	9290	929	1078
餐饮业	42921	4801	36236	1571	313
县（市、区）					
梁园区	7271	1306	4931	123	911
睢阳区	19528	6443	12325	603	157
民权县	11537	2583	8954		
睢　县	935	621	259	56	
宁陵县	731	392	265	74	
柘城县	6489	2602	3888		
虞城县	7317	754	5528	932	103
夏邑县	4153	629	2813	641	70
永城市	7716	2180	5322	64	149
开发区	1479	230	1242	7	

11-6 限额以上批发和零售业、住宿和餐饮业主要财务指标(2013年)

单位：万元

指标名称	批发业	零售业	住宿业	餐饮业
流动资产合计	849817	304373	20221	9138
固定资产合计	102474	86606	13387	18922
固定资产原价	125288	108402	16636	22964
累计折旧	26893	24828	3375	4198
本年折旧	2482	4704	644	1032
资产总计	1008210	500698	44765	36455
流动负债合计	659875	252811	14529	9006
负债合计	689813	317330	23846	12713
所有者权益	318397	183369	20919	23742
主营业务收入	4090449	1527613	24067	45093
主营业务成本	3794623	1369831	13268	27768
主营业务税金及附加	46160	10884	1101	2359
其他业务利润	2467	4517	57	132
销售费用	30917	43446	4174	4222
管理费用	46755	30313	2829	3021
财务费用	3881	6681	666	600
营业利润	168037	69533	2192	7125
利润总额	139327	70248	2158	6642
应交所得税	17291	6034	147	392
应付职工薪酬(本年贷方累计发生额)	51641	36908	5353	6402
应交增值税	48239	42335		

主要指标解释

社会消费品零售总额　指批发和零售业、住宿和餐饮业、新闻出版业、邮政业和其他服务业等，售予城乡居民用于生活消费的商品和社会集团用于公共消费的商品之总量。社会消费品零售总额包括：

一、批发和零售业企业（单位）：

1. 售予城乡居民的各种生活消费品；

2. 售予入境旅游的外国人、华侨、港澳台同胞的各类商品；

3. 售予行政事业单位、社会团体、军队和武警等机构的商品，以及以零售方式售予各类企业的商品。具体包括：用于非生产和社会交往的办公用品，如通讯设备、计算器具和设备、电讯网络设备、文印设备、音像视听器材和设备、纸张、本册、文具及装订文印材料、家具、日用电器、针纺织品、清洁卫生用品、文体用品、奖品、纪念品、礼品等；供内部人员乘坐的交通工具和燃料；用于办公设施修缮的各类配件、材料、工具等；用于取暖和防暑降温的设备、燃料、材料及食品等；专用于教学的用品和设备；非营利医疗机构的中、西药品、中药材和医疗设备器材；非专用的劳动保护用品；不对外营业的内部食堂用的餐具、炊具、设备、清洁卫生工具和食品、燃料等；军队、武警用于其人员生活的衣着品和个人用品；其他各类非生产性设备和用品。

二、住宿和餐饮业出售的主食、菜肴、烟酒饮料和其他商品。

三、新闻出版业、邮政业售予城乡居民、企事业单位、军队和武警等机构的书报杂志、音像制品、邮品等。

四、其他服务业出售的食品、烟酒饮料、服装鞋帽、日常生活用品、医药保健用品、艺术品、工艺美术品、玩具、殡葬用品以及其他消费品。

批发业　指批发商向批发、零售单位及其他企事业、机关单位批量销售生活用品和生产资料的活动，以及从事进出口贸易和贸易经纪与代理的活动。批发商可以对所批发的货物拥有所有权，并以本单位、公司的名义进行交易活动；也可以不拥有货物的所有权，而以中介身份做代理销售商。还包括各类商品批发市场中固定摊位的批发活动。

零售业　指百货商店、超级市场、专门零售商店、品牌专卖店、售货摊等主要面向最终消费者（如居民等）的销售活动。包括以互联网、邮政、电话、售货机等方式的销售活动，还包括在同地点，后面加工生产，前面销售的店铺（如前店后厂的面包房）。不包括：谷物、种子、饲料、牲畜、矿产品、生产用原料、化工原料、农用化工产品、机械设备（用车、计算机及通信设备等除外）等生产资料的销售（批发业）；非零售单位附带的零售活动（如汽车修理单位销售汽车零件）；商业零售单位所在商厦的物业管理（物业管理）；商业零售单位所在的商品市场、商业大厦的市场管理活动（市场管理）。

批发和零售业商品购、销、存总额　指各种登记注册类型的批发、零售业企业（单位）以本企业（单位）为总体的，从国内、国外市场购进的商品总量，销售和出口的商品总量、库存商品总量等情况。该指标可以反映商品流转过程中商品的购进、销售、库存之间的比例关系和存在的问题。

商品购进总额　指从本企业（单位）以外的单位和个人购进（包括从境外直接进口）作为转卖或加工后转卖的商品总额。它反映批发和零售业从国内、国外市场上购进商品的总量。商品购进总额包括：(1) 从工农业生产者购进的商品；(2) 从出版社、报社的出版发行部门购进的图书、杂志和报纸；(3) 从各种登记注册类型的批发和零售企业（单位）购进的商品；(4) 从其他单位购进的商品，如从机关、团体、企业等单位购进的剩余物资，从餐饮业、服务业购进的商品，从海关、市场管理部门购进的缉私和没收的商品，从居民手中收购的废旧商品等；(5) 从国（境）外直接进口的商品。不包括企业（单位）为自身经营用和未通过买卖行为而收入的商品以及销售退回、商品升溢等。

商品销售总额　指对本企业（单位）以外的单位和个人出售（包括对境外直接出口）的商品总额。它反映批发和零售业在国内市场上销售商品以及出口商品的总量。商品销售总额包括：(1) 售给城乡居民和社会集团消费用的商品；(2) 售给工业、农业、建筑业、运输邮电业、批发和零售业、住宿和餐饮业、服务业等作为生产、经营使用的商品；(3) 售给批发和零售业作为转卖或加工后转卖的商品；(4) 对国（境）外直接出口的商品。不包括出售本企业（单位）自用的废旧包装用品；未通过买卖行为付出的商品；经本单位介绍，由买卖双方直接结算，本单位只收取手续费的业务；购货退出的商品以及商品损耗和损失等。

期末库存额　指报告期末各种登记注册类型的批发和零售企业（单位）已取得所有权的商品。它反映批发和零售企业（单位）的商品库存情况和对市场商品供应的保证程度。期末库存包括：(1) 存放在批发和零售业经营单位（如门市部、批发站、经营处）仓库、货场、货柜和货架中的商品；(2) 挑选、整理、包装中的商品；(3) 已记入购进而尚未运到本单位的商品，即发货单或银行承兑凭证已到而货未到的部分；(4) 寄放他处的商品，如因购货方拒绝承付而暂时存放在购货方的商品和已办完加工成品收回手续而未提回的商品；(5) 委托其他单位代销（未作销售或调出）尚未售出的商品；(6) 代其他单位购进尚未交付的商品。不包括所有权不属于本单位的商品、拨付除批发和零售业以外的其他行业所属独立核算加工厂等加工生产尚未收回成品的商品、代国家物资储备部门保管的商品等。

库存额采用的计算价格是：农副产品采购单位按购进价计算；批发单位按进货价计算；零售单位按核算价格计算，即按什么价格核算就按什么价格计算。

住宿业　指有偿为顾客提供临时住宿的服务活动。不包括：提供长期住宿场所的活动（如出租房屋、公寓等）。

餐饮业　指在一定场所，对食物进行现场烹饪、调制，并出售给顾客主要供现场消费的服务活动。

住宿和餐饮业经营情况

1. 营业额：指住宿和餐饮业法人企业、产业活动单位在经营活动中，因提供服务或销售商品等取得的收入。包括：客房收入、餐费收入、商品销售收入和其他收入。

2. 客房收入：指住宿和餐饮法人企业、产业活动单位在经营活动中因提供住宿服务取得的客房收入。

3. 餐费收入：指住宿和餐饮法人企业、产业活动单位因为顾客提供就餐服务取得的餐费收入。包括：经烹饪、调制加工后出售的各种食品，如主食、炒菜、凉拌菜等的收入。

4. 商品销售收入：指住宿和餐饮法人企业、产业活动单位伴随服务而出售商品所取得的收入。

5. 其他收入：指营业收入中除客房收入、餐费收入、商品销售收入以外的其他收入。包括娱乐、健身和商务服务等。

批发零售、住宿餐饮财务指标

资产总计 指企业过去的交易或者事项形成的、由企业拥有或者控制的、预期会给企业带来经济利益的资源。资产一般按流动性（资产的变现或耗用时间长短）分为流动资产和非流动资产。其中流动资产可分为货币资金、交易性金融资产、应收票据、应收账款、预付款项、其他应收款、存货等；非流动资产可分为长期股权投资、固定资产、无形资产及其他非流动资产等。根据会计“资产负债表”中“资产总计”项目的期末余额数填报。

执行 2006 年《企业会计准则》的企业：资产总计 = 流动资产合计 + 非流动资产合计；未执行 2006 年《企业会计准则》企业的资产包括流动资产、长期投资、固定资产、无形资产和其他资产等。

负债合计 指企业过去的交易或者事项形成的，预期会导致经济利益流出企业的现时义务。负债一般按偿还期长短分为流动负债和非流动负债。根据会计“资产负债表”中“负债合计”项目的期末余额数填报。

执行 2006 年《企业会计准则》的企业：负债合计 = 流动负债合计 + 非流动负债合计；未执行 2006 年《企业会计准则》企业的负债包括流动负债和长期负债。

主营业务收入 指企业确认的销售商品、提供劳务等主营业务的收入。根据会计“主营业务收入”科目的期末贷方余额（结转前）填报。执行 2006 年《企业会计准则》的企业，如未设置该科目，以“营业收入”代替填报。

主营业务成本 指企业经营主要业务所发生的成本总额。根据会计“主营业务成本”科目的期末借方余额(结转前)填报。执行 2006 年《企业会计准则》的企业，如未设置该科目，以“营业成本”代替填报。

主营业务税金及附加 指企业经营主要业务应负担的营业税、消费税、城市维护建设税、教育费附加等。根据会计“主营业务税金及附加”科目的期末借方余额（结转前）填报。执行 2006 年《企业会计准则》的企业，如未设置该科目，以“营业税金及附加”代替填报。

营业利润 指企业从事生产经营活动所取得的利润。执行 2006 年《企业会计准则》的企业，营业利润为营业收入减去营业成本、营业税金及附加、销售费用、管理费用、财务费用、资产减值损失，再加上公允价值变动收益和投资收益。未执行 2006 年《企业会计准则》的企业，营业利润为主营业务收入减去主营业务成本、主营业务税金及附加，加上其他业务利润后，再减去销售费用、管理费用、财务费用后的金额。根据会计“利润表”中“营业利润”项目的本期金额数填报。

利润总额 指企业在一定会计期间的经营成果，是生产经营过程中各种收入扣除各种耗费后的盈余，反映企业在报告期内实现的亏盈总额。根据会计“利润表”中“利润总额”项目的本期金额数填报。执行 2006 年《企业会计准则》的企业，利润总额为营业利润加上营业外收入，减去营业外支出后的金额；未执行 2006 年《企业会计准则》的企业，利润总额为营业利润加上投资收益、补贴收入、营业外收入，再减去营业外支出后的金额。

应交增值税 指企业按税法规定，从事货物销售或提供加工、修理修配劳务等增加货物价值的活动本期应交纳的税金。根据会计相关科目贷方累计发生额，按下述公式计算填报：

应交增值税 = 销项税额 –（进项税额 – 进项税额转出）– 出口抵减内销产品应纳税额 – 减免税款 + 出口退税

对外经济贸易、旅游

● 资料整理：方学志

12-1　各县（市、区）出口总值

单位：万美元

县（市、区）	2005	2006	2007	2008	2009	2010	2011	2012	2013
合　计	**4730**	**9648**	**6047**	**8009**	**8902**	**10285**	**16589**	**19575**	21185
梁园区	682	729	810	948	1071	1282	2067	2489	2190
睢阳区	1458	1446	1353	1268	1087	1310	1763	2165	1369
民权县	2	14	17	8	193	207	332	240	365
睢　县	214	320	446	473	768	917	1010	1195	877
宁陵县	202	19	2	8	84	205	349	362	604
柘城县		26	109	324	369	545	1355	1602	1188
虞城县	750	491	693	1280	1429	1985	3377	4318	6746
夏邑县	26	16	77	152	357	612	1908	2322	3183
永城市	1280	6122	1617	2493	1132	1142	1155	501	412
开发区	116	465	913	1055	1683	2080	3273	4381	4125

注：1、以上数据均由市商务局提供。

2、2003年分县数字按海关反馈企业数汇总。

12-2　各县（市、区）实际利用外资情况

县（市、区）	实际利用外商直接投资(万美元)	实际利用省外资金(亿元)
合　计	**27649**	**470.40**
梁园区	2935	57.57
睢阳区	2902	56.86
民权县	2670	50.70
睢　县	3310	39.69
宁陵县	2990	38.63
柘城县	2820	40.44
虞城县	3502	50.11
夏邑县	3050	51.58
开发区	4580	40.52
永城市	2880	44.30

注：此数据由市商务局提供。

12-3　接待国际、国内旅游者人数和收入

	单　位	数　值
一、接待国际旅游者	万人次	1.2
二、接待国际旅游者收入	万美元	268
三、接待国内旅游者	万人次	1283.9
四、接待国内旅游者收入	亿元	23.2
五、国内外旅游者总数	万人次	1285
六、国内外旅游收入总数	亿元	23.4

注：本表数字由市旅游局提供。

主要指标解释

对外贸易实际出口 指在对外贸易中实际离开我国口岸或边境直接出口或转口的商品，包括来料加工费（工缴费）和补偿贸易出口。

利用外资 是指我国各级政府、部门、企业、中国银行和其他单位通过对外借款、吸收外商直接投资和外商其他投资方式，从国外和港澳台地区筹措的资金。

外商直接投资 是指外国企业和经济组织或个人（包括华侨、港澳台胞以及我国在境外注册的企业）按我国有关政策、法规，用现汇、实物、技术等在我国的境内开办外商独资企业、与我国境内的企业或经济组织共同举办中外合资经营企业、合作经营企业或合作开发资源的投资（包括外商投资收益的再投资）以及经政府有关部门批准的项目投资总额内，企业从境外借入的资金。

对外贸易的统计范围 海关统计是中国的官方对外贸易统计。统计的依据是中国各地海关对进出口货物执行实际监管的进出口报关单。

一般贸易 是指我国境内有进出口经营权的企业单边进口或单边出口的货物。

旅游人数 指来我国参观、访问、旅行、探亲、访友、休养、考察、参加会议和从事经济、科技、文化、教育、体育、宗教等活动的国内外人数。

财政、金融、税收、保险

● 资料整理：朱 丹

13-1 地方公共财政预算收入

单位：万元

项目	2001	2002	2003	2004	2005	2006
收入总计	**86956**	**105608**	**117666**	**141553**	**165572**	**207872**
一、增值税	11022	13520	17975	20430	31615	37314
二、营业税	12028	14303	18334	25705	36743	48265
三、企业所得税	15628	6046	6133	8133	12591	14218
四、个人所得税	6353	3366	2909	5910	7543	9369
五、资源税	987	1230	1627	1990	3992	6488
六、固定资产投资方向调节税	10					
七、城市维护建设税	3084	3939	5187	8110	8722	9767
八、房产税	2291	2870	2915	3231	3096	3924
九、印花税	224	242	413	469	790	1247
十、城镇土地使用税	250	300	329	941	1520	2693
十一、土地增值税	1	5	7	158	298	802
十二、车船使用和牌照税	238	256	270	325	270	303
十三、屠宰税	1958	486				
十四、农业税	4471	40251	36816	24096		
十五、农业特产税	13529	1062	1789	2094	1838	1156
十六、耕地占用税	95	15	29	1639	7793	9072
十七、契税	1171	826	1734	3497	5876	9244
十八、国有资产经营收益	1501	1251	3786	2204	2931	4779
十九、国有企业计划亏损补贴	-6276	-2534	-3201	-765	-2	-2
二十、行政性收费收入	5020	7610	10598	20539	20210	25165
二十一、罚没收入	10817	8377	6949	8232	12656	12692
二十二、专项收入	1785	1947	2262	3839	5959	8129
二十三、其他收入	769	240	805	776	1131	1408

13-1续　地方公共财政预算收入

单位：万元

项　　目	2007年	2008	2009	2010	2011	2012	2013
收入总计	**267114**	**315912**	**353666**	**430028**	**564443**	**701907**	**858381**
税收收入				338152	453159	528961	632576
增值税	44928	58225	65496	75588	95278	93872	89556
营业税	62005	75922	82440	103780	153502	187115	235489
企业所得税	22891	22169	21892	30144	34635	40070	46684
个人所得税	11499	10150	12069	13293	13775	16550	17162
资源税	7206	7452	8012	8715	8706	9953	8509
城市维护建设税	13147	15333	16444	21866	30463	37805	36764
房产税	4294	4911	5228	5241	6456	9358	8425
印花税	2052	2875	2948	4075	7023	7916	8936
城镇土地使用税	4499	11208	10518	10272	15126	20100	20053
土地增值税	3414	4976	8069	13483	19452	28228	44831
车船税	432	1519	3682	5624	7202	8398	9067
耕地占用税	11919	14240	13025	10630	15165	20578	34287
契税	13475	9992	19512	33892	45042	47395	71172
烟叶税	1034	1265	1437	1549	1334	1623	1641
非税收入	64319	75675	82894	91876	111284	172946	225805
专项收入	11328	14460	16065	17503	22867	32581	30364
行政事业性收费收入	27183	31988	34203	46236	45613	73458	77615
罚没收入	23182	17368	16517	20774	24347	41278	48144
国有资本经营收入	1020	7725	11933	2081	1500		
国有资源（资产）有偿使用收入	1319	1340	3420	4606	13056	24717	67448
其他收入	287	2794	756	676	3901	912	2234

13-2 地方公共财政预算支出

单位：万元

项　　目	2001	2002	2003	2004	2005	2006
本年支出总计	**211798**	**299399**	**329464**	**400620**	**531501**	**737129**
一、基本建设支出类	10244	18168	15856	26245	41646	37297
二、企业挖潜改造资金	428	817	1373	3680	2286	1825
三、科技三项费用	889	1331	1538	1658	1887	2676
四、农业支出	3359	4460	10701	13990	20081	29578
五、林业支出				4478	3457	4814
六、水利和气象支出	6805	9632	4163	5250	7360	9301
七、工业交通等部门事业费	776	971	1278	1941	2612	4507
八、流通部门事业费	105	303	295	349	810	1023
九、文体广播事业费类	7719	11127	13963	21077	24630	27001
十、教育事业支出	56594	73371	79246	96322	126402	173017
十一、科学支出	576	700	768	894	1082	1453
十二、医疗卫生支出	8532	11337	15733	15446	19878	35875
十三、其他部门的事业费		9616	11986	12994	20824	19392
十四、抚恤和社会福利救济费类	7151	11336	17775	17843	25032	36368
十五 、行政事业单位离退休支出	24480	32303	37578	42607	47172	55747
十六、社会保障补助支出	6881	12721	16563	17741	19903	27823
十七、行政管理费类	36848	48797	54757	57833	71262	80345
十八、公检法司支出类	15770	19942	21289	25034	30725	36125
十九、城市维护费	5804	10118	6975	9475	15293	18529
二十、政策性补贴支出类	300	3415	209	759	1026	63353
二十一、支援不发达地区支出类	574	532	511	393	529	325
二十二、海域开发建设和场地使用费支出	2	9				
二十三、车辆税费支出				60	5844	9214
二十四、专项支出类	2019	2462	2349	4703	7449	10170
二十五、其他支出				19848	34311	51286

13-2续 地方公共财政预算支出

单位：万元

项　目	2007年	2008	2009	2010	2011	2012	2013
本年支出总计	**938045**	**1179373**	**1511126**	**1799813**	**2290374**	**2863059**	**3148354**
一般公共服务	151495	175673	212328	245352	276884	343639	395020
外交							
国防	10		950	1464	4074	3738	3915
公共安全	52328	61436	83426	97740	98281	117810	119448
教育	261034	358573	388872	435776	615974	739538	793936
科学技术	7011	9118	10351	12405	15847	18657	20104
文化体育与传媒	19679	14597	16415	18067	17526	22796	26969
社会保障和就业	162170	176113	236708	240584	312613	367825	431625
医疗卫生	60470	93320	129041	180850	247894	296509	364365
节能环保	24408	30541	33824	30414	41490	44180	37659
城乡社区事务	42922	60719	53922	48626	44608	65032	59241
农林水事务	76611	106946	167704	187701	227438	377263	429591
交通运输	27430	18077	75945	65756	119394	166795	136708
资源勘探电力信息等事务			19150	22876	24731	26151	32823
商业服务业等事务	22477	41590	50461	64651	46311	24035	13663
金融监管等事务支出			3350	623	1795	2938	2476
地震灾后恢复重建支出				1669			
国土资源气象等事务				16243	23875	20535	30166
住房保障支出				82534	133379	193781	172737
粮油物资储备管理事务			28679	6624	3296	4127	5192
储备事务支出					2156		
国债还本付息支出				48	312	1312	1120
其他支出	30000	32670	50461	39810	32496	26398	71596

13-3 各县（市、区）财政公共预算收入（2013年）

单位：万元

项目	商丘市	市直	梁园区	睢阳区	虞城县	民权县
本年收入合计	**858381**	**148699**	**71296**	**68273**	**56444**	**50005**
一、税收收入	632576	98249	52869	48145	44042	38496
增值税	89556	6119	5393	3728	5200	4659
营业税	235489	37217	22994	23122	16679	18081
企业所得税	46684	8647	4710	4698	4017	2723
企业所得税退税						
个人所得税	17162	4760	1602	921	471	396
资源税	8509		5	108	158	72
城市维护建设税	36764	5696	2823	2367	1352	1489
房产税	8425	1807	1360	349	298	338
印花税	8936	629	1508	538	314	470
城镇土地使用税	20053	2329	2694	2691	277	853
土地增值税	44831	6476	4344	3997	4569	2832
车船税	9067	1661	1897	837	262	551
耕地占用税	34287	1628	3539	3093	3138	1032
契税	71172	21280		1263	6913	5000
烟叶税	1641			433	394	
其他税收收入						
二、非税收入	225805	50450	18427	20128	12402	11509
专项收入	30364	3615	1482	1277	1280	1745
行政事业性收费收入	77615	23676	2847	7956	5250	5440
罚没收入	48144	16547	3466	2284	5488	3140
国有资本经营收入						
国有资源(资产)有偿使用收入	67448	6346	10606	8611	384	1061
其他收入	2234	266	26			123

13-3续　各县（市、区）财政公共预算收入（2013年）

单位：万元

项　　目	宁陵县	睢县	夏邑县	柘城县	永城市	开发区	商务中心区
本年收入合计	**26966**	**36660**	**43098**	**43826**	**278766**	**33913**	**435**
一、税收收入	22688	30628	34641	30455	202431	29499	433
增值税	2067	2179	3736	1986	52683	1806	
营业税	10351	12707	16613	16060	52446	9152	67
企业所得税	1221	1733	2009	1230	12893	2803	
企业所得税退税							
个人所得税	288	376	488	360	7256	244	
资源税	9	119	68	2	7968		
城市维护建设税	1036	836	1278	1080	17612	1190	5
房产税	114	161	127	202	3184	485	
印花税	201	277	262	229	4173	328	7
城镇土地使用税	577	534	103	1104	6455	2384	52
土地增值税	1309	3540	3138	2527	8086	4013	
车船税	713	356	1022	450	1314	4	
耕地占用税	369	1768	2724	761	13552	2683	
契税	4433	5638	2970	4157	14809	4407	302
烟叶税		404	103	307			
其他税收收入							
二、非税收入	4278	6032	8457	13371	76335	4414	2
专项收入	786	792	1206	1346	16324	509	2
行政事业性收费收入	2391	4014	5432	5561	12865	2183	
罚没收入	497	814	589	5516	9211	592	
国有资本经营收入							
国有资源(资产)有偿使用收入	453	398	1230	316	37935	108	
其他收入	151	14		632		1022	

13-4 各县（市、区）财政公共预算支出（2013年）

单位：万元

项　　目	商丘市	市直	梁园区	睢阳区	虞城县	民权县
本年支出合计	**3148354**	**387565**	**248126**	**263362**	**325362**	**275369**
一、一般公共服务	395020	28941	38152	35964	80656	26636
二、外交						
三、国防	3915	3175	2		6	2
四、公共安全	119448	41521	5196	3375	4700	11282
五、教育	793936	40855	63199	74158	88390	69543
六、科学技术	20104	2768	1812	2587	816	496
七、文化体育与传媒	26969	6481	1643	1756	1557	2589
八、社会保障和就业	431625	32176	41402	40953	45876	42049
九、医疗卫生	364365	19026	21065	30106	42480	37841
十、节能环保	37659	14887	504	448	883	2826
十一、城乡社区事务	59241	24947	5226	3535	574	1815
十二、农林水事务	429591	22874	28573	35345	33629	52004
十三、交通运输	136708	46839	8259	4133	5109	8814
十四、资源勘探电力信息等事务	32823	8087	1038	519	2834	3306
十五、商业服务业等事务	13663	4615	1710	1880	866	480
十六、金融监管等事务支出	2476	331	687		237	85
十七、地震灾后恢复重建支出						
十八、国土资源气象等事务	30166	4277	88	30	339	1567
十九、住房保障支出	172737	19015	28488	28405	15928	12759
二十、粮油物资储备事务支出	5192	627	829	168	266	974
二十一、国债还本付息支出	1120	516				261
二十二、其他支出	71596	65607	253		216	40

13-4续　各县（市、区）财政公共预算支出（2013年）

单位:万元

项　　目	宁陵县	睢县	夏邑县	柘城县	永城市	开发区	商务中心区
本年支出合计	**206278**	**244566**	**330689**	**297736**	**522801**	**46470**	**30**
一、一般公共服务	16430	29441	29387	36115	67466	5832	
二、外交							
三、国防	2	2	4	5	717		
四、公共安全	5827	9942	10787	7472	18726	620	
五、教育	60828	72587	92640	84474	140636	6626	
六、科学技术	3508	1386	650	3506	2025	550	
七、文化体育与传媒	1800	2063	3090	2412	3546	32	
八、社会保障和就业	30874	29554	51479	45726	68722	2814	
九、医疗卫生	28039	34438	45607	46008	57709	2046	
十、节能环保	1215	2183	3989	1440	5645	3639	
十一、城乡社区事务	1453	1589	2180	584	4900	12438	
十二、农林水事务	30135	38911	59764	55523	71091	1712	30
十三、交通运输	8484	5348	5377	3018	40318	1009	
十四、资源勘探电力信息等事务	538	987	1940	3435	3053	7086	
十五、商业服务业等事务	390	1060	1377	381	532	372	
十六、金融监管等事务支出		30	31	50	1025		
十七、地震灾后恢复重建支出							
十八、国土资源气象等事务	532	500	1385	829	20482	137	
十九、住房保障支出	15588	14024	19496	6475	11156	1403	
二十、粮油物资储备事务支出	275	315	399	277	1062		
二十一、国债还本付息支出			197	6		140	
二十二、其他支出	360	206	910		3990	14	

13-5　商丘银行信贷收支情况(2013年)

单位:万元

项目	绝对额	项目	绝对额
资金运用总计	**1632527**	**资金来源总计**	**1632527**
一、各项贷款	823991	一、各项存款	1495085
（一）境内贷款	823991	1、单位存款	704598
1、短期贷款	597074	其中：活期存款	464241
（1）个人贷款及透支	200269	定期存款	97925
其中：个人消费贷款	10797	通知存款	200
（2）单位普通贷款及透支	396805	保证金存款	141232
其中：经营贷款	396805	2、个人存款	783142
固定资产贷款		储蓄存款	783142
（3）普通并购贷款		保证金存款	
（4）银团贷款		结构性存款	
（5）贸易融资		3、临时性存款	7345
(6)境外筹资转贷款		4、其他存款	
2、中长期贷款	130407	二、代理财政性存款	
（1）个人贷款	27232	三、金融债券	
其中：个人消费贷款	9969	其中：境外发行	
（2）单位普通贷款	103175	四、中长期借款	
其中：经营贷款	103175	其中：境外借款	
固定资产贷款		五、应付及暂收款	22286
（3）普通并购贷款		其中：应付利息	15319
（4）银团贷款		六、卖出回购资产	
（5）贸易融资		七、向中央银行借款	
（6）境外筹资转贷款		八、同业往来（来源方）	7749
3、融资租赁		1、同业存放	7749
4、票据融资	96510	其中：境外同业存放	
其中：贴现	96510	2、同业拆借	
5、各项垫款		其中：境外同业拆借	
（二）境外贷款		九.境外联行往来（来源方）	
二、有价证券	84777	十.外汇买卖（来源方）	
三、股权及其他投资	192276	其中：结售汇	
四、应收及预付款	6921	十一、委托存款及委托投资基金(净)	
其中：应收利息	3651	1、委托存款及委托投资基金	200
五、买入返售资产		2、减：委托贷款及委托投资	200
六、存放中央准备金存款	435322	十二、代理金融机构委托贷款基金	
七、存放中央银行特种存款		其中：中央银行委托贷款基金	
八、缴存中央银行财政性存款	4129	十三、各项准备	10883
九、同业往来	65437	其中：贷款损失准备	9770
1、存放同业	65437	十四、所有者权益	162008
其中：存放境外同业		其中：实收资本	85298
2、拆放同业		十五、其他	-65484
其中：拆放境外同业			
十、境外联行往来（运用方）			
十一、代理金融机构贷款			
其中：代理人行专项贷款			
十二、库存现金	19674		
十三、外汇买卖（运用方）			
其中：结售汇			
十四、投资性房地产			

13-6 农村信用社信贷收支情况（2013年）

单位:万元

项目	绝对额	项目	绝对额
资金运用总计	**3182299**	**资金来源总计**	**3182299**
一、各项贷款	1751625	一、各项存款	3081104
（一）境内贷款	1751625	1、单位存款	309746
1、短期贷款	1342722	其中：活期存款	258383
（1）个人贷款及透支	715213	定期存款	16839
其中：个人消费贷款		通知存款	
（2）单位普通贷款及透支	522520	保证金存款	10189
其中：经营贷款	522520	2、个人存款	2755222
固定资产贷款		储蓄存款	2755014
（3）普通并购贷款		保证金存款	208
（4）银团贷款	104989	结构性存款	
（5）贸易融资		3、临时性存款	16136
(6)境外筹资转贷款		4、其他存款	
2、中长期贷款	408903	二、代理财政性存款	5397
（1）个人贷款	216057	三、金融债券	
其中：个人消费贷款	127272	其中：境外发行	
（2）单位普通贷款	122799	四、中长期借款	54
其中：经营贷款	122799	其中：境外借款	
固定资产贷款		五、应付及暂收款	84570
（3）普通并购贷款		其中：应付利息	51841
（4）银团贷款	70047	六、卖出回购资产	19750
（5）贸易融资		七、向中央银行借款	113536
（6）境外筹资转贷款		八、同业往来（来源方）	129859
3、融资租赁		1、同业存放	129779
4、票据融资		其中：境外同业存放	
其中：贴现		2、同业拆借	80
5、各项垫款		其中：境外同业拆借	
（二）境外贷款		九.境外联行往来（来源方）	
二、有价证券	185255	十.外汇买卖（来源方）	
三、股权及其他投资	352870	其中：结售汇	
四、应收及预付款	47116	十一、委托存款及委托投资基金(净)	1365
其中：应收利息	3408	1、委托存款及委托投资基金	1365
五、买入返售资产		2、减：委托贷款及委托投资	
六、存放中央准备金存款	436274	十二、代理金融机构委托贷款基金	19
七、存放中央银行特种存款		其中：中央银行委托贷款基金	
八、缴存中央银行财政性存款	357	十三、各项准备	76121
九、同业往来	365579	其中：贷款损失准备	74774
1、存放同业	365576	十四、所有者权益	189465
其中：存放境外同业		其中：实收资本	166037
2、拆放同业	3	十五、其他	-518941
其中：拆放境外同业			
十、境外联行往来（运用方）			
十一、代理金融机构贷款			
其中：代理人行专项贷款			
十二、库存现金	43223		
十三、外汇买卖（运用方）			
其中：结售汇			
十四、投资性房地产			

13-7　金融机构综合信贷收支情况（2013年）

单位:万元

项目	绝对额	项目	绝对额
资金来源总计	**14150023**	**资金运用总计**	**14150023**
一、各项存款	15591126	一、各项贷款	8334072
1、单位存款	3978131	（一）境内贷款	8334072
其中：活期存款	2844406	1、短期贷款	4736720
定期存款	669466	（1）个人贷款及透支	1508160
通知存款	12268	其中：个人消费贷款	163100
保证金存款	356784	（2）单位普通贷款及透支	2962146
2、个人存款	11020969	其中：经营贷款	2962108
储蓄存款	10985785	固定资产贷款	
保证金存款	2769	（3）普通并购贷款	
结构性存款	32415	（4）银团贷款	104989
3、财政性存款	533190	（5）贸易融资	161425
4、临时性存款	39516	（6）境外筹资转贷款	
5、委托存款	5154	2、中长期贷款	3467922
6、其他存款	14166	（1）个人贷款	1338847
二、金融债券		其中：个人消费贷款	1030639
三、中长期借款	54	（2）单位普通贷款	2017940
四、应付及暂收款	285960	其中：经营贷款	1463589
其中：应付利息	181453	固定资产贷款	554351
五、同业往来(来源方)	18233	（3）普通并购贷款	23795
六、系统内资金往来(来源方)		（4）银团贷款	87341
七、外汇买卖(来源方)	44014	（5）贸易融资	
其中：结售汇	44014	（6）境外筹资转贷款	
八、各项准备	187199	3、融资租赁	
其中：贷款损失准备金	180974	4、票据融资	127131
九、所有者权益	633221	其中：贴现	127131
其中：实收资本	331335	5、各项垫款	2298
十、其他	-2609783	（二）境外贷款	
		二、有价证券	234798
		三、股权及其他投资	545226
		四、应收及预付款	143116
		其中：应收利息	28415
		五、同业往来(运用方)	101742
		六、系统内资金往来(运用方)	4336701
		七、金银占款	
		八、外汇买卖(运用方)	43947
		其中：结售汇	43947
		九、固定资产	240198
		十、库存现金	170224
		十一、投资性房地产	

13-8 各县（市、区）主要金融指标

单位：万元

项　　目	合计	市 区	虞城县	民权县	宁陵县	睢县	夏邑县	柘城县	永城市
一、城乡居民储蓄存款余额									
1999	1260119	503706	102777	73225	61881	85704	124143	102754	205929
2000	1321308	527763	106724	78765	62278	93945	132393	107592	211848
2001	1466200	609075	115499	88674	67901	104888	153475	116444	210244
2002	1695301	693629	137381	103081	77433	120536	183967	130693	248581
2003	2176757	988764	163017	119188	92253	138045	221810	157058	296622
2004	2410035	958301	194371	147541	112263	164233	274692	187707	370927
2005	2924967	1140440	239178	180539	136467	196359	358517	217663	455802
2006	3526565	1310382	294559	222595	166265	243799	452616	267282	569067
2007	3879794	1368664	333045	252222	198579	282640	498338	305272	641033
2008	4728627	1662275	403598	312774	237196	345373	583716	367390	816304
2009	5518191	1951020	466290	366343	267446	391711	653389	425068	996924
2010	6672823	2270828	594463	468396	342496	485879	784655	529059	1197047
2011	7903660	2567800	730530	571589	412850	617792	954020	655948	1393131
2012	9689057	3069819	905998	724800	496932	782816	1140078	831086	1737528
2013	10985785	3388607	1049698	859554	562139	913567	1298892	939923	1973403
二、金融机构存款余额									
1999	1532864	656259	116461	84282	70621	96112	140790	111299	257040
2000	1653586	723557	125345	96514	73765	112825	148530	116732	256318
2001	1817500	807822	134489	107666	79817	121971	171435	125485	268815
2002	2180339	973085	162489	120122	88041	142681	207301	144324	342296
2003	2539710	1120038	188346	144861	101022	167330	243871	182992	391250
2004	3050640	1321349	219355	180768	125060	192914	302210	204423	504561
2005	3736506	1589325	273393	221238	154218	227624	398723	242079	629905
2006	4538318	1863451	339106	270872	195601	283929	507150	303021	775188
2007	5028380	1921641	383332	319125	235814	329680	557030	351648	930110
2008	6027311	2261161	461669	400789	292664	402896	659065	428372	1120695
2009	7224835	2756780	575104	502387	346618	464468	767071	498377	1314030
2010	9011587	3412797	738079	626624	470750	590159	956577	614430	1602171
2011	10982379	4049593	935932	778896	593044	741285	1185350	772443	1925835
2012	13538295	4857804	1168466	1015974	686505	948723	1450454	1001789	2408577
2013	15591126	5551342	1345528	1172788	774550	1143238	1663371	1165964	2774347
三、金融机构贷款余额									
1999	2372265	982188	200033	162753	139155	190864	201436	211644	281492
2000	2193179	772680	200319	160948	168830	192809	217576	212219	267798
2001	2258100	939892	220579	16929	171907	202251	237638	214224	254680
2002	2381247	866559	228799	177654	173155	213925	237110	220669	263376
2003	2519677	934580	237606	181472	169870	223622	252853	227467	292207
2004	2873442	1368227	203553	165883	145077	190898	221117	169204	409483
2005	2936920	1366155	189892	181361	145825	194912	234278	171560	452936
2006	3527726	1377559	270379	245187	210815	277871	339543	238108	568264
2007	4113419	1598329	266467	259168	282421	269171	341644	222489	873731
2008	4099671	1595723	210284	355293	284223	214886	320129	165350	953783
2009	5189467	2084390	280661	392548	431192	219819	386701	180101	1214055
2010	6076665	2536036	319053	431996	510899	235439	437046	221638	1384558
2011	5879897	2472025	306770	453338	353199	250074	437000	266491	1340999
2012	7009361	2972024	481931	507815	328091	306018	471161	304144	1638178
2013	8334072	3265108	663440	671334	287609	413020	583002	402292	2048267

13-9 各县（市、区）地税收入完成情况

单位：万元

项目	合计	梁园区	睢阳区	契税分局	民权县	宁陵县	睢县
总计	**655622**	**56478**	**52198**	**21293**	**39344**	**23006**	**32151**
一、地方税收合计	623827	54293	50123	21293	37575	21885	31073
营业税	235488	24269	25560		18092	10351	12707
企业所得税	101780	6743	4536		5401	2007	3598
国有企业	48412	60	85		39	16	
集体企业	1193	48	171		8		
股份制企业	51370	6632	4230		5209	1808	3589
私营企业	805	3	50		145	183	9
个人所得税	42877	4048	2352		1012	720	939
资源税	8510	5	108		72	9	119
城市维护建设税	36761	2913	2540		1639	1036	836
房产税	8427	1360	350		389	114	161
印花税	8933	1539	595		527	201	277
城镇土地使用税	20053	2694	2691		913	577	534
土地增值税	44830	5231	4995		2832	1309	3540
车船税	9067	1897	837		551	713	356
烟叶税	1641		433				404
耕地占用税	34288	3594	3864	13	1147	415	1964
契税	71172		1262	21280	5000	4433	5638
二、教育费附加收入	17903	1268	1156		1043	664	615
三、文化事业建设费收入	414	73	60		7	8	16
四、其他收入	13478	844	859		719	449	447

13-9续　各县（市、区）地税收入完成情况

单位：万元

项　目	柘城县	虞城县	夏邑县	永城市	直属局	直属局分局（CBD）	开发区
总计	**31484**	**44285**	**34564**	**220077**	**54494**	**435**	**45813**
一、地方税收合计	30336	42578	33104	205969	50760	433	44405
营业税	16060	16679	16613	52446	24805	66	17840
企业所得税	2478	6700	3481	58232	3198		5406
国有企业	18	31	221	47571	371		
集体企业	543	179	162	37	45		
股份制企业	1716	6427	3092	10479	2782		5406
私营企业	201	63	6	145			
个人所得税	895	1175	1215	18138	9858		2525
资源税	2	159	68	7968			
城市维护建设税	1080	1351	1278	17612	4638	5	1833
房产税	202	298	127	3184	1458		784
印花税	229	314	262	4173	409	7	400
城镇土地使用税	1104	277	103	6455	1806	52	2847
土地增值税	2527	4569	3138	8086	2927		5676
车船税	450	262	1022	1314	1661		4
烟叶税	307	394	103				0
耕地占用税	845	3487	2724	13552			2683
契税	4157	6913	2970	14809		303	4407
二、教育费附加收入	678	1002	866	7804	2021	2	784
三、文化事业建设费收入	8	40	16	40	144		2
四、其他收入	462	665	578	6264	1569		622

13-10 国税收入情况

单位：万元

项　目	2003年	2004年	2005年	2006年	2007年	2008年	2009年	2010年	2011年	2012年	2013年
税收总计	**80675**	**97839**	**148809**	**186203**	**240108**	**303742**	**361771**	**445435**	**564799**	**618459**	**569415**
一、税收合计	83612	102648	154927	191420	245647	308837	357909	439562	555995	606235	559684
（一）增值税	74545	90007	129038	150427	181465	233644	264475	309308	383793	375639	345559
卷烟											
酒	627	242	286	483	513	792	808	747	2566	1651	1575
纺织品	2841	2278	3552	3018	3330	3008	3938	5188	6018	5469	5091
煤炭	21195	42272	62295	66523	68634	110113	140928	155422	196610	182171	170585
发供电	12157	9767	18307	21377	24245	23527	30340	28676	31906	47251	44949
化工产品	863	1304	1462	1931	1852	2903	1730	2035	4507	3454	2130
有色金属产品	10470	5682	9789	16657	34460	23186	7568	5892	757	993	477
建材产品	3284	4302	2565	2297	4950	3395	2688	4503	4557	4509	5432
商业	12256	14527	18778	21136	26917	47738	56360	81843	108427	90715	71809
其他	10257	8455	10765	13298	16564	18982	22803	17930	16943	22693	23412
（二）消费税	1227	1237	1173	1436	1429	1860	7966	17923	25553	26837	29146
卷烟	229						6168	15017	19727	22111	24114
酒	977	1207	1140	1348	1366	1763	1739	2845	4416	4627	4878
其他	21				63	97	59	61	1410	96	153
（三）营业税	53										
（四）企业所得税	2080	5055	8108	15437	20728	23947	29699	68697	98773	143720	106743
国有企业	1238	4023	5139	7361	8895	9880		7697	14669	15036	14400
集体企业	83	105	35		10	4		95	291	452	1043
股份制企业	758	925	326	8060	11798	14088		23470	23216	53682	55237
其他	1	2	2608	16	24	6		16	68	2	14
（五）外商投资和外国企业所得税	76	121	298	186	7804	19589	26529	37327	60376	72947	35180
（六）个人所得税	5631	6228	7064	9680	11378	7023	2967	628	236	95	30
（七）车辆购置税		11775	9244	13571	19222	22774	26273	42999	47640	59944	78206
二、出口退税	-3184	-4809	-6121	-5217	-5875	-5095	-5271	-6742	-9354	-18125	-15794
三、其他收入	247	220	328	352	336	342	397	457	528	186	985

13-11 各县(市、区)国税收入完成情况

单位：万元

项目	合计	梁园区	睢阳区	开发区	永城市	夏邑县	虞城县	柘城县	宁陵县	睢县	民权县	车管局
税收总计	**569415**	**29477**	**51651**	**57236**	**269504**	**21901**	**28661**	**12814**	**13067**	**12330**	**26248**	**46526**
一、税收收入合计	559684	29477	51651	47505	269504	21901	28661	12814	13067	12330	26248	46526
中央级收入	427314	20049	35669	39142	196161	17546	22123	10587	10581	9859	20154	45443
地方级收入	132370	9428	15982	8363	73343	4355	6538	2227	2486	2471	6094	1083
(一)国内增值税	345559	19899	30606	7087	206671	14278	19727	7275	7623	7997	21018	3378
中央级收入	255895	14277	22633	5245	153988	10541	14525	5289	5556	5820	15487	2534
地方级收入	89664	5622	7973	1842	52683	3737	5202	1986	2067	2177	5531	844
(二)国内消费税	29146	62	1024	24115	730	24	12	10	2109	783	277	
(三)营业税												
(四)企业所得税	106743	9508	20017	16303	51648	1540	3343	597	1047	734	1406	600
中央级收入	64048	5705	12010	9782	30989	924	2007	358	628	440	844	361
地方级收入	42695	3803	8007	6521	20659	616	1336	239	419	294	562	239
(五)车辆购置税	78206				10453	6055	5576	4928	2287	2815	3544	42548
中央级收入	78206				10453	6055	5576	4928	2287	2815	3544	42548
地方级收入												
(六)个人所得税	30	8	4		2	4	3	4	1	1	3	
中央级收入	19	5	2		1	2	3	2	1	1	2	
地方级收入	11	3	2		1	2	0	2	0	0	1	
二、出口退税	-15794	-1499	-842	-3565	-308	-1613	-5555	-613	-380	-1171	-248	
三、其他收入	985	145	81	102	27	18	1	12	11	5	579	4

13-12 保险业务主要指标

单位：万元

项目	2004年	2005年	2006年	2007年	2008年	2009年	2010年	2011年	2012年	2013年
一、保险业务收入										
财产保险费	9052	9590	10888	12951	15158	17086	27310	31083	41868	45003
人寿险保费	154974	65865	83490	75092	154186	144264	187083	236545	230022	223888
二、保险业务支出										
财产险赔款	5866	5409	5920	7736	10083	12566	18461	16248	21972	29318
人寿险赔款金额	2179	1688	3281	24189	6316	8767	7506	25646	25040	49691
退保金	7585	509	9378	12598	12988	15386	12012	24101	35639	74548
三、财产险已决赔款金额				7736	10083	11778	18461	16248	21972	26574
财产险未决赔款金额	33	1156	1392	1381	831	321	3845	3074	2058	3272
人寿险已决赔款金额				663	4461	2019	1421	1944	5387	9861
人寿险未决赔款金额	328	1	373	430	648	740	518	307	373	203

注：2005年至2012年保险数据包括：人寿、太平洋、泰康、财险公司四个单位。

主要指标解释

财政收入 国家财政参与社会产品分配所取得的收入，是实现国家职能的财力保证。财政收入所包括的内容几经变化，目前主要包括：

（1）各项税收 包括增值况、营业税、消费税、土地建设税、资源税、城市土地使用税、印花税、固定资产投资方向调节税、个人所得税、企业所得税、关税、农牧业税和耕地占用税等。

（2）专项收入 包括征收排污费、征收城市水资源费收入，教育费附加收入等。

（3）其他收入 包括基本建设贷款归还收入、国家能源交通重点建设基金收入、国家预算调节基金等。

（4）国有企业计划亏损补贴 这项为负收入，冲减财政收入。

财政支出 国家财政将筹集起来的奖金进行分配使用，以满足经济建设和各项事业的需要，主要包括：

（1）基本建设支出 指按国家有关规定，属于基本建设范围内的基本建设有偿使用、拨款、资本金支出以及经国家批准对专项和政策性基建投资贷款，在部门的基建投资额中统筹支付的贴息支出。

（2）企业挖潜改造资金 指国家预算内拨会的用于企业挖潜、革新和必造方面的资金。包括各部门企业挖潜改造资金和企业挖潜改造贷款资金，为农业服务的县办"五小"企业技术改造补助，挖潜改造贷款巾息支出。

（3）地质勘探费用 国家预算用于地质勘探单位的勘探工作费用，包括地质勘探管理机构及其事业单位经费、地质勘探经费。

（4）科技三项费用 国家预算用于科技支出的费用，包括新产品试制费、中间试验费、重要科学研究补助费。

（5）支援农村生产支出 国家财政支援农村集体（户）各项生产的支出。包括对农村举办的小型农田水利和打井、喷灌等的补助费；对农村水土保持措施了补助费；对农村举办的小水电站的补助费；特大抗旱的补助费；农村开荒补助费；扶持乡镇企业资金；农村农技推广和植保补助费；农村草场和畜禽保护补助费；农村造林和林木保护补助费；农村水产补助费；发展粮食生产专项资金。

（6）农林水利气象等部门的事业费用 国家财政用于家垦、农场、农业、畜牧、农机、林业、森工、水利、水产、气象、乡镇企业的技术推广、良种推广（示范）、植物（畜禽、森林）保护、水质监测、勘探设计、资源调查、干部训练等项费用，园艺特产场补助费，中等专业学校经费，飞播牧草试验补助费，营林机构、气象象机构经费，渔政费以及农业管理事业费等。

（7）工业交通商业等部门的事业费 国家预算支付的工交商各部门用于事业发展的经费。包括勘探设计费、中等专业学校经费、技并学校经费、干部训练费。

（8）文教科学卫生事业费 国家预算用于文化、出版、文物、教育、卫生、中医、公费医疗、体育、档案、地震、海洋、通讯、放手电影电视、计划生育、党政群干部训练、自然科学、社会科学、科协等项事业的经费支出和高技术研究专项经费。主要包括工资、补助工资、福得费、离退休费、助学金、公务费、设备购置费、修缮费、业务费、差额补助费。

（9）抚恤和社会福利救济费 国家预算用于抚恤和社会福利救济事业的经费，包括由民政部门开支的列士家属和牺牲病帮人员家属的一次性、定期抚恤金，革命伤残人员的抚恤金，各种伤残补助费、烈军属、复员退伍军人生活补助费、退伍军人安置费，优抚事业单位经费，烈士纪念建筑物管理、维修费，自然灾害救济事业费和特大自然灾害灾后重建补助费等。

（10）国防支出 国家预算用于国防建设和保卫国家安全的支出，包括车防费、国防科研事业费、民兵建设以及专项工程支出等。

（11）行政管理费 包括我管理支出，党派团体补助支出，外交支出，公安安全支出，司法支出，法院支出，检察院支出和公检法办案费用补助。

（12）价格补贴支出 经国家批准，由国家财政拨会的政策性补巾支出，主要包括粮食加价款，粮、棉、油差价补巾，棉花帐购价外奖励款，副食品风险基金，市镇居民的肉食价格补巾，平抑市价肉良，蔬菜价差补贴等以及经国家批准的沉重课本、报刊新闻纸等价格补贴。

中央财政收入和地方财政收入 按财政体制划分的中央本级收入和地方本级收入。1994 年分税制财政体制以后，属于中央财政和收入包括关税、海关代征消费税和增值税，消费税，中央企业所得税，地方银行和外资银行及非银行金融企业所得税，铁路、银行总行、保险总公司等集中缴纳的营业税、所得税、利润和城市维护建设税，增值税的 75% 部分，海洋石油资源税和证券（印花）税 50% 部分。属于地方财政的收入包括营业税，地方企业所得税，个人所得税，城镇土地使用税，固定资产投资方向调节税，城镇维护建设税，房产税，车船使用税，印花税，屠宰税，农牧业税，农业特产税，耕地占用税，契税，增值铁 25% 部分，证券交易税（印花税）的 50% 部分和除海洋石油资源税以外的其他资源税。

中央财政支出和地方财政支出 根据政府在经济和社会活动中的不同职责，划分中央和地方政府的事权，按照政府的事权划分确定的支出。中央财政支出包括国防支出，武装警察部队支出，中央级行政管理费和各项事业费，重点建设支出以及中央政府调整国民经济结构、协调地区发展，实施宏观调控的支出。地方财政支出主要包括地方行政管理和各项事业费，地方统筹的基本建设、技术改造支出，支援农村生产支出，城市维护和建设经费，价格补贴支出等。

预算外资金收支 预算外资金是有关单位凭借国家权力或由国家授权而取得的没有纳入国家预算管理的财政性资金。其收入包括地方财政部门的各项附加收入，集中事业收入，专项收入等，事业行政单位的专用基金，经营性服务纯收入，行政事业性收费，专项资金，中小学勤工俭学收入，税收分成等。其支出包括固定资产投资支出，城市维护支出，福利奖励支出，行政事业支出等。

信贷资金 国家银行用于发放贷款的资金叫信贷资金。中国人民银行信贷资金的来源有各项存款、对国际金融机构负债、流通中货币、银行自有资金及当年结益等。信贷资金的运用有各项贷款、黄金占款、外汇占款、财政借款及在国际金融机构中的资产等。

存款 企业、机关、团体或居民根据可以收回的原则，把货币资金存入银行或其他信用机构保管并取得一定利息的一种信用活动形式。根据存款对象的不同可划分为企业存款、财政存款、机关团体存款、基本建设存款、城镇储蓄存款、农村存款等科目。它是银行信贷资金的主要来源。

贷款 银行或其他信用机构根据必须归还的原则，按一定利率，为企业、个人等提供资金的一种信用活动形式。我国银行贷款，分流动资金贷款、固定资产贷款、城乡个体工商户贷款以及农户贷款等科目。

承保额 又叫保险金额。它是保险人对被保险人负担损失补偿或约定给付的金额。它是保险合同上的最高责任额，也是计算保费的依据。

保费 又叫保险费。是保险人根据保险合同的有关规定，为被保险人取得因约定危险事故发生所造成的经济损失补偿（或给付）权利，付给保险人的代价。包括财产险和人身险储金收入。

赔款 保险事故发生后，经查证确属保险责任范围以内的保险标的损失，保险人根据保险合同的规定履行赔偿义务，给予被保险人的款项叫做赔款。赔款可分为已决赔款和未决赔款两种。

教育、文化、科技

● 资料整理：宋 静

14-1 各级各类教育事业基本情况(2013年)

项目	学校数(所)	学生数(人)				教职工数(人)	
		毕业生数	招生数	在校学生数	预计毕业生数	总计	其中：专任教师
总计	**3696**	**547841**	**570725**	**1732197**	**457013**	**121152**	**101507**
一、高等教育	6	26494	25650	75419	21944	9337	4391
本科教育(学生)	3	6895	11212	36106	7872	5847	2579
专科教育(学生)	3	19599	14438	39313	14072	3940	1812
二、中等职业教育	39	44246	23963	79749	30455	3726	2912
普通中等专业学校	5	10862	11346	32371	10032	768	548
成人中等专业学校	10	179	1199	1866	667	640	505
职业高中	24	33205	11418	45512	19756	2318	1859
其他教育机构	(5)	908	3253	5854	—	—	—
附设中职班	3651	477101	521112	1577029	404614	108089	94204
三、基础教育	446	197533	183604	516155	156306	39946	34629
(一)普通中学	34	68693	60924	175213	55176	9807	8362
1. 普通高中	412	128840	122680	340942	101130	30139	26267
2. 普通初中							
(二)职业初中	2412	158153	154611	774692	119298	51850	49073
(三)小学	642	9389	15868	59404	5912		
其中：教学点	783	121260	182706	285028	128842	15967	10199
(四)学前教育	10	155	191	1154	168	326	303
(五)特殊教育(含特教班)		28	13	57	9		
另有：随班就读							

注：加“（）”号的数字表示按规定不记入相应的合计数中加“—”号表示该数字在我市实际中不存在。

14-2 各级各类中初等教育基本指标变化情况

项 目	学校数(所处)			毕业生数(人)			招生数(人)		
	2012	2013	2013比2012增减	2012	2013	2013比2012增减	2012	2013	2013比2012增减
1、普通中学	433	446	13	232027	197533	-34494	212263	183604	-28659
普通初中	398	412	14	162650	128840	-33810	148696	122680	-26016
普通高中	35	34	-1	69377	68693	-684	63567	60924	-2643
2、小学	2469	2412	-57	183506	158153	-25353	178716	154611	-24105
3、幼儿教育	597	783	186	112587	121260	8673	185578	182706	-2872
4、特殊教育学校	10	10	0	177	155	-22	167	191	24
5、中等专业学校	5	5	0	8873	10862	1989	12275	11346	-929
6、职业高中	25	24	-1	24727	33205	8478	23853	11418	-12435
7、成人中专	11	10	-1	135	179	44	2569	1199	-1370

14-2续　各级各类中初等教育基本指标变化情况

项　目	在校学生数(人)			教职工数(人)			其中:专任教师(人)		
	2012	2013	2013比2012增减	2012	2013	2013比2012增减	2012	2013	2013比2012增减
1、普通中学	619240	516155	-103085	39033	39946	913	33150	34629	1479
普通初中	426370	340942	-85428	28988	30139	1151	25803	26267	464
普通高中	192870	175213	-17657	10045	9807	-238	7347	8362	1015
2、小学	974043	774692	-199351	52409	51850	-559	50765	49073	-1692
3、幼儿教育	240554	285028	44474	11808	15967	4159	7808	10199	2391
4、特殊教育学校	1191	1154	-37	322	326	4	300	303	3
5、中等专业学校	33372	32371	-1001	789	768	-21	568	548	-20
6、职业高中	83250	45512	-37738	2425	2318	-107	1901	1859	-42
7、成人中专	2748	1866	-882	701	640	-61	555	505	-50

14-3 普通高等院校基本情况（2013年）

学校名称	学校数（所）	学生数(人)			教职工数(人)				
		毕业生数	招生数	在校学生数	教育部门办	其他部门办	社会力量办	合计	其中：专任教师
合计	**6**	**26494**	**25650**	**75419**	**3601**	**421**	**1825**	**5847**	**4391**
1、 商丘师范学院	1	6091	6832	23366	1665			1665	1168
普通本科		5065	5800	20803					
普通专科		1026	1032	2563					
2、 商丘学院	1	3472	5080	15458			1108	1108	869
普通本科		1830	3541	11604					
普通专科		1642	1539	3854					
3、 商丘职业技术学院	1	6025	4027	12329	1076			1076	835
普通专科		6025	4027	12329					
4、商丘工学院	1	4199	4451	9281			717	717	542
普通本科			1871	3699					
普通专科		4199	2580	5582					
5. 商丘医学高等专科学校	1	4001	4497	11225	860				
普通专科		4001	4497	11225				860	676
6. 永城职业学院	1	2706	763	3760		421		421	301
普通专科		2706	763	3760					

14-4 直属学校基本情况（2013年）

学校名称	班数(个)	学生数(人)			教职工数(人)	
		毕业生数	招生数	在校学生数	合计	其中：专任教师
总　计	**776**	**21488**	**18781**	**65467**	**3650**	**3081**
1、商丘市第一高级中学	124	2982	2900	9200	602	486
2、商丘市实验中学	130	2560	2886	7574	530	470
高中	53	940	1540	3358	177	147
初中	77	1620	1346	4216	353	323
3、商丘市回民中学	138	2834	2835	9828	585	585
高中	118	2625	2625	8894	508	508
初中	20	209	210	934	77	77
4、商丘市第一中学	66	1326	1786	5209	350	288
5、商丘市第三高级中学	64	950	1409	3531	148	111
高中	44	590	1080	2498	101	74
初中	20	360	329	1033	47	37
6、商丘市第一实验小学	71	1072	706	4335	347	321
7、商丘市文化路小学	41	388	672	2908	129	127
8、商丘市外国语实验小学	36	276	377	1898	107	94
9、商丘市实验幼儿园	36	305	466	1132	157	100
10、商丘市特殊教育学校	18	24	14	156	36	36
11、商丘市行知学校	30	256	424	1401	66	47
初中	10	120	159	444	26	17
小学	20	136	265	957	40	30
12、商丘中等专业学校	22	5320	1124	8597	209	128
中专		5100	689	7297	209	62
高中	14	110	390	840		33
小学	8	110	45	460		33
13、商丘幼儿师范学校		1613	1920	5928	192	151
14、商丘职业教育中心		1582	1262	3770	192	137

14-5 各县(市、区)普通高中基本情况(2013年)

县(市、区)	学校数(所)			班数(个)	毕业生数(人)	招生数(人)
	合计	教育部门和集体办	民办			
全 市	**34**	**26**	**8**	**2441**	**68693**	**60924**
梁园区	4	4		221	4255	5355
睢阳区	4	3	1	364	10387	8384
民权县	3	2	1	5938	6118	17639
睢 县	3	3		7237	6616	20214
宁陵县	2	2		4120	3207	10136
柘城县	4	2	2	8629	6886	17771
虞城县	3	2	1	285	6520	7288
夏邑县	5	4	1	346	13305	8244
永城市	5	4	1	317	7715	8136
开发区	1		1	32	587	690

14-5续 各县(市、区)普通高中基本情况(2013年)

县(市、区)	在校学生数(人)						毕业班学生数(人)	教职工(人)	
	合计	其中:女	其中:寄宿生	一年级	二年级	三年级		合计	其中:专任教师
全　市	**175213**	**87190**	**143318**	**60924**	**59113**	**55176**	**55176**	**9807**	**8362**
梁园区	15082	7529	8526	5355	5036	4691	4691	1279	1180
睢阳区	27302	13130	24702	8384	9598	9320	9320	1318	1166
民权县	17639	9484	12202	6118	5787	5734	5734	634	492
睢　县	20214	10576	19874	6616	7419	6179	6179	1241	1106
宁陵县	10136	4802	8782	3207	3477	3452	3452	528	476
柘城县	17771	8314	16154	6886	5847	5038	5038	824	703
虞城县	20363	9865	16853	7288	7076	5999	5999	1022	774
夏邑县	23270	12011	20192	8244	7418	7608	7608	1324	1045
永城市	21742	10709	14394	8136	6900	6706	6706	1299	1169
开发区	1694	770	1639	690	555	449	449	338	251

14-6 各县(市、区)普通初中基本情况(2013年)

县(市、区)	学校数(所)			班数(个)	毕业生数	招生数	教职工(人)	
	合计	教育部门和集体办	民办				合计	其中:专任教师
商丘市	**412**	**352**	**60**	**6281**	**128840**	**122680**	**30139**	**26267**
梁园区	31	30	1	551	11546	12137	2242	2063
睢阳区	41	36	5	448	9169	10294	2366	2257
民权县	51	46	5	610	11222	13258	3387	3125
睢　县	44	39	5	664	10854	11423	2859	2645
宁陵县	28	21	7	343	7525	7623	1851	1609
柘城县	56	47	9	733	15402	14394	3599	3199
虞城县	56	44	12	1073	17119	19820	5887	4256
夏邑县	44	39	5	831	21602	14433	3581	3232
永城市	57	48	9	857	22381	15727	3704	3335
开发区	4	2	2	171	2020	3571	663	546

14-6续　各县(市、区)普通初中基本情况(2013年)

单位:人

县(市、区)	在校学生数						毕业班学生数
	合计	其中:女	其中:寄宿生	一年级	二年级	三年级	
商丘市	**340942**	**161783**	**158416**	**122680**	**117132**	**101130**	**101130**
梁园区	33764	16076	7567	12137	11228	10399	10399
睢阳区	26804	12753	16245	10294	9142	7368	7368
民权县	36619	17200	14353	13258	12757	10604	10604
睢　县	33385	15905	8234	11423	11778	10184	10184
宁陵县	20136	9590	7885	7623	6785	5728	5728
柘城县	40251	18027	18937	14394	13675	12182	12182
虞城县	53294	26745	39254	19820	18182	15292	15292
夏邑县	42492	20374	24936	14433	14882	13177	13177
永城市	44532	20809	12640	15727	15540	13265	13265
开发区	9665	4304	8365	3571	3163	2931	2931

14-7 各县(市、区)普通小学基本情况（2013年）

县(市、区)	学校数(所)			教学点数(个)	班数(个)	毕业生数(人)	招生数(人)		在校学生数(人)		毕业班学生数	教职工(人)	
	合计	教育部门和集体办	民办				合计	其中:受过学前教育	合计	其中:寄宿生		合计	其中:专任教师
商丘市	**2412**	**2293**	**119**	**642**	**21810**	**158153**	**154611**	**154552**	**774692**	**60396**	**119298**	**51850**	**49073**
梁园区	198	196	2	4	1832	14328	14176	14170	72859	1964	11846	4689	4409
睢阳区	235	227	8	50	1997	14448	14364	14352	72879	3944	11344	4540	4436
民权县	281	264	17	59	2270	14097	14876	14872	75147	2777	12432	4872	4722
睢　县	247	243	4	33	1980	14550	14057	14057	70531	5045	11772	4443	4307
宁陵县	172	151	21	31	1418	9802	12740	12721	54625	8212	7947	4270	3902
柘城县	293	277	16	66	2382	15612	14930	14930	76060	8125	12165	6491	6209
虞城县	370	351	19	61	3351	25317	22626	22615	123075	19090	20229	8050	7501
夏邑县	206	194	12	185	2764	23451	17559	17557	87690	3656	14302	6299	6108
永城市	392	373	19	153	3637	25825	27930	27925	134817	5575	15973	7843	7134
开发区	18	17	1		179	723	1353	1353	7009	2008	1288	353	345

14-8 各县(市、区)幼儿教育基本情况（2013年）

单位:人

县(市、区)	园数(所)			班数(个)	入园(班)人数		在园(班)人数		离园(班)人数		教职工数		
	合计	教育部门和集体办	民办		合计	其中:女	合计	其中:女	合计	其中:女	合计	其中:园长	其中:专任教师
商丘市	**783**	**108**	**675**	**8960**	**182706**	**85749**	**285028**	**133403**	**121260**	**56451**	**15967**	**1040**	**10199**
梁园区	47	3	44	496	7787	3548	14284	6504	4037	1917	1519	72	853
睢阳区	102	13	89	906	22049	10307	27110	12748	8403	3771	2375	144	1395
民权县	61	3	58	865	11250	5353	23593	10998	9095	4305	1229	85	836
睢　县	70	2	68	723	19506	9044	24583	11432	11264	5241	1190	100	678
宁陵县	145	40	105	1027	16879	8143	30859	14674	8552	4129	1846	191	1067
柘城县	69	7	62	869	20990	9787	26953	12514	15410	7108	956	71	716
虞城县	99	8	91	1142	25221	12042	40519	19602	15297	7302	1933	130	1298
夏邑县	57	22	35	914	15725	7550	27734	13144	15178	6493	1432	66	1130
永城市	125	10	115	1931	40753	18826	66432	30458	32712	15589	3226	169	2098
开发区	8		8	87	2546	1149	2961	1329	1312	596	261	12	128

14-9 各县(市、区)特殊教育基本情况(2013年)

县(市、区)	校数(所)		班数(个)	毕业生数(人)	招生数(人)	在校学生数(人)			教职工(人)	
	合计	教育部门和集体办				合计	总计中:女	总计中:寄宿生	合计	其中:专任教师
商丘市	10	10	116	155	191	1154	455	503	326	303
梁园区	2	2	41	24	17	341	119		63	63
睢阳区	1	1	9	10	12	87	32	86	49	49
民权县	1	1	8	8	6	65	24	60	44	42
睢　县	1	1	7	17	18	60	21	60	24	22
宁陵县	1	1	8	25	26	104	57	104	10	9
柘城县	1	1	9	32	7	63	29	63	18	13
虞城县	1	1	10	11	11	130	60	130	27	27
夏邑县	1	1	14	14	28	154	69		56	48
永城市	1	1	10	14	66	150	44		35	30

14-10 各县(市、区)中等职业教育基本情况(2013年)

单位:人

县(市、区)	学校数(所)	毕业生数	招生数	在校学生数					预计毕业生学生数	教职工	
				合计	其中:女	一年级	二年级	三年级		合计	其中:专任教师
商丘市	**39**	**44246**	**23963**	**79749**	**41508**	**23963**	**29435**	**26351**	**30455**	**3726**	**2912**
梁园区	4	2325	1824	5439	3286	1824	1964	1651	1651	362	261
睢阳区	7	6879	4764	11130	5647	4764	3174	3192	3524	392	308
民权县	3	10581	929	9318	5600	929	3355	5034	5034	605	447
睢　县	3	3925	2564	5354	2895	2564	1735	1055	1722	360	310
宁陵县	2	1371	701	1685	758	701	459	525	525	194	168
柘城县	2	3611	1405	8167	3447	1405	3065	3697	3697	227	183
虞城县	4	7089	2749	13778	6624	2745	5535	5494	5494	653	493
夏邑县	5	3157	3612	11352	8501	3612	4347	3393	3393	507	401
永城市	9	5052	5090	13114	4584	5090	5714	2310	5185	426	341
开发区		256	325	412	166		87		230		

14-11 各县(市、区)初中和小学学龄人口入学情况(2013年)

单位:人

县(市、区)	初级中学								
	总计			总计中:女生			总计中:农村		
	校内外学龄人口总数	在校学龄人口总数	入学率(%)	校内外学龄人口总数	在校学龄人口总数	入学率(%)	校内外学龄人口总数	在校学龄人口总数	入学率(%)
商丘市	**337116**	**332098**	**98.51**	**158573**	**153311**	**96.68**	**90283**	**88775**	**98.33**
梁园区	48490	49505	102.09	21761	18798	86.38	7863	7863	100.00
睢阳区	23659	23659	100.00	11173	11173	100.00	7998	7998	100.00
民权县	35883	35179	98.04	16830	16510	98.10	10436	10239	98.11
睢　县	33506	32493	96.98	15627	15482	99.07	13469	13061	86.97
宁陵县	16517	16517	100.00	8032	8032	100.00	6662	6662	100.00
柘城县	40046	39287	98.10	17901	17562	98.11	15353	15062	98.10
虞城县	50807	50807	100.00	25562	25562	100.00	11277	11277	100.00
夏邑县	42492	42492	100.00	20374	20374	100.00	9542	9542	100.00
永城市	45716	42159	92.22	21313	19818	92.99	7683	7071	92.03

14-11续　各县(市、区）初中和小学学龄人口入学情况(2013年)

单位:人

县（市、区）	小学								
	总计			总计中:女生			总计中:农村		
	校内外学龄人口总数	在校学龄人口总数	入学率(%)	校内外学龄人口总数	在校学龄人口总数	入学率(%)	校内外学龄人口总数	在校学龄人口总数	入学率(%)
商丘市	**774713**	**774692**	**100.00**	**357796**	**354812**	**99.17**	**399946**	**399780**	**99.96**
梁园区	82560	82811	100.30	37627	34730	92.30	27946	27946	100.00
睢阳区	72613	72584	99.96	32446	32435	99.97	36818	36815	99.99
民权县	74730	74730	100.00	34024	34024	100.00	41086	41086	100.00
睢　县	70714	70486	99.68	32179	32103	99.76	42774	42612	99.62
宁陵县	52883	82868	99.97	24643	24643	100.00	29959	29958	100.00
柘城县	75781	75781	100.00	33956	33956	100.00	45693	45693	100.00
虞城县	123044	123044	100.00	58897	58897	100.00	61342	61342	100.00
夏邑县	87690	87690	100.00	41174	41174	100.00	49579	49579	100.00
永城市	134698	134698	100.00	62850	62850	100.00	64749	64749	100.00

14-12　各县(市、区）普通高中专任教师学历情况（2012年）

县（市、区）	学历情况				占专任教师总数的比例(%)		
	合计	研究生	本科毕业	专科毕业	研究生毕业	本科毕业	专科毕业
商丘市	**7525**	**273**	**6290**	**962**	**3.63**	**83.59**	**12.78**
梁园区	743	11	717	15	1.48	96.50	2.02
睢阳区	1166	54	1112		4.63	95.37	
民权县	452	24	395	33	5.31	87.39	7.30
睢　县	1106	4	467	635	0.36	42.22	57.41
宁陵县	476	8	419	49	1.68	88.03	10.29
柘城县	703	15	625	63	2.13	88.90	8.96
虞城县	693	26	581	86	3.75	83.84	12.41
夏邑县	942	21	859	62	2.23	91.19	6.58
永城市	1129	98	1012	19	8.68	89.64	1.68
开发区	115	12	103		10.4	89.57	

14-13 各县(市、区)普通初中专任教师学历情况(2012年)

单位:人

县(市、区)	学历情况					占专任教师总数的比例(%)			
	合计	研究生毕业	本科毕业	专科毕业	高中阶段毕业	研究生毕业	本科毕业	专科毕业	高中阶段毕业
商丘市	**25594**	**98**	**14452**	**10673**	**371**	**0.38**	**56.47**	**41.7**	**1.45**
梁园区	2449	25	1958	450	16	1.02	79.95	18.37	0.65
睢阳区	2108	5	1267	806	30	0.24	60.1	38.24	1.42
民权县	3892		1538	1306	48		53.18	45.16	1.66
睢　县	2567		1059	1424	84		41.25	55.47	3.27
宁陵县	1527		820	684	23		53.7	44.79	1.51
柘城县	3110		1439	1639	32		46.27	52.7	1.03
虞城县	3861	6	1645	2154	56	0.16	42.61	55.79	1.45
夏邑县	3165	3	1849	1282	31	0.09	58.42	40.51	0.98
永城市	3375	20	2443	861	51	0.59	72.39	25.51	1.51
开发区	540	39	434	67		7.22	80.37	12.41	

14-14 广播、电视事业基本情况

项目	单位	2006年	2007年	2008年	2009年	2010年	2011年	2012年	2013年
全部职工人数	人	2715	2786	2637	2804	2896	2935	2945	2791
广播台	座	1	1	1	1	1	1	1	1
广播发射台及转播台	座	9	9	9	9	9	9	9	9
广播节目套数	套	2	2	2	2	2	2	2	2
平均每日广播节目播出时间	小时:分	102:57:00	101:07:00	102:10:00	102:50:00	99:50:00	99:45:00	99:45:00	101:09:00
平均每日自办广播节目时间	小时:分	60:30:00	58:13:00	56:51:00	59:56:00	53:37:00	59:32:00	59:32:00	58:52:00
#新闻节目	小时:分								
文艺节目	小时:分								
广播人口覆盖率	%	100	100	100	100	100	100	100	100
县、乡有线广播站、电视台（站）	个								
电视台	座	1	1	1	1	1	1	1	1
电视发射台及转播台	座	8	8	8	8	8	8	8	8
电视节目套数	座	3	3	3	3	3	3	3	3
平均每周自办电视节目时间	小时:分	327:12:00	325:54:00	330:41:00	332:40:00	335:01:00	380:00:00	380:00:00	1000:71:34
#新闻节目	小时:分								
文艺节目	小时:分								
电视人口覆盖率	%	100	100	100	100	100	100	100	100
县、乡电视台（站）	个	7	7	7	7	7	7	7	7

14-15　独立科研开发和信息机构、人员、经费情况

项　　目	单位	2004年	2005年	2006年	2007年	2008年	2009年	2010年	2011年	2012年	2013年
机构数	个	16	15	14	11	12	12	13	13	12	12
职工人数	人	521	427	520	478	501	499	545	547	533	542
#专业技术人员	人	302		317	267	255	298	313	322	430	406
#高级	人	25	43	36	42	64	64	48	58	53	52
中级	人	42	145	92	88	162	131	80	128	151	151
其他	人	235	239	189	348	246	103	185	136	226	203
经费收入	千元	8081	11061	8362	7740	10653	16050	19465	19451	28182	26185
#政府拨款	千元	4548	4238	7887	6432	6318	13755	16815	15451	24883	24272
技术收入	千元	384	4665	10	342	360	120	50	7	168	168
生产收入	千元	775	330	368	710	200		610	198	452	152
其他收入	千元	2374	1828	97	256	3775	2175	1990	3698	2679	1593
经费支出	千元	8081	6822	7706	7736	10408	15964	18263	19534	27185	25364
#工资	千元	4033	3818	6853	7187	4059	8504	10227	6494	14070	12116
其他支出	千元	3163	1651	95	26	5499	1432	6268	9941	3936	5082
科研业务	千元	885	1353	758	523	850	6028	1768	3099	9179	8166
固定资产原值	千元	3621	11363	6350	9709	8911	15421	20917	22024	17111	21667

14-16　科技成果、专利申请情况

项　　目	单位	2004年	2005年	2006年	2007年	2008年	2009年	2010年	2011年	2012年	2013年
一、科技成果											
获省市科技进步奖	项	38	48	48	44	48	48	48	4	6	64
1、市级奖	项	9	11		40	41	41	43	60	53	60
一等奖	项	29	35	12	12	13	26	14	20	12	12
二等奖	项		2	36	28	28	15	29	40	41	48
2、省级奖	项	1		3	4	7	7	5			4
二、专利	项										
专利申请受理量	项	192	254	331	317	436	434	597	675	843	1132
专利授权量	项	134		163	235	267	350	410	505	536	638

主要指标解释

普通高等学校 指按照国家规定的设置标准和审批程序批准举办，通过国家统一招生考试，招收高中毕业生为主要培养对象，实施高等教育的全日制大学、独立设置的学院和高等专科学校、短期职业大学。

成人高等学校 指按照国家有关规定审批，招收通过全国成人高教统一招生考试的具有高中毕业或同等学历的在职从业人员利用脱产、半脱产、业余或函授等多种形式对其实施高等学历教育，培养高等教育专科或本科毕业水平的专门人才，修业年限、课程设置和总学时数均按高等学历教育要求付诸实施的学校。包括广播电视大学、职工高等学校、农民高等学校、管理干部学院、教育学院、独立设置的函授学院等。

小学学龄儿童入学率 指调查范围内已入小学学习的学龄儿童占校内外学龄儿童总数（包括弱智儿童在内，但不包括盲聋哑儿童）的比重。计算公式：

小学学龄儿童入学率 =（已入学的小学学龄儿童数 ÷ 校内外小学学龄儿童总数）×100%

表中情况说明：表中所用“–”号表示该数字在我市实际不存在；“…”号表示该数不详；加“（ ）”号的数字表示按规定不计人相应合计数中；学校名称前标注“O”号者，表示按统计规定该学校不计算校数。凡未注明计算单位的表格、栏目，计算单位一律为“人”。

本年度统计报表：高中与初中教职工在一起，无法区分高中教职工数与初中教职工数，只有专任教师才能分开。

独立研究与开发机构 指有明确的任务和研究方向，有一定学术水平的业务骨干和一定数量的研究人员，具有研究、开发、开展学术工作的基本条件，主要进行科学研究与技术开发活动，并且在行政上有独立的组织形式，财务上独立核算盈亏，有权与其他单位签订合同，在银行有单独户头的单位。包括国务院各部门、中国科学院、中国社会科学院和各省、自治区、直辖市以及地（市）以上〔含地（市）〕各部门所属的国有独立的科学研究与技术开发机构。

独立研究与开发机构职工 指在科学研究与技术开发机构工作，并由其支付工资的各种人员。包括长期职工和临时职工，不包括编制以外的离休、退休人员和停薪留职人员，但包括招聘人员。

研究与发展经费支出 指报告期内用于研究与试验发展课题活动（基础研究、应用研究、试验发展）的全部实际支出。包括用于研究与发展课题活动的直接支出，还包括间接用于研究与发展活动的一切支出（院、所管理费、维持院、所正常运转的必需费用和与研究发展有关的基本建设支出）。

其他科技人员 指大专、中专毕业和具有初级职称的从事科技活动人员。

专业技术人员 指已取得科学技术职称，或大学、中专的理、工、农、医科系毕业，以及国民经济各部门从工作实践中提拔，从事理、工、农、医等自然科学技术的研究、教学、生产的专业人员和在机关、企业、事业中从事科学技术业务管理工作的专业人员。

工程技术人员 指在国民经济各行业从事工程技术工作的自然科学技术专业人员，包括：高级工程师、工程师、助理工程师、技术员和未评定职称的技术人员。

农业技术人员 指在国民经济各行业从事农业技术工作的自然科学技术专业人员，包括：高级农艺师、农艺师、助理农艺师、技术员和未评定职称的技术人员。

卫生技术人员 指在国民经济各行业从事卫生医务工作的自然科学技术专业人员，包括：正副主任医师、主治医师、医师、医（护）士和未评定职称的技术人员。

科学研究人员 指在国民经济各行业从事科学技术活动的自然科学技术专业人员，包括：正副研究员、助理研究员、研究实习员、技术员和未评定职称的技术人员。

发明 专利法及其实施细则所称的发明是指对有关产品、方法或其改进所提出的新的技术方案。

文化事业机构 指从事专业文化工作和为专业文化工作服务的独立建制的单独核算的单位。不包括这些单位另外举办独立核算的其他机构和各部门的业余文化组织。

艺术表演团体 指从事戏曲、音乐、舞蹈、杂技等专业艺术表演，有独立帐户，实行单独核算的团体。不包括半工半艺、半农半艺和民间职业剧团。

物 价

● 资料整理：万玉琦

15-1　各种物价总指数

（上年＝100）

年份	居民消费价格总指数	商品零售价格总指数
1999年	97.8	96.2
2000年	99.0	98.6
2001年	101.0	100.8
2002年	100.0	100.0
2003年	101.5	100.9
2004年	104.8	104.5
2005年	102.0	101.1
2006年	101.1	100.3
2007年	104.7	103.9
2008年	107.0	107.0
2009年	99.1	98.6
2010年	103.4	103.6
2011年	105.5	105.5
2012年	102.4	101.8
2013年	102.3	101.5

15-2 各县(市、区）各种物价指数

（上年=100）

县（市、区）	2011年			2012年			2013年		
	居民消费价格指数	商品零售价格指数	农业生产资料价格指数	居民消费价格指数	商品零售价格指数	农业生产资料价格指数	居民消费价格指数	商品零售价格指数	农业生产资料价格指数
全　市	105.5	105.5	109.3	102.4	101.8	106.1	102.3	101.5	100.4
梁园区									
睢阳区									
民权县	105.5	106.9	119.8	101.8	101.5	105.8	102.2	101.3	96.0
睢　县	105.4	105.8	115.2	102.0	102.1	103.9	102.3	101.6	99.0
宁陵县	104.7	103.1	107.1	102.6	102.5	105.5	101.4	101.4	101.6
柘城县	105.8	105.1	107.6	101.9	101.5	104.9	102.4	101.8	97.4
虞城县	105.3	105.9	108.6	101.8	102.3	105.2	101.5	101.1	101.1
夏邑县	105.4	105.0	106.5	102.5	101.3	108.7	102.5	101.3	103.6
永城市	105.2	104.8	110.0	102.4	102.2	105.8	102.7	102.4	100.0

15-3 居民消费价格指数

（上年=100）

项目名称	2011年			2012年			2013年		
	全市	城市	农村	全市	城市	农村	全市	城市	农村
居民消费价格总指数	105.5	105.7	105.2	102.4	102.6	102.2	102.3	102.3	102.2
非食品价格指数	103.3	103.6	102.9	101.9	101.9	101.9	100.6	100.4	100.9
服务项目价格指数	104.1	104.4	103.6	102.1	102.4	101.7	101.5	101.5	101.5
工业品价格指数	102.9	103.2	102.6	101.7	101.6	102.0	100.2	99.8	100.7
扣除食品和能源价格指数	102.9	103.2	102.4	101.7	101.7	101.8	100.8	100.7	100.9
扣除鲜菜鲜果总指数	105.4	105.6	105.2	102.3	102.7	101.8	101.9	101.9	101.9
消费品价格指数	106.0	106.2	105.7	102.5	102.7	102.3	102.5	102.6	102.4
一、食品	110.9	111.0	110.9	103.8	104.4	102.7	106.0	106.6	105.1
1.粮食	109.7	110.2	109.0	101.8	102.0	101.5	104.8	103.2	106.9
2.淀粉及制品	122.9	121.4	126.5	97.3	96.6	99.0	101.9	101.0	103.7
3.干豆类及豆制品	99.8	98.4	102.2	98.4	98.8	97.7	108.6	111.6	103.5
4.油脂	114.2	115.4	112.9	105.3	105.8	104.7	99.2	98.3	100.3
5.肉禽及其制品	119.7	118.0	121.7	101.0	100.5	101.6	105.4	105.1	105.8
6.蛋	116.0	116.7	115.3	93.2	92.6	93.9	103.8	103.9	103.7
7.水产品	109.4	107.5	112.6	106.9	106.4	107.7	102.3	104.9	98.2
8.菜	101.1	102.9	98.2	109.9	107.5	113.7	112.3	113.2	111.1
9.调 味 品	105.4	107.4	102.3	104.5	107.1	100.3	102.2	102.2	102.2
10.糖	112.8	114.0	111.7	104.3	105.7	102.9	100.5	101.5	99.4
11.茶及饮料	101.4	101.7	100.8	101.6	101.7	101.6	101.1	101.3	100.7
12.干鲜瓜果	119.1	118.7	119.9	97.1	94.6	102.5	105.0	104.4	106.1
13.糕点饼干	108.1	107.7	108.9	103.9	104.2	103.3	104.5	105.8	102.0
14.液体乳及乳制品	105.7	105.4	106.3	104.5	105.7	102.2	103.7	103.6	103.8
15.在外用膳食品	107.6	109.2	104.3	110.3	114.2	102.0	109.6	111.6	104.6
16.其他食品	100.8	100.4	101.4	100.5	100.0	101.2	100.1	100.0	100.3
二、烟酒及用品	102.5	102.9	101.7	104.1	105.1	102.3	100.5	100.2	101.1
1.烟草	99.9	99.9	100.1	99.6	99.4	100.0	100.6	101.0	99.8
2.酒	104.7	105.4	103.3	107.9	109.6	104.4	100.5	99.6	102.3

15-3续　居民消费价格指数

（上年＝100）

项目名称	2011年			2012年			2013年		
	全市	城市	农村	全市	城市	农村	全市	城市	农村
三、衣着	103.0	103.7	101.9	103.4	103.3	103.6	100.4	99.5	101.9
1.服　　装	103.1	103.3	102.7	104.0	104.1	103.9	100.7	99.8	102.4
2.衣着材料	107.6	109.2	106.9	102.1	107.0	99.9	100.6	101.2	100.3
3.鞋袜帽	102.1	103.8	99.8	101.5	100.3	103.3	99.8	99.0	100.9
4.衣着加工服务费	114.1	131.3	100.0	111.4	121.9	100.0	96.5	93.7	100.1
四、家庭设备用品及维修服务	100.4	100.3	100.5	100.5	100.2	100.9	101.0	101.0	101.1
1.耐用消费品	99.8	99.7	100.0	99.9	99.7	100.3	100.7	101.0	100.2
2.室内装饰品	100.6	100.7	100.3	100.4	100.5	100.0	100.0	100.0	100.0
3.床上用品	100.9	100.0	102.3	100.6	100.0	101.5	100.0	100.0	100.0
4.家庭日用杂品	100.0	99.7	100.5	99.9	99.6	100.5	101.0	101.3	100.4
5.家庭服务及加工维修服务	107.5	111.4	101.9	107.9	108.7	106.6	106.7	101.7	114.7
五、医疗保健和个人用品	104.4	105.1	103.2	102.6	102.6	102.6	101.1	101.2	101.1
1.医疗保健	103.8	104.2	103.2	102.4	102.7	101.8	101.1	101.2	100.9
2.个人用品及服务	105.7	107.1	103.3	103.0	102.2	104.3	101.2	101.1	101.5
六、交通和通信	99.5	98.4	101.3	99.5	98.9	100.6	98.9	98.0	100.1
1.交通	102.3	101.6	103.4	101.1	100.5	102.0	99.0	97.9	100.6
2.通信	96.2	94.7	98.5	97.5	96.8	98.6	98.7	98.2	99.5
七、娱乐教育文化用品及服务	102.0	102.5	101.1	100.6	100.7	100.5	101.5	101.6	101.3
1.文娱用耐用消费品及服务	97.6	98.6	96.1	99.2	100.8	96.5	98.3	97.8	99.0
2.教育	103.3	103.4	103.1	101.1	100.7	101.7	102.6	102.9	102.1
3.文化娱乐类	104.7	106.6	100.3	100.9	101.3	100.1	102.5	103.1	101.2
4.旅游	100.5	99.9	101.4	100.6	100.0	101.7	100.4	100.0	101.0
八、居住	107.5	108.7	106.0	102.8	103.3	102.3	100.9	101.1	100.6
1.建房及装修材料	104.8	106.2	104.0	103.0	103.4	102.8	100.8	102.3	99.8
2.租房	100.9	100.0	102.5	101.2	100.0	103.4	101.1	100.0	103.0
3.自有住房	111.6	112.8	109.5	104.4	105.8	101.9	101.8	102.6	100.6
4.水、电、燃料	106.9	106.9	106.7	100.9	100.6	101.6	99.8	98.6	102.0

15-4 商品零售价格指数

（上年=100）

项目名称	2011年			2012年			2013年		
	全市	城市	农村	全市	城市	农村	全市	城市	农村
商品零售价格总指数	105.5	105.8	105.2	101.8	101.5	102.0	101.5	101.2	101.7
一、食品	111.7	112.2	111.3	102.8	102.9	102.7	105.3	105.9	104.8
1. 粮食	109.9	112.3	108.2	101.8	102.0	101.7	106.0	103.7	107.8
2. 淀粉及制品	126.2	121.4	131.3	97.6	96.6	98.7	101.8	101.0	102.5
3. 干豆类及豆制品	101.0	98.5	103.5	99.2	100.3	98.2	108.1	112.6	103.9
4. 油脂	113.3	115.9	111.5	105.7	106.8	105.0	100.2	98.9	101.2
5. 肉禽及其制品	121.5	119.9	122.7	100.4	97.9	102.3	104.9	104.4	105.2
6. 蛋	115.9	116.9	115.1	93.5	92.7	94.2	103.8	103.9	103.7
7. 水产品	109.4	107.1	111.3	106.3	106.6	106.1	101.3	104.4	98.6
8. 菜	100.7	103.6	98.2	110.5	106.9	113.6	110.2	111.3	109.3
9. 调味品	104.3	107.5	102.3	103.1	107.3	100.2	102.6	102.3	102.8
10. 糖	113.7	114.9	113.0	104.5	105.9	103.7	99.6	101.6	98.3
11. 干鲜瓜果	119.5	118.7	120.2	98.0	93.8	101.4	106.1	105.2	106.9
12. 糕点饼干面包	108.1	107.7	108.4	103.8	104.0	103.7	103.3	105.4	102.0
13. 液体乳及乳制品	106.7	105.0	108.6	104.1	105.1	103.0	103.9	103.3	104.5
14. 在外用膳食品	105.4	108.6	102.8	107.7	114.9	101.4	107.7	111.8	103.6
15. 其他食品	101.1	100.4	101.6	100.8	100.0	101.3	100.5	100.0	100.9
二、饮料、烟酒	101.9	102.4	101.5	102.8	103.9	102.1	100.8	100.5	100.9
1. 茶及饮料	101.4	101.7	101.1	102.2	101.7	102.7	101.3	101.4	101.3
2. 烟草	100.1	100.0	100.2	100.0	99.9	100.0	100.2	101.0	99.7
3. 酒	103.9	105.3	103.0	106.0	109.5	104.0	101.0	99.6	101.9
三、服装、鞋帽	102.5	103.3	101.8	103.4	102.5	104.3	100.9	99.6	102.1
1. 服装	103.0	103.0	102.9	104.2	103.6	104.8	101.3	99.7	102.8
2. 鞋袜帽	101.9	104.2	99.8	102.1	100.2	103.8	100.0	98.9	101.0
3. 其他	100.0	100.0	100.0	100.0	100.0	100.0	101.0	102.5	100.0
四、纺织品	102.8	103.4	102.4	101.6	102.7	101.1	100.7	100.5	100.7
1. 衣着材料	104.6	109.8	102.9	102.9	107.2	101.5	101.3	101.3	101.3
2. 床上用品	100.9	100.0	101.7	100.2	100.0	100.4	100.0	100.0	100.0

15-4续　商品零售价格指数

（上年＝100）

项目名称	2011年			2012年			2013年		
	全市	城市	农村	全市	城市	农村	全市	城市	农村
五、家用电器及音像器材	98.7	98.7	98.6	98.6	98.5	98.7	99.4	99.3	99.4
1.家庭设备	100.8	100.0	101.4	100.1	99.0	100.9	99.8	99.1	100.3
2.文娱用耐用消费品	95.8	97.1	94.7	96.4	97.7	95.4	98.6	99.6	97.8
3.音像器材	99.2	100.0	96.9	99.8	100.0	99.2	100.0	100.0	100.0
六、文化办公用品	99.6	99.8	99.2	100.7	101.5	99.4	100.2	100.1	100.2
七、日用品	102.2	102.6	101.8	102.6	101.2	103.8	100.8	100.4	101.0
1.日用百货	102.6	101.9	103.1	103.3	100.5	105.5	100.7	100.8	100.6
2.日用杂品	99.8	99.7	100.0	100.2	100.2	100.2	100.5	100.6	100.4
3.洗涤用品	103.9	106.7	101.9	104.0	103.3	104.5	101.3	100.0	102.3
4.其他日用品	100.2	100.3	100.2	100.8	100.2	101.3	100.3	100.3	100.2
八、体育娱乐用品	100.3	100.7	100.1	100.0	100.0	100.0	100.5	101.0	100.0
1.体育用品	100.5	101.3	100.0	100.0	100.0	100.0	100.8	102.1	100.0
2.娱乐用品	100.1	100.0	100.1	100.0	100.0	100.0	100.0	100.0	100.0
九、交通、通信用品	96.7	97.3	96.0	94.6	92.8	96.7	96.0	93.3	99.0
1.交通运输机械	99.9	100.0	99.7	98.3	97.4	100.0	96.5	94.6	100.0
2.通信器材	93.6	93.2	93.8	90.6	85.3	94.5	95.3	90.8	98.3
十、家具	99.9	99.9	99.8	100.0	100.0	100.0	101.2	102.5	100.0
十一、化妆品	100.4	100.4	100.4	101.9	101.6	102.2	101.9	101.6	102.1
十二、金银珠宝	114.0	112.1	116.0	101.9	100.6	103.3	92.4	93.0	91.9
十三、中西药品及医疗保健用品	107.0	108.0	106.0	104.4	106.1	102.8	101.7	101.9	101.5
1.医疗器具及用品	90.8	88.9	93.0	100.9	100.0	102.0	100.0	100.0	100.1
2.中药材及中成药	117.8	119.1	116.8	108.9	113.6	105.0	103.0	103.3	102.7
3.西药	102.5	103.9	101.2	101.8	102.0	101.5	101.3	101.4	101.1
4.保健品及器具	104.9	110.7	100.7	104.0	107.3	101.3	99.9	100.4	99.6
十四、书报杂志及电子出版物	101.5	100.6	102.2	100.6	99.9	101.1	101.2	102.1	100.6
1.教材及参考书	102.0	101.5	102.3	101.4	100.0	102.3	101.8	104.3	100.2
2.书报杂志	101.3	100.0	102.4	99.9	99.9	100.0	100.9	100.9	101.0
3.电子音像制品	100.2	100.4	100.0	100.0	100.0	100.0	100.0	100.0	100.0
十五、燃料	114.1	113.9	114.3	102.8	102.3	103.4	98.7	97.2	100.1
1.煤炭及制品	115.7	116.2	115.4	103.2	99.8	105.0	97.1	88.2	101.5
2.石油及制品	113.4	113.2	113.6	102.7	103.0	102.3	99.4	99.7	99.1
十六、建筑材料及五金电料	104.9	105.4	104.6	101.7	101.8	101.6	99.4	99.9	99.1
1.建筑装璜材料	106.2	107.1	105.7	102.0	102.1	102.0	99.1	99.4	98.8
2.五金电料	100.4	100.6	100.2	100.4	100.9	99.9	100.8	101.6	100.0

主要指标解释

居民消费价格指数 简称CPI（consumer price index）是指城乡居民购买支付生活消费品和服务项目的价格，是社会产品和服务项目的最终价格，同人民生活密切相关，在整个国民经济价格体系中具有极为重要的地位。

居民消费价格指数是一个反映居民家庭一般所购买的消费商品和服务价格水平变动情况的指标。是通过一组代表性消费品及服务项目随着时间的变动，反映在居民家庭购买消费品及服务价格水平变动情况的相对数（指数的基期数值定为一百）。居民消费价格指数度量指定的一篮子消费商品和服务随着时间的变动，价格发生的变动。它是进行经济分析和决策、价格总水平监测和调控及国民经济核算的重要指标。其按年度计算的居民消费价格指数变动率通常被用来作为反映通货膨胀或紧缩程度的指标。一般来讲，物价全面地、持续地上涨被认为发生了通货膨胀。

商品零售价格指数 是反映城乡商品零售价格变动趋势的一种经济指数。零售物价的调整变动直接影响到城乡居民的生活支出和国家的财政收入，影响居民购买力和市场供需平衡，影响消费与积累的比例。因此，计算零售价格指数，可以从一个侧面对上述经济活动进行观察和分析。

卫生、体育、民政

● 资料整理：代克斌

16-1 卫生机构、床位、人员数（2013年）

机构类别	机构数（个）	实有床位数（张）	人员合计（人）	卫生技术人员（人）	执业(助理)医师	注册护士	药师（士）	其他	其他技术人员	管理人员	工勤人员
总　　计	**6497**	**29199**	**53758**	**33009**	**7387**	**10358**	**1816**	**6257**	**3212**	**2865**	**5375**
一、医院	70	17846	22273	17897	4763	7396	1080	2409	1085	1200	2091
综合医院	53	14083	17818	14312	3851	5977	739	1968	808	956	1742
中医医院	13	2862	3939	3197	831	1196	312	428	271	198	273
中西结合医院	2	50	36	33	12	8	4	0	1	2	0
专科医院	2	851	480	355	69	215	25	13	5	44	76
二、基层医疗卫生机构	6187	10144	23186	11083	1830	1980	597	2523	1021	483	1302
社区卫生服务中心(站)	101	757	1299	978	296	298	43	167	92	81	148
社区卫生服务中心	16	730	854	548	120	137	38	131	88	72	146
社区卫生服务站	85	27	445	430	176	161	5	36	4	9	2
卫生院	191	9377	10458	7984	1125	1330	549	2139	929	402	1143
中心卫生院	32	1995	1952	1596	303	271	125	400	113	71	172
乡卫生院	159	7382	8506	6388	822	1059	424	1739	816	331	971
村卫生室	5671	0	11044	1747	328	303	0	0	0	0	0
门诊部	16	10	129	120	51	44	5	15	0	0	9
诊所、卫生所、医务室	208	0	256	254	30	5	0	202	0	0	2
诊所	178	0	221	220	20	3	0	184	0	0	1
卫生所、医务室	30	0	35	34	10	2	0	18	0	0	1
三、专业公共卫生机构	166	1209	7045	3531	734	923	106	1097	908	908	1698
疾病预防控制中心	10	0	2316	1075	257	148	18	390	484	144	613
专科疾病防治院(所、站)	3	205	161	114	27	24	7	28	17	11	19
健康教育所(站、中心)	1	0	23	0	0	0	0	0	8	4	11
妇幼保健院(所、站)	9	1004	2256	1613	362	653	65	275	108	104	431
妇幼保健院	7	781	1730	1304	289	520	51	267	84	92	250
妇幼保健所	2	223	526	309	73	133	14	8	24	12	181
采供血机构	1	0	86	69	8	21	1	21	6	1	10
卫生监督所(中心)	10	0	366	227	0	0	0	227	8	62	69
计划生育技术服务机构	132	0	1837	433	80	77	15	156	277	582	545
四、其他卫生机构	74	0	1254	498	60	59	33	228	198	274	284
医学在职培训机构	9	0	459	224	39	26	10	129	58	58	119
其他	65	0	795	274	21	33	23	99	140	216	165

16-2 体育事业基本情况

项 目	单位	2007年	2008年	2009年	2010年	2011年	2012年	2013年
一、举办各类运动会次数	次	43		18	18	25	26	19
市 级	次	11		2	3	7	7	5
县（区）级	次	32		16	15	18	19	14
参加运动员人数	人			2400	2200	2500	3000	2600
市 级	人			400	200	300	500	600
县（区）	人			2000	2000	2200	2500	2000
二、参加省以上运动会次数	次	10	8	13	11	23	21	23
在比赛中获奖牌数	枚	68	46	50	55	140	163	141
获金牌数	枚	31	19	16	15	46	47	39
获银牌数	枚	23	15	14	23	43	48	46
获铜牌数	枚	14	12	20	17	51	68	56
三、年末实有各类专职教练员	人	58	11	11	13	13	13	13
四、年末实有各类等级裁判员	人	259	86	54	55	126	151	278
国家级	人							
一级	人						1	1
二级	人	259	86		55	126	150	277
五、业余体校	所				1		1	1
在校学生	人						350	330
六、举办大型比赛	次	3	2	1			2	2

16-3 社会福利院情况（2013年）

县（区）	单位个数（个）	年末职工人数（人）	其中：女性	年末床位数（张）	其中：光荣间床位	年末在院人员（人）	其中：女性	在院人员按性质分：优抚对象	在院人员按性质分：社会“三无”对象	在院人员按性质分：自费人员	在院人员按年龄分：老年	在院人员按年龄分：青壮年	在院人员按年龄分：少年儿童
合 计	**7**	**103**	**52**	**449**	**24**	**171**	**79**	**8**	**133**	**28**	**124**	**7**	**40**
梁园区	1	35	13	60	0	58	25		56	0	12	6	40
睢阳区	1	15	10	30	0	22	9		22	0	22		
民权县													
睢 县	1	8	4	14	18	12	3	8	4		12	1	
宁陵县	1	12	8	50	6	18	10		18		17		
柘城县	1	7	2										
虞城县	1	13	9	35	0	22	8		22		22		
夏邑县	1	13	6	260	0	39	24		11	28	39		

主要指标解释

等级运动员人数 指经考核正式批准授予等级运动员称号的人数。运动员等级分为国际级运动健将、运动健将、一级运动员、二级运动员、三级运动员、少年级运动员。

等级裁判员人数 指经考核正式批准授予等级裁判员称号的人数。裁判员等级分为国际裁判、国家级裁判、一级裁判、二级裁判、三级裁判。

体育场 指有400米跑道（中心含足球场），有固定道牙，跑道6条以上，并有固定看台的室外田径场地。以看台容纳观众人数分：甲级25000人以上，乙级15000—25000人，丙级5000—15000人，丁级5000人以下。

体育馆 指有固定看台，可供篮球、排球、羽毛球、乒乓球、体操等项目训练比赛活动用的室内运动场地。以看台容纳观众人数分：甲级6000人以上，乙级4000—6000人，丙级2000—4000人，丁级2000人以下。

医院 指名称为医院，设有固定床位能收容病人住院并能为病人提供医疗、扩理服务的医疗机构。包括县及县以上医院、农村乡卫生院、其他医院三部分。按所属性质分为卫生部门、工业及其他部门，集体经济单位三类。其中县及县以上医院按业务性质分为综合医院和专科医院。

卫生技术人员 指卫生事业机构支付工资的全部固定职工和合同制职工中现任职务为卫生技术工作的专业人员。包括中医师、西医师、中西医结合高级医师、护师、中药师、西药师、检验师、其他技师、中医士、西医士、护士、助产士、中药剂士、西药剂士、检验士、其他技士、其他中医、护理员、中药剂员、西药剂员、检验员，其他初级卫生技术人员。

医生 指经卫生部门审查合格，从事医疗工作的专业人员。分为中医医生和西医医生。包括卫生技术人员中的中医师、西医师、中西结合高级医师、中医士、西医士和其他中医。

社会福利事业单位 指集中收养社会孤老、残、幼的机构。包括由民政部门管理的社会福利院、儿童福利院、精神病人福利院和城镇集体办的福利院，以及农村集体举办的敬老院。

社会福利事业单位收养人数 包括民政部门管理的和城镇及农村集体举办的社会福利事业单位中收养的老人、少年儿童、缺乏生活自理能力的残疾人员和精神病人。

社会福利企业单位 指以安置城镇有一定劳动能力的盲、聋、哑和肢体残疾人员就业为目的，享受国家减免税待遇的国有或集体经济性质的企业。包括福利工厂、福利商业服务业、假肢厂和安置农场等单位。

农村五保户 指农村中既无劳动能力，又无经济来源的老、弱、孤、残的农民生活由集体供养，实行保吃、保穿、保住、保医、保葬（孤儿保教），简称："五保"。享受五保待遇的家庭叫五保户。

双扶户 包括被扶持的优扶户和贫困户。主要是对具有一定劳动能力且生活困难的两户给予一定的救济金以扶持其通过生产自救达到脱贫的目的。

律师 指受聘参加法律顾问处工作，提任法律顾问、刑（民）事代理人、刑事辩护人，办理非诉讼事件、解答法律询问，代写法律事务文书等主要从事律师业务的专职法律工作者和兼职律师。

公证人员 指在国家公证机关依法办理公证事务的司法人员。包括公证员、助理公证员和在公证处工作的其他人员。

办理公证文书 指公证处在一定时期内办结的公证文书件数。公证文书系按司法部规定或批准的格式制作。包括国内公证和涉外公证两部分。其中国内公证分为经济合同公证和民事法律关系公证两大类。

调解人员 在人民调解委员会担负调解民间一般民事纠纷和轻微违法行为所引起的纠纷的工作人员。包括调解委员会的委员和调解小组的调解员。

调解民间纠纷 指调解委员会依照法律规定，根据自愿原则，用说服教育的方法调解民间发生的有关民事权利和义务的争执，促成当事双方达到协议和谅解，解决纠纷。包括婚姻家庭纠纷，财产权益纠纷等。不包括法院受理调解的民事案件数。

保险福利费用 指企业、事业、机关单位在工资以外实际支付给职工和离休、退休、退职人员个人以及用于集体的劳动保险和福利费用。

（1）职工保险福利费用具体包括：

①医疗卫生费 指实行公费医疗企业的职工及其供养的直系亲属的医疗费、医务经费、职工因工负伤就医路费以及住院伙食补助费等；卫生部门开支的事业及机关单位职工的公费医疗经费；未参加公费医疗的企业、事业和机关单位职工的医药费。

②丧葬抚恤救济费 指职工死亡的丧葬费、丧葬补助费和所遗供养直系亲属的抚恤费、救济费、生活补助费以及职工供养直系亲属死亡时的丧葬补助费等。

③生活困难补助 指对生活困难的职工实际支付的定期补助和临时性补助。

④文体宣传费 指企业、事业和机关单位实际支付的文体宣传费。不包括学习费。

⑤集体福利事业补贴费 指对职工浴室、理发室、洗衣房、哺乳室、托儿所等集体福利设施各项支出与收入相抵后的差额补助费。

⑥集体福利设施费 指按照国家规定开支的集体福利设施费用。如职工食堂炊事用具的购置费、修理费、职工宿舍的修缮费用。不包括由企业、事业、机关单位自筹经费开支的职工福利设施的基本建设费用。

⑦计划生育补贴 指发给职工独生子女的补贴费和保健费。

⑧其他 指上述费用以外，单位支付给职工的保险福利费。

（2）离休、退休、退职人员保险福利费用具体包括：

①离休金 指发给离休人员的工资和按1982年国务院发布的"关于老干部离职休养制度的几项规定"发给符合规定的离休干部相当于1—2个月标准工资的生活补贴和国务院〔1989〕82、83号文件规定提高离休人员的待遇所增加

的费用及粮油价格补贴等。

②退休金　指按照国家有关规定发给退休人员的退休费和国务院〔1989〕82、83号文件规定提高退休人员的待遇所增加的费用及粮油价格补贴等。

③退职生活费　指按照1978年国务院《关于工人退休、退职的暂行办法》规定定期发给退职人员的生活费用和国务院〔1989〕82、83号文件规定提高退职人员的待遇所增加的费用及粮油价格补贴等。

④医疗卫生费　指离休、退休、退职人员的医疗费、住院费以及住院伙食补助等费用。

⑤护理费　指因工致残、饮食起居需人扶助的离休、退休人员的护理费以及因病不能自理的离休人员的护理费。

⑥生活补贴　指按照1985年国务院《关于发给离休退休人员生活补贴费的通知》规定，发给离休、退休人员的生活补贴费。

⑦交通费补贴　指按月发给离休人员的交通费补贴。

⑧丧葬抚恤救济费　指离休、退休、退职人员死亡的丧葬费、丧葬补助费和所遗供养直系亲属的抚恤费、救济费、生活补助费以及供养直系亲属死亡时的丧葬补助费等。

⑨其他　包括易地安置的离休、退休、退职人员的安家补助费；离休、退休、退职人员的生活困难补助费、书报费、洗理费、副食品价格补贴、房租价格补贴、水电补贴、少数民族补贴以及老干部活动经费开支的旅游费用等。离休、退休、退职人员指正式办理了离休、退休、退职手续，并享受相应的离休、退 休、退职待遇的人员。

环境保护

● 资料整理：宋 静

17-1 各县（市、区）污染物排放总量情况(2013年）

指标名称	计量单位	商丘市	梁园区	睢阳区	民权县	睢县
一、废水污染物排放总量						
废水	万吨	17438	2780	2860	1782	1991
COD	吨	99912	7305	12796	10205	12732
氨氮	吨	8718	636	1192	867	1068
总氮	吨	38543	2342	5938	3507	4462
总磷	吨	4221	185	638	398	480
石油类	吨	58	4	40	0	0
挥发酚	千克	160	0	60	10	40
废水砷	千克	3	0	2	0	0
废水铅	千克	9	0	5	1	0
废水镉	千克	2	0	1	0	0
废水汞	千克	1	0	0	0	0
废水总铬	千克	242	20	2	0	0
废水六价铬	千克	0	0	0	0	0
二、废气污染物排放总量						
二氧化硫	吨	24503	2125	5672	6145	3311
氮氮化物	吨	49441	308	2376	19664	674
烟（粉）尘	吨	19239	2357	2729	5236	2210

注：1、机动车的烟（粉）尘对应为总颗粒物排放量。
2、氮氧化物排放量包括机动车排放量，因机动车排放量无法分解到各县区，各县区氮氧化物排放量不包括机动车氮氧化物排放量。

17-1续 各县（市、区）污染物排放总量情况（2013年）

指标名称	计量单位	宁陵县	柘城县	虞城县	夏邑县	开发区
一、废水污染物排放总量						
废水	万吨	1093	1697	2114	2933	187
COD	吨	11009	8041	20331	17377	116
氨氮	吨	921	991	1354	1665	23
总氮	吨	3692	4306	9461	4836	0
总磷	吨	438	414	1226	443	0
石油类	吨	0	10	0	3	1
挥发酚	千克	10	10	10	20	0
废水砷	千克	0	0	0	0	0
废水铅	千克	1	1	1	0	0
废水镉	千克	0	0	0	0	0
废水汞	千克	0	0	0	0	0
废水总铬	千克	182	37	0	0	0
废水六价铬	千克	0	0	0	0	0
二、废气污染物排放总量						
二氧化硫	吨	1215	1294	1355	3265	120
氨氮化物	吨	455	243	305	1526	25
烟（粉）尘	吨	1411	368	316	2271	266

17-2 工业污染排放及处理利用情况（2013年）

指标名称	计量单位	数值	指标名称	计量单位	数值
一、企业基本情况			10蒸吨之下的	台/蒸吨	93
工业企业数	个	308	工业窑炉数	座	87
工业总产值（当年价格）	亿元	169	二、工业废水		
工业用水总量	万吨	16474	废水治理设施数	套	44
其中：取水量	万吨	5526	废水治理设施处理能力	万吨/日	11
重复用水量	万吨	10947	废水治理设施运行费用	万元	2113
煤炭消耗量	万吨	348	工业废水处理量	万吨	1857
其中：燃料煤消耗量	万吨	343	工业废水排放量	万吨	3231
燃料煤平均含硫量	%	1	其中：直接排入环境的	万吨	3185
燃料煤平均灰分	%	26	排入污水处理厂的	万吨	46
燃料煤平均干燥无灰基挥发分	%	28	化学需氧量产生量	吨	20231
燃料油消费量（不含车船用）	万吨	8	化学需氧量排放量	吨	6865
燃料煤平均含硫量	%	2	氨氮产生量	吨	1001
其他燃料消耗量	万吨标准煤	2	氨氮排放量	吨	289
用电量	亿吨标准煤	10	石油类产生量	吨	117
工业锅炉数	台/蒸吨	117	石油类排放量	吨	57
其中:35蒸吨及以上的	台/蒸吨	10	挥发酚产生量	千克	
20（含）-35蒸吨之间的	台/蒸吨	4	挥发酚排放量	千克	
10（含）-20蒸吨之间的	台/蒸吨	10			

17-2续　工业污染排放和处理利用情况（2012年）

指标名称	计量单位	数值	指标名称	计量单位	数值
总铬产生量	千克	1594	总铬产生量	千克	
总铬排放量	千克	238	总铬排放量	千克	
三、工业废气	—		四.工业固体废物	-	
工业废气排放量	亿立方米	548	一般工业固体废物产生量	万吨	113
废气治理设施数	套	194	一般工业固体综合利用量量	万吨	112
其中：脱硫设施数	套		其中：综合利用往年贮存量	万吨	
脱硝设施数	套		一般工业固体废物处置量	万吨	1
除尘设施数	套		其中：处置往年贮存量	万吨	
废气治理设施处理能力	万立方米/时	592	一般工业固体废物贮存量	万吨	
其中：脱硫设施处理能力	万立方米/时		一般工业固体倾倒丢弃量	万吨	
脱硝设施处理能力	万立方米/时		危险废物产生量	万吨	
除尘设施处理能力	万立方米/时		危险废物综合利用量	万吨	
废气治理设施运行费用	万元	8731	其中：综合利用往年贮存量	万吨	
其中：脱硫设施运行费用	万元		送外单位综合利用量	万吨	
脱硝设施运行费用	万元		其中：送持证单位综合利用量	万吨	
除尘设施运行费用	万元		危险废物处置量	万吨	
二氧化硫产生量	吨	53031	其中：处置往年贮存量	万吨	
二氧化硫排放量	吨	23246	送外单位处置量	万吨	
氨氮化物产生量	吨	25322	其中：送持证单位处置量	万吨	
氨氮化物排放量	吨	25322	危险废物贮存量	万吨	
烟（粉）尘去除量	吨	814934	危险废物倾倒丢弃量	万吨	
烟（粉）尘排放量	吨	16914	危险废物内部年综合利用/处置能力	吨	
铅产生量	千克				
铅排放量	千克				
汞产生量	千克				
汞排放量	千克				
镉产生量	千克				
镉排放量	千克				
六价铬产生量	千克				

注：无烟（粉）去除量，原则上烟粉尘去除量=烟粉尘产生量_烟尘排放量

17-3 各县（市、区）工业污染排放及处理利用情况（2013年）

指标名称	计量单位	梁园区	睢阳区	民权县	睢县	宁陵县	柘城县	虞城县	夏邑县	开发区
一、企业基本情况										
工业企业数	个	39	29	20	24	22	35	51	85	3
工业总产值（当年价格）	亿元	33	11	38	23	20	2	23	17	2
工业用水总量	万吨	1139	1235	11545	851	191	346	203	960	5
其中：取水量	万吨	569	508	1942	838	191	336	178	960	5
重复用水量	万吨	570	727	9603	12	0	10	25	0	0
煤炭消耗量	万吨	5	10	271	27	6	5	4	21	0
其中：燃料煤消耗量	万吨	4	10	271	27	6	5	4	17	0
燃料煤平均含硫量	%	1	1	1	1	1	1	1	1	0
燃料煤平均灰分	%	19	24	28	22	15	23	16	20	0
燃料煤平均干燥无灰基挥发分	%	25	9	29	34	33	29	29	14	0
燃料油消费量（不含车船用）	万吨	0	8	0	0	0	0	0	0	0
燃料煤平均含硫量	%	0	2	1	0	0	0	0	0	0
其他燃料消耗量	万吨标准煤	0	2	0	0	0	0	0	0	0
用电量	亿吨标准煤	1	2	4	1	1	0	1	0	0
工业锅炉数	台/蒸吨	17	24	11	7	7	0	7	44	0
工业窑炉数	座	3	13	1	15	12	0	7	36	0
二、工业废水										
废水治理设施数	套	5	7	1	10	6	6	5	2	2
废水治理设施处理能力	万吨/日	1	3	1	2	1	1	1	0	0
废水治理设施运行费用	万元	299	187	160	1048	90	233	66	8	22

17-3续　各县（市、区）工业污染排放及处理利用情况（2013年）

指标名称	计量单位	梁园区	睢阳区	民权县	睢县	宁陵县	柘城县	虞城县	夏邑县	开发区
工业废水处理量	万吨	357	223	170	669	112	251	63	10	4
工业废水排放量	万吨	470	417	322	674	127	300	148	769	4
直接排入环境的	万吨	470	417	322	630	127	300	148	769	2
排入污水处理厂的	万吨	0	0	0	44	0	0	0	0	2
化学需氧量产生量	吨	2526	3960	1345	4348	1186	3165	1204	2454	42
化学需氧量排放量	吨	496	782	1177	805	211	687	318	2378	11
氨氮产生量	吨	182	113	30	246	49	306	35	40	1
氨氮排放量	吨	27	40	14	38	21	79	31	40	1
石油类产生量	吨	14	41	0	2	25	31	0	3	1
石油类排放量	吨	4	40	0	0	0	10	0	3	1
氰化物产生量	千克	0	0	0	0	0	0	0	0	0
废水总铬产生量	千克	188	0	0	0	365	1041	0	0	0
废水总铬排放量	千克	20	0	0	0	182	36	0	0	0
三、工业废气										
工业废气排放量	亿立方米	30	31	314	28	97	20	4	21	4
废气治理设施数	套	65	28	17	5	21	0	7	41	10
废气治理设施处理能力	万立方米/时	31	98	281	38	42	0	8	17	76
废气治理设施运行费用	万元	519	78	7839	11	130	0	83	21	50
二氧化硫产生量	吨	1920	5478	35775	3196	1130	1171	1183	3074	104
二氧化硫排放量	吨	1920	5455	6015	3194	1130	1171	1183	3074	104
氨氮化物产生量	吨	264	2330	19639	651	438	219	271	1488	22
氨氮化物排放量	吨	264	2330	19639	651	438	219	271	1488	22
烟（粉）尘产生量	吨	39292	41152	684068	25590	13868	343	705	2608	7308
烟（粉）尘排放量	吨	2316	2686	5210	2187	1394	343	282	2234	263

规模以上工业企业科技状况

● 资料整理：丁雪梅

18-1 规模以上工业企业科技基本情况（2013年）

指标名称	企业数（个）	有R&D活动企业数（个）	有科技机构数（个）	年末从业人员（人）	工业总产值（万元）	主营业务收入（万元）
总　计	**851**	**64**	**47**	**218784**	**14542717.5**	**14277447.6**
一、按企业规模分组						
大型	21	11	8	45270	2887142.9	2818986.8
中型	194	33	23	92219	6671018.9	6563454.7
小型	604	20	16	79424	4955207.3	4855017.4
二、按登记注册类型分组						
内资企业	834	61	44	208185	14275547.5	14010583.0
国有企业	12	2	1	6183	497333.2	460342.7
集体企业	6			901	91507.9	92593.7
股份合作企业	1			98	10951.0	10951.0
联营企业	1			32	6426.4	5204.3
有限责任公司	219	20	17	54688	3471877.1	3365063.4
股份有限公司	44	6	4	20270	1297443.1	1283860.7
私营企业	513	31	21	117212	8341950.8	8241322.6
其他企业	38	2	1	8801	558058.0	551244.6
港、澳、台商投资企业	9	2	2	8717	211774.0	214242.5
外商投资企业	8	1	1	1882	55396.0	52622.1
三、按国民经济行业大类分组						
制造业	839	64	47	212029	13988508.5	13753720.1
农副食品加工业	119	3	3	20681	2021686.6	1979923.6
食品制造业	64	5	4	23888	1402154.1	1424153.9
酒、饮料和精制茶制造业	38	6	3	9931	681998.4	670273.0
纺织业	57	8	7	27110	1438140.9	1441150.7
纺织服装、服饰业	100	2	2	30105	1270878.5	1270966.8
皮革、毛皮、羽毛及其制品和制鞋业	24	1	1	9371	515435.2	480524.8
木材加工和木、竹、藤、棕、草制品业	45			6950	457369.4	425657.7
家具制造业	6			752	30801.2	30114.9
造纸和纸制品业	13	1	1	3452	169750.8	175846.4
印刷和记录媒介复制业	16	2	2	2660	156311.5	155444.3
文教、工美、体育和娱乐用品制造业	12			3991	284027.1	302609.2
石油加工、炼焦和核燃料加工业	2			208	22190.3	22716.9
化学原料和化学制品制造业	50	1	2	7813	574920.8	532020.8
医药制造业	28	5	1	6770	383167.9	337705.8
化学纤维制造业	4			247	21242.1	18997.1
橡胶和塑料制品业	29			5499	248874.9	239795.9
非金属矿物制品业	65	7	3	11549	949939.6	900263.6
黑色金属冶炼和压延加工业	20	1	1	5953	839875.7	838276.1
有色金属冶炼和压延加工业	12	4	3	2324	433437.7	418125.7
金属制品业	23	1		2738	148840.2	150103.4
通用设备制造业	13	2	1	1210	98463.6	95220.7
专用设备制造业	14	3	2	1825	86504.5	75424.5
汽车制造业	11	1	1	2421	320255.8	329455.6
铁路、船舶、航空航天和其他运输设备制造业	9	1	1	2846	94999.7	70163.4
电气机械和器材制造业	22	5	4	9907	810262.2	830522.7
计算机、通信和其他电子设备制造业	10	2	2	4882	132418.0	134826.2
仪器仪表制造业	29	3	3	6236	366360.2	372900.0
其他制造业	3			665	27951.6	27836.4
废弃资源综合利用业	1			45	250.0	2700.0
电力、热力、燃气及水生产和供应业	12			6755	554209.0	523727.5
电力、热力生产和供应业	10			5554	543342.7	513530.8
水的生产和供应业	2			1201	10866.3	10196.7

18-2 规模以上工业企业R&D人员情况（2013年）

类 别	R&D人员合计（人）	全时人员	非全时人员	R&D人员折合全时当量合计（人年）	试验发展人员
总 计	**2613**	**1615**	**998**	**1796.5**	**1795.2**
一、按企业规模分组					
大型	758	385	373	481.1	479.8
中型	1310	934	376	926.1	926.1
小型	545	296	249	389.4	389.4
二、按登记注册类型分组					
内资企业	2526	1540	986	1739.0	1737.7
国有企业	107	76	31	78.9	77.6
有限责任公司	867	473	394	609.8	609.8
股份有限公司	129	85	44	99.7	99.7
私营企业	1322	836	486	889.3	889.3
其他企业	101	70	31	61.3	61.3
港、澳、台商投资企业	67	62	5	37.5	37.5
外商投资企业	20	13	7	20.0	20.0
三、按国民经济行业大类分组					
制造业	2613	1615	998	1796.5	1795.2
农副食品加工业	147	32	115	65.6	65.6
食品制造业	124	64	60	63.1	63.1
酒、饮料和精制茶制造业	217	152	65	152.4	152.4
纺织业	281	185	96	198.8	198.8
纺织服装、服饰业	39	39		25.4	25.4
皮革、毛皮、羽毛及其制品和制鞋业	20	18	2	15.7	15.7
造纸和纸制品业	24	22	2	14.5	14.5
印刷和记录媒介复制业	32	18	14	19.9	19.9
化学原料和化学制品制造业	38	27	11	24.4	24.4
医药制造业	229	74	155	189.2	189.2
非金属矿物制品业	320	246	74	250.3	249.0
黑色金属冶炼和压延加工业	77	63	14	58.0	58.0
有色金属冶炼和压延加工业	167	94	73	114.8	114.8
金属制品业	14	11	3	9.5	9.5
通用设备制造业	27	5	22	13.9	13.9
专用设备制造业	53	33	20	50.3	50.3
汽车制造业	123	98	25	44.2	44.2
铁路、船舶、航空航天和其他运输设备制造业	20		20	20.0	20.0
电气机械和器材制造业	357	154	203	197.3	197.3
计算机、通信和其他电子设备制造业	67	57	10	41.9	41.9
仪器仪表制造业	237	223	14	227.4	227.4

18-3 规模以上工业企业R&D经费情况（2013年）

类　　别	R&D经费内部支出合计(万元)	按活动类型分组	按支出用途分组		按资金来源分组		
		试验发展支出	经常费支出	资产性支出	政府资金	企业资金	其他资金
总　　计	**44849.9**	**44837.9**	**36263.0**	**8586.9**	**2040.8**	**42338.7**	**470.4**
一、按企业规模分组							
大型	14362.3	14350.3	12146.3	2216.0	253.6	13989.3	119.4
中型	21573.2	21573.2	16616.6	4956.6	1441.7	19871.0	260.5
小型	8914.4	8914.4	7500.1	1414.3	345.5	8478.4	90.5
二、按登记注册类型分组							
内资企业	42620.4	42608.4	34398.0	8222.4	2040.8	40109.2	470.4
国有企业	1009.0	997.0	1009.0			1009.0	
有限责任公司	19328.3	19328.3	15171.6	4156.7	939.0	18038.3	351.0
股份有限公司	2793.5	2793.5	2394.5	399.0	260.0	2533.5	
私营企业	17472.1	17472.1	14408.6	3063.5	821.8	16530.9	119.4
其他企业	2017.5	2017.5	1414.3	603.2	20.0	1997.5	
港、澳、台商投资企业	2014.5	2014.5	1650.0	364.5		2014.5	
外商投资企业	215.0	215.0	215.0			215.0	
三、按国民经济行业大类分组							
制造业	44849.9	44837.9	36263.0	8586.9	2040.8	42338.7	470.4
农副食品加工业	1061.3	1061.3	885.8	175.5	65.0	996.3	
食品制造业	1640.9	1640.9	1438.9	202.0	130.0	1510.9	
酒、饮料和精制茶制造业	2801.0	2801.0	2476.4	324.6	260.0	2541.0	
纺织业	5812.4	5812.4	4156.3	1656.1	207.0	5486.0	119.4
纺织服装、服饰业	1065.2	1065.2	540.2	525.0	24.5	1040.7	
皮革、毛皮、羽毛及其制品和制鞋业	964.5	964.5	950.0	14.5		964.5	
造纸和纸制品业	211.7	211.7	207.0	4.7		211.7	
印刷和记录媒介复制业	1044.6	1044.6	1023.0	21.6	40.0	1004.6	
化学原料和化学制品制造业	521.0	521.0	476.0	45.0		260.5	260.5
医药制造业	2956.2	2956.2	2675.9	280.3	87.5	2868.7	
非金属矿物制品业	6991.8	6979.8	5175.6	1816.2	600.0	6391.8	
黑色金属冶炼和压延加工业	874.2	874.2	857.0	17.2		874.2	
有色金属冶炼和压延加工业	2064.4	2064.4	1810.4	254.0	130.0	1934.4	
金属制品业	380.0	380.0	300.0	80.0		380.0	
通用设备制造业	1067.0	1067.0	1055.0	12.0		1067.0	
专用设备制造业	632.0	632.0	591.0	41.0	81.0	460.5	90.5
汽车制造业	2717.8	2717.8	2139.4	578.4		2717.8	
铁路、船舶、航空航天和其他运输设备制造业	86.0	86.0	86.0			86.0	
电气机械和器材制造业	8917.6	8917.6	7142.8	1774.8	280.6	8637.0	
计算机、通信和其他电子设备制造业	1265.0	1265.0	915.0	350.0		1265.0	
仪器仪表制造业	1775.3	1775.3	1361.3	414.0	135.2	1640.1	

18-4 规模以上工业企业全部R&D项目情况（2013年）

类别	项目数（项）	参加项目人员（人）	项目人员折合全时当量（人年）	全部项目经费内部支出（万元）
总计	116	2428	1666.1	38429.1
一、按企业规模分组				
大型	35	734	465.2	13007.5
中型	53	1205	852.9	17715.2
小型	28	489	348.0	7706.4
二、按登记注册类型分组				
内资企业	109	2346	1612.3	36214.1
国有企业	7	100	73.5	1009.0
有限责任公司	36	793	555.2	16263.0
股份有限公司	9	115	88.8	2390.0
私营企业	50	1246	836.8	14954.0
其他企业	7	92	58.1	1598.1
港、澳、台商投资企业	2	64	35.8	2000.0
外商投资企业	5	18	18.0	215.0
三、按国民经济行业大类分组				
制造业	116	2428	1666.1	38429.1
农副食品加工业	5	141	62.6	970.0
食品制造业	6	116	59.0	1327.1
酒、饮料和精制茶制造业	10	198	138.6	2427.8
烟草制品业				
纺织业	12	259	182.8	4627.0
纺织服装、服饰业	5	33	23.9	819.5
皮革、毛皮、羽毛及其制品和制鞋业	1	19	14.9	950.0
造纸和纸制品业	1	23	13.9	207.0
印刷和记录媒介复制业	3	29	17.9	983.0
化学原料和化学制品制造业	1	36	23.1	511.0
医药制造业	8	216	181.2	2672.7
非金属矿物制品业	12	288	226.9	5179.0
黑色金属冶炼和压延加工业	1	75	56.5	530.0
有色金属冶炼和压延加工业	4	139	97.7	1899.4
金属制品业	1	13	8.8	300.0
通用设备制造业	3	26	13.4	1055.0
专用设备制造业	5	43	40.7	570.0
汽车制造业	4	123	44.2	2450.2
铁路、船舶、航空航天和其他运输设备制造业	1	10	10.0	86.0
电气机械和器材制造业	18	348	190.4	8067.0
计算机、通信和其他电子设备制造业	6	63	38.9	1265.0
仪器仪表制造业	9	230	220.7	1532.4

18-5 规模以上工业企业科技机构情况（2013年）

类别	机构数（个）	机构人员合计（人）	博士毕业	硕士毕业	本科毕业	机构经费支出（万元）	仪器和设备原价（万元）
总计	48	1187	46	111	613	23088.6	14625.7
一、按企业规模分组							
大型	8	294	6	20	150	8596.5	2963.0
中型	24	601	33	69	342	9465.8	8801.6
小型	16	292	7	22	121	5026.3	2861.1
二、按登记注册类型分组							
内资企业	45	1097	46	108	581	21218.0	13312.4
国有企业	1	19	4	2	9	979.0	460.0
有限责任公司	18	463	16	37	222	8418.4	5339.3
股份有限公司	4	66	2	9	44	1180.0	425.0
私营企业	21	440	22	48	218	8649.1	6338.1
其他企业	1	109	2	12	88	1991.5	750.0
港、澳、台商投资企业	2	64		2	16	1790.0	455.0
外商投资企业	1	26		1	16	80.6	858.3
三、按国民经济行业大类分组							
制造业	48	1187	46	111	613	23088.6	14625.7
农副食品加工业	3	61		5	21	667.0	338.4
食品制造业	4	62	1	3	27	1572.0	313.0
酒、饮料和精制茶制造业	3	65	1	8	36	1935.0	1131.4
烟草制品业							
纺织业	7	268	2	25	183	4015.6	2256.5
纺织服装、服饰业	2	30	9	9	12	854.5	731.1
皮革、毛皮、羽毛及其制品和制鞋业	1	19			6	740.0	105.0
造纸和纸制品业	1	23			2	207.0	47.0
印刷和记录媒介复制业	2	27	1	5	10	747.0	621.6
化学原料和化学制品制造业	2	49	1	2	21	513.0	81.0
医药制造业	1	46	2	1	20	385.0	50.0
非金属矿物制品业	4	54	5	10	31	2969.2	1460.4
黑色金属冶炼和压延加工业	1	15			7	169.0	95.0
有色金属冶炼和压延加工业	3	135	3	4	58	1385.9	537.0
通用设备制造业	1	7		1	5	800.0	400.0
专用设备制造业	2	22	2	4	12	200.0	240.0
汽车制造业	1	15	1	5	9	278.2	2450.2
铁路、船舶、航空航天和其他运输设备制造业	1	30			20	43.2	42.8
电气机械和器材制造业	4	94		2	55	3219.5	1284.7
计算机、通信和其他电子设备制造业	2	71		3	26	1130.6	1208.3
仪器仪表制造业	3	94	18	24	52	1256.9	1232.3

18-6 规模以上工业企业自主知识产权及相关情况（2013年）

类别	专利申请数（件）	发明专利	有效发明专利数（件）	发表科技论文（篇）	拥有注册商标数（件）
总计	**46**	**20**	**49**	**21**	**55**
一、按企业规模分组					
大型	4	1		20	6
中型	41	18	48	1	15
小型	1	1	1		34
二、按登记注册类型分组					
内资企业	46	20	49	21	55
国有企业				5	
有限责任公司	7	3	6	12	39
股份有限公司	3	2			
私营企业	32	14	43		13
其他企业	4	1		4	3
三、按国民经济行业大类分组					
制造业	46	20	49	21	55
农副食品加工业					
食品制造业	7	7	3		4
酒、饮料和精制茶制造业	3	2			
纺织业	4	1		5	6
纺织服装、服饰业	1	1	1		1
化学原料和化学制品制造业	1	1			
医药制造业	1	1	1	11	34
非金属矿物制品业	8	1	8		1
黑色金属冶炼和压延加工业					
有色金属冶炼和压延加工业	4		4	5	1
专用设备制造业					1
电气机械和器材制造业					1
仪器仪表制造业	17	6	32		6

18-7 规模以上工业企业新产品开发、生产及销售情况（2013年）

类别	新产品开发项目数（项）	新产品开发经费支出（万元）	新产品产值（万元）	新产品销售收入（万元）	出口
总计	94	40308.9	124213.8	124709.1	374.0
一、按企业规模分组					
大型	26	11720.0	78895.8	78436.9	
中型	45	20953.0	38510.0	38764.2	374.0
小型	23	7635.9	6808.0	7508.0	
二、按登记注册类型分组					
内资企业	91	39234.4	124213.8	124709.1	374.0
国有企业	1	150.0			
有限责任公司	27	15426.1	52505.1	53393.4	374.0
股份有限公司	3	2297.0	385.0	375.0	
私营企业	51	18837.8	70034.7	67939.7	
其他企业	9	2523.5	1289.0	3001.0	
港、澳、台商投资企业	1	964.5			
外商投资企业	2	110.0			
三、按国民经济行业大类分组					
制造业	94	40308.9	124213.8	124709.1	374.0
农副食品加工业	4	913.6	3500.0	4200.0	
食品制造业	6	1672.3	16213.6	16075.2	
酒、饮料和精制茶制造业	7	3140.1	385.0	375.0	
纺织业	11	5089.2	7900.2	10312.0	374.0
纺织服装、服饰业	6	1099.4			
皮革、毛皮、羽毛及其制品和制鞋业	1	964.5			
造纸和纸制品业	1	211.7			
印刷和记录媒介复制业	3	1044.6			
化学原料和化学制品制造业	1	160.0			
医药制造业	3	913.1	21453.1	20809.5	
非金属矿物制品业	7	6162.8			
黑色金属冶炼和压延加工业	1	874.2			
有色金属冶炼和压延加工业	2	1468.3	16835.2	16570.4	
金属制品业	1	380.0	1000.0	1000.0	
通用设备制造业	3	1067.0			
专用设备制造业			50.0	50.0	
汽车制造业	4	2717.8	657.8	645.0	
铁路、船舶、航空航天和其他运输设备制造业	1	86.0			
电气机械和器材制造业	20	9263.7	56153.7	54626.4	
计算机、通信和其他电子设备制造业	2	110.0			
仪器仪表制造业	10	2970.6	65.2	45.6	

18-8 规模以上工业企业技术获取和技术改造情况（2013年）

类　别	消化吸收经费支出（万元）	技术改造经费支出（万元）
总　计	382.1	1959.4
一、按企业规模分组		
大型	350.0	786.8
中型	32.1	747.8
小型		424.8
二、按登记注册类型分组		
内资企业	382.1	1959.4
有限责任公司		512.3
私营企业	32.1	1431.5
其他企业	350.0	15.6
三、按国民经济行业大类分组		
制造业	382.1	1959.4
农副食品加工业		60.0
食品制造业		638.0
酒、饮料和精制茶制造业		771.2
纺织业	350.0	30.1
非金属矿物制品业		73.0
有色金属冶炼和压延加工业		364.8
仪器仪表制造业	32.1	22.3

18-9　规模以上工业企业R&D项目情况（2013年）

类　　别	全部科技项目数（项）	参加科技项目人员（人）	本年度项目经费内部支出（万元）
总　　计	**111**	**2329**	**37136.8**
一、按项目来源分组			
国家科技项目	1	30	163.0
地方科技项目	9	284	4091.6
本企业自选科技项目	98	1945	31991.2
其他科技项目	3	70	891.0
二、按登记注册类型分组			
内资企业	104	2248	34921.8
国有企业	7	97	1009.0
有限责任公司	35	730	15724.6
股份有限公司	9	111	2070.0
私营企业	49	1218	14520.1
其他企业	4	92	1598.1
港、澳、台商投资企业	2	64	2000.0
外商投资企业	5	17	215.0
三、按国民经济行业大类分组			
制造业	111	2329	37136.8
农副食品加工业	5	141	970.0
食品制造业	6	98	1258.8
酒、饮料和精制茶制造业	9	194	2097.8
纺织业	11	252	4527.0
纺织服装、服饰业	2	33	819.3
皮革、毛皮、羽毛及其制品和制鞋业	1	19	950.0
造纸和纸制品业	1	23	207.0
印刷和记录媒介复制业	3	29	983.0
化学原料和化学制品制造业	1	36	511.0
医药制造业	8	186	2637.6
非金属矿物制品业	12	288	5179.0
黑色金属冶炼和压延加工业	1	75	530.0
有色金属冶炼和压延加工业	4	126	1496.3
金属制品业	1	13	300.0
通用设备制造业	3	26	1055.0
专用设备制造业	5	43	570.0
汽车制造业	4	122	2450.2
铁路、船舶、航空航天和其他运输设备制造业	1	10	86.0
电气机械和器材制造业	18	330	7747.0
计算机、通信和其他电子设备制造业	6	62	1265.0
仪器仪表制造业	9	223	1496.8

能 源

● 资料整理：杨月茹 张琳琳

19-1 能源消耗指标

年份	单位GDP能耗（吨标准煤/万元）		单位工业增加值能耗（吨标准煤/万元）		单位GDP电耗（千瓦时/万元）	
	指标值	比上年升降(±%)	指标值	比上年升降(±%)	指标值	比上年升降(±%)
2005	3.54	--	1.43	--	1549.1	--
2006	1.41	-1.40	3.38	-4.82	1414.68	-8.68
2007	1.36	-4.03	3.122	-7.64	1533.16	8.38
2008	1.28	-5.41	2.797	-10.42	1466.38	-4.36
2009	1.21	-5.5	2.516	-10.15	1469.53	9.74
2010	1.16	-4.38	2.215	-11.96	1459.00	-0.72
2011	0.90	-3.55	1.523	-10.97	1207.06	2.77
2012	0.85	-5.14	1.220	-14.1	1110.45	-8.00
2013	0.82	-3.42	1.115	-8.61	1122.47	1.22

19-2 各县（市、区）能源消耗指标

县（市、区）	2011年单位GDP能耗（吨标准煤/万元）		2012年单位GDP能耗（吨标准煤/万元）		2013年单位GDP能耗（吨标准煤/万元）	
	指标值	比上年升降(±%)	指标值	比上年升降(±%)	指标值	比上年升降(±%)
梁园区	1.56	-3.80	1.50	-3.97	1.43	-4.57
睢阳区	1.68	-3.93	1.61	-3.91	1.55	-4.11
民权县	1.27	-3.94	1.21	-4.16	1.16	-4.06
睢　县	0.50	-3.46	0.47	-4.56	0.46	-3.10
宁陵县	0.56	-3.02	0.54	-4.33	0.52	-3.41
柘城县	0.49	-3.70	0.47	-3.95	0.45	-3.46
虞城县	0.71	-3.57	0.68	-3.95	0.65	-3.41
夏邑县	0.47	-3.40	0.45	-3.88	0.43	-3.64
永城市	2.08	-1.50	1.95	-6.12	1.791	-3.12

19-3 各县（市、区）规模以上工业综合能源消费量及增加值能耗降低率

单位:吨标准煤

县（市、区）	2013年	增 速	增加值能耗上升或下降(±%)
商丘市	**6341317**	**6.2**	**-8.63**
梁园区	322855	-11.4	-23.73
睢阳区	197326	6.1	-11.19
民权县	1098284	0.4	-16.01
睢 县	126482	11.1	-7.13
宁陵县	35232	13.1	-7.00
柘城县	38151	11.0	-7.33
虞城县	71667	10.6	-7.32
夏邑县	83040	10.7	-7.33
永城市	4368351	10.2	0.27

19-4 全社会用电量情况

行　业	用电量（万千瓦时）		占全社会用电量的比重%
	2013年	增速（%）	
全社会用电总计	**1739213**	**11.5**	**100.00**
A、全行业用电合计	1440648	8.7	82.83
第一产业	122107	16.8	7.02
第二产业	1203605	7.4	69.20
第三产业	114936	14.8	6.61
B、城乡居民生活用电合计	298565	26.9	17.17
城镇居民	125915	30.0	7.24
乡村居民	172650	24.7	9.93
全行业用电分类	1440648	8.7	82.83
一、农、林、牧、渔业	122107	16.8	7.02
1.农业	35527	7.7	2.04
2.林业	2274	82.4	0.13
3.畜牧业	2668	9.3	0.15
4.渔业	1305	11.6	0.08
5.农、林、牧、渔服务业	80332	20.4	4.62
二、工业	1189789	7.4	68.41
轻工业	172318	19.8	9.91
重工业	1017471	5.5	58.50
（一）采矿业	18114.23	3.4	1.04
（二） 制造业	943759	4.3	54.26
（三）电力、燃气及水的生产和供应业	227916	22.3	12.58
三、建筑业	13816	5.3	0.79
四、交通运输、仓储和邮政业	33086	5.0	1.90
五、信息传输、计算机服务和软件业	5739	8.3	0.33
六、商业、住宿和餐饮业	43081	23.2	2.48
七、金融、房地产、商务及居民服务业	8440	1.5	0.49
八、公共事业及管理组织	24591	22.2	1.41

19-5 各县（市、区）工业企业水消费情况

县（市、区）	2013年	
	取水总量（万立方米）	金额（千元）
商丘市	**8663**	**29234.4**
梁园区	3429	7528.3
睢阳区	291	995.1
民权县	1211	5327.3
睢　县	426	3237.4
宁陵县	69	366.8
柘城县	63	65.1
虞城县	126	649.0
夏邑县	153	2710.3
永城市	2894	8355.1

19-6 工业企业水消费情况（2013年）

行　　业	取水总量（万立方米）	金额（千元）
全部工业企业	8663	29234
(一)轻工业	4418	13663
(二)重工业	4244	15571
(三)采矿业	2712	6718
06.煤炭开采和洗选业	2712	6718
(四)制造业	1489	12817
13.农副食品加工业	155	1853
14.食品制造业	113	735
15.酒、饮料和精制茶制造业	280	1182
16.烟草制品业	0	0
17.纺织业	95	1083
18.纺织服装、服饰业	38	270
19.皮革、毛皮、羽毛及其制品和制鞋业	25	290
20.木材加工和木、竹、藤、棕、草制品业	13	91
21.家具制造业	2	66
22.造纸和纸制品业	334	2511
23.印刷和记录媒介复制业	6	49
24.文教、工美、体育和娱乐用品制造业	5	29
25.石油加工、炼焦和核燃料加工业	0	1
26.化学原料和化学制品制造业	48	513
27.医药制造业	21	322
28.化学纤维制造业	0	8
29.橡胶和塑料制品业	13	184
30.非金属矿物制品业	168	1479
31.黑色金属冶炼和压延加工业	79	666
32.有色金属冶炼和压延加工业	20	207
33.金属制品业	14	191
34.通用设备制造业	2	17
35.专用设备制造业	11	145
36.汽车制造业	8	74
37.铁路、船舶、航空航天和其他运输设备制造业	9	255
38.电气机械和器材制造业	17	374
39.计算机、通信和其他电子设备制造业	5	94
40.仪器仪表制造业	9	119
41.其他制造业	1	10
42.废弃资源综合利用业	0	0
43.金属制品、机械和设备修理业	0	0
(五)电力、热力、燃气及水生产和供应业	4461	9700
44.电力、热力生产和供应业	1153	5125
45.燃气生产和供应业	0	0
46.水的生产和供应业	3308	4575

19-7 主要耗能工业企业单位产品能源消耗情况

指标名称	计量单位	2013		2012	增速%
		企业数	指标值	指标值	指标值
吨原煤生产综合能耗	千克标准煤/吨	2	5.07	4.79	5.83
吨原煤生产耗电	千瓦时/吨	2	24.86	24.12	3.08
选煤电力单耗	千瓦时/吨	2	5.78	5.50	4.94
吨纱(线)混合数综合能耗	千克标准煤/吨	1	392.00	394.00	-0.51
吨纱(线)混合数生产用电量	千瓦时/吨	1	2173.00	2176.00	-0.14
吨水泥综合能耗	千克标准煤/吨	1	3.83	3.84	-0.30
吨水泥综合电耗	千瓦时/吨	1	30.43	30.46	-0.09
每重量箱平板玻璃综合能耗	千克标准煤/重量箱	1	13.76	13.00	5.85
每重量箱平板玻璃耗电	千瓦时/重量箱	1	7.20	6.80	5.88
每重量箱平板玻璃耗燃油	千克/重量箱	1	11.30	11.00	2.73
吨钢综合能耗	千克标准煤/吨	1	102.82	106.41	-3.38
吨钢耗电	千瓦时/吨	1	298.00	279.99	6.43
单位电解铝综合能耗	千克标准煤/吨	3	1691.85	1692.12	-0.02
单位铝锭综合交流电耗	千瓦时/吨	3	13766.09	13768.29	-0.02
电厂火力发电标准煤耗	克标准煤/千瓦时	3	306.82	310.31	-1.13
电厂火力供电标准煤耗	克标准煤/千瓦时	3	327.77	331.63	x
发电厂用电率	%	3	6.46	6.18	4.46

主要指标解释

能源生产总量 指一定时期内全国（地区）一次能源生产量的总和，是观察全国（地区）能源生产水平、规模、构成和发展速度的总量指标。一次能源生产量包括原煤、原油、天然气、水电及其他动力能（如风能、地热能等）发电量。不包括低热值燃料生产量、生物质能、太阳能等的利用和由一次能源加工转换而成的二次能源产量。

能源消费总量 指一定时期内全国（地区）物质生产部门、非物质生产部门和生活消费的各种能源的总和，是观察能源消费水平、构成和增长速度的总量指标，能源消费总量包括原煤和原油及其制品、天然气、电力。不包括低热值燃料、生物质能和太阳能等的利用。能源消费总量分为三部分，即终端能源消费量、能源加工转换损失量和损失量。

（1）终端能源消费量 指一定时期内全国（地区）物质生产部门、非物质生产部门和生活消费的各种能源在扣除了用于加工转换二次能源消费量和损失量以后的数量。

（2）能源加工转换损失量 指一定时期内全国（地区）投入加工转换的各种能源数量之和与产出各种能源产品之和的差额。它是观察能源在加工转换过程中损失量变化的指标。

（3）能源损失量 指一定时期内能源在输送、分配、储存过程中发生的损失和由客观原因造成的各种损失量。不包括各种气体能源放空、放散量。

能源生产弹性系数 是研究能源生产量的增长与国民经济增长之间关系的指标。计算公式：

能源生产弹性系数＝能源生产总量年平均增长速度 ÷ 国民经济年平均增长速度

国民经济年平均增长速度，可根据不同的目的或需要，用国民生产总值，国民收入等指标来计算，本资料是采用国民生产总值指标计算的。

电力生产弹性系数 是研究电力生产量的增长与国民经济增长之间关系的指标。一般来说，电力的发展应当快于国民经济的发展，也就是说电力应超前发展。计算公式：

电力生产弹性系数＝电力生产量年平均增长速度 ÷ 国民经济年平均增长速度

能源消费弹性系数 是反映能源消费增长速度与国民经济增长速度之间比例关系的指标。计算公式：

能源消费弹性系数＝能源消费量年平均增长速度 ÷ 国民经济年平均增长速度

电力消费弹性系数 是反映电力消费增长速度与国民经济增长速度之间比例关系的指标。计算公式：

电力消费弹性系数＝电力消费量年平均增长速度 ÷ 国民经济年平均增长速度

能源加工转换效率 指一定时期内能源经过加工转换后，产出的各种能源产品的数量与同期内投入加工转换的各种能源数量的比率。它是观察能源加工转换装置和生产工艺先进与落后、管理水平高低等的重要指标。计算公式：

能源加工转换效率＝（加工转换产出量 ÷ 加工转换投入量）× 100%

单位 GDP 能耗 指一定时期内，一个国家或地区每生产一个单位的生产总值所消耗的能源。能源消费的核算范围既包括全部三次产业的生产、经营及其他活动用能，也包括居民生活用能。计算方法：

单位 GDP 能耗＝能源消费总量 /GDP（可比价）

单位 GDP 电耗指一定时期内，一个国家或地区每生产一个单位的国内生产总值所消耗的电力。计算公式为：

单位 GDP 电耗＝全社会用电量 /GDP(可比价)

单位工业增加值能耗 指一定时期内，一个国家或地区每生产一个单位的工业增加值所消耗的能源。计算公式为：

单位工业增加值能耗＝工业能源消耗量 / 工业增加值

乡镇主要经济指标及经济实力排序

● 资料整理：刘子书　宋　静

20-1 梁园区各乡镇主要经济指标（2013年）

乡 镇	总人口（人）	农业总产值（万元）	粮食产量（吨）	肉类产量（吨）	牛存栏（头）	猪存栏（头）	羊存栏（只）
合 计	**563004**	**364785**	**484249**	**25939**	**59308**	**174327**	**161108**
平原街道	27206	8948	3021	233	120	1171	1616
中州街道	25114	9696	5994	611	132	1932	569
白云街道	36276	4670	650	522	172	1862	1130
建设街道	42446	18710	5102	1451	144	2100	597
水池铺乡	38620	27152	50725	672	495	1590	200
观堂乡	46192	31470	52316	968	2183	43795	3728
王楼乡	36042	28520	40809	1174	1733	13890	12140
双八镇	52196	33870	58766	7586	17750	40240	19400
李庄乡	64310	37470	60288	2536	2009	10510	18030
周集乡	31251	31632	35496	1704	7580	12750	6280
谢集镇	47900	36480	59154	2684	11400	15620	24360
张阁镇	35927	32681	36759	2285	1686	12463	12460
刘口乡	35658	30451	34614	1890	2352	7251	4098
孙福集乡	43866	33035	45555	1623	11552	9153	56500

20-1续　梁园区各乡镇主要经济指标(2013年)

乡镇	工业企业个数（个）	#规模以上工业企业（个）	工业总产值（万元）	公共财政预算收入（万元）	公共财政预算支出（万元）	农民人均纯收入（元）
合计	530	101	878515	67018	248126	
平原街道	75	23	236914	6207	3826	9108
中州街道	37	5	26055	1645	1555	8982
白云街道	45	6	44734	3917	1560	9125
建设街道	60	21	207396	2384	1577	9253
水池铺乡	23	2	11104	302	661	6483
观堂乡	5	2	2264	360	666	6540
王楼乡	17	14	83580	525	802	6606
双八镇	55	3	15817	299	655	6810
李庄乡	39	6	116418	613	980	6565
周集乡	25	5	11595	176	498	6589
谢集镇	28	1	43424	682	786	6579
张阁镇	60	7	53312	432	641	6856
刘口乡	33	3	8564	177	593	6581
孙福集乡	28	3	17338	156	727	6560

注:工业总产值仅含规模以上的。

20-2 睢阳区各乡镇主要经济指标（2013年）

乡　镇	总人口（人）	耕地（公顷）	农业总产值（万元）	粮食产量（吨）	肉类产量（吨）	牛存栏（头）	猪存栏（头）	羊存栏（只）
合　计	**848804**	**68959**	**589213**	**517506**	**69095**	**60150**	**571525**	**235013**
郭　村	57838	5210	44516	39099	5220	4544	43180	17756
临河店	42416	3754	32076	28172	3761	3274	31113	12794
勒　马	54309	5761	49224	43234	5772	5025	47747	19634
毛固堆	47516	5091	43500	38206	5101	4441	42194	17350
路　河	52003	5939	50745	44569	5951	5180	49222	20240
李　口	49623	4707	40218	35324	4716	4106	39011	16042
娄　店	37460	3159	26992	23707	3165	2755	26181	10766
高　辛	46803	4681	39996	35129	4690	4083	38796	15953
包公庙	34607	3988	34075	29928	3996	3479	33052	13591
宋　集	38792	5183	44286	38896	5193	4521	42956	17664
坞　墙	46756	5776	49352	43346	5787	5038	47871	19685
冯　桥	30955	3898	33306	29253	3906	3400	32306	13284
阎　集	53593	6154	52582	46183	6166	5368	51004	20973
宋　城	36072	2313	19406	17420	2510	2068	19841	8045
古　宋	30137	2207	19215	16501	2019	1875	17620	7359
新　城	85948	761	6502	5711	763	664	6307	2593
古　城	48354	75	641	563	75	65	622	256
东　方	34419		0	0	0	0	0	0
文　化	21203	302	2580	2266	303	263	2503	1029
集聚区								

20-2续 睢阳区各乡镇主要经济指标（2013年）

乡　镇	工业企业个数（个）	#规模以上工业企业（个）	工业总产值（万元）	地方财政收入（万元）	地方财政支出（万元）	农民人均纯收入（元）
合计	**860**	**146**	**2966974**	**32258**	**33274**	
郭　村	51	2	15256	202.5	1025	8156.7
临河店	26	1	20452	295.9	1199	7357.0
勒　马	24	2	20382	274.1	979	6890.5
毛固堆	60	3	54229	394.7	903	7303.7
路　河	66	5	53114	375.6	1108	8772.5
李　口	45	3	28115	149.5	879	9036.0
娄　店	28		4592	88.3	756	7383.7
高　辛	50	2	30196	420	1038	7730.2
包公庙	23	1	18020	307.7	965	6823.9
宋　集	59	9	65574	539	1050	6397.4
坞　墙	30	4	32709	437.9	910	7010.5
冯　桥	35	7	90525	426.2	1125	9542.8
阎　集	43	5	111911	2511.9	1324	8343.3
宋　城	40	9	157854	7787	5208	11443.5
古　宋	60	12	116479	1578.2	1510	10595.7
新　城	41	23	396502	12531.2	8182	12292.4
古　城	55	5	87271	331.2	1432	10635.7
东　方	23	1	660773	1793.3	1348	15744.4
文　化	57	13	201488	1814.2	2333	12841.5
集聚区	44	39	801532			

20-3 民权县各乡镇主要经济指标（2013年）

乡　镇	总人口（人）	耕地（公顷）	农业总产值（万元）	粮食产量（吨）	肉类产量（吨）	牛存栏（头）	猪存栏（头）	羊存栏（只）
城关镇	116862	6147	43566	34886	7980	7650	29800	40500
人和镇	55795	4370	43099	47350	9125	6823	32523	39982
龙塘镇	58778	5751	43398	40877	5812	1600	19680	19260
北关镇	73965	6020	6601	64656	9385	10708	20230	51889
程庄镇	90713	7742	102919	62410	8106	10954	42356	56103
王庄寨镇	37074	3316	39061	28495	3560	6350	20485	31640
伯党乡	21669	2060	21331	32020	3865	8963	14826	43465
花园乡	28462	3173	41261	35183	4803	2152	7809	3284
白云寺镇	64568	6980	70728	39857	6924	8437	21827	25325
孙六镇	37718	4054	36367	30524	7450	6015	13710	24520
野岗乡	51735	6030	45694	12081	5915	8971	23854	34150
双塔乡	32978	5133	43704	27396	8925	8143	28691	40292
林七乡	38484	3289	33633	44789	4133	5800	19850	22900
胡集乡	18891	1553	22002	27917	1652	5988	7612	19049
褚庙乡	35922	3756	43846	35013	4895	9516	31256	30107
老颜集乡	39899	3725	32493	17250	5599	6280	28510	24877
庄子镇	36403	3303	22761	36855	4468	7310	24452	29160
王桥镇	55693	4841	51367	38003	6678	6120	13150	28520

20-3续　民权县各乡镇主要经济指标（2013年）

乡　镇	工业企业个数（个）	#规模以上工业企业（个）	工业总产值（万元）	地方财政收入（万元）	地方财政支出（万元）	农民人均纯收入（元）
城关镇	211	22	400820	6610	6818	7481
人和镇	98	8	101075	407	825	5465
龙塘镇	38		70487	455	818	5062
北关镇	55	4	341670	851	1238	6169
程庄镇	75	3	176770	605	1191	5529
王庄寨镇	17	1	42044	383	768	5534
伯党乡	13	2	70173	321	647	5352
花元乡	63	14	277591	933	1482	5628
白云寺镇	32	3	72238	540	926	5082
孙六镇	50	6	431704	987	1334	5074
野岗乡	60	6	243482	385	766	5057
双塔乡	41	2	47917	496	909	5463
林七乡	24	5	57024	461	852	5482
胡集乡	28	5	53145	216	558	5450
褚庙乡	28	2	50363	377	728	4809
老颜集乡	37	4	72577	477	836	5606
庄子镇	43	3	65309	416	718	6182
王桥镇	37	7	73698	380	878	5499

20-4 睢县各乡镇主要经济指标（2013年）

乡　镇	总人口（人）	耕地面积（公顷）	农业总产值（万元）	粮食产量（吨）	肉类产量（吨）	牛存栏（头）	猪存栏（头）	羊存栏（只）
合计	**866000**	**65543.74**	**707400**	**614340**	**55897**	**64400**	**360539**	**399600**
长岗	42074	3016	33983	27251	3201	2089	18022	25199
平岗	41660	3009	38190	26899	2310	3267	18432	21360
周堂	33674	3016	30814	27843	2526	2337	12172	23674
蓼堤	45471	4473	39862	37917	3032	2582	22830	21100
西陵寺	52553	5324	39156	45571	3330	4003	17182	13698
城关	65673	283	7728	3901	1837	617	5700	11680
潮庄	36612	2856	33069	30333	2771	1850	15932	19120
尚屯	46508	3898	39530	36025	2497	2512	18647	20831
后台	25531	2269	25311	19160	1601	1668	12296	17820
河集	44757	3560	40436	32852	4084	5000	24834	25640
孙砦	47102	3788	38889	35319	2732	3896	20917	12959
白楼	33023	2400	25359	23463	2689	3094	17292	15760
河堤	42051	2902	34689	27847	2709	2067	18334	18736
白庙	39149	2538	33521	28925	2391	6750	11516	14561
胡堂	23788	2117	25588	21227	1940	2540	9893	15143
尤吉屯	38351	3352	31930	29494	2545	2585	17272	21001
董店	57720	5369	53033	50271	4869	5633	28357	29100
涧岗	38560	3886	33865	34888	2583	3525	15914	21218
匡城	54350	4602	42710	43780	3084	3367	26534	23000
城郊	57393	2886	59736	31374	3166	5018	28463	28000

20-4续 睢县各乡镇主要经济指标（2013年）

乡镇	工业企业个数（个）	规模以上工业企业（个）	工业总产值（万元）	公共财政预算收入（万元）	公共财政预算支出（万元）	农民人均纯收入（元）
合计	**644**	**71**	**1729007**	**10781**	**17341**	**131353**
长岗	14	3	22851	177	610	6476
平岗	23	2	39372	277	775	6462
周堂	24	2	35506	309	706	6514
蓼堤	16	3	36864	564	1108	6487
西陵寺	36	3	62022	278	744	6438
城关	53	13	316190	2543	2060	7402
潮庄	26	1	35146	212	716	6423
尚屯	26	3	55342	469	899	6674
后台	14	1	12919	260	642	6417
河集	23	2	49193	303	756	6445
孙砦	22	1	16001	269	702	6406
白楼	25	3	26261	154	535	6488
河堤	33	2	35096	164	559	6421
白庙	20	1	23131	319	688	6401
胡堂	24	0	18312	281	610	6374
尤吉屯	34	5	102110	209	617	6441
董店	62	16	633930	1034	1257	6798
涧岗	31	2	42648	153	531	6489
匡城	66	1	52344	169	768	6548
城郊	72	7	113769	2637	2058	7249

20-5 宁陵县各乡镇主要经济指标（2013年）

乡 镇	总人口（人）	耕地面积（公顷）	农业总产值（万元）	粮食产量（吨）	肉类产量（吨）	牛存栏（头）	猪存栏（头）	羊存栏（只）
合 计	**583943**	**47923**	**394123**	**446262**	**39187**	**40505**	**285819**	**232717**
城关镇	14575	474	5073	4360	552	1317	2189	10893
柳河镇	52798	4349	34777	29701	3997	3589	29257	27584
张弓镇	44600	3192	21169	30728	1649	1042	11124	11886
逻岗镇	45574	4894	35665	35596	2334	4186	24187	13391
石桥镇	49072	4411	44977	35069	2568	1912	18880	13718
城郊乡	28387	2323	18703	26712	2628	1816	16301	11310
乔楼乡	45730	3766	32063	33125	3436	2431	29366	17761
黄岗乡	39720	3480	22213	38650	3263	1979	18337	14719
华堡乡	61099	3869	38576	46228	4921	7604	33959	24399
程楼乡	39856	2817	25257	26001	3075	3099	26865	16436
阳驿乡	49555	4306	39909	31365	2994	1354	24258	18198
刘楼乡	39269	3412	25326	29710	2060	1813	18437	20161
孔集乡	34277	3333	26002	39614	3493	4245	17412	19697
赵村乡	39431	3771	24412	39403	2217	4118	15247	12564

20-5续　宁陵县各乡镇主要经济指标（2013年）

乡　　镇	工业企业个数（个）	#规模以上工业企业（个）	工业总产值（万元）	公共财政预算收入（万元）	公共财政预算支出（万元）	农民人均纯收入（元）
合　计	681	56	1521516	6303	11257	87937
城关镇	78	9	94507	892	1618	6621
柳河镇	93	6	301489	770	1071	6268
张弓镇	48	3	180848	549	934	6270
逻岗镇	51	4	44998	321	673	6258
石桥镇	49	3	48112	381	725	6410
城郊乡	45	12	496764	832	722	6238
乔楼乡	37	1	42086	228	590	6410
黄岗乡	33	7	71636	398	761	6264
华堡乡	44	2	88043	683	1214	6229
程楼乡	37		19981	277	611	6155
阳驿乡	56	2	27854	140	486	6196
刘楼乡	35	3	42284	258	577	6152
孔集乡	31	1	22641	272	624	6207
赵村乡	44	3	40273	302	651	6259

20-6 柘城县各乡镇主要经济指标（2013年）

乡　镇	总人口（人）	耕地面积（公顷）	农业总产值（万元）	粮食总产量（吨）	肉类产量（吨）	牛存栏（头）	猪存栏（头）	羊存栏（只）
合　计	**1016900**	**71475**	**733229**	**663361**	**58238**	**99238**	**306827**	**207745**
城关镇	63735	138	20320	1816	767	29	1804	1717
邵园乡	41281	1928	31192	17111	2509	6085	9865	8712
张桥乡	42569	2514	41689	26121	2251	5018	19596	11751
浦东办事处	46297	2691	20198	34708	2103	1410	10119	12191
陈青集镇	48197	3706	41988	29175	3907	1830	20022	11542
洪恩乡	35673	2591	16314	23144	1955	1243	12689	4226
起台镇	45065	4683	41747	38230	3409	910	20353	14758
老王集乡	40709	3566	22765	31756	2819	6753	9260	4928
胡襄镇	45019	3846	41955	30758	3488	7094	18027	8322
大仵乡	42543	4130	40200	42689	2725	3166	13957	13914
马集乡	38337	3403	33301	31211	2844	5368	8721	6190
牛城乡	47984	4056	39912	38532	3220	1466	11327	7789
远襄镇	44303	3917	43031	38103	3352	4206	10074	7603
惠济乡	51814	4682	40319	41910	2607	6176	15053	10523
慈圣镇	55014	3968	42919	35122	3238	7968	9518	13896
伯岗乡	54192	3786	43507	34906	3236	8264	21575	13546
岗王乡	60149	3274	41804	29388	2478	6224	22601	12910
申桥乡	53294	3502	36317	33969	2981	7547	14869	11195
李原乡	47721	2824	15469	26604	2599	7667	17749	10736
皇集乡	40823	2838	20611	29814	2362	2109	15436	8468
安平镇	72181	5432	57671	48294	3388	8705	24212	12828
长江新城办事处								

20-6续　柘城县各乡镇主要经济指标（2013年）

乡　镇	工业企业个数（个）	#规模以上工业企业（个）	工业总产值（万元）	公共财政预算收入（万元）	公共财政预算支出（万元）	农民人均纯收入（元）
合　计	**961**	**80**	**1658701**	**20972**	**20972**	**6888.5**
城关镇	48	8	325794	5136	5136	10318
邵园乡	99	38	797337	3458	3458	7273
张桥乡	73	1	52135	457	457	6941
浦东办事处	37	2	51950	4056	4056	7906
陈青集镇	27	1	9516	454	454	6943
洪恩乡	32	1	12583	315	315	6923
起台镇	17		5114	612	612	6929
老王集乡	35	2	22412	271	271	6926
胡襄镇	37	2	15845	331	331	6935
大仵乡	40	1	7820	371	371	6700
马集乡	36		18061	201	201	6624
牛城乡	50	4	27428	594	594	6921
远襄镇	39	3	21216	553	553	6928
惠济乡	43	2	13223	470	470	6935
慈圣镇	47	2	34425	576	576	6932
伯岗乡	21		3979	482	482	6935
岗王乡	105	2	43310	533	533	6975
申桥乡	45	2	21468	441	441	6911
李原乡	28	1	20681	304	304	6662
皇集乡	23	1	28941	323	323	6688
安平镇	72	5	69671	432	432	6996
长江新城办事处	7	2	55792	602	602	

20-7 虞城县各乡镇主要经济指标（2013年）

乡　镇	总人口（人）	耕地面积（公顷）	农业总产值（万元）	粮食产量（吨）	肉类产量（吨）	牛存栏（头）	猪存栏（头）	羊存栏（只）
合　计	**1177364**	**98883**	**777036**	**905064**	**77578**	**189625**	**295523**	**478034**
界　沟	42118	4147	53758	97081	893	190	6503	5901
黄　冢	44508	3890	34200	43390	5248	1709	27270	6263
营　郭	29873	2574	17000	26630	1280	5190	9430	8870
杜　集	53977	4392	51981	44636	9036	7868	9878	22518
沙　集	41717	3121	29710	44210	2712	180	4720	1215
店　集	41292	3300	31300	43045	2774	1396	15827	18327
芒种桥	42153	3073	12670	61610	3151	1400	10500	9940
谷　熟	36199	2933	26199	51820	3785	860	13560	25500
刘　店	55718	4881	44689	80718	1788	227	36150	1354
站　集	43322	3198	121497	53024	4869	1443	17949	10570
文　集	45560	3544	35656	53119	1534	413	5715	3031
大　侯	65712	4947	92387	69440	4189	441	4360	13037
城　郊	54400	3777	23050	37450	1825	3811	11580	24400
郑　集	33539	2868	17618	39977	656	1010	3152	2470
李老家	54437	4504	42316	69416	4979	1107	4250	3180
王　集	34411	3501	4500	53000	2400	1624	11300	8754
贾　寨	54187	4377	42980	76074	2753	510	22550	26120
利　民	54450	3526	38120	59447	3010	6933	3713	6890
田　庙	28994	1893	17560	23735	560	33	5142	19560
刘　集	42068	3927	20684	56989	1716	975	3795	5935
乔　集	34265	2553	49200	21340	1496	169	7010	30000
张　集	42225	3233	54908	16568	2718	2285	8554	30860
镇里固	29845	2479	17200	36475	458	0	3244	3877
杨　集	33977	3337	21562	31710	1900	1500	5506	17506
稍　岗	63640	6917	20700	70070	1912	5819	5418	5201
城关镇	74776	29	370	1730	250	150	900	950

20-7续　虞城县各乡镇主要经济指标（2013年）

乡　镇	工业企业个数（个）	#规模以上工业企业（个）	工业总产值（万元）	公共财政预算收入（万元）	公共财政预算支出（万元）	农民人均纯收入（元）
合　计	**937**	**105**	**3058717**	**15422**	**34170**	**7089.5**
界　沟	22	1	16873	123.3	711	7367
黄　冢	32		26013	249.7	897	6800
营　郭	30		27221	79.6	626	6460
杜　集	50	1	37469	316.3	982	7236
沙　集	41		16902	181.4	910	6800
店　集	23		15067	177.6	829	7160
芒种桥	32		25238	340.4	856	5060
谷　熟	29		24849	352.5	1028	6780
刘　店	33	6	171630	195.6	1046	6820
站　集	65	15	544777	965.1	1821	8357
文　集	42	1	20564	223.8	862	8323
大　侯	41		16634	395	1186	7435
城　郊	67	24	381358	4822.2	4109	9078
郑　集	25		12250	162.3	1444	6760
李老家	23	2	149658	824.5	1424	8466
王　集	27	1	22300	172.4	671	6670
贾　寨	21		32116	146.6	1052	7689
利　民	59	7	749930	2753	4026	9017
田　庙	11		11141	121.8	678	6800
刘　集	30		11711	463.5	1082	6825
乔　集	22		12439	715.6	1250	7480
张　集	21	1	29233	108.3	967	5610
镇里固	27	1	127695	525.9	1091	6280
杨　集	28		16882	332.2	944	7180
稍　岗	67	11	204098	673.8	1483	7020
城关镇	69	35	354669		2191	7900

20-8 夏邑县各乡镇主要经济指标（2013年）

乡镇	总人口（人）	耕地面积（公顷）	农业总产值（万元）	粮食产量（吨）	肉类产量（吨）	牛存栏（头）	猪存栏（头）	羊存栏（只）
城 关	70288	651	4252	5778	668	1291	18763	16127
曹 集	41382	2353	20319	30156	1696	4583	19576	5686
胡 桥	47564	4004	28824	51120	3737	2924	10396	3573
歧 河	48515	4105	25988	53348	4163	3579	39459	6683
郭 店	44407	3913	18925	49676	1037	3997	5304	2970
会 亭	54322	3903	17985	48521	782	5858	9401	10774
业 庙	58341	4082	36266	50797	3804	1181	29252	1063
罗 庄	38940	3830	28876	32693	4027	6334	53871	9724
中 峰	33538	2977	31253	24565	1354	6267	32345	10600
马 头	46736	2455	22350	38305	3552	5066	53015	19926
济 阳	38584	3315	16774	52918	962	5500	5510	1915
桑 堌	51144	4054	31174	48678	6833	3347	22687	8199
何 营	35199	2444	28894	26226	2058	11268	29733	12771
李 集	71946	5691	69616	69362	4657	4301	23416	17284
车 站	60485	3916	70953	43033	3694	3304	34845	23524
杨 集	50225	3740	43812	46185	2911	2895	17644	10467
王 集	42365	3171	32527	36064	6381	4761	38839	25442
刘 店	35524	2476	50845	25137	7025	6189	53458	20530
太 平	60339	4991	39991	57971	1739	3102	28009	9125
骆 集	48657	3910	29243	44402	5836	8558	88242	38248
孔 庄	59864	3821	31154	43591	3148	6749	24482	9777
韩 镇	52074	4621	28802	45725	3433	4730	14844	6608
火 店	54643	3414	29014	42468	3573	11310	53910	10769
北 镇	54118	4200	35988	48592	4388	6404	22994	16318

20-8续　夏邑县各乡镇主要经济指标（2013年）

乡　镇	工业企业个数（个）	#规模以上工业企业（个）	工业总产值（万元）	财政一般预算收入（万元）	财政一般预算支出（万元）	农民人均纯收入（元）
城关	113	18	381924	3257	15652	7968
曹集	130	13	320176	551	5456	7822
胡桥	28	8	112152	440	4639	7630
歧河	32	2	17164	272	6645	7356
郭店	93	7	111637	362	9563	7456
会亭	215	5	286300	1240	13698	9616
业庙	65	6	65836	436	7065	6903
罗庄	31	5	26655	291	6466	7039
中峰	18	7	120053	549	7675	7089
马头	24	1	11892	206	5577	6924
济阳	55	3	173536	421	5210	7458
桑堌	22	0	4340	378	5522	7140
何营	54	0	12300	229	9979	7034
李集	103	6	89609	439	8374	7123
车站	72	5	80154	843	9119	7154
杨集	33	2	106101	216	6175	7017
王集	38	1	15302	141	4598	7342
刘店	53	3	43943	116	4274	7358
太平	47	3	23491	221	5980	7132
骆集	54	3	82099	200	5349	7310
孔庄	40	3	17458	86	4440	7132
韩镇	32	1	8047	142	5050	7355
火店	50	5	95461	324	6610	7419
北镇	62	1	31930	508	8215	7210

20-9 永城市各乡镇主要经济指标（2013年）

乡 镇	总人口（人）	农业总产值（万元）	粮食产量（吨）	肉类产量（吨）	牛存栏（头）	猪存栏（头）	羊存栏（只）
演集镇	113368	15332	20481	3078	4025	4830	3625
城关镇	78531	5600	4410	938	236	6581	3897
芒山镇	57325	34965	38814	3398	3850	14251	22640
高庄镇	62908	68478	38858	3026	2865	30854	38150
酂城镇	55322	38210	44276	3308	3220	12305	10325
裴桥镇	65608	102159	80060	3551	10230	22310	25648
马桥镇	57096	36663	68959	3330	5199	20398	17636
薛湖镇	90655	87943	65709	5547	23670	29254	36564
蒋口镇	60395	56035	47898	3491	4510	9897	8957
陈集镇	67378	50250	38070	3623	4921	13564	16452
十八里	32205	28900	31896	2689	2386	7850	3256
太丘镇	35474	27720	35361	2411	2102	17854	30265
李寨镇	34875	49120	49272	2869	4300	12998	16920
城厢乡	44092	24560	35928	3129	8012	6892	7564
候岭乡	55541	50521	50040	2587	3752	17654	12054
黄口乡	40858	25616	50589	2805	4010	16587	7439
新桥乡	43732	29000	50670	2846	3201	15074	14556
双桥乡	48773	53153	50589	3260	5124	5251	4562
王集镇	35116	28360	38606	2611	3265	15665	22584
卧龙乡	38446	21378	35298	2640	1910	13652	19856
龙岗镇	57286	52899	45681	3853	4812	11310	20867
马牧镇	50592	48926	41787	3397	4160	15220	22458
酂阳镇	54257	36820	45000	3622	4870	15682	8143
顺和镇	45964	28928	38839	3365	4865	7793	20545
条河乡	56614	31100	31140	2679	10050	17520	30265
刘河镇	47258	31421	38234	3491	6935	13680	18456
陈官庄	22828	21046	17910	2339	1053	6250	18672
苗桥镇	36384	50746	31632	2718	4864	11500	13000
茴村镇	40014	27346	29250	3009	4125	7324	15644

20-9续 永城市各乡镇主要经济指标(2013年)

乡 镇	工业企业个数（个）	#规模以上工业企业（个）	工业总产值（万元）	公共财政预算收入（万元）	公共财政预算支出（万元）	农民人均纯收入（元）
演集镇	70	26	750157	24261	10763	20820
城关镇	44	9	743550	16070	5772	23949
芒山镇	38	3	38496	2085	5244	9024
高庄镇	17	9	351057	10207	2358	11160
酂城镇	33	2	35900	1717	1892	8371
裴桥镇	26	4	98432	1168	1808	9350
马桥镇	28	2	170660	1672	1821	9005
薛湖镇	36	4	158600	1449	1696	8186
蒋口镇	31	3	122566	1133	1231	8349
陈集镇	79	2	476000	7156	2674	9095
十八里	18	3	163300	1124	1109	8891
太丘镇	26	2	138265	1430	1724	8925
李寨镇	26	3	70800	1876	2034	9021
城厢乡	24	3	128000	981	823	8570
侯岭乡	37	15	120570	8513	4617	9886
黄口乡	18	2	44730	1065	1208	8097
新桥乡	28	2	71000	504	844	8646
双桥乡	24	1	17315	713	938	8610
王集镇	20	2	30625	1057	1277	8856
卧龙乡	9	1	20196	699	827	8215
龙岗镇	55	2	75242	1543	1526	8960
马牧镇	25	2	81267	854	998	8777
酂阳镇	31	2	45963	1407	1382	8420
顺和镇	67	1	85235	1330	1167	8550
条河乡	20	1	54500	1902	1633	8220
刘河镇	25	2	33625	2254	1870	7969
陈官庄	11	2	49700	609	732	8169
苗桥镇	21	1	109586	2596	1882	10129
茴村镇	11	2	77166	1819	1482	8465

20-10 乡镇综合实力评价结果（2013年）
（城关镇和涉农办事处）

单位名称	综合指数	位次
睢阳区新城办事处	0.697836	1
民权县城关镇	0.613978	2
睢阳区宋城办事处	0.571125	3
柘城县城关镇	0.515471	4
梁园区平原办事处	0.495169	5
开发区平台办事处	0.442444	6
梁园区白云办事处	0.431382	7
开发区平安办事处	0.420228	8
梁园区建设办事处	0.397717	9
睢阳区古宋办事处	0.381445	10
睢县城关镇	0.374167	11
夏邑县城关镇	0.369282	12
睢阳区文化办事处	0.359084	13
虞城县城关镇	0.347159	14
梁园区中州办事处	0.313741	15
宁陵县城关镇	0.310421	16
睢阳区东方办事处	0.271888	17
睢阳区古城办事处	0.251921	18

20-10续1　乡镇综合实力评价结果(2013年)
(不含城关镇和涉农办事处)

单位名称	综合指数	位次
柘城县邵园乡	0.470261	1
虞城县城郊乡	0.455361	2
虞城县利民镇	0.448584	3
柘城县梁庄乡	0.443368	4
睢县城郊乡	0.411866	5
夏邑县会亭镇	0.389903	6
虞城县站集镇	0.382697	7
民权县孙六镇	0.372091	8
民权县花园乡	0.347388	9
睢阳区闫集乡	0.333840	10
睢阳区路河乡	0.328307	11
夏邑县曹集乡	0.321608	12
宁陵县柳河镇	0.320928	13
宁陵县城郊乡	0.320876	14
梁园区张阁镇	0.320424	15
睢县董店乡	0.319420	16
睢阳区冯桥乡	0.318998	17
民权县林七乡	0.305989	18
夏邑县车站镇	0.304779	19
虞城县稍岗乡	0.302877	20
宁陵县石桥乡	0.292772	21
柘城县起台镇	0.282960	22
民权县庄子镇	0.282485	23
梁园区王楼乡	0.281176	24
民权县北关镇	0.278343	25
夏邑县北镇乡	0.277992	26
宁陵县华堡乡	0.277992	27
夏邑县火店乡	0.277441	28

20-10续2　乡镇综合实力评价结果 （2013年）
（不含城关镇和涉农办事处）

单位名称	综合指数	位次
夏邑县中峰乡	0.277297	29
民权县龙塘镇	0.277263	30
虞城县杜集镇	0.276844	31
睢阳区临河店乡	0.276177	32
宁陵县黄冈乡	0.276093	33
宁陵县逻岗镇	0.275538	34
虞城县乔集乡	0.275378	35
宁陵县张弓镇	0.274304	36
柘城县张桥乡	0.274157	37
睢阳区宋集镇	0.273776	38
虞城县李老家乡	0.271643	39
夏邑县胡桥乡	0.270238	40
民权县人和镇	0.270195	41
民权县伯党乡	0.270165	42
夏邑县太平乡	0.270126	43
梁园区谢集镇	0.267724	44
民权县王桥镇	0.264470	45
虞城县芒种桥乡	0.258008	46
宁陵县赵村乡	0.257032	47
虞城县镇里堌乡	0.256498	48
睢县平岗镇	0.256026	49
虞城县谷熟镇	0.254819	50
宁陵县阳驿乡	0.253310	51
虞城县大侯乡	0.251943	52
虞城县贾寨镇	0.251932	53
夏邑县济阳镇	0.251255	54
梁园区李庄乡	0.250501	55
虞城县大杨集镇	0.249958	56

20-10续3　乡镇综合实力评价结果（2013年）
（不含城关镇和涉农办事处）

单位名称	综合指数	位次
虞城县闻集乡	0.249926	57
民权县白云寺镇	0.249906	58
睢县蓼堤镇	0.249808	59
梁园区刘口乡	0.249808	60
民权县褚庙乡	0.249769	61
宁陵县刘楼乡	0.249746	62
民权县老颜集乡	0.249740	63
睢县潮庄镇	0.249637	64
民权县程庄镇	0.249547	65
睢县尚屯镇	0.249513	66
夏邑县歧河乡	0.249296	67
夏邑县李集镇	0.249103	68
睢阳区毛固堆乡	0.249041	69
睢阳区包公庙乡	0.248570	70
夏邑县业庙乡	0.248218	71
虞城县刘店乡	0.248081	72
民权县野岗乡	0.247702	73
民权县双塔乡	0.247702	74
夏邑县何营乡	0.247695	75
夏邑县郭店乡	0.247565	76
睢阳区高辛镇	0.247124	77
睢阳区郭村镇	0.247005	78
虞城县黄冢乡	0.243951	79
虞城县界沟镇	0.243636	80
梁园区双八镇	0.242863	81
虞城县店集乡	0.242373	82
睢阳区勒马乡	0.242086	83
夏邑县杨集镇	0.241297	84

20-10续4　乡镇综合实力评价结果（2013年）
（不含城关镇和涉农办事处）

单位名称	综合指数	位次
虞城县古王集乡	0.240917	85
睢阳区坞墙镇	0.239571	86
民权县王庄寨	0.239329	87
睢阳区李口镇	0.239325	88
梁园区孙福集乡	0.239243	89
睢县孙寨乡	0.238080	90
虞城县沙集乡	0.238036	91
虞城县田庙乡	0.237781	92
宁陵县孔集乡	0.236848	93
虞城县刘集乡	0.236673	94
夏邑县骆集乡	0.236257	95
柘城县牛城乡	0.234353	96
宁陵县乔楼乡	0.233342	97
梁园区周集乡	0.233119	98
夏邑县罗庄乡	0.232668	99
宁陵县程楼乡	0.230425	100
柘城县远襄镇	0.230359	101
虞城县张集镇	0.228494	102
柘城县洪恩乡	0.227901	103
虞城县郑集乡	0.227107	104
梁园区水池铺乡	0.226927	105
柘城县老王集乡	0.226395	106
柘城县慈圣镇	0.225903	107
睢县白庙乡	0.225335	108
夏邑县王集乡	0.225329	109
柘城县岗王乡	0.225325	110
睢县尤吉屯乡	0.224663	111
夏邑县马头镇	0.223078	112

20-10续5　乡镇综合实力评价结果（2013年）
（不含城关镇和涉农办事处）

单位名称	综合指数	位次
柘城县安平镇	0.222176	113
睢县周堂镇	0.221962	114
睢县匡城乡	0.220556	115
民权县胡集乡	0.220506	116
夏邑县韩道口镇	0.220357	117
睢县白楼乡	0.219085	118
柘城县伯岗乡	0.217380	119
夏邑县桑固乡	0.217200	120
柘城县皇集乡	0.217057	121
睢县胡堂乡	0.214986	122
睢县河集乡	0.214249	123
柘城县大仵乡	0.213998	124
柘城县陈青集镇	0.213695	125
柘城县胡襄镇	0.212237	126
睢县涧岗乡	0.212131	127
梁园区观堂乡	0.210338	128
夏邑县刘店集乡	0.208065	129
柘城县李原乡	0.206875	130
睢县西陵寺镇	0.206683	131
睢县后台乡	0.206422	132
柘城县惠济乡	0.206411	133
睢县长岗镇	0.206066	134
柘城县申桥乡	0.204205	135
柘城县马集乡	0.194839	136
睢县河堤乡	0.193479	137
睢阳区娄店乡	0.193475	138
夏邑县孔庄乡	0.183604	139
虞城县营廓镇	0.180229	140

乡镇综合实力评价监测说明

为了深入贯彻十八大精神，全面落实科学发展观，客观反映和评价我市各乡镇综合实力，促进乡镇经济社会更好更快发展，市统计局按照上年的《商丘市乡镇综合实力评价方案》对2013年的乡镇综合实力进行了评价监测。现将评价监测情况说明如下：

一、评价指标体系的设置和权数分配

2013年乡镇综合实力评价指标体系共包括八大类30项指标，具体指标和权数分配情况列表如下：

乡镇综合实力评价指标体系和权重

指　　标	单 位	权 重
综合指数		100
一、经济规模		20
1、 经济总收入	万元	50
2、 财政一般预算收入	万元	30
3、 税收收入	万元	20
二、经济结构		10
4、税收收入占财政一般预算收入的比重	%	50
5、二三产业收入占经济总收入的比重	%	50
三、人均经济发展水平		15
6、人均经济总收入	元	25
7、人均财政一般预算收入	元	20
8、人均税收收入	元	20
9、农民人均纯收入	元	20
10、人均居民储蓄存款余额	元	15
四、社会发展水平		15
11、万人拥有教师人数	人	20
12、万人拥有医生人数	人	20
13、人口政策生育率	%	20
14、新型农村合作医疗参合率	%	20
15、新型农村社会养老保险参保率	%	20
五、招商成果		10
16、招商引资到位资金额	万元	50
17、招商引资5000万元以上的项目个数	个	15
18、工业项目到位资金占总到位资金的比重	%	35
六、新型城镇化水平		10
19、乡镇政府所在地面积	平方公里	20
20、乡镇政府所在地常住人口	人	20
21、新型农村社区建成面积	平方米	30
22、新型农村社区入住人口占乡镇总人口比重	%	30
七、新型工业化水平		10
23、规模以上工业用电量	千瓦时	30
24、规模以上工业企业个数	个	20
25、规模以上工业企业销售收入	万元	20
26、规模以上工业企业实交税金	万元	30
八、新型农业现代化水平		10
27、粮食平均亩产水平	公斤	25
28、农业机械总动力	万千瓦	25
29、专业经纪合作社个数	个	25
30、土地规模经营面积占耕地面积的比重	%	25

二、评价方法

按照差比法计算出个体指数、类指数和综合指数，根据综合指数的大小把全市乡镇分为两类进行评价，一是将城关镇和涉农办事处分为一类，二是将不含城关镇和涉农办事处的其他乡镇分为一类分别进行评价。

全省及各省辖市主要经济指标

● 资料整理：宋　静

21-1 全省及各省辖市人口数、从业人员和工资(2013年底)

市(县)	总人口数（万人）	常住人口（万人）	乡村户数（万户）	就业人员（万人）	城镇单位就业人数（万人）	城镇单位就业人员平均工资（元）
全省	**9413.00**	**10601.00**	**2049.00**	**6386.57**	**1075.99**	**38301**
郑州市	919.12	750.53	102.82	538.09	191.96	44119
开封市	464.60	511.47	99.49	324.39	47.67	34797
洛阳市	661.52	692.30	124.44	425.34	72.79	39559
平顶山市	495.72	537.52	101.97	317.45	57.33	41839
安阳市	509.00	576.45	122.51	355.36	57.20	34348
鹤壁市	160.90	161.17	25.86	92.23	22.36	36839
新乡市	567.50	600.43	105.75	340.30	71.98	33427
焦作市	351.41	366.60	63.85	232.94	49.40	37241
濮阳市	358.40	387.92	74.51	253.83	40.98	36814
许昌市	429.72	484.88	82.15	296.46	44.17	35877
漯河市	257.50	275.80	54.46	166.73	30.15	34538
三门峡市	224.11	226.79	44.28	137.41	27.93	42746
南阳市	1009.00	1170.96	244.21	671.95	88.05	36071
商丘市	**727.70**	**900.02**	**194.55**	**522.39**	**55.58**	**36300**
信阳市	637.71	859.83	180.96	504.92	60.65	33833
周口市	878.40	1130.84	233.16	690.49	66.20	36372
驻马店市	689.54	896.01	182.39	575.33	61.85	31896
济源市	71.50	68.90	12.03	47.79	12.57	36108
直管县						
巩义市	82	83	15	48	8	35083
兰考县	66	84	16	57	5	36330
汝州市	93	107	21	61	6	41189
滑县	111	135	32	80	7	26934
长垣县	74	85	13	50	14	33372
邓州市	143	175	36	96	7	31564
永城市	123	153	34	102	10	45534
固始县	107	173	40	102	8	34407
鹿邑县	89	120	27	78	6	41497
新蔡县	83	112	23	70	3	32093

21-2 全省及各省辖市生产总值和人均生产总值(2013年)

地区	地区生产总值(亿元)		第一产业增加值(亿元)		第二产业增加值(亿元)		#工业增加值(亿元)		第三产业增加值(亿元)		人均生产总值(元)	
	绝对值	指数(%)	绝对值	指数(%)	绝对值	指数(%)	绝对值	指数(%)	绝对值	指数(%)	绝对值	指数(%)
全省	**32155.86**	**109.0**	**4058.98**	**104.3**	**17806.39**	**110.0**	**15960.60**	**109.9**	10290.49	**108.8**	**34174**	**108.9**
郑州市	6201.85	110.0	146.96	103.2	3470.52	110.4	3101.38	110.3	2584.37	109.6	68073	107.9
开封市	1363.54	110.8	280.40	104.5	609.59	114.0	555.95	113.8	473.55	110.0	29327	110.9
洛阳市	3140.76	107.2	248.89	103.9	1813.43	107.4	1590.00	107.2	1078.43	107.7	47569	106.9
平顶山市	1556.88	106.6	162.53	104.4	906.56	106.4	835.81	106.2	487.79	107.7	31496	106.1
安阳市	1683.65	108.5	199.16	104.0	961.10	110.2	855.54	110.1	523.39	106.0	33100	109.1
鹤壁市	622.12	112.5	61.04	104.0	446.26	114.7	413.68	114.6	114.82	108.0	38919	111.4
新乡市	1766.10	109.5	212.29	104.4	999.50	110.9	873.73	110.8	554.31	108.5	31138	109.3
焦作市	1707.36	110.7	133.07	104.4	1151.02	112.4	1083.61	112.6	423.27	107.2	48545	110.9
濮阳市	1130.48	112.0	148.62	104.6	748.11	114.1	690.81	114.2	233.74	109.1	31483	111.6
许昌市	1903.31	110.6	184.98	104.0	1284.16	112.0	1201.55	112.0	434.17	108.5	44297	110.5
漯河市	861.54	109.4	107.53	104.0	584.08	110.7	548.85	110.5	169.92	107.3	33568	108.9
三门峡市	1204.68	109.1	99.66	104.5	799.79	109.8	741.11	109.5	305.23	108.5	53863	109.1
南阳市	2498.66	108.7	449.78	104.4	1264.68	109.9	1110.00	109.7	784.21	109.0	24692	108.9
商丘市	**1538.22**	**110.5**	**343.17**	**104.5**	**719.99**	**113.9**	**624.39**	**113.6**	475.06	**109.4**	**21073**	**111.1**
信阳市	1581.16	109.1	419.53	104.0	639.60	111.5	520.53	111.8	522.03	109.3	24754	106.8
周口市	1790.65	109.3	445.96	104.3	893.65	113.1	798.86	113.2	451.04	107.4	20359	110.4
驻马店市	1542.02	109.5	393.84	104.5	674.98	112.3	594.90	111.9	473.20	109.3	22296	111.0
济源市	460.13	112.0	21.51	104.6	344.09	113.6	324.60	113.8	94.53	106.5	64899	109.1
直管县												
巩义市	581.22	110.1	11.08	103.9	407.81	111.0	388.19	111.0	162.34	107.4	71338	109.7
兰考县	192.85	111.1	35.02	104.6	92.73	114.2	88.08	113.8	65.09	110.5	28974	111.8
巩义市	331.66	108	38.95	104.4	177.11	107.0	165.09	106.7	115.60	111.0	35569	107.9
滑县	183.03	109	64.72	104.2	73.89	112.2	65.49	112.1	44.43	110.0	16233	113.3
汝州市	226.64	112.6	31.73	104.6	124.87	116.1	105.15	116.0	70.04	109.2	30292	116.7
滑县	307.06	109.3	91.81	104.5	131.10	110.9	118.03	110.3	84.14	111.0	21313	110.1
永城市	402.44	109.1	60.01	104.5	245.27	109.8	224.81	109.5	97.16	109.7	32779	109.2
固始县	236.22	109.2	76.53	104.2	81.55	111.3	66.79	111.8	78.15	112.1	22230	106.9
鹿邑县	221.79	110.3	49.31	104.3	115.54	114.2	106.05	114.4	56.94	107.3	24981	111.0
新蔡县	141.80	108.8	47.66	104.4	54.21	112.1	46.80	111.7	39.93	108.1	17011	109.3

21-3 全省及各省辖市投资和建筑业主要统计指标(2013年)

地区	固定资产投资（不含农户）（亿元）	#房地产开发（亿元）	商品房销售额（亿元）	商品房销售面积（万平方米）	建筑业企业单位数（个）	建筑业总产值（亿元）	房屋建筑施工面积（万平方米）	房屋建筑竣工面积（万平方米）
全省	**25188.06**	**3843.76**	**3074.14**	**7310.21**	**5149**	**7003.20**	**43408.63**	**18179.14**
郑州市	4380.21	1445.33	1161.65	1621.89	1508	2264.38	14221.57	4076.11
开封市	941.68	134.80	100.23	253.03	262	198.46	1865.89	668.40
洛阳市	2518.98	301.97	293.18	701.00	415	1202.35	6323.64	1600.36
平顶山市	1231.76	120.16	71.64	217.36	205	130.40	1003.64	387.85
安阳市	1328.62	153.76	127.20	399.35	247	532.27	4773.12	2662.90
鹤壁市	487.01	50.56	43.47	149.01	83	50.61	413.63	222.84
新乡市	1553.65	227.29	191.08	571.86	393	418.86	2257.76	1255.99
焦作市	1374.04	117.00	59.22	174.74	202	121.99	836.42	343.37
濮阳市	941.89	72.68	100.61	284.21	213	224.91	1029.95	657.15
许昌市	1371.11	120.66	101.29	271.06	126	120.28	1018.89	464.06
漯河市	648.29	46.39	37.32	107.32	95	51.45	516.59	300.24
三门峡市	1113.02	85.72	42.48	122.99	152	126.56	408.88	168.34
南阳市	2091.40	131.03	134.74	434.10	347	292.65	1710.26	848.97
商丘市	**1246.79**	**189.68**	**141.54**	**528.03**	**179**	**272.16**	**1529.74**	**1106.95**
信阳市	1447.28	226.29	160.86	445.18	213	321.66	1913.62	1285.93
周口市	1151.55	207.20	100.81	330.65	201	298.99	1691.66	1051.83
驻马店市	1014.90	181.32	175.11	607.32	225	342.04	1583.50	923.86
济源市	345.89	31.94	31.69	91.12	83	33.17	309.87	153.98
直管县								
巩义市	352.54	47.81	41.99	99.57	21	16.94	153.41	62.55
兰考县	103.34	6.35	4.42	17.50	15	8.51	50.11	37.80
巩义市	203.46	11.05	9.17	29.64	8	2.78	36.96	7.67
滑县	107.38	6.13	9.36	33.93	28	26.18	189.44	149.10
汝州市	198.82	16.42	30.00	97.00	111	141.61	317.37	132.49
滑县	211.90	12.13	21.46	62.42	19	31.49	80.83	50.06
永城市	214.05	30.53	18.31	59.76	27	49.05	294.31	206.72
固始县	185.43	19.69	17.38	46.01	13	34.50	228.14	181.42
鹿邑县	112.55	2.30	1.21	5.48	8	20.82	137.54	132.10
新蔡县	85.80	12.37	8.43	33.20	7	17.54	47.81	37.95

21-4 全省及各省辖市农业生产情况(2013年)

地区	常用耕地面积(千公顷)	化肥使用量(折纯量)(万吨)	农村用电量(亿千瓦小时)	农作物总播种面积(千公顷)	#粮食作物(千公顷)
全省	**8156.76**	**696.37**	**305.42**	**14323.54**	**10081.81**
郑州市	331.79	23.43	37.70	503.51	363.42
开封市	416.17	30.34	8.59	800.17	482.08
洛阳市	432.60	23.91	24.55	705.09	528.82
平顶山市	321.80	37.30	10.92	551.18	418.73
安阳市	410.02	45.58	29.35	754.28	562.53
鹤壁市	121.79	8.02	2.30	192.55	169.46
新乡市	475.51	52.28	61.16	802.81	627.78
焦作市	195.64	20.21	13.96	354.72	274.36
濮阳市	283.63	27.63	8.29	502.59	389.61
许昌市	339.49	29.79	9.52	607.88	437.32
漯河市	190.53	17.36	4.17	369.60	267.26
三门峡市	176.98	9.91	3.62	251.91	169.44
南阳市	1056.91	87.12	19.94	1865.54	1177.92
商丘市	**708.35**	**79.45**	**21.74**	**1400.76**	**980.81**
信阳市	839.75	54.28	15.06	1228.99	843.76
周口市	857.77	75.25	15.30	1719.83	1209.42
驻马店市	951.59	72.13	17.35	1663.32	1193.78
济源市	46.45	2.40	1.91	57.79	41.98
直管县					
巩义市	40.27	3.67	13.82	50.89	45.06
兰考县	68.42	7.36	2.37	123.97	93.67
巩义市	62.43	9.78	2.98	119.72	95.90
滑县	133.08	21.74	4.32	261.04	183.51
汝州市	69.46	6.41	5.44	123.54	94.61
滑县	169.91	16.78	1.98	334.94	205.08
永城市	137.38	11.22	3.70	233.09	189.77
固始县	156.94	9.80	2.87	249.33	156.54
鹿邑县	85.33	9.12	1.40	172.88	131.99
新蔡县	100.96	7.63	0.88	194.89	134.48

21-5 全省及各省辖市主要农产品产量(2013年)

地区	粮食产量（万吨）	棉花产量（吨）	油料产量（万吨）	蔬菜及食用菌产量（万吨）	瓜果产量（万吨）	肉类产量（万吨）	奶类产量（万吨）	禽蛋产量（万吨）	水产品产量（吨）
全省	**5713.69**	**189700**	**589.08**	**7112.51**	**1711.37**	**699.05**	**328.77**	**410.23**	**1166538**
郑州市	168.27	2040	17.39	301.23	39.37	26.23	49.95	22.53	155165
开封市	272.54	26563	47.64	648.22	219.30	39.97	26.63	25.76	64215
洛阳市	219.83	2538	13.49	252.97	21.18	26.69	43.10	14.95	49109
平顶山市	201.06	1757	16.03	252.29	34.63	40.16	23.21	15.18	47403
安阳市	354.34	6560	27.30	567.01	85.23	23.68	6.66	29.99	18184
鹤壁市	117.74	370	3.09	53.81	1.98	25.61	9.32	15.58	12145
新乡市	405.95	7904	34.01	304.98	29.40	38.74	34.80	35.90	60247
焦作市	205.62	2009	9.12	234.26	25.15	20.62	24.87	29.05	15700
濮阳市	261.51	3986	17.63	262.21	31.07	25.63	7.90	29.15	28846
许昌市	283.63	3824	9.80	220.23	29.77	39.87	7.81	23.11	11244
漯河市	173.58	7928	4.05	199.81	45.97	30.33	14.54	12.99	18080
三门峡市	61.50	1173	3.56	112.20	11.73	10.07	4.25	5.13	19200
南阳市	617.21	33634	126.99	1007.18	163.83	74.26	32.93	34.10	134779
商丘市	**644.16**	**30713**	**42.15**	**964.09**	**323.94**	**56.09**	**30.31**	**28.61**	**83282**
信阳市	586.04	1343	64.82	335.18	101.73	65.49	0.21	25.73	234913
周口市	793.87	50646	39.84	923.72	415.82	74.41	12.44	26.00	62865
驻马店市	708.45	8510	111.92	432.50	134.37	86.22	7.21	33.62	120781
济源市	22.17	134	0.20	35.05	0.74	5.17	3.20	2.94	30380
直管县									
巩义市	15.31	269	0.54	5.20	0.79	2.52	0.52	1.00	4394
兰考县	51.20	4028	7.24	19.77	9.71	4.97	1.87	3.32	7860
巩义市	45.21	650	3.88	29.93	4.02	9.40	4.20	6.15	3003
滑县	139.92	3021	13.58	192.16	29.38	4.93	1.05	7.95	547
汝州市	61.02	650	6.14	51.52	9.44	4.17	2.15	3.92	4500
滑县	111.02	11085	25.06	229.69	25.34	14.54	1.58	7.31	12094
永城市	119.50	1910	2.38	136.90	42.90	9.07	0.53	5.04	15990
固始县	121.41	110	15.35	87.39	31.98	15.70	0.00	8.03	47922
鹿邑县	92.01	5008	1.65	90.79	6.92	7.45	0.25	3.01	5922
新蔡县	79.10	4630	10.63	64.89	50.27	10.88	0.99	4.31	12095

21-6 全省及各省辖市规模以上工业主要统计指标(2013年)

地区	工业企业单位数(个)	工业增加值(亿元)	工业企业资产总计(亿元)	工业企业负债合计(亿元)	工业企业主营业务收入(亿元)	工业企业主营业务成本(亿元)	工业企业利润总额(亿元)
全省	20583	13986.51	43431.82	21050.58	59975.16	51549.68	4543.07
郑州市	2736	2473.39	8528.61	4597.17	11016.27	9315.90	976.90
开封市	1254	460.50	1572.40	488.73	2059.07	1766.20	193.89
洛阳市	1770	1350.00	4467.70	2483.50	5860.63	5177.84	236.62
平顶山市	799	683.44	2555.42	1492.86	2335.85	1985.83	160.76
安阳市	937	772.00	2161.43	1345.54	3196.70	2796.13	220.89
鹤壁市	555	390.32	975.86	531.18	1538.32	1343.90	89.26
新乡市	1243	797.69	2232.57	1227.69	3489.81	3125.55	205.06
焦作市	1211	986.85	2521.92	1062.57	4220.58	3665.00	319.04
濮阳市	875	643.74	1550.96	539.67	2607.09	2195.69	217.46
许昌市	1433	1060.00	2991.96	1100.82	4279.82	3567.30	379.69
漯河市	599	488.09	1231.50	386.67	2246.47	1862.81	269.39
三门峡市	637	683.62	2302.56	1316.27	3247.79	2872.47	228.73
南阳市	1568	880.00	2583.27	1307.32	3207.74	2716.09	218.88
商丘市	979	539.52	1553.50	795.59	2447.48	2159.08	148.98
信阳市	1154	420.50	1162.44	504.46	1795.19	1527.11	107.70
周口市	1128	672.86	1810.30	592.97	3036.31	2509.37	335.47
驻马店市	1476	489.90	2093.56	614.30	2054.57	1764.20	158.29
济源市	227	295.00	1135.88	663.27	1335.46	1199.19	76.07
直管县							
巩义市	434	344.91	981.47	531.98	1630.54	1421.77	110.41
兰考县	274	66.21	213.93	32.44	274.08	228.94	34.60
巩义市	128	104.79	493.79	340.23	255.22	227.98	9.46
滑县	128	53.00	121.42	45.00	220.49	191.67	17.30
汝州市	133	96.74	257.74	122.74	408.44	346.17	43.45
滑县	145	81.80	202.51	106.06	330.17	283.74	20.84
永城市	128	212.81	705.69	398.87	955.58	850.42	54.42
固始县	169	47.86	73.43	7.82	194.06	166.88	13.52
鹿邑县	84	89.35	194.40	90.67	352.69	271.99	37.46
新蔡县	150	34.72	82.24	16.35	153.64	122.16	13.98

21-7　全省及各省辖市运输邮电主要指标(2013年)

地　区	公路里程（公里）	民用汽车拥有量（辆）	邮政业务总量（亿元）	电信业务总量（亿元）	固定电话用户（万户）	移动电话用户（万户）	互联网宽带接入用户数（万户）
全　　省	**249831**	**7469043**	**57.39**	**702.46**	**1224.48**	**7200.2**	**5657.14**
郑　州　市	12719	1723660	6.31	147.33	243.19	1190.2	999.15
开　封　市	8839	289599	2.04	29.12	48.83	316.1	253.16
洛　阳　市	18324	605960	3.58	57.07	125.60	537.2	449.32
平顶山市	13468	346930	2.24	33.82	50.89	364.5	284.71
安　阳　市	11823	407472	2.73	39.86	82.66	433.8	334.96
鹤　壁　市	4463	129575	0.57	11.73	28.15	120.6	96.76
新　乡　市	13104	483662	3.51	47.39	114.45	501.7	396.13
焦　作　市	7365	299042	2.06	29.25	54.28	287.1	236.48
濮　阳　市	6465	366043	1.95	25.23	34.16	278.4	206.11
许　昌　市	9288	343828	2.39	29.03	53.47	329.3	255.93
漯　河　市	5250	153426	1.31	17.12	27.08	177.2	143.32
三门峡市	9527	203416	1.45	17.21	27.00	182.6	149.73
南　阳　市	38004	463596	4.92	51.93	81.86	613.5	455.21
商　丘　市	**23050**	**485046**	**4.02**	**45.33**	**69.65**	**505.5**	**372.25**
信　阳　市	24747	275627	3.14	34.50	60.40	378.9	288.96
周　口　市	21840	493207	4.20	44.50	58.61	506.3	359.65
驻马店市	19271	302400	4.12	36.21	51.70	415.3	324.59
济　源　市	2284	96554	0.46	5.81	12.49	62.0	49.87
直　管　县							
巩　义　市	2148.17		0.56				
兰　考　县	1668.49		0.40				
巩　义　市	2577.92		0.34				
滑　　　县	3521.08		0.70				
汝　州　市	2039.74		0.63				
滑　　　县	4127.67		0.71				
永　城　市	3236.99		0.88				
固　始　县	2959.11		0.53				
鹿　邑　县	3026.53		0.50				
新　蔡　县	2095.67		0.56				

21-8 全省及各省辖市贸易外经主要指标(2013年)

地区	社会消费品零售总额(亿元)	货物进出口总额(万美元)	进口额(万美元)	出口额(万美元)	外商直接投资实际使用额(万美元)
全省	**12426.61**	**5995098**	**2395892**	**3599206**	**1345659**
郑州市	2623.51	4274948	1768328	2506620	332178
开封市	585.65	49988	8857	41131	43898
洛阳市	1269.20	179484	50228	129256	222272
平顶山市	545.21	47610	11097	36514	45318
安阳市	536.05	186712	142585	44127	38057
鹤壁市	145.13	26419	3238	23181	55783
新乡市	623.98	112668	25396	87273	74009
焦作市	497.24	226165	75127	151038	66181
濮阳市	368.63	66495	5947	60548	38979
许昌市	556.55	214340	37491	176849	53113
漯河市	341.54	44452	18980	25471	70401
三门峡市	315.74	29218	10831	18387	86857
南阳市	1234.65	179558	54252	125305	50388
商丘市	**633.19**	**25218**	**4033**	**21185**	**27649**
信阳市	689.76	68218	39182	29037	42237
周口市	767.04	77493	18577	58916	44241
驻马店市	589.89	40439	8484	31955	31590
济源市	107.90	145673	113261	32412	22508
直管县					
巩义市	194.30				
兰考县	64.34				
巩义市	92.59				
滑县	64.71				
汝州市	52.75				
滑县	110.32				
永城市	115.10				
固始县	119.29				
鹿邑县	85.97				
新蔡县	43.87				

21-9 全省及各省辖市旅游主要指标(2013年)

地区	接待入境旅游者人数（万人次）	#外国人（万人次）	国际旅游外汇收入（万美元）	国内旅游人数（万人次）	国内旅游收入（亿元）	星级饭店数（个）
全省	**207.33**	**125.27**	**65997.46**	**40898.25**	**3834.63**	**575**
郑州市	43.61	25.12	16508.00	9913.09	1103.87	104
开封市	26.82	13.75	5560.00	3615.12	279.23	20
洛阳市	70.05	48.86	20296.00	6376.46	698.62	65
平顶山市	2.68	1.47	770.00	1447.81	135.75	35
安阳市	7.80	7.53	2051.00	2278.43	195.23	19
鹤壁市	0.78	0.13	243.23	706.03	44.78	14
新乡市	3.79	3.21	1153.00	2291.71	147.12	18
焦作市	32.02	17.72	12295.00	2964.26	230.62	33
濮阳市	1.72	1.56	116.16	1315.27	98.92	12
许昌市	0.05	0.04	6.44	1003.00	55.81	20
漯河市	0.90	0.47	219.00	678.25	41.32	9
三门峡市	6.15	1.64	1662.40	2268.58	156.70	24
南阳市	1.68	0.21	788.00	2027.61	156.00	84
商丘市	**1.24**	**0.18**	**267.61**	**1316.33**	**79.19**	**14**
信阳市	1.19	0.30	258.40	2073.80	115.19	33
周口市	2.99	1.24	906.20	1156.01	76.25	29
驻马店市	2.67	1.16	2667.02	1383.43	83.35	38
济源市	1.20	0.66	230.00	702.41	31.04	4

21-10 全省及各省辖市公共财政预算收入主要指标(2013年)

地区	公共财政预算收入(亿元)	#税收收入	#国内增值税	#营业税	#企业所得税	#个人所得税
全省	**2415.45**	**1764.71**	**202.66**	**581.79**	**235.60**	**47.63**
郑州市	723.61	543.80	45.70	204.16	78.59	20.26
开封市	80.74	59.67	5.32	22.79	4.00	1.19
洛阳市	234.05	169.14	19.94	52.52	21.05	5.06
平顶山市	119.74	84.51	13.84	24.33	6.22	1.98
安阳市	92.20	66.59	8.51	19.40	6.50	1.31
鹤壁市	39.64	27.50	3.54	7.76	2.13	0.54
新乡市	129.50	95.24	11.67	29.31	12.27	1.81
焦作市	97.34	64.80	9.48	18.95	5.82	1.57
濮阳市	60.51	48.32	6.62	16.76	3.26	1.36
许昌市	108.50	81.62	11.19	23.37	7.32	2.01
漯河市	53.98	43.75	6.66	10.87	6.72	0.99
三门峡市	81.79	55.39	8.53	15.39	4.28	1.27
南阳市	123.63	99.46	13.05	30.56	7.53	2.47
商丘市	**85.84**	**63.26**	**8.96**	**23.55**	**4.67**	**1.72**
信阳市	67.93	51.67	4.46	22.67	5.36	1.32
周口市	76.05	51.50	4.24	17.55	4.70	0.82
驻马店市	71.93	52.66	5.30	18.28	5.06	1.14
济源市	34.61	25.35	4.31	6.02	5.29	0.81
直管县						
巩义市	30.01	19.70	3.34	4.35	1.28	0.34
兰考县	9.19	6.51	0.74	2.21	0.44	0.05
巩义市	16.84	11.01	1.42	2.12	0.82	0.16
滑县	6.34	4.74	0.46	1.87	0.46	0.12
汝州市	10.40	8.15	1.07	2.56	0.92	0.09
滑县	9.30	6.70	0.39	2.66	0.52	0.23
永城市	27.88	20.24	5.27	5.24	1.29	0.73
固始县	7.75	4.73	0.45	2.11	0.39	0.11
鹿邑县	7.72	5.20	0.58	1.46	0.40	0.04
新蔡县	4.36	2.49	0.17	0.91	0.18	0.04

21-11 全省及各省辖市公共财政预算支出主要指标(2013年)

地区	公共财政预算支出(亿元)	#教育	社会保障和就业	医疗卫生	农林水利事务	住房保障
全省	**5582.31**	**1171.52**	**731.41**	**492.48**	**629.85**	**191.11**
郑州市	816.16	133.07	66.37	58.18	60.61	19.12
开封市	197.02	38.70	27.82	22.00	26.18	4.55
洛阳市	373.37	74.92	35.39	29.91	43.59	14.08
平顶山市	226.56	45.51	29.43	23.03	26.24	6.18
安阳市	216.78	49.77	21.55	22.52	29.21	8.30
鹤壁市	86.92	19.74	10.07	7.00	10.33	7.50
新乡市	267.76	60.41	25.64	25.71	34.29	12.58
焦作市	183.14	38.04	20.24	15.77	20.07	6.09
濮阳市	173.87	40.61	24.91	18.52	24.01	9.93
许昌市	202.56	47.67	20.35	17.70	26.01	5.47
漯河市	126.54	25.59	13.10	12.28	14.64	7.58
三门峡市	154.07	32.96	13.26	11.40	17.98	4.34
南阳市	428.29	94.54	51.79	44.13	66.25	11.73
商丘市	**314.84**	**79.39**	**43.16**	**36.44**	**42.96**	**17.27**
信阳市	304.88	74.39	33.36	29.47	43.70	14.23
周口市	354.22	92.77	48.01	45.97	48.45	11.59
驻马店市	307.71	70.35	43.96	35.33	44.78	19.29
济源市	57.47	11.66	4.65	5.92	7.08	1.86
直管县						
巩义市	43.17	9.07	3.50	6.94	4.80	0.88
兰考县	28.40	6.50	3.12	3.52	4.44	0.30
巩义市	32.56	7.90	4.50	4.64	4.96	0.79
滑县	38.01	7.50	4.34	4.99	7.58	1.38
汝州市	29.36	7.95	3.00	3.94	4.30	1.33
滑县	46.46	10.66	6.19	6.59	9.51	0.84
永城市	52.28	14.06	6.87	5.77	7.11	1.12
固始县	47.21	11.89	4.04	5.18	6.85	1.80
鹿邑县	35.58	9.77	5.98	5.08	4.87	1.92
新蔡县	34.21	8.02	5.27	4.93	4.52	5.32

21-12 全省及各省辖市金融主要指标(2013年)

地区	金融机构人民币存款(亿元)	#储蓄存款(亿元)	金融机构人民币贷款(亿元)	#短期贷款(亿元)	#中长期贷款(亿元)
全省	**37591.70**	**20232.12**	**23511.41**	**11823.35**	**11029.60**
郑州市	12450.46	4475.32	9342.31	3385.75	5802.93
开封市	1134.27	763.83	699.42	309.23	354.93
洛阳市	3350.27	1659.84	1965.98	1095.54	701.68
平顶山市	1666.23	1014.52	1060.61	577.56	449.76
安阳市	1584.52	1056.02	753.21	466.67	255.60
鹤壁市	426.00	257.14	389.57	217.99	159.76
新乡市	1723.02	1081.82	1037.76	578.18	447.46
焦作市	1151.52	722.91	773.40	456.22	283.55
濮阳市	971.49	686.07	379.05	215.77	154.69
许昌市	1410.52	866.66	999.23	687.62	280.51
漯河市	687.37	438.52	343.92	215.32	126.41
三门峡市	936.03	549.92	548.16	322.50	202.17
南阳市	2476.73	1586.56	1326.19	893.93	380.90
商丘市	**1559.11**	**1098.58**	**833.41**	**473.67**	**346.79**
信阳市	1830.06	1306.03	909.49	531.02	363.00
周口市	1655.62	1311.63	703.71	437.78	261.50
驻马店市	1710.03	1196.83	757.68	443.83	309.54
济源市	256.36	153.99	197.98	138.64	59.18
直管县					
巩义市	288.42	188.08	156.61	100.32	55.71
巩义市	114.34	88.88	44.77	23.40	21.37
汝州市	170.03	125.64	116.75	87.05	27.87
汝州市	173.62	134.93	79.72	48.53	31.18
滑县	224.96	170.19	139.00	85.34	53.31
邓州市	218.95	163.35	95.87	75.76	18.39
永城市	277.43	197.34	204.83	83.04	119.15
固始县	255.27	205.16	101.13	77.40	23.73
鹿邑县	149.16	123.74	76.71	52.31	24.40
新蔡县	150.24	109.97	43.25	26.11	17.13

21-13 全省及各省辖市城乡居民收支(2013年)

地区	农村居民人均纯收入(元)	农村居民人均消费支出(元)	#食品支出	城镇居民人均可支配收入(元)	城镇居民人均消费支出(元)	#食品支出
全省	**8475**	**5628**	**1938**	**22398**	**14822**	**4914**
郑州市	14009	10242	2455	26615	18672	6057
开封市	8355	5460	1797	19492	15449	4535
洛阳市	8756	6783	1979	24820	15968	4458
平顶山市	8541	4876	1738	22482	16324	5300
安阳市	9670	6735	2001	23019	14003	4511
鹤壁市	10608	7312	2644	21228	13668	3869
新乡市	9728	7002	2199	22105	15042	4318
焦作市	11367	8583	2402	22058	14774	4391
濮阳市	7904	4980	1630	21571	13088	4011
许昌市	11007	6561	2059	21717	15093	4432
漯河市	9876	5379	1691	21174	15700	5325
三门峡市	8926	6715	1965	20938	18078	4486
南阳市	8729	6109	2298	21653	16916	5602
商丘市	**7217**	**4772**	**1844**	**20214**	**12604**	**4103**
信阳市	7982	5258	2495	19150	12647	5222
周口市	6950	4827	1632	18046	12551	3797
驻马店市	7437	5769	2083	19431	12108	3606
济源市	11958	7890	2434	23185	17405	4106
直管县						
巩义市	13951	7497	1948	22516	15308	3995
兰考县	6756	5646	1792	16538	10960	3219
巩义市	10062	5401	1849	19208	13080	3796
滑县	6839	6098	2365	17588	12290	3802
汝州市	11381	6377	2007	18289	13249	3617
滑县	9172	5891	1952	19978	15563	4681
永城市	8469	5715	2425	21435	15544	4251
固始县	8121	5625	2459	18442	13095	4976
鹿邑县	7755	4167	1504	18122	10271	2499
新蔡县	7148	4849	1872	17055	12032	4391

21-14 全省及各省辖市教育情况(2013年)

地区	普通小学学校数（所）	普通小学专任教师数（人）	普通小学招生数（万人）	普通小学在校学生数（万人）	普通小学毕业生数（万人）
全　　省	**26086**	**499445**	**181.06**	**939.98**	**164.48**
郑州市	980	36768	13.75	70.52	9.94
开封市	1401	24298	7.80	44.91	7.70
洛阳市	1722	29714	10.75	59.79	9.99
平顶山市	1400	26049	9.46	48.03	5.99
安阳市	1362	25671	10.23	52.85	8.21
鹤壁市	365	7776	2.08	15.26	3.13
新乡市	1539	25527	10.58	59.11	9.09
焦作市	599	14924	4.27	26.01	5.42
濮阳市	1168	20725	7.94	38.75	7.89
许昌市	1007	23372	7.62	39.70	5.97
漯河市	527	11642	3.40	19.20	3.71
三门峡市	271	10362	2.62	15.14	2.99
南阳市	3474	51522	23.87	115.23	16.97
商丘市	**2412**	**51850**	**15.46**	**77.47**	**15.82**
信阳市	1983	42496	13.19	68.78	14.03
周口市	3826	52052	21.80	105.18	21.18
驻马店市	1946	42164	15.47	79.23	15.54
济源市	104	2533	0.78	4.83	0.91
直管县					
巩义市	80	3687	0.89	5.03	0.84
兰考县	223	4052	0.97	7.34	1.32
巩义市	376	1424	1.89	10.55	1.27
滑　县	320	2340	2.47	12.09	1.99
汝州市	248	3400	1.54	9.47	1.45
滑　县	535	2880	3.41	16.66	3.10
永城市	392	6299	2.79	13.48	2.58
固始县	367	5708	2.60	14.12	2.38
鹿邑县	502	6821	2.73	12.24	2.66
新蔡县	193	2512	2.71	10.96	2.06

21-14续　全省及各省辖市教育情况(2013年)

地　区	普通中学学校数(所)	普通中学专任教师数(人)	普通中学招生数(万人)	普通中学在校学生数(万人)	普通中学毕业生数(万人)
全　　省	**5326**	**459767**	**203.82**	**574.28**	**203.46**
郑 州 市	371	38521	16.16	46.09	14.17
开 封 市	275	21410	9.73	26.79	9.37
洛 阳 市	451	32807	13.83	39.43	12.74
平顶山市	251	21103	8.41	23.62	7.68
安 阳 市	296	23922	10.29	27.74	8.96
鹤 壁 市	84	7682	3.68	10.18	3.47
新 乡 市	386	28785	11.55	33.21	10.88
焦 作 市	218	18260	7.66	21.63	7.14
濮 阳 市	212	20984	8.07	22.64	8.60
许 昌 市	239	20869	7.92	23.11	8.04
漯 河 市	110	10999	4.83	13.65	4.77
三门峡市	128	12386	4.02	12.54	4.22
南 阳 市	498	42175	19.08	51.73	17.97
商 丘 市	**446**	**39946**	**18.36**	**51.62**	**19.75**
信 阳 市	378	39729	16.30	47.54	19.27
周 口 市	608	41624	25.04	69.19	25.70
驻马店市	338	34816	17.49	49.49	19.30
济 源 市	37	3749	1.39	4.08	1.42
直 管 县					
巩 义 市	35	3609	1.31	3.72	1.17
兰 考 县	57	4116	1.83	4.88	1.38
巩 义 市	64	4061	1.63	4.29	1.27
滑　　县	60	4279	2.26	5.96	1.85
汝 州 市	51	5605	1.78	5.69	1.84
滑　　县	66	4983	2.63	7.25	2.79
永 城 市	62	4984	2.39	6.63	3.01
固 始 县	65	6006	3.10	9.12	3.49
鹿 邑 县	78	4009	2.65	7.06	3.18
新 蔡 县	42	685	2.19	5.78	2.38

21-15 全省及各省辖市文化、卫生情况(2013年)

地区	卫生机构数(个)	#医院、卫生院	卫生机构床位数(张)	#医院、卫生院	卫生机构人员数(人)	卫生技术人员(人)	#执业(助理)医师(人)	#注册护师、护士(人)
全省	**71464**	**3471**	**429810**	**306546**	**717232**	**469126**	**180600**	**176534**
郑州市	4024	317	68764	59020	97959	76161	26766	35532
开封市	3014	170	21431	16018	36940	24118	9318	9481
洛阳市	4106	273	34149	26056	52781	36457	14320	14805
平顶山市	4079	188	23469	17412	37451	25344	9665	9295
安阳市	5376	162	23939	17144	38291	24227	11196	8105
鹤壁市	1488	57	7367	5802	11468	7383	3075	2767
新乡市	5038	242	28416	19887	48367	31286	11788	12107
焦作市	2810	137	17818	12248	27305	18652	7936	6603
濮阳市	4265	134	15970	10289	29412	17640	6600	6653
许昌市	4357	166	17137	12726	33233	21086	9015	7285
漯河市	1834	102	12077	8416	19955	12988	4547	5034
三门峡市	1923	122	11607	8553	17614	12793	4713	4601
南阳市	6502	315	38827	26290	66522	41028	14590	15288
商丘市	**6492**	**261**	**29199**	**17846**	**54327**	**33270**	**12574**	**10358**
信阳市	3955	262	19756	11725	38042	21056	8055	6978
周口市	8108	298	30086	18239	57037	32942	13212	10310
驻马店市	3470	244	26801	16647	45427	29385	11864	10122
济源市	623	21	2997	2228	5101	3310	1366	1210
直管县								
巩义市	650	29	2530	1800	5530	4148	1606	1730
巩义市	540	27	4172	2957	5979	3937	1333	1422
汝州市	535	29	4819	3378	6201	3458	1089	1300
汝州市	1160	30	4513	3000	7583	4327	2068	1529
滑县	701	25	3281	2247	6977	4649	1929	1842
邓州市	804	28	4159	2134	7140	3529	1123	1286
永城市	845	34	4788	2858	7537	4949	1622	1675
固始县	702	35	3381	1660	7114	3456	1148	1164
鹿邑县	933	37	3750	2568	6406	3346	1473	909
新蔡县	466	28	1894	750	4444	2901	1715	491

淮海经济区各市主要经济指标

● 资料整理：宋 静

22-1 淮海经济区各市生产总值及一、二、三产增加值(2013年)

地区	地区生产总值		第一产业增加值		第二产业增加值		第三产业增加值	
	绝对量(亿元)	增长(%)	绝对量(亿元)	增长(%)	绝对量(亿元)	增长(%)	绝对量(亿元)	增长(%)
江苏省								
徐州市	4435.82	11.8	432.38	3.2	2118.32	12.3	1885.12	12.8
连云港市	1785.42	11.8	259.17	3.1	807.42	13.0	718.83	13.1
淮安市	2155.86	12.0	272.58	3.3	983.15	13.2	900.13	13.3
盐城市	3475.50	12.3	489.18	3.2	1635.98	14.0	1350.34	13.4
宿迁市	1706.28	12.5	230.07	3.0	815.32	14.9	660.89	13.0
山东省								
菏泽市	2050.01	12.0	255.00	3.0	1113.51	13.8	681.50	12.5
聊城市	2365.87	10.0	287.15	3.5	1258.15	11.1	820.57	10.3
枣庄市	1830.63	10.1	149.81	3.3	1037.55	11.4	643.27	9.0
济宁市	3501.54	11.0	418.93	4.3	1789.75	11.6	1292.86	12.1
泰安市	2790.70	10.6	260.10	3.7	1367.80	11.1	1162.80	11.3
日照市	1500.16	10.6	131.45	3.5	784.33	10.7	584.38	12.1
莱芜市	653.48	10.1	49.34	3.1	366.19	11.8	237.95	8.3
临沂市	3336.80	11.0	324.30	3.2	1583.90	12.2	1428.60	11.3
德州市	2460.59	11.2	273.54	3.8	1301.67	12.6	885.38	11.2
安徽省								
亳州市	791.10	9.7	195.00	3.8	320.10	12.7	276.00	10.2
淮南市	819.40	9.7	66.20	3.6	508.50	10.5	244.70	9.1
蚌埠市	1007.85	11.1	172.36	3.9	515.68	14.3	319.81	9.5
淮北市	703.70	9.1	57.00	3.5	473.20	10.4	173.50	7.3
阜阳市	1062.48	9.7	272.57	3.8	436.60	12.9	353.31	9.9
宿州市	1014.33	10.5	244.46	4.0	425.95	13.9	343.92	10.7
滁州市	1086.17	11.1	208.20	3.7	575.60	14.3	302.30	9.8
六安市	1010.30	8.0	209.60	3.3	478.20	10.7	322.60	7.0
河南省								
周口市	1790.56	9.3	445.96	4.3	893.65	13.1	451.04	7.4
商丘市	**1538.22**	**10.5**	**343.17**	**4.5**	**719.99**	**13.9**	**475.06**	**9.4**
信阳市	1581.16	9.1	419.53	4.0	639.60	11.5	522.03	9.3

22-2 淮海经济区各市人均生产总值和三次产业结构(2013年)

地区	人均地区生产总值(元)	地区生产总值中三次产业比重(%)
江苏省		
徐州市	51714	9.7:47.8:42.5
连云港市	40416	14.5:45.2:40.3
淮安市	44774	12.6:45.6:41.8
盐城市	48150	14.1:47.0:38.9
宿迁市	35484	13.5:47.8:38.7
山东省		
菏泽市	24542	12.5:54.3:33.2
聊城市	40083	12.1:53.2:34.7
枣庄市	48346	8.2:56.7:35.1
济宁市	42796	12.0:51.1:36.9
泰安市	50296	9.3:49.0:41.7
日照市	52778	8.7：52.3：39
莱芜市	49390	7.6:56.0:36.4
临沂市	32902	9.7:47.5:42.8
德州市	43542	11.1:52.9:36.0
安徽省		
亳州市	16071	24.6:40.5:34.9
淮南市	34897	8.1:62.0:29.9
蚌埠市	31482	17.1:51.2:31.7
淮北市	32996	8.1:67.2:24.7
阜阳市	13839	25.7:41.1:33.2
宿州市	18768	24.1:42.0:33.9
滁州市	27474	19.2:53.0:27.9
六安市	17778	20.8:47.3:31.9
河南省		
周口市	20359	24.9:49.9:25.2
商丘市	**21073**	**22.3:46.8:30.9**
信阳市	24762	26.5:40.5:33.0

22-3 淮海经济区各市主要农产品产量(2013年)

地区	粮食总产量		油料总产量		棉花总产量		肉类总产量		水产品产量	
	绝对量(万吨)	增长(%)	绝对量(万吨)	增长(%)	绝对量(万吨)	增长(%)	绝对量(万吨)	增长(%)	绝对量(万吨)	增长(%)
江苏省										
徐州市	451.13	-4.4	9.96	-6.3	3.63	-1.1	98.48	-4.4	18.37	1.2
连云港市	354.73	-1.8	12.11	2.8	0.28	0.1	29.72	0.6		
淮安市	461.02	1.1	9.62	-3.3	0.01	-70.6	32.18	0.5	25.93	3.0
盐城市	686.51	2.1	31.52	1.9	9.75	-10.7	88.93	0.0	110.06	3.7
宿迁市	375.99	-3.3	4.99	5.1	0.19	-20.8	35.70	-3.3	25.65	2.7
山东省										
菏泽市	673.17	5.4	25.79	6.9	17.82	-6.3	65.96	4.6	12.17	3.0
聊城市	466.63	-9.7	11.74	-6.4	4.76	-15.7	53.78	1.1	7.52	3.4
枣庄市	171.20	-5.5	9.56	2.8	0.49	-8.8	26.24	-1.2	9.29	4.7
济宁市	578.60	1.7	17.40	0.1	11.20	-6.3	83.50	0.1	40.60	3.8
泰安市	281.30	—	23.30	0.5	0.90	3.1	45.40	1.6	9.10	5.4
日照市	102.02	-9.9	24.62	2.2	0.22	14.1	21.16	1.3	56.61	3.1
莱芜市	28.24	-6.9	1.72	0.0	0.14	4.4	6.58	0.5	0.35	2.1
临沂市	494.33	-1.2	85.20	0.7	1.20	-6.8	76.80	1.2	14.80	7.2
德州市	834.70	4.6	1.87	-9.1	10.40	-22.9	71.41	3.7	9.89	9.6
安徽省										
亳州市	447.45	1.1	4.84	-7.2	1.91	0.1	30.90	2.9	5.30	8.5
淮南市	133.90	0.1	1.50	4.1	0.20	8.6	8.90	2.8	7.50	5.9
蚌埠市	263.60	0.9	37.91	3.0	2.15	-24.2	31.62	2.9	11.58	5.3
淮北市	120.08	0.9	0.46	-17.8	0.15	-3.9	8.79	2.8	2.82	3.2
阜阳市	526.11	0.5	7.82	0.8	1.60	-7.0	61.04	2.2	9.63	3.8
宿州市	379.14	0.6	22.62	-2.2	2.60	-13.2	49.77	3.1	4.21	6.3
滁州市	413.83	-0.3	20.62	0.8	0.92	-7.9	37.93	2.6	31.71	5.5
六安市	444.10	-1.1	17.50	1.4	1.85	4.6	52.80	3.2	29.50	3.7
河南省										
周口市	793.87	2.7	39.80	9.0	5.06	-30.1	61.00			
商丘市	**644.16**	**2.3**	**42.15**	**2.2**	**3.07**	**34.9**	**54.81**	**2.9**		
信阳市	586.40	0.1	64.82	-1.4	0.13	-22.9	65.49	2.8	23.49	8.6

22-4 淮海经济区各市规模以上工业主要统计指标(2013年)

地区	规模以上工业企业个数(个)	规模以上工业增加值		规模以上工业主营业务收入		规模以上工业利税合计		规模以上工业利润总额	
		绝对量(亿元)	增长(%)	绝对量(亿元)	增长(%)	绝对量(亿元)	增长(%)	绝对量(亿元)	增长(%)
江苏省									
徐州市	2874.00	2372.13	12.9	10506.88	18.4	1533.37	16.2	856.08	15.2
连云港市	1491.00	820.94	14.4	4041.62	20.1	485.60	15.9	301.21	13.2
淮安市	2163.00	1133.89	13.5	4731.24	20.1	413.23	19.4	218.77	21.8
盐城市	2920.00	1583.96	15.6	6328.80	13.5	704.48	13.0	403.75	14.6
宿迁市	2590.00	739.80	18.1	2967.97	34.1	463.48	33.8	328.30	30.9
山东省									
菏泽市	2650.00	—	17.8	5413.65	18.1	729.98	17.8	450.85	17.7
聊城市	2487.00		12.3	7924.19	16.4	787.88	18.7	542.45	18.2
枣庄市	1492.00		12.2	3580.70	11.2	367.18	6.9	191.44	1.6
济宁市	1722.00		12.5	5500.40	12.6	560.10	8.3	343.60	8.1
泰安市	1843.00	-	12.5	6343.50	14.7	719.90	6.5	448.50	6.3
日照市	596.00	646.93	11.9	2607.53	12.1	133.43	11.4	80.35	18.0
莱芜市	486.00	329.45	12.5	1840.42	14.6	63.94	90.0	34.86	412.5
临沂市	3830.00	1801.60	16.6	8618.30	15.2	732.40	15.3	481.10	12.3
德州市	3228.00	1468.25	14.3	7679.63	17.0	878.84	18.5	494.41	19.3
安徽省									
亳州市	626.00	205.46	14.9	657.90	19.2	70.80		41.60	3.8
淮南市	608.00	465.50	11.1	1070.10	4.6	82.82	-35.6	18.92	-63.9
蚌埠市	738.00	499.90	15.3	1672.40	18.2	142.37	5.5	62.06	7.1
淮北市	714.00	515.29	10.5	2237.00	33.0	129.20	-15.8	57.60	-27.7
阜阳市	1071.00	374.91	14.5	1244.70	17.4	162.80	4.2	71.80	-8.4
宿州市	892.00	300.69	14.6	1121.83	22.4	19.54	103.5	39.95	-7.2
滁州市	1253.00	490.90	15.5	1920.30	18.2	306.10	21.6	217.60	22.9
六安市	949.00	408.20	11.9	1443.90	10.6	125.70	3.6	86.30	4.6
河南省									
周口市		672.84	16.4			38.87	25.0	23.51	37.6
商丘市		**539.52**	**16.2**	**2369.87**	**14.4**	**61.61**	**6.9**	**132.88**	**14.4**
信阳市	1088.00	420.49	14.7	1735.30	17.9	155.57	13.7	99.01	17.1

22-5 淮海经济区各市投资、贸易和价格指数(2013年)

地区	规模以上固定资产投资		房地产开发投资		社会消费品零售总额		居民消费价格总指数（以上年为100）
	绝对量(亿元)	增长(%)	绝对量(亿元)	增长(%)	绝对量(亿元)	增长(%)	
江苏省							
徐州市	3090.13	22.1	380.47	22.7	1495.91	14.0	102.3
连云港市	1350.12	22.1	174.07	7.3	655.57	13.9	102.2
淮安市	1453.05	22.1	312.22	11.3	721.22	13.9	102.4
盐城市	2217.69	22.2	327.31	19.7	1163.38	13.7	102.7
宿迁市	1290.75	25.8	305.46	39.7	442.43	14.0	102.4
山东省							
菏泽市	810.77	23.1	206.18	16.9	1027.75	13.7	101.8
聊城市	1511.09	20.5	146.10	34.4	820.82	13.4	102.0
枣庄市	1238.21	20.5	220.36	23.4	627.00	13.5	101.8
济宁市	2188.31	23.0	275.40	25.7	1475.90	13.5	101.5
泰安市	1981.78	20.5	126.20	15.9	1053.80	13.5	101.8
日照市	1069.05	20.0	72.04	9.2	476.20	13.4	102.1
莱芜市	472.63	19.5	36.71	4.2	257.75	13.0	101.9
临沂市	2431.59	20.8	300.50	28.7	1781.00	13.4	101.6
德州市	1686.61	20.9	195.80	38.6	990.50	13.6	101.9
安徽省							
亳州市	541.49	25.8	149.10	55.3	345.10	14.0	102.6
淮南市	800.50	25.1	128.20	10.5	291.20	13.9	102.6
蚌埠市	1060.89	21.6	325.32	77.3	424.82	14.7	102.2
淮北市	700.53	21.4	134.00	22.6	195.50	14.2	102.1
阜阳市	645.26	25.3	140.48	59.7	508.02	14.3	102.2
宿州市	773.30	26.0	142.50	37.7	303.67	14.5	102.3
滁州市	1075.80	21.9	331.70	9.3	338.48	14.4	102.3
六安市	845.00	23.0	144.80	19.2	434.20	13.8	101.4
河南省							
周口市	1151.55	23.7	207.20	19.7	756.80	13.9	102.7
商丘市	**1246.79**	**24.0**	**189.68**	**35.1**	**623.42**	**14.2**	**102.3**
信阳市	1447.28	20.9	226.29	19.6	674.76	13.9	102.4

22-6 淮海经济区各市进出口和利用外资(2013年)

地区	进出口总额		#进口总额		#出口总额		实际利用外资	
	绝对量(亿美元)	增长(%)	绝对量(亿美元)	增长(%)	绝对量(亿美元)	增长(%)	绝对量(亿美元)	增长(%)
江苏省								
徐州市	62.89	-24.5	13.92	-31.8	48.97	-22.1	15.00	26.6
连云港市	66.41	-17.0	28.58	-35.1	37.84	5.1	8.70	43.9
淮安市	36.61	-13.6	8.20	-6.2	27.80	-17.4	13.00	-38.1
盐城市	65.28	13.5	27.49	20.1	37.79	9.1	15.50	-11.5
宿迁市	33.22	19.0	5.42	13.8	27.80	20.0	5.09	16.0
山东省								
菏泽市	29.67	-7.1	12.17	-23.5	17.50	14.5	2.18	32.2
聊城市	61.89	10.6	41.86	11.8	20.03	8.3	1.63	41.5
枣庄市	12.51	10.7	3.05	59.1	9.47	0.8	1.59	11.3
济宁市	52.30	2.2	19.00	-1.2	33.30	4.3	8.30	7.8
泰安市	24.85	15.2	11.20	19.4	13.70	11.8	3.51	106.8
日照市	330.39	30.6	291.60	36.2	38.79	0.1	5.30	25.8
莱芜市	25.04	17.9	17.53	26.0	7.51	2.3	1.21	1.1
临沂市	94.08	19.1	47.70	19.3	46.40	19.0	3.10	31.2
德州市	35.38	30.2	15.12	77.9	20.26	8.2	2.15	1.8
安徽省								
亳州市	4.26	-14.6	0.50	32.1	3.80	-18.3	5.00	31.8
淮南市	5.04	44.7	0.99	-5.5	4.06	66.2	2.47	13.5
蚌埠市	15.80	38.9	4.30	103.2	11.50	24.2	10.13	25.1
淮北市	4.68	34.4	0.30	-25.5	4.38	42.2	4.59	21.6
阜阳市	13.66	24.5	2.52	24.8	11.14	24.4	1.34	-15.0
宿州市	5.35	31.6	0.63	48.5	4.72	29.7	4.88	27.4
滁州市	18.55	23.8	4.73	39.5	13.83	19.2	5.57	-2.7
六安市	8.01	8.7	0.23	-9.9	7.77	9.4	3.04	16.8
河南省								
周口市	7.75	38.2	1.86	-0.3	5.89	57.0	4.42	21.7
商丘市	**2.52**	**17.1**	**0.40**	**-18.0**	**2.12**	**27.5**	**2.77**	**12.4**
信阳市	6.82	-1.6	3.92	-10.3	2.90	13.2	4.22	20.8

22-7 淮海经济区各市运输邮电主要统计指标(2013年)

地区	邮电业务总量		年末固定电话用户(万户)	年末移动电话用户(万户)
	绝对量(亿元)	增长(%)		
江苏省				
徐 州 市	78.48	25.8	161.01	727.18
连云港市	36.85	6.7	97.60	-5.80
淮 安 市	28.01	4.7	87.53	294.69
盐 城 市	52.74	-1.8	286.30	357.72
宿 迁 市	46.23	93.6	81.55	366.89
山东省				
菏 泽 市	46.83	11.7	60.64	681.41
聊 城 市	28.88	7.0	59.03	430.28
枣 庄 市	57.74	4.5	65.68	345.06
济 宁 市	50.20	9.6	94.50	657.00
泰 安 市	35.40	13.8	96.80	609.20
日 照 市	17.70	0.9	45.35	298.33
莱 芜 市	8.57	7.7	22.53	134.71
临 沂 市				
德 州 市	34.45	6.6	65.81	489.03
安徽省				
亳 州 市	24.80	16.3	44.40	267.00
淮 南 市	16.77	4.2	40.20	156.70
蚌 埠 市	22.58	21.7	52.90	227.70
淮 北 市	13.10	17.3	37.20	166.40
阜 阳 市	37.70	17.2	76.20	394.80
宿 州 市	29.53	20.2	52.60	334.84
滁 州 市	27.16	13.0	65.64	272.90
六 安 市	28.00		65.30	360.10
河南省				
周 口 市	46.96		50.68	513.86
商 丘 市	**48.94**	**16.2**	**63.03**	**521.50**
信 阳 市	34.63	10.3	60.91	384.28

22-8 淮海经济区各市财政和金融主要指标(2013年)

地区	地方财政一般预算收入		地方财政一般预算支出		金融机构年末存款余额(亿元)	#城乡居民储蓄存款余额(亿元)	金融机构年末贷款余额(亿元)
	绝对量(亿元)	增长(%)	绝对量(亿元)	增长(%)			
江苏省							
徐州市	422.84	15.3	595.61	12.4	3884.46	2089.77	2360.80
连云港市	233.30	14.7	364.93	19.7	1709.93	850.95	1425.50
淮安市	271.42	16.2	455.26	12.4	1737.07	934.30	1397.43
盐城市	366.77	17.3	557.44	14.1	3219.99	1793.26	2214.59
宿迁市	185.12	17.1	300.06	10.2	1475.58	736.29	1282.09
山东省							
菏泽市	159.30	6.3	321.76	14.8	1918.86	1428.86	1230.75
聊城市	135.55	19.9	258.25	15.0	1930.94	1198.54	1414.58
枣庄市	130.72	6.4	207.80	11.0	1249.85	781.64	975.08
济宁市	302.20	13.3	428.40	18.2	3561.10	1956.30	2276.50
泰安市	168.80	0.2	259.10	6.8	2261.30	1375.10	1416.40
日照市	100.09	15.5	158.24	14.6	1780.07	762.49	1489.45
莱芜市	46.76	1.7	75.81	13.6	751.75	417.86	573.78
临沂市	216.10	16.6	405.50	16.2	3685.60	2250.30	2475.60
德州市	150.02	15.7	267.30	10.4	1924.22	1266.44	1925.00
安徽省							
亳州市	64.40	35.0	206.40	16.5	927.60	639.20	521.70
淮南市	110.70	12.3	168.60	13.2	1209.90	651.60	879.20
蚌埠市	92.84	18.4	191.50	15.9	1258.58	604.20	810.18
淮北市	50.70	-2.3	108.70	0.2	863.90	470.80	612.10
阜阳市	85.46	23.3	312.65	14.8	1749.14	1216.78	784.58
宿州市	66.35	24.5	222.66	14.9	1155.88	762.96	558.60
滁州市	114.42	18.0	250.13	8.4	1284.70	712.04	892.68
六安市	82.03	18.0	285.90	14.3	1528.20	876.50	824.30
河南省							
周口市	**76.05**	**26.5**	**358.80**	**10.9**	**1655.62**	**1311.63**	**703.71**
商丘市	**85.84**	**22.3**	**315.26**	**10.1**	**1559.11**	**1098.58**	**833.41**
信阳市	67.93	22.5	304.26	9.8	1830.06	1306.03	909.49

22-9 淮海经济区各市教育和卫生情况(2013年)

地区	各级各类学校数(所)	各级各类学校在校学生数(万人)	卫生机构数(个)	卫生技术人员数(人)	卫生机构床位数(张)
江苏省					
徐州市	1797	172.70	4454	43573	43138
连云港市	646	69.13	2616	20453	17500
淮安市	748	80.42	710	27800	23467
盐城市	681	82.25	3067	32883	30461
宿迁市	466	70.54	2345	21080	19085
山东省					
菏泽市	1965	141.71	736	44372	31273
聊城市	1017	803167.00	553	26588	24460
枣庄市	680	54.66	2416	27434	16084
济宁市	3214	141.00	6805	52497	44728
泰安市	1891	85.11	4119	34048	29636
日照市	518	44.50	585	13501	11741
莱芜市	219	16.96	282	7168	6440
临沂市	1869	33.70	6977	45889	45483
德州市	1995	95.49	210	25300	22126
安徽省					
亳州市	1598	80.78	358	12864	13063
淮南市	716	44.43	1202	13197	12611
蚌埠市	927	51.60	1428	15591	15996
淮北市	734	40.20	707	10200	10905
阜阳市	3287	156.14	861	26243	25769
宿州市	1788	91.88	1852	18800	16800
滁州市	751	56.20	1645	14513	14543
六安市	1963	85.67	2654	18486	18593
河南省					
周口市	5641	215.82	1377	33217	30086
商丘市	**3696**	**173.22**	**6492**	**54327**	**29199**
信阳市	2416	125.18	3956	21029	19756

22-10 淮海经济区各市人口、工资和城乡居民收支(2013年)

地区	年末户籍人口数（万人）	人口出生率%	人口自然增长率%	城镇在岗职工平均工资		城市居民人均可支配收入		农民人均纯收入	
				绝对量（元）	增长（%）	绝对量（元）	增长（%）	绝对量（元）	增长（%）
江苏省									
徐州市	1006.85	9.40	6.10	47013	6.70	23770	9.5	12052	12.0
连云港市	520.18	11.36	4.66	45097	4.4	26898	10.5	10745	12.0
淮安市	552.96	12.36	4.97			23107	10.3	11045	12.3
盐城市	823.77	11.42	3.08	43052	6.7	24119	9.9	13344	12.1
宿迁市	572.11	14.60	7.08	41929	12.4	18846	10.9	10703	12.7
山东省									
菏泽市	957.46	16.67	10.09	35697	10.8	21236	11.0	9309	13.7
聊城市				37649	11.5	26087	10.1	10083	13.6
枣庄市	396.00	11.35	5.72	42055	8.8	25238	9.9	10878	13.2
济宁市	820.58	10.08	5.14	47304	6.7	27956	9.8	11348	13.5
泰安市	-	-	-	44828	12.1	28201	9.9	11547	13.3
日照市	290.13	12.80	8.25	43946	10.1	25090	10.0	11304	12.8
莱芜市		7.62	1.38	47482	15.5	29179	9.7	12161	11.7
临沂市	1090.41			45140	7.2	27511	12.5	10389	13.6
德州市		10.20	4.06	38945	15.7	24812	10.6	10876	13.3
安徽省									
亳州市	632.90	13.80	6.20			22605	10.3	7456	13.8
淮南市	243.30	11.42	6.47	58597	6.5	22920	10.5	8869	13.2
蚌埠市	366.60	18.03	10.18	42395	11.0	22739	10.2	8741	13.9
淮北市	214.50	12.85	7.38	52383	-6.3	22460	10.3	8240	13.1
阜阳市	1053.24	17.27	11.16			20933	10.3	6763	14.2
宿州市	641.93	13.87	6.20			21713	10.0	7571	14.1
滁州市	449.45	10.35	4.26			22591	10.6	9235	13.5
六安市	716.70	13.30	9.69			21275	9.8	7430	13.7
河南省									
周口市	1130.84	10.42	4.60			18046	9.3	6950	12.1
商丘市	**900.02**	**10.45**	**4.75**	**36815**	**18.1**	**20214**	**10.4**	**7217**	**12.3**
信阳市	859.83	11.40	5.40	34396	12.1	19150	8.4	7982	13.9

附　录

中华人民共和国统计法

（1983年12月8日第六届全国人民代表大会常务委员会第三次会议通过？根据1996年5月15日第八届全国人民代表大会常务委员会第十九次会议《关于修改〈中华人民共和国统计法〉的决定》修正？2009年6月27日第十一届全国人民代表大会常务委员会第九次会议修订）

第一章　总　则

第一条　为了科学、有效地组织统计工作，保障统计资料的真实性、准确性、完整性和及时性，发挥统计在了解国情国力、服务经济社会发展中的重要作用，促进社会主义现代化建设事业发展，制定本法。

第二条　本法适用于各级人民政府、县级以上人民政府统计机构和有关部门组织实施的统计活动。

统计的基本任务是对经济社会发展情况进行统计调查、统计分析，提供统计资料和统计咨询意见，实行统计监督。

第三条　国家建立集中统一的统计系统，实行统一领导、分级负责的统计管理体制。

第四条　国务院和地方各级人民政府、各有关部门应当加强对统计工作的组织领导，为统计工作提供必要的保障。

第五条　国家加强统计科学研究，健全科学的统计指标体系，不断改进统计调查方法，提高统计的科学性。

国家有计划地加强统计信息化建设，推进统计信息搜集、处理、传输、共享、存储技术和统计数据库体系的现代化。

第六条　统计机构和统计人员依照本法规定独立行使统计调查、统计报告、统计监督的职权，不受侵犯。

地方各级人民政府、政府统计机构和有关部门以及各单位的负责人，不得自行修改统计机构和统计人员依法搜集、整理的统计资料，不得以任何方式要求统计机构、统计人员及其他机构、人员伪造、篡改统计资料，不得对依法履行职责或者拒绝、抵制统计违法行为的统计人员打击报复。

第七条　国家机关、企业事业单位和其他组织以及个体工商户和个人等统计调查对象，必须依照本法和国家有关规定，真实、准确、完整、及时地提供统计调查所需的资料，不得提供不真实或者不完整的统计资料，不得迟报、拒报统计资料。

第八条　统计工作应当接受社会公众的监督。任何单位和个人有权检举统计中弄虚作假等违法行为。对检举有功的单位和个人应当给予表彰和奖励。

第九条　统计机构和统计人员对在统计工作中知悉的国家秘密、商业秘密和个人信息，应当予以保密。

第十条　任何单位和个人不得利用虚假统计资料骗取荣誉称号、物质利益或者职务晋升。

第二章　统计调查管理

第十一条　统计调查项目包括国家统计调查项目、部门统计调查项目和地方统计调查项目。

国家统计调查项目是指全国性基本情况的统计调查项目。部门统计调查项目是指国务院有关部门的专业性统计调查项目。地方统计调查项目是指县级以上地方人民政府及其部门的地方性统计调查项目。

国家统计调查项目、部门统计调查项目、地方统计调查项目应当明确分工，互相衔接，不得重复。

第十二条　国家统计调查项目由国家统计局制定，或者由国家统计局和国务院有关部门共同制定，报国务院备案；重大的国家统计调查项目报国务院审批。

部门统计调查项目由国务院有关部门制定。统计调查对象属于本部门管辖系统的，报国家统计局备案；统计调查对象超出本部门管辖系统的，报国家统计局审批。

地方统计调查项目由县级以上地方人民政府统计机构和有关部门分别制定或者共同制定。其中，由省级人民政府统计机构单独制定或者和有关部门共同制定的，报国家统计局审批；由省级以下人民政府统计机构单独制定或者和有关部门共同制定的，报省级人民政府统计机构审批；由县级以上地方人民政府有关部门制定的，报本级人民政府统计机构审批。

第十三条　统计调查项目的审批机关应当对调查项目的必要性、可行性、科学性进行审查，对符合法定条件的，作出予以批准的书面决定，并公布；对不符合法定条件的，作出不予批准的书面决定，并说明理由。

第十四条　制定统计调查项目，应当同时制定该项目的统计调查制度，并依照本法第十二条的规定一并报经审批或者备案。

统计调查制度应当对调查目的、调查内容、调查方法、调查对象、调查组织方式、调查表式、统计资料的报送和公布等作出规定。

统计调查应当按照统计调查制度组织实施。变更统计调查制度的内容，应当报经原审批机关批准或者原备案机关备案。

第十五条　统计调查表应当标明表号、制定机关、批准或者备案文号、有效期限等标志。

对未标明前款规定的标志或者超过有效期限的统计调查表，统计调查对象有权拒绝填报；县级以上人民政府统计机构应当依法责令停止有关统计调查活动。

第十六条　搜集、整理统计资料，应当以周期性普查为基础，以经常性抽样调查为主体，综合运用全面调查、重点调查等方法，并充分利用行政记录等资料。

重大国情国力普查由国务院统一领导，国务院和地方人民政府组织统计机构和有关部门共同实施。

第十七条　国家制定统一的统计标准，保障统计调查采用的指标涵义、计算方法、分类目录、调查表式和统计编码等的标准化。

国家统计标准由国家统计局制定，或者由国家统计局和国务院标准化主管部门共同制定。

国务院有关部门可以制定补充性的部门统计标准，报国家统计局审批。部门统计标准不得与国家统计标准相抵触。

第十八条 县级以上人民政府统计机构根据统计任务的需要，可以在统计调查对象中推广使用计算机网络报送统计资料。

第十九条 县级以上人民政府应当将统计工作所需经费列入财政预算。

重大国情国力普查所需经费，由国务院和地方人民政府共同负担，列入相应年度的财政预算，按时拨付，确保到位。

第三章 统计资料的管理和公布

第二十条 县级以上人民政府统计机构和有关部门以及乡、镇人民政府，应当按照国家有关规定建立统计资料的保存、管理制度，建立健全统计信息共享机制。

第二十一条 国家机关、企业事业单位和其他组织等统计调查对象，应当按照国家有关规定设置原始记录、统计台账，建立健全统计资料的审核、签署、交接、归档等管理制度。

统计资料的审核、签署人员应当对其审核、签署的统计资料的真实性、准确性和完整性负责。

第二十二条 县级以上人民政府有关部门应当及时向本级人民政府统计机构提供统计所需的行政记录资料和国民经济核算所需的财务资料、财政资料及其他资料，并按照统计调查制度的规定及时向本级人民政府统计机构报送其组织实施统计调查取得的有关资料。

县级以上人民政府统计机构应当及时向本级人民政府有关部门提供有关统计资料。

第二十三条 县级以上人民政府统计机构按照国家有关规定，定期公布统计资料。

国家统计数据以国家统计局公布的数据为准。

第二十四条 县级以上人民政府有关部门统计调查取得的统计资料，由本部门按照国家有关规定公布。

第二十五条 统计调查中获得的能够识别或者推断单个统计调查对象身份的资料，任何单位和个人不得对外提供、泄露，不得用于统计以外的目的。

第二十六条 县级以上人民政府统计机构和有关部门统计调查取得的统计资料，除依法应当保密的外，应当及时公开，供社会公众查询。

第四章 统计机构和统计人员

第二十七条 国务院设立国家统计局，依法组织领导和协调全国的统计工作。

国家统计局根据工作需要设立的派出调查机构，承担国家统计局布置的统计调查等任务。

县级以上地方人民政府设立独立的统计机构，乡、镇人民政府设置统计工作岗位，配备专职或者兼职统计人员，依法管理、开展统计工作，实施统计调查。

第二十八条 县级以上人民政府有关部门根据统计任务的需要设立统计机构，或者在有关机构中设置统计人员，并指定统计负责人，依法组织、管理本部门职责范围内的统计工作，实施统计调查，在统计业务上受本级人民政府统计机构的指导。

第二十九条 统计机构、统计人员应当依法履行职责，如实搜集、报送统计资料，不得伪造、篡改统计资料，不得以任何方式要求任何单位和个人提供不真实的统计资料，不得有其他违反本法规定的行为。

统计人员应当坚持实事求是，恪守职业道德，对其负责搜集、审核、录入的统计资料与统计调查对象报送的统计资料的一致性负责。

第三十条 统计人员进行统计调查时，有权就与统计有关的问题询问有关人员，要求其如实提供有关情况、资料并改正不真实、不准确的资料。

统计人员进行统计调查时，应当出示县级以上人民政府统计机构或者有关部门颁发的工作证件；未出示的，统计调查对象有权拒绝调查。

第三十一条 国家实行统计专业技术职务资格考试、评聘制度，提高统计人员的专业素质，保障统计队伍的稳定性。

统计人员应当具备与其从事的统计工作相适应的专业知识和业务能力。

县级以上人民政府统计机构和有关部门应当加强对统计人员的专业培训和职业道德教育。

第五章 监督检查

第三十二条 县级以上人民政府及其监察机关对下级人民政府、本级人民政府统计机构和有关部门执行本法的情况，实施监督。

第三十三条 国家统计局组织管理全国统计工作的监督检查，查处重大统计违法行为。

县级以上地方人民政府统计机构依法查处本行政区域内发生的统计违法行为。但是，国家统计局派出的调查机构组织实施的统计调查活动中发生的统计违法行为，由组织实施该项统计调查的调查机构负责查处。

法律、行政法规对有关部门查处统计违法行为另有规定的，从其规定。

第三十四条 县级以上人民政府有关部门应当积极协助本级人民政府统计机构查处统计违法行为，及时向本级人民政府统计机构移送有关统计违法案件材料。

第三十五条 县级以上人民政府统计机构在调查统计违法行为或者核查统计数据时，有权采取下列措施：

（一）发出统计检查查询书，向检查对象查询有关事项；

（二）要求检查对象提供有关原始记录和凭证、统计台账、统计调查表、会计资料及其他相关证明和资料；

（三）就与检查有关的事项询问有关人员；

（四）进入检查对象的业务场所和统计数据处理信息系统进行检查、核对；

（五）经本机构负责人批准，登记保存检查对象的有关原始记录和凭证、统计台账、统计调查表、会计资料及其他相关证明和资料；

（六）对与检查事项有关的情况和资料进行记录、录音、录像、照相和复制。

县级以上人民政府统计机构进行监督检查时，监督检查人员不得少于二人，并应当出示执法证件；未出示的，有关单位和个人有权拒绝检查。

第三十六条 县级以上人民政府统计机构履行监督检查职责时，有关单位和个人应当如实反映情况，提供相关证明和资料，不得拒绝、阻碍检查，不得转移、隐匿、篡改、毁弃原始记录和凭证、统计台账、统计调查表、会计资料及其他相关证明和资料。

第六章 法律责任

第三十七条 地方人民政府、政府统计机构或者有关部门、单位的负责人有下列行为之一的，由任免机关或者监察机关依法给予处分，并由县级以上人民政府统计机构予以通报：

（一）自行修改统计资料、编造虚假统计数据的；

（二）要求统计机构、统计人员或者其他机构、人员伪造、篡改统计资料的；

（三）对依法履行职责或者拒绝、抵制统计违法行为的统计人员打击报复的；

（四）对本地方、本部门、本单位发生的严重统计违法行为失察的。

第三十八条 县级以上人民政府统计机构或者有关部门在组织实施统计调查活动中有下列行为之一的，由本级人民政府、上级人民政府统计机构或者本级人民政府统计机构责令改正，予以通报；对直接负责的主管人员和其他直接责任人员，由任免机关或者监察机关依法给予处分：

（一）未经批准擅自组织实施统计调查的；

（二）未经批准擅自变更统计调查制度的内容的；

（三）伪造、篡改统计资料的；

（四）要求统计调查对象或者其他机构、人员提供不真实的统计资料的；

（五）未按照统计调查制度的规定报送有关资料的。

统计人员有前款第三项至第五项所列行为之一的，责令改正，依法给予处分。

第三十九条 县级以上人民政府统计机构或者有关部门有下列行为之一的，对直接负责的主管人员和其他直接责任人员由任免机关或者监察机关依法给予处分：

（一）违法公布统计资料的；

（二）泄露统计调查对象的商业秘密、个人信息或者提供、泄露在统计调查中获得的能够识别或者推断单个统计调查对象身份的资料的；

（三）违反国家有关规定，造成统计资料毁损、灭失的。

统计人员有前款所列行为之一的，依法给予处分。

第四十条 统计机构、统计人员泄露国家秘密的，依法追究法律责任。

第四十一条 作为统计调查对象的国家机关、企业事业单位或者其他组织有下列行为之一的，由县级以上人民政府统计机构责令改正，给予警告，可以予以通报；其直接负责的主管人员和其他直接责任人员属于国家工作人员的，由任免机关或者监察机关依法给予处分：

（一）拒绝提供统计资料或者经催报后仍未按时提供统计资料的；

（二）提供不真实或者不完整的统计资料的；

（三）拒绝答复或者不如实答复统计检查查询书的；

（四）拒绝、阻碍统计调查、统计检查的；

（五）转移、隐匿、篡改、毁弃或者拒绝提供原始记录和凭证、统计台账、统计调查表及其他相关证明和资料的。

企业事业单位或者其他组织有前款所列行为之一的，可以并处五万元以下的罚款；情节严重的，并处五万元以上二十万元以下的罚款。

个体工商户有本条第一款所列行为之一的，由县级以上人民政府统计机构责令改正，给予警告，可以并处一万元以下的罚款。

第四十二条 作为统计调查对象的国家机关、企业事业单位或者其他组织迟报统计资料，或者未按照国家有关规定设置原始记录、统计台账的，由县级以上人民政府统计机构责令改正，给予警告。

企业事业单位或者其他组织有前款所列行为之一的，可以并处一万元以下的罚款。

个体工商户迟报统计资料的，由县级以上人民政府统计机构责令改正，给予警告，可以并处一千元以下的罚款。

第四十三条 县级以上人民政府统计机构查处统计违法行为时，认为对有关国家工作人员依法应当给予处分的，应当提出给予处分的建议；该国家工作人员的任免机关或者监察机关应当依法及时作出决定，并将结果书面通知县级以上人民政府统计机构。

第四十四条 作为统计调查对象的个人在重大国情国力普查活动中拒绝、阻碍统计调查，或者提供不真实或者不完整的普查资料的，由县级以上人民政府统计机构责令改正，予以批评教育。

第四十五条 违反本法规定，利用虚假统计资料骗取荣誉称号、物质利益或者职务晋升的，除对其编造虚假统计资料或者要求他人编造虚假统计资料的行为依法追究法律责任外，由作出有关决定的单位或者其上级单位、监察机关取消其荣誉称号，追缴获得的物质利益，撤销晋升的职务。

第四十六条 当事人对县级以上人民政府统计机构作出的行政处罚决定不服的，可以依法申请行政复议或者提起行政诉讼。其中，对国家统计局在省、自治区、直辖市派出的调查机构作出的行政处罚决定不服的，向国家统计局申请行政复议；对国家统计局派出的其他调查机构作出的行政处罚决定不服的，向国家统计局在该派出机构所在的省、自治区、直辖市派出的调查机构申请行政复议。

第四十七条 违反本法规定，构成犯罪的，依法追究刑事责任。

第七章 附则

第四十八条 本法所称县级以上人民政府统计机构，是指国家统计局及其派出的调查机构、县级以上地方人民政府统计机构。

第四十九条 民间统计调查活动的管理办法，由国务院制定。

中华人民共和国境外的组织、个人需要在中华人民共和国境内进行统计调查活动的，应当按照国务院的规定报请审批。

利用统计调查危害国家安全、损害社会公共利益或者进行欺诈活动的，依法追究法律责任。

第五十条 本法自 2010 年 1 月 1 日起施行。